Organisationswandel in Afrika: Kollektive Praxis und kulturelle Aneignung

Erträge eines Symposiums
in Petzow bei Potsdam,
10. bis 13. Februar 1994

■ Herausgegeben von
Achim von Oppen und Richard Rottenburg

Studien 2

Verlag Das Arabische Buch

Die Deutsche Bibliothek - CIP-Einheitsaufnahme

Achim von Oppen/Richard Rottenburg (Hg.):
Organisationswandel in Afrika: Kollektive Praxis und kulturelle Aneignung
Achim von Oppen. - Berlin: Verl. Das Arabische Buch, 1995
(Studien / Forschungsschwerpunkt Moderner Orient,
Förderungsgesellschaft Wissenschaftliche Neuvorhaben mbH; Nr. 2)
ISBN 3-86093-073-7
NE: Förderungsgesellschaft Wissenschaftliche Neuvorhaben <München> /
Forschungsschwerpunkt Moderner Orient: Studien

Forschungsschwerpunkt Moderner Orient
Förderungsgesellschaft Wissenschaftliche Neuvorhaben mbH

Kommissarischer Leiter:
Prof. Dr. Peter Heine

Prenzlauer Promenade 149-152
13189 Berlin
Tel. 030 / 4797319

ISBN 3-86093-073-7

Bestellungen:
Das Arabische Buch
Horstweg 2
14059 Berlin
Tel. 030 / 3228523

Redaktion und Satz: Margret Liepach, Helga Reher
Titelbild: Buchhalterin in einem tanzanischen Wasserwerk

Druck: Druckerei Weinert, Berlin
Printed in Germany 1995

Inhalt

Einleitung

Der Aufbau tragfähiger institutioneller Rahmenbedingungen, darunter speziell nicht-staatlicher oder zumindest demokratisch kontrollierter Organisationen, rückt gegenwärtig immer stärker in den Vordergrund entwicklungspolitischer Debatten zu Afrika südlich der Sahara. Dieses historisch begründete Anliegen droht jedoch, wie bei früheren entwicklungspolitischen Paradigmen, zum aktuellen Modethema zu verflachen, wenn es nicht von entsprechender Grundlagenforschung untermauert wird. Dem kommt entgegen, daß heute die Frage nach der Konstruktion und Möglichkeit institutionalisierter sozialer Ordnung in den Sozialwissenschaften wieder stärkere Beachtung findet. Gerade hier bestehen aber noch ausgeprägte Defizite, zu deren Aufarbeitung dieser Band einen Beitrag leisten will.

Der Band umfaßt ausgewählte Fallstudien zu wirtschaftlichen, bürokratischen und politischen Organisationen in Afrika südlich der Sahara. Unter "Organisationen" werden hier formale Körperschaften verstanden, die ihre Legitimation aus einer spezifischen Zwecksetzung erhalten. Die Fallstudien präsentieren neues empirisches Material, das aus Feldforschungen der letzten Jahre hervorgegangen ist. Sie wurden zugleich in vergleichender und theoretischer Absicht geschrieben und in ihrer ursprünglichen Fassung auf einem Workshop vorgetragen und zur Diskussion gestellt, der vom 10. bis 13. Februar 1994 in Petzow bei Potsdam stattfand. Dieser Workshop wurde ermöglicht durch die Förderung der Volkswagenstiftung im Rahmen ihres Symposienprogramms. Durch die Veröffentlichung der inzwischen gründlich überarbeiteten Beiträge sollen Anstöße für weitere empirische Forschungen und theoretische Modellbildungen gegeben werden.

Afrikabezogen arbeitende Sozialwissenschaftler haben seit Jahren empirische Kenntnisse über ökonomische, bürokratische und politische Organisationen gesammelt, diese aber eher unter anderen Blickwinkeln ausgewertet und interpretiert. Eine Bündelung dieser Kenntnisse und Erfahrungen unter einer vergleichenden, theoretisch informierten Perspektive fand bisher nur für Teilaspekte statt.[1] Die Rückholung der viel weiter gediehenen Diskussion über Prozesse der Konstruktion und Transformation von Organisationen in durchmodernisierten Industriegesellschaften in die afrikabezogene Forschung erscheint mehr als überfällig. Eine wesentliche Vorraussetzung dafür scheint der Brückenschlag zwischen unterschiedlichen disziplinspezifischen Diskursen zu sein. Auch dieser Aufgabe versuchte sich der zugrundele liegende Workshop zu stellen, indem er Ethnologen, Soziologen und Historiker zusammenbrachte. Die dadurch zustande gekommenen intensiven Diskussionen fanden ihren Niederschlag in den hier vorgestellten Beiträgen.

Organisationswandel in Afrika

In historischer Perspektive trat formale Organisation als besondere Vergesellschaftungsform mit dem Aufkommen der bürgerlichen Gesellschaft am Ende des 18. Jahrhunderts auf und setzte sich seit damals immer mehr durch. Deshalb kann in der Absicht, eines der besonderen Charakteristika der zeitgenössischen modernen Gesellschaft hervorzuheben, diese als "Organisationsgesellschaft"[2] bezeichnet werden - ähnlich wie sie mit gleichem Recht schon "kapitalistische Gesellschaft", "Industrie-", "Arbeits-", "Zivil-" sowie "Kommunikationsgesellschaft" und neuerdings "postindustrielle" oder "postmoderne Gesellschaft" genannt wurde.

Während es heute unmöglich erscheint, eine Definition des sozialen Gebildes und des Prozesses "Organisation" anzubieten, die über einen gewählten Theorierahmen hinaus Gültigkeit hat, kann man dennoch drei vermutlich allerseits anerkannte Charakteristika von Organisationen angeben: (1) prinzipiell freie Ein- und Austrittsmöglichkeiten der Mitglieder; (2) prinzipiell freie Gestaltbarkeit von Strukturen und Prozessen je nach situativer Opportunität und (3) prinzipiell freie Zwecksetzung. Die Bedeutung aller drei Merkmale tritt allerdings nur im historischen Kontext hervor: Es geht um die Freiheit der Entscheidung für Zwecke und Mittel, die das bürgerliche Programm den Zwangszugehörigkeiten und festen Kategorisierungen der feudalen Gesellschaft entgegenstellte und mit denen sie die Wirkung vermeintlich außergesellschaftlich festgeschriebener normativer Legitimationen beenden wollte. Damit aber bildet das Thema der Rationalität den Kern der Praxis und Theorie von Organisationen, denn nur noch mit Rationalität läßt sich legitim und sinnvoll begründen, wie die Entscheidungsfreiheit genutzt wird.

Wenn die bürgerliche Transformation von Gesellschaft als Zunahme formaler Organisation gedeutet werden kann, so stellt sich die Herausforderung, historische und gegenwärtige Wandlungsprozesse afrikanischer Vergesellschaftung im Hinblick auf diese Problematik neu zu beleuchten. Hierzu besteht gegenwärtig sowohl in empirischer als auch in theoretischer Hinsicht Anlaß. Spätestens seit der Kolonialzeit sind kollektive Akteure auch in Afrika genötigt, sich formal zu organisieren, wenn sie gegenüber anderen, etwa dem Staat, Legitimität erlangen wollen. Analog dazu stellt sich die Problematik im Kontext der Entwicklungszusammenarbeit, die, zumindest implizit, immer von funktionsfähigen und legitimen Partnerorganisationen vor Ort ausgeht, die heute zu Trägern marktwirtschaftlicher Entwicklung und politischer Demokratisierung werden sollen.

In theoretischer Hinsicht hat in den zuständigen Disziplinen (Organisationssoziologie, Politikwissenschaft und Ökonomie, speziell Managementlehre) im Verlauf der letzten zehn Jahre eine bedeutende Wende stattgefunden. Während in der Organisationssoziologie Max Webers die Aspekte Rationalität und Legitimität noch in ihrer komplexen und widersprüchlichen Verflechtung gedacht wurden, sind später solche Schulen dominant geworden, die sich an einem vereinfachten Rationalitätsbegriff orientierten. Aus frei einsetzbaren Zwecken ließen sich danach Organisationstrukturen stringent ableiten, die als rationale Mittel ausschließlich dem Kriterium Effektivität standhalten sollten. Die gesellschaftliche und kulturelle Bedingtheit der Präferenzen und der Mittel sowie der vorgelagerten Klassifikationen und Deutungsmuster erscheinen durch "Rationalisierung" überwunden. Im weiteren wurde angenommen, daß sich die Praxis der Organisationen prinzipiell allein über ihre Strukturen lenken ließe.

Die bis in die siebziger Jahre dominante "Kontingenztheorie" differenzierte dieses Modell, indem sie die Tatsache berücksichtigte, daß unabhängig vom Organisationsziel verschiedene Organisationsumwelten verschiedene Handlungsweisen rational erscheinen lassen.[3]

Obschon solche Annahmen in der akademischen Welt heute nur noch von einem harten Kern von Anhängern verschiedener Versionen der "Theorie Rationaler Wahl" vertreten werden, sind sie in der Praxis weiterhin wichtig. Über den Weg der Entwicklungszusammenarbeit, die im wesentlichen auf eine Herausbildung neuer Organisationsstrukturen in den Empfängerländern hinausläuft, behalten rationalistische Modelle für Afrika eine Relevanz, die sie "zu Hause" eingebüßt haben.[4]

Seit Ende der siebziger Jahre wird die gesellschaftliche und kulturelle Bedingtheit des Phänomens Organisation konsequenter in die Theorie zurückgeholt. Indem Soziologie, Politikwissenschaft und Ökonomie auf die soziokulturelle Einbettung wirtschaftlichen und technisch-rationalen Handelns verweisen, schlagen sie auch eine Brücke zur Ethnologie, die so in gewisser Weise zur Leitwissenschaft der modernen Organisationsforschung wird.[5] Ursprünglich teils methodisch, teils inhaltlich aus dem Studium außereuropäischer Gesellschaften stammende Ansätze (von Mary Douglas besonders pointiert und themenbezogen zusammengefaßt[6]), die nun gewissermaßen organisationssoziologisch veredelt vorliegen[7], sind allerdings noch nicht in die historisch-sozialwissenschaftliche Erforschung außereuropäischer Gesellschaften zurückgeholt worden. Dies ist bei dem Workshop vor allem in bezug auf Afrika versucht worden. Afrika erscheint uns in diesem Zusammenhang besonders interessant, weil hier einerseits von vielen ein Defizit an formaler Organisation gesehen wird, andererseits aber, wie schon angedeutet, hohe entwicklungspolitische Erwartungen in diese Richtung bestehen. Eine neue, aus dem Bereich der Managementlehre kommende Veröffentlichung bestätigt dieses Dilemma.[8]

Zum Verständnis afrikanischer Transformationsprozesse und zur Erneuerung des theoretischen und methodischen Instrumentariums der historischen und zeitgenössischen Ethnologie kann u.E. besonders der Neo-Institutionalismus beitragen, der neuerdings mit zwei Sammelbänden auf dem amerikanischen Büchermarkt seine eigene "Institutionalisierung" in der Organisationsforschung unter Beweis stellen konnte.[9] Auf wenige Punkte reduziert, geht der Neo-Institutionalismus davon aus, daß Organisationen keine rein instrumentell-rationalen, eigenständigen Systeme, sondern lebensweltlich konstruierte Handlungszusammenhänge sind. Die "Bausteine" dieser Konstruktionen sind die in einer Gesellschaft zur Verfügung stehenden Institutionen: das sind solche Denk- und Handlungsmuster, die von den Akteuren als legitim und selbstverständlich gegeben vorausgesetzt werden. So gesehen ist es naheliegend, daß jede Gesellschaft andere Organisationen hervorbringt.

Die Berücksichtigung des institutionellen Umfeldes von Organisationen sollte aber nicht auf die Feststellung hinauslaufen, ob eine Organisation in dieses Umfeld eingebettet ist ("custom fitting") oder nicht, wie es in früheren Versuchen zu diesem Thema noch weitgehend geschehen ist.[10] Vielmehr erscheinen Organisationen insbesondere im Hinblick auf institutionelle Transformationen interessant: Sie widerspiegeln nicht einfach den Wandel oder die Stagnation im institutionellen Gefüge einer Gesellschaft, sondern sie tragen selbst aktiv zur Transformation der Institutionen bei. Anders und in kritischer Erweiterung des Neo-Institutionalismus formuliert: Mit der Herausbildung der "Organisationsgesellschaft" werden Organisationen zu den zentralen Orten, an denen Menschen im Aushandeln von internen und externen Konflikten ihre Institutionen ständig konstruieren und verändern.

Dies hängt mit zwei Grundannahmen des Neo-Institutionalismus zusammen. Die erste davon betrifft die Art der Verknüpfung von formaler Struktur und Praxis. Mit der Annahme, daß die formale Struktur nicht einfach ein rationales Mittel zur Erlangung eines beliebig gesetzten Zwecks ist, wurde insbesondere im Anschluß an die Erkenntnisse der Ethnomethodologie auch die Vorstellung aufgegeben, daß Handlung aus den rationalen Motiven, den Regeln, Werten und Normen hinreichend abgeleitet werden kann. Die Argumentationskette erscheint nun vielmehr umgekehrt: die Akteure tun etwas und verweisen post hoc auf bestimmte Begründungsmuster ("accounts"), die ihrem Tun nachträglich Legitimität und Sinn zuweisen.[11]

In dieser Sichtweise ist Rationalität ein oder vielmehr das institutionalisierte Begründungsmuster der modernen Gesellschaft schlechthin, ihr zentraler Mythos, auf den jede handelnde Person verweisen muß, um ihr Tun gegenüber möglichen Kritiken und Angriffen abzuschirmen. Mythos - hier nicht verstanden als falscher Glauben, sondern als sinnstiftende Narration. Formale Organisationsstrukturen stellen sich vor dieser Interpretationsfolie als Legitimationsmuster dar, die mit der konkreten, sich ständig verändernden Praxis der Organisation nur lose verkoppelt sind. Die Akteure wissen, daß sie nicht einfach eine für die Ewigkeit fixierte Struktur ausagieren, daß sie also keine Zahnräder im System sind; aber sie erleben die Struktur auch nicht umgekehrt als leeren Schein, denn sie vermittelt ihnen neben Druck und Ärger auch Sinn, Orientierung und Legitimität nach innen und nach außen.

Die zweite Annahme, die plausibel macht, wieso Organisationen nicht nur das Resultat gesellschaftlicher Prozesse in der Organisationsumwelt sind, sondern daß Organisationen (wie soziale Systeme überhaupt) sich auch ihre Umwelt selbst schaffen, also auch verändern, ist im Neo-Institutionalismus eher implizit enthalten und geht eigentlich mehr auf die Systemtheorie im Sinne Luhmanns zurück.

Es ist davon auszugehen, daß die formale Struktur einer Organisation mit ihrem institutionellen Umfeld nur so lose verkoppelt ist wie mit ihrer konkreten Praxis. Dies ergibt sich daraus, daß es in der Umwelt immer mehrere institutionalisierte Ordnungen gibt, die ihre jeweils eigenen und sich widersprechenden "Logiken" haben. Hier ist vor allem an die gesellschaftlichen Sphären Politik, Wirtschaft, Familie/Gemeinschaft sowie Kultur und Religion bzw. Wissenschaft zu denken, aber auch an grundlegendere sowie differenziertere Institutionen, wie das Konzept des Selbst oder überhaupt das der Rationalität und die erst damit einhergehende Legitimität der Ausdifferenzierung unterschiedlicher Handlungslogiken. Aus dem unaufhebbaren Konflikt zwischen den verschiedenen institutionalisierten Ordnungen einer Gesellschaft eröffnet sich den Akteuren in Organisationen ein Spielraum voller Ambiguitäten für mikropolitische Prozesse, in dem Konflikte ausgetragen und Machtpositionen verändert werden. Im Rahmen dieser Vorgänge werden die gesellschaftlichen Institutionen in wechselndem Ausmaß und in unterschiedlicher Weise mit variierenden Interessen zur Begründung herangezogen und dadurch selbst verändert, teils sogar neu geschaffen.[12]

Die Definition von Rationalität als Legitimationsmythos und die Definition des Verhältnisses der Organisationsstruktur einerseits zum institutionellen Umfeld und andererseits zur organisationellen Praxis als lockere Verkoppelung eröffnet einen neuen Zugang zur modernen Transformation afrikanischer Organisationen. Früher über Kolonialismus, heute über internationale Märkte, Abhängigkeiten von internationalen Kreditgebern, über politische Abhängigkeiten, aber auch über die globale Verbreitung westlicher Ideen durch Ausbildung und moderne Kommunikationsmedien entsteht für viele afrikanische Organisationen der Bedarf, sich im Hinblick auf das globalisierte institutionelle Umfeld der westlichen Welt zu legitimieren. Gleichzeitig müssen diese Organisationen sich aber auch auf das lokale institutionelle Umfeld beziehen. Die lokalen Akteure müssen ihr Tun post hoc mit den vorhandenen Deutungsmustern erklären und rechtfertigen können.

Organisationen im Wandel: die Fallstudien

Die Fallstudien dieses Bandes gehen von der Darstellung empirischer Prozesse der Organisationsbildung und des Organisationswandels aus. Sie konzentrieren sich dabei auf Bereiche, in denen solche Prozesse heute in Afrika besonders dynamisch sind: die Ökonomie (Organisationstyp "Wirtschaftsunternehmen") und den Bereich zivilgesellschaftlicher Willensbildung (Organisationstyp "Interessenverband"). Entsprechend gliedert sich dieser Band in zwei Teile. Im Anschluß an diese Einführung wird zunächst das übergreifende methodische und theoretische Anliegen durch den Beitrag von Rottenburg weiter vertieft. Dann folgen die beiden Hauptteile, in denen die empirischen Fallstudien vorgestellt werden. Im Teil I geht es um Beispiele formal organisierter Wirtschaftsunternehmen, in denen "informelle"

Beziehungsnetze eine wesentliche oder sogar konstitutive Rolle spielen. Auch die Interessenverbände, die in Teil II exemplarisch untersucht werden, stehen unter formal-rationalem Anspruch; hier bilden vor allem diverse Deutungen von "Gemeinschaft" das kontrastierende "informelle" Element im Legitimationsdiskurs. Die beiden Hauptteile sind jeweils noch einmal nach Fallgruppen unterteilt. Durch diese Gruppierung ergeben sich unter strukturellen Aspekten interessante Vergleichsmomente, die wir im folgenden aus unserer Sicht verdeutlichen wollen.

Teil I ("Wirtschaftsunternehmen als informelle Beziehungsnetze") stehen zwei Untersuchungen über Handwerksbetriebe (Streck, Heidenreich) neben drei weiteren über größere Unternehmen des Industrie- und Dienstleistungssektors (Wild, Dettmar, Souaré).[13] Zunächst schreibt *Bernhard Streck* über eine schrottverarbeitende Met"llwerkstatt in Omdurman (am Nil, Sudan), zu deren technologisch kompliziertesten Produkten diverse Maschinen gehören, die beispielsweise der Herstellung von Bonbons oder Würsten dienen und von Kleinindustriellen des formellen Sektors in Auftrag gegeben werden. Der Handwerksbetrieb arbeitet am "oberen" Ende des informellen Sektors und kommt ohne Akten- und Buchführung aus. Auch bildet er seine Fachleute weitgehend selbst aus; weder verfügt jemand über eine formale Qualifikation, noch erscheint dies erstrebenswert. Streck betont in der Analyse die Gemengelage unterschiedlicher Rationalitätsebenen des Betriebs, die nicht dazu tendieren, dem ökonomischen Diskurs untergeordnet zu werden. Die Werkstatt erscheint gleichzeitig als kalkulierendes Wirtschaftsunternehmen, als Familienangelegenheit, als interethnisches Kontaktforum und als Inszenierung von Männerkultur. Aus dieser Sicht erscheint die These plausibel, daß der Betrieb den "Aufstieg" in den formellen Sektor gar nicht anstrebt.

Dann berichtet *Georg Heidenreich* über Schreinerbetriebe in Kinkiizi (Uganda), wobei sein empirisches Material aus der Beobachtung von drei Werkstätten stammt. Trotz Ähnlichkeiten in den Dimensionen Branche, Technologie, Größe und Grad der Ausdifferenzierung der Nationalökonomie ergeben sich kaum Gemeinsamkeiten mit der Werkstatt am Nil. Gerade dadurch erscheint die Gegenüberstellung aufschlußreich. Hergestellt werden vergleichsweise anspruchsvolle Holzgegenstände, beispielsweise Stühle, die als Konsumgüter hauptsächlich an die lokale Elite verkauft werden. Im Gegensatz zur Metallwerkstatt vom Nil wird in den Schreinereien von Kinkiizi bewußt darauf geachtet, daß Verwandtschaft und Geschäft strikt getrennt bleiben. Eine mögliche Erklärung dafür bietet die Tatsache, daß Kinkiizi ein ethnisch homogener Ort der Bakiga ist im Gegensatz zu Omdurman, wo sich alle Ethnien des Sudan treffen und gerade deshalb familiale und ethnische Formen der Solidarität aufgewertet werden.

Die Angestellten der ugandischen Schreinermeister (Werkstattbesitzer) sind formal qualifizierte Schreiner - wie er selbst -, die über ein Diplom der Berufsschule verfügen. Alle können lesen und schreiben, sprechen Englisch, es wird buchgeführt und die Arbeiten werden nach exakten Zeichnungen ausgeführt. Die

Akteure sind aktiv in einen Diskurs der Disziplin verwickelt, scheinen deshalb aber nicht unbedingt "disziplinierter" oder effektiver als ihre Kollegen am Nil zu arbeiten, zumindest wenn man die Klagen der Meister zum Maßstab macht. Auf jeden Fall aber erweckte die Darstellung Strecks den Eindruck, daß die Schrottverarbeiter am Nil den kreativen Umgang mit Metall in ihren Männlichkeitskult integriert haben und deshalb ihre Arbeit faszinierend und identitätsstiftend erleben. Dagegen scheinen die Schreiner in der Darstellung Heidenreichs eine vergleichbare Aneignung nicht zu vollziehen. Die Meister beklagen sich darüber, daß die angestellten Schreiner keine Leidenschaft für die Tätigkeit verspürten, ihnen ginge es mehr um Symbole der formalen Qualifikation.

Während also die technologische Kompetenz und Disziplin der Metallhandwerker im Sudan einem sich perpetuierenden Akt staatsferner, selbstgesteuerter und hochgradig kreativer Aneignung gleicht, ist sie in Uganda eher die Folge einer staatlich gesteuerten Bildungs- und besonders Berufsbildungspolitik, die indes von der Bevölkerung auffallend positiv aufgenommen wird. Die fehlende Verknüpfung zwischen betrieblicher Organisation und Qualifikation (etwa der Art eines Meister-Gesellen-Verhältnisses) führt schließlich dazu, daß die Schreinereien von Kinkiizi recht fragile Verbindungen darstellen. Die Tatsache, daß in den Werkstätten die einmal eingeübten Stücke der Berufsschule unverändert fortgeführt werden, weist ebenfalls auf die besondere Verbindung zwischen Betrieb und staatlich angebotener Ausbildung hin.

Ein weiterer Grund für die vergleichsweise fragile Konstruktion und geringe Innovationskraft der Schreinereien von Kinkiizi liegt darin, daß sie in einem kleinen Provinzort liegen. Besonders die angestellten Schreiner betreiben eine aus ihrer Sicht rationale Mischökonomie: sie bebauen neben ihrem Handwerksberuf auch Felder und sind deshalb - im Unterschied zu ihren sudanesichen Kollegen, die eigens zur Erwerbsarbeit in die Metropole am Nil gekommen sind - nicht ganz vom Betrieb abhängig. Hinter all den diskutierten Differenzen schwebt eventuell als übergeordnetes Argument die intensivere Kolonisierung und Christianisierung Ugandas.

Es folgen drei Fallstudien zu größeren Unternehmen, deren erste der Beitrag von *Volker Wild* ist. Am Beispiel einiger Unternehmen in Zimbabwe diskutiert er verschiedene Merkmale und Ursachen von Wachstumsgrenzen. Als die am reibungslosesten funktionierende Organisationsform in der Ökonomie Zimbabwes erscheint das Einzelunternehmen (wo der Eigentümer direkt und persönlich alle Transaktionen im Blick hat). Es stellt sich die Frage wieso die Einzelunternehmen Zimbabwes dennoch nicht in einem vergleichbaren Maß und mit ähnlichem Erfolg expandieren wie etwa levantinische Unternehmen in Westafrika. Während es anderswo in Afrika und allgemein in der Geschichte immer wieder vorkam, daß Unternehmen dadurch wuchsen, daß Brüder oder Söhne Zweigstellen eröffneten, scheint dieser Weg in Zimbabwe nicht beschritten zu werden bzw. immer wieder zum Scheitern verurteilt. Im Zentrum dieses Phänomens liegt, so Wild, die stets prekäre Spannung zwischen Eigennutz und Solidarität. Verwandtschaftliche Solidarität liefert im ethnisch relativ homogenen Zimbabwe offenbar keine Grundlage für Vertrauensbeziehungen im Unternehmen. Umgekehrt kann Vertrauen auch nicht auf einer für die Moderne charakteristischen Verbindung von Interesse und Moral gründen (im Sinne von "honesty is the best policy", wie es Weber formuliert hat), da diese Verbindung in Zimbabwe nicht ausreichend gegeben scheint.

Die Problematik der Wachstumsgrenzen zeigt Wild am deutlichsten bei seinem dritten Unternehmenstyp, der "private Company", die als Unternehmen mit mehreren Eigentümern definiert ist. Hier artikuliert sich das fehlende Vertrauen am krassesten. Niemand meint sich darauf verlassen zu können, daß sich die Geschäftspartner an die Spielregeln des business halten, daß sie das mittel- und langfristige Wohlergehen des Unternehmens über ihren unmittelbaren oder kurzfristigen Eigennutz setzen. Aus diesen Gründen können zimbabwesche Betriebe die Vorteile einer "economy of scale" (im Transport- und Handelsbereich besonders evident) nicht für sich nutzen, sie können kein produktives Kapital anziehen und deshalb nicht zur Entwicklung der Nationalökonomie beitragen.

Es folgen zwei weitere Beiträge zu größeren Unternehmen, die aus unterschiedlichen Gründen direkt an der Berührungsfläche zum westlichen Managementdiskurs stehen. Die von *Erika Dettmar* beschriebenen Unternehmen Nigerias werden ebenso wie die von *Aboubakar Souaré* vorgeführte, seit einigen Jahren privatwirtschaftlich operierende Brauerei von Conakry (Guinea) als *joint ventures* mit einer europäischen Firma geführt. Wie schon in der vorhergehenden Fallgruppe werden hier sehr ähnliche Gegenstandsbereiche aus unterschiedlichen Perspektiven angegangen. *Souaré* arrangiert seinen Beitrag um die Frage, wieweit die sich aus dem ökonomischen Diskurs ergebenden Anforderungen an die Organisation von den Akteuren als legitim und rational angenommen werden. Er stellt fest, daß sie diesen Diskurs nicht an sich heranlassen und versuchen, den Betrieb zur Versorgungsanstalt zu machen. Die leitende Grundfigur dieser Praxis scheint die Vorstellung zu sein, daß der Betrieb nicht Teil der schützenswerten sozialen Ordnung ist. Diese wird eher auf der Seite der Verpflichtung gegenüber denjenigen Menschen gesehen, mit denen man über andere als ökonomische Bande zusammenhängt.

Dagegen greift *Dettmar* solche Aspekte heraus, wo sich fruchtbare Querverbindungen zwischen dem ökonomischen und dem gemeinschaftlichen Diskurs ergaben. Sie sieht sich zur Hervorhebung dieses Aspekts dadurch veranlaßt, daß in Nigeria jahrzehntealte joint-ventures bestehen, die schon in den siebziger und achtziger Jahren teils durch den Ölboom bedingt eine Stärkung nigerianischer Handlungsund Orientierungsmuster hervorbrachten. Kurz gesprochen: während Souaré die Brüche betont, hebt Dettmar Synkretismen hervor, die sie teils als Synthesen verstanden wissen will.

Im Teil II ("Gemeinschaftsdiskurse in Interessenverbänden") widmen sich zunächst zwei Studien afrikanischen Nichtregierungsorganisationen (NGO: Groffebert, Neubert), sodann drei weitere der Organisation sich ethnisch bzw. lokal definierender Interessen (von Oppen, Lentz, Zitelmann). Stärker als bei den vorangegangenen Studien zum Organisationstyp "Unternehmen" liegen die hier untersuchten Organisationen an der Schnittstelle zwischen "Selbstorganisation" und "Staat" bzw. "Bürokratie".

So stellen *Hans Groffebert* und *Dieter Neubert* Ergebnisse ihrer Forschungen über Nichtregierungsorganisationen (NGO's) in Senegal, Kenya und Rwanda vor, die neuerdings, im Zusammenhang des Rückzugs des Staates überall in Afrika aus dem Boden schießen. *Groffebert* schildert in seinem Beitrag ein Phänomen, das im frankophonen Westafrika mit *ONG-bidon* ("Büchsen-NGO") umschrieben wird. Dahinter steht einerseits die Tatsache, daß internationale Hilfegeber immer bereitwilliger ihre Mittel in die Budgets einheimischer NGO's lenken, sobald diese ihre Projektentwürfe mit den jeweils aktuellen entwicklungspolitischen Schlüsselbegriffen garnieren (z.Zt. etwa "Frauen", "Umwelt", "Partizipation" usf.). Andererseits zeigen viele dieser sich rasch vermehrenden NGO's höchst bemerkenswerte, freilich eher unternehmerische als gemeinwohlorientierte Initiativen bei ihren Bemühungen, sich einen Anteil an diesem unverhofften Kuchen zu sichern. Den Gipfel dieser Tendenz bildet wohl ein neu entstandener Markt für Leihprojekte, die jeweils von einzelnen NGO's zu Vorzeigezwecken "geleast" werden können, wenn gerade wieder eine Projektprüfung durch den Geldgeber ansteht.

Dieter Neubert kommt in seinem Beitrag zu ähnlichen empirischen Ergebnissen, bemühte sich aber, sie in einen breiteren historischen und theoretischen Zusammenhang zu stellen. Hierzu stellt er einerseits die Hypothese auf, daß in Afrika die "Professionalität" von Nichtregierungsorgaisationen nicht wie in Europa schrifttweise aus einem soziokulturellen Umfeld bürgerlicher "Wohlfahrtsorientierung" erwuchs, sondern eher von außen transferiert wurde. Die westlichen Geber finden hier also heute Ansprechpartner, die scheinbar ihren eigenen Regeln und Rhetoriken entsprechen, zugleich aber ein "Unterleben" privater Ressourcenableitung und Gewinnorientierung führen, das die NGOs in die Nähe lokaler Consultingfirmen rückt. Aus der Beobachtung, daß in Ostafrika (offenbar im Unterschied zu der von Groffebert geschilderten Situation in Senegal) fast alle NGOs von externen Initiatoren gegründet wurden, leitet Neubert die weitere These ab, daß hier die Chancen für die Selbstorganisation mit dem Ziel generalisierter (Gruppenidentitäten übergreifender) Wohlfahrt bzw. "Entwicklung" gering seien, bzw. sich durch wachsende externe Transfers sogar noch verringerten. Einschränkend verweist er allerdings auch auf die Bedeutung unterschiedlicher sozialstruktureller und kultureller Kontexte, die von Fall zu Fall zu untersuchen blieben.

Eine spezifische Spannung bei der Herausbildung von Nichtregierungsorganisationen besteht in ihrem Selbstverständnis professioneller Effizienz auf der einen und gemeinschaftlicher Selbsthilfe auf der anderen Seite. Spezifische Deutungen von "Gemeinschaft", die in der heutigen Realität Afrikas eine große Rolle bei der Organisation verfaßter Interessen spielen, sind Lokalität und Ethnizität. Diese werden in den folgenden Fallstudien diskutiert. Zunächst untersucht *Achim von Oppen* die Geschichte zweier formell verfaßter Dorfgemeinden Nordost-Tanzanias seit ihrer staatlich verordneten Gründung in den frühen 70er Jahren. Auf seinen Beitrag, in dem es um die Konkurrenz unterschiedlicher Konzepte lokalisierter Gemeinschaft geht, folgen zwei Beispiele regionaler politischer Bewegungen, die sich explizit auf einen ethnischen Diskurs gründen. Während *Carola Lentz* Widersprüche im Legitimationsdiskurs der *Nandom Youth and Development Association* in Nordwest-Ghana diskutiert, vergleicht *Thomas Zitelmann* die Sozialstrukturmodelle, auf die sich fünf konkurrierende Befreiungsorganisationen der Oromo in Äthiopien berufen. In allen drei Beiträgen geht es u.a. um die Frage, wie Entwürfe "traditioneller" Gesellschaft zur Legitimationsbasis "moderner" Interessenverbände werden können und zu welchen Spannungen es dabei kommt. Insofern wird hier die Frage nach der Bedeutung exogener, zweckrationaler Modelle für die lokale Praxis in afrikanischen Unternehmen, die im ersten Teil überwiegt, umgedreht.

Von Oppen geht am Beispiel dörflicher Landkonflikte von der These aus, daß der Anspruch rationaler Regelung des Zugangs zu kommunalen Ressourcen, der dem tanzanischen Modell des *Development Village* zugrundeliegt, keineswegs eingelöst worden ist. Die neugeschaffenen kommunalen Institutionen (dörfliche Bürokratie, territorialer Geltungsanspruch) bleiben schwach, haben aber gleichzeitig noch zur Verschärfung der Auseinandersetzungen um Land und Landrechte beigetragen, was primär auf Kosten schwächerer lokaler Gruppen wie Umsiedler, Frauen und Pastoralisten ging. Ältere Aushandlungsmechanismen scheinen demgegenüber durch die *Villagization* zusätzlich geschwächt. Oft genug blockieren sich die konkurrierenden Institutionen auch gegenseitig. Interessanterweise geht es in diesen innerdörflichen Auseinandersetzungen aber keineswegs nur um partikulare Interessen, sondern immer auch um konkurrierende Vorstellungen von lokaler Gemeinschaft. Die Frage, ob sich im Verlaufe der Auseinandersetzungen auf neuer Ebene an der gemeinsam bewohnten Lokalität orientierte Identitäten von "untenenzungsversuche übersetzt werden, und gerade dadurch immer neue Widersprüche erzeugen.

Das Projekt, auf der Basis als primordial konstruierter, ethnischer Bindungen einen rationalen, politikfähigen Interessenverband zu organisieren, der vielfältige Funktionen nach innen und außen übernehmen kann, wird näher illustriert durch die Fallstudie von *Carola Lentz* über die Dagara in Nordwest-Ghana. Sie diskutiert drei typische Problemfelder der *corporate identity*, die bei solchen Versuchen auftreten. Zum einen greift sie den schon im vorangegangenen Beitrag berührten Konflikt zwischen territorialer und ethnischer Identitätsbestimmung mit den daraus resultierenden Abgrenzungsproblemen auf. Zweitens erörtert sie das Problem der Definition von Mitgliedschaft ("passiv" versus "aktiv"), das die Spannung zwischen einem Selbstverständnis als Gemeinschaft und als Organisation wiederspiegelt. Zum dritten schließlich geht es um den Widerspruch zwischen dem Postulat natürlicher Gemeinschaft, und den realen, sozial bzw. regional differenz"erten Interessen. Lentz zeigt, welche Diskurse und Symbole von der Führung des Verbandes eingesetzt werden, um diese Widersprüche zu überbrücken, und dem Projekt die erhoffte Integrationskraft zu geben.

Thomas Zitelmanns Beitrag kann insofern direkt komplementär zu Carola Lentz' Fall gelesen werden, als er mehrere Versuche ethnopolitischer Organisationsbildung in bezug auf die gleiche ethnische Gruppe miteinander vergleicht. Es handelt sich um insgesamt fünf Oromo-Organisationen, die sich im Verlauf des äthiopischen Bürgerkrieges als Befreiungsbewegungen konstitutiert haben. Diese repräsentieren Wie schon in dem Beitrag von Oppens treten auch hier unterschiedliche, konkurrierende Strategien der Konstruktion von Identität auf, in diesem Falle "der" Oromo. Diese Konkurrenz tritt jedoch hier nicht innerhalb einer, sondern zwischen verschiedenen Organisationen mit jeweils unterschiedlicher Deutung ihres Selbstverständnisses auf. In wechselnder Gewichtung tauchen das traditionelle Altersklassensystem, Clan-Identitäten, der Islam und soziale Klassen als Legitimationsmodelle auf. Sie werden auch strukturell innerhalb der Organisationen wirksam, etwa in der Hierarchie bzw. Kommando-Struktur. Welche Modelle jeweils im Vordergrund stehen, hängt u.a. mit der sozialen Herkunft der jeweils tragenden Gruppen ab.

In allen drei Beiträgen wird der Zwittercharakter ethno-lokaler Verbandsbildung hervorgehoben. Neben der Beförderung von Interessen gegenüber den "den anderen" (Zentralstaat, konkurrierende Gruppen) steht der Aspekt der Konstruktion von Gemeinschaft "nach innen" besonders bei den städtisch verankerten Bildungseliten im Vordergrund. Auffällig ist weiter, daß in allen Fällen die Symbole oder "Codes der Vergemeinschaftung" nicht nur autochthonen, sondern auch importierten Diskursen entstammen (siehe z.B. britisch-parlamentarische Rituale im ghanaischen oder die lateinische Schrift im äthiopischen Fall). Z.T. fällt der Wechsel von einem dieser Diskurse zum anderen mit dem Wechsel zwischen lokaler und nationaler Sprache zusammen ("Sprachwechsel ist Diskurswechsel"). Wird die Frage, welche Symbole verwendet werden, rein pragmatisch, nach "Kosten-Nutzen-Prinzip" gelöst? Letztlich kann Gemeinschafts- bzw. Organisationsbildung nur erfolgreich sein, wenn die Symbole verinnerlicht werden und der Umgang mit ihnen zu "unserer Kultur" wird. Dann bleibt freilich noch immer die Frage der Widersprüche zwischen den Diskursebenen, so wie auch zwischen Diskurs und Praxis. Diese Frage mündet zurück in die Ausgangsproblematik der Heterogenität der Legitimationsdiskurse in afrikanischen Organisationen.

Ausblicke

Die Vielfalt der Herangehensweisen und Organisationstypen, die den hier zusammengefaßten Beiträgen zugrundeliegen, verdeutlicht die Komplexität und Vielschichtigkeit des Phänomens "formale Organisation". Gerade dadurch wird vermieden, so hoffen wir, daß das Bild afrikanischer Gesellschaften wieder einmal dadurch verzerrt wird, daß historisch relative (in Europa entstandene) Maßstäbe angelegt werden - etwa ein implizit bereits einseitig auf Effektivität "rientierter, normativer Begriff von "Organisation" . "Aus diesen Gründen scheint es auch für künftige Forschungen zu diesem Thema notwendig, die diversen Organisationstypen im Zusammenhang zu behandeln. Eine dennoch wünschenswerte Zuspitzung der Diskussion wäre vor allem durch eine stärkere Konzentration auf solche Fragestellungen zu erreichen, die quer zu den einzelnen Typen verlaufen. Beispielsweise könnte das Verhältnis von Legitimitätssymbolen, formaler Struktur und Praxis von Organisationen genauer ins Auge gefaßt werden, als es hier möglich ist. Eine derartige Fragestellung wurde im Laufe der diesem Band zugrundeliegenden Tagung immer wieder kontrovers aufgegriffen. Es ging dabei um die Bedeutung formal rationaler Organisationsstrukturen. Während Rottenburg dafür plädierte, diese unter der Metapher "zeremonielle Fassade" in erster Linie als Legitimitätsdiskurs zu verstehen, an dem sich Organisationen orientieren, betonte besonders Neubert, daß es sich hier zugleich auch um materiale Strukturen handele, die in gewisser Weise das praktische Handeln steuern könnten.

Mögliche Ergebnisse eines systematischen und detaillierten Vergleichs der Legitimitätsdiskurse der vorgestellen ethno-politischen Verbände mit jenen der Unternehmen, NGOs und Dorfgemeinden können hier nur angedeutet werden. Auffällig ist, daß die letzteren sich eher mit Symbolen formaler Rationalität (Effektivität, Kontrolle) umgeben, während die ersteren sich eher auf traditionalistische Diskurse stützen. Bei beiden Varianten scheinen in Afrika die dominanten Legitimationen aber jeweils von ihren Gegenpolen "unterwandert" zu werden. Im großen und ganzen fiel auch auf, daß Organisationen, die für Mitglieder werben müssen und von ihnen einen unbezahlten Input erwarten, dazu neigen, die Legitimitätsvorstellungen der Akteure anders einzuschätzen als solche, die auf balancierte Reziprozität zwischen Mitglied und Organisation verweisen können. In jedem Falle zeigen diese Überlegungen, daß aus der vergleichenden Analyse derartiger Differenzen mehr über die einzelnen Organisationstypen zu lernen ist als aus ihrer gesonderten Betrachtung.

Auch auf der strukturellen Ebene stellen sich interessante Fragen, die eine weitere Bearbeitung verdienen. Eine davon wäre die nach dem Verhältnis von formalen Strukturen und informellen Netzwerken. In der herkömmlichen Terminologie gesprochen geht es darum, welches die afrikanischen Möglichkeiten sind, informelle Netzwerke mit formalen Strukturen so zu verknüpfen, daß Organisationen über eine subsistenzorientierte Funktion der Versorgung der Mitglieder auch hinauswachsen können. Denn schließlich macht es unabhängig von der gewählten Perspektive einen Unterschied, ob beispielsweise ein Busunternehmen sich selbst versorgt oder auch regelmäßigen, zuverläßigen und bezahlbaren Transport anbietet. Es ist auch nicht unbedeutend, ob und wie etwa das Überleben eines städtischen Wasserbetriebs an die zufriedenstellende Versorgung der Haushalte mit Wasser gekoppelt ist oder eben nicht.

Dabei besteht allerdings die Gefahr, daß die formalen Strukturen doch wieder als Ausdruck einer (meist nicht näher spezifizierten) "Rationalität" ständig wäre. Eine befriedigende Analyse müßte in der Lage sein, die formalen Strukturen ebenso als Konstrukt erscheinen zu lassen, wie die informellen Netzwerke. Ebenso ist die Möglichkeit, formale Strukturen durch informelle Netzwerke zu unterwandern, endlich durch die Analyse der umgekehrten Möglichkeit zu ergänzen.

Es ist offensichtlich, daß die meisten Beiträge mit sozialwissenschaftlichem Blick hauptsächlich daran interessiert sind, wie Menschen Organisationen machen und umgekehrt von Organisationen geprägt werden. Eine ganz andere Frage aber wäre: Wie kann man Organisationen verbessern? Eine direkte Antwort hierauf erscheint aus der hier vorgestellten Perspektive nur schwer möglich, da es kein absolutes und von der Organisation sowie der umgebenden Kultur unabhängiges Kriterium dafür gibt, was denn letztlich eine "Verbesserung" wäre. Diese Frage ist eben gerade nicht vorher entschieden, sondern muß im Legitimitätsdiskurs der Organisation und der umgebenden Kultur ausgehandelt werden. Während für Sozialwissenschaftler und Historiker diese Aushandlungsprozesse selbst von Interesse sind, ist es die Herausforderung des aktiven Gestalters von "Entwicklung" zu versuchen, deren Ergebnisse zu definieren und herbeizuführen.

Achim von Oppen, Richard Rottenburg

Literatur

Bierschenk, Thomas, und Georg Elwert (Hg.), 1993: Entwicklungshilfe und ihre Folgen. Ergebnisse empirischer Untersuchungen in Afrika. Frankfurt/Main: Campus.

Blunt, Peter und Merrich L. Jones, 1992: Managing Organisations in Africa. Berlin: de Gruyter.

Britan, Gerald, und Ronald Cohen, 1980: Hierarchy and Society. Anthropological Perspectives on the Study of Bureaucracy. Philadelphia: Institute for the Study of Human Issues.

Brown, Richard H., 1978: Bureaucracy as Praxis: Toward a Political Phenomenology of Formal Organizations. In: Administrative Science Quarterly, 23, 3, S. 365-382.

Callon, Michel und Bruno Latour, 1981: Unscrewing the big Leviathan: how actors macro-structure reality and how sociologists help them to do so. In: Karin Knorr-Cetina und A. V. Cicourel, (Hg.):Advances in Social Theory and Methodology. Toward an Integration of Micro- and Macro-Sociologies. Boston etc.: Routledge.

Czarniawska-Joerges, Barbara, 1992: Exploring Complex Organizations. A Cultural Perspective. Newbury Park etc.: Sage.

Douglas, Mary, 1987: How Institutions Think. London: Routledge.

Gebauer, Gunter und Christoph Wulf, 1992: Mimesis. Kultur, Kunst, Gesellschaft. Reinbeck: Ro wohlt.

Götz, Irene und Alois Moosmüller, 1992: Zur ethnologischen Erforschung von Unternehmenskulturen. Industriebetriebe als Forschungsfeld der Völker- und Volkskunde. In: Schweizer Archiv für Volkskunde, 88, 1-2, S. 1-30.

Helmers, Sabine und Frederick C. Gamst, 1990: Die kulturelle Perspektive und die Arbeit: Ein forschungsgeschichtliches Panorama der nordamerikanischen Industrieethnologie. In: Zeitschrift für Ethnologie, 115, S. 1-18.

Kramer, Fritz, 1987: Der rote Fes. Über Besessenheit und Kunst in Afrika. Frankfurt am Main: Athenäum.

Latour, Bruno, 1986: The Powers of Association. In: John Law, (Hg.): Power, Action and Belief. A New Sociology of Knowledge? London: Routledge.

Meyer, John W. und W. Richard Scott, (Hg.), 1992: Organizational Environments. Ritual and Rationality. Newbury Park etc.: Sage.

Powell, Walter W. und Paul J. DiMaggio (Hg.), 1991: The New Institutionalism in Organizational Analysis. Chicago: Univ. of Chigago Press.

Rottenburg, Richard, 1993: Vom Transfer zum Dialog. Aspekte finanzieller Zusammenarbeit in Afrika. Frankfurt am Main: Kreditanstalt für Wiederaufbau: Arbeitshefte, Materialien, Diskussionsbeiträge, Heft 9.

Rottenburg, Richard, 1994: "We have to do business as business is done!". Zur Aneignung formaler Organisation in einem westafrikanischen Unternehmen. In: Historische Anthropologie, 2, 2, S. 265-286.

Türk, Klaus, 1989: Neuere Entwicklungen in der Organisationsforschung. Stuttgart: Enke.

Anmerkungen

1 Vgl. z. B. Bierschenk/Elwert (Hg.), 1993.

2 Perrow 1991.

3 Für den deutschen Sprachraum hat Klaus Türk (1989) die hier angesprochene Entwicklung zusammengefaßt.

4 Vgl. Rottenburg 1993.

5 Zwei Überblicksartikel dokumentieren das Bemühen der Ethnologie und Volkskunde, nun selbst im Bereich der Organisationsforschung tätig zu werden: vgl. Helmers/Gamst 1990; Götz/Moosmüller 1992.

6 Vgl. Douglas 1987.

7 Vgl. z. B. Czarniawska-Joerges 1992.

8 Vgl. Blunt/Jones 1992.

9 Vgl. Powell/DiMaggio 1991; Meyer/Scott 1992.

10 Vgl. Britan/Cohen 1980.

11 Vgl. Brown 1978.

12 Vgl. Callon/Latour 1981.

13 Der von Richard Rottenburg auf dem zugrundeliegenden Workshop gehaltene Vortrag ist inzwischen in einer bearbeiteten Form an anderer Stelle erschienen (Rottenburg 1994).

Formale und informelle Beziehungen in Organisationen

Richard Rottenburg

Der Widerspruch zwischen der weiten Verbreitung sowie der Beliebtheit eines Organisationsmodells und der offenkundigen Wirkungslosigkeit dieses Modells in weiten Teilen der ehemals "Dritten Welt" ist der Ausgangspunkt für viele Studien, die sich mit diesen Teilen der Welt beschäftigen. Im folgenden werde ich mit Hilfe des theoretisch soliden und empirisch gut belegten Aufsatzes "Informal Exchange Networks in Formal Systems"[1] von Larissa Lomnitz vorführen, was als "state of the art" angesehen werden kann und in diesem Band als Ausgangspunkt genutzt wird. Aus Mayfair Mei-Hui Yangs anregendem Aufsatz "The Gift Economy and the State Power in China"[2] werde ich einige ergänzende Beispiele wählen.[3]

Ohne es explizit zu sagen, arbeiten die beiden Autorinnen ganz selbstverständlich mit der Prämisse, wonach Organisationen rationale Instrumente zur Erlangung eines spezifischen Zwecks sind. Den informellen Tauschbeziehungen, die sie immer wieder als soziokulturell determiniert beschreiben, stellen sie die formalen Strukturen gegenüber, die insofern rational erscheinen, als sie nicht eingebettet sind. Nur vor dieser Folie macht ihre zentrale These Sinn: daß nämlich informelle Netzwerke durch das Versagen der formalen Organisationsstrukturen verursacht sind.

Die Autorinnen skizzieren einen Wirkungszusammenhang, der in vielen nichtwestlichen Gesellschaften dadurch in Gang gesetzt würde, daß erstens die Ziele und Strukturen formaler Organisationen den historischen und soziokulturellen Gegebenheiten jener Gesellschaften zuwiderlaufen. Dies führe zweitens dazu, daß die Organisationen ineffektiv arbeiten, was wiederum drittens die Menschen veranlasse, sich auf anderen - im Sinne des Systems illegalen - Wegen weiterzuhelfen, um ihre Bedürfnisse zu befriedigen. Viertens freilich reduziere dieser Ausweg die Effektivität der formalen Organisation noch weiter und verhelfe so fünftens dem informellen Austausch zu noch größerer Bedeutung.

Lomnitz betont, daß Menschen überall auf der Welt auf informelle Beziehungen zurückgreifen, wenn die erwünschten Sachen knapp sind oder die Belohnung für den Regelbruch hoch genug ist. Allerdings ahnt sie an einigen Stellen[4], daß es vielleicht um mehr geht, als die individuell gefällte Wahl des wirkungsvolleren Mittels. Dennoch hält sie ihre These von der Zweckrationalität informeller Transaktionen, die nur dann aktiviert werden, wenn die formalen Strukturen versagen, bis zum Ende durch. Sie schlußfolgert eindeutig: "The degree of formality and the inability of the formal system to satisfy societal needs give rise to informal solutions."[5]

Es handelt sich somit um eine funktionalistisch-rationalistische Argumentationsfigur, die durch ihre Klarheit und schlanke Eleganz überzeugt. Erfreulicherweise (oder vielleicht bedauerlicherweise?) scheinen derart anspruchsvolle Fest-Stellungen gesellschaftlicher Regelmäßigkeiten in den letzten Jahren weiter an Prestige verloren zu haben. Die Beiträge dieses Bandes gewinnen ihren Wert aus verschiedenen Versuchen, die Prämissen dieser Argumentationsfigur aufzulösen. Was "societal needs" sind, können wir der Analyse nicht als archimedischen Punkt voranstellen und deshalb auch nicht zur Erklärung von Handlungen heranziehen. Die Unterscheidung zwischen "formalen" und "informellen" Wegen zur Erledigung einer Sache mit der Differenz von "rational" und "soziokulturell eingebettet" gleichzustellen, erscheint ebenfalls unbegründet, wenn man den Standpunkt ökonomischer Systemrationalität verläßt und stattdessen die Sicht der Akteure einnimmt.

Wie einige Autoren dieses Bandes bemühen sich Larissa Lomnitz und Mayfair Mei-Hui Yang darum, die Debatte informeller Netzwerke aus der Peripherie komplexer Gesellschaften[6] in deren Zentrum zu verlegen. Sie weisen nach, daß es sich nicht um getrennte Sphären, sondern um unterschiedliche Dimensionen handelt, die man nicht nur auf dem flachen Land und in den Slums der Großstädte antrifft, sondern inmitten des Verwaltungsapparats des modernen Sektors komplexer Gesellschaften. Ihre Beispiele stammen aus Chile, Mexiko und Georgien bzw. aus China, und sie zeigen, wie Menschen in Austauschbeziehungen mit anderen Menschen treten. Diese Tauschbeziehungen werden intern durch das Idiom primärer Verpflichtungen begründet und scheinen folglich dem formalen System entgegenzustehen, sofern es dort gerade auf die Trennung zwischen Amt und Person ankommt.

Während es in der gängigen Argumentation nur darum gehen kann, wie informelle Netzwerke in formalen Systemen entstehen und wirken, zeigen einige Aufsätze dieses Bandes, daß sich die Frage mit Gewinn umkehren läßt: Welche Bedeutung haben formale Organisationssysteme im Kontext informeller Netzwerke? Das Thema so aufzuwerfen, heißt gleichzeitig zu fragen: Welche Rolle spielen dabei jene neuen Ideen und Artefakte, die in einem globalen Diskurs umherwandern, um von einzelnen Akteuren aufgegriffen und in ihren lokalen zeiträumlichen Kontext übersetzt zu werden? Und was bedeutet es, wenn das Modell "formale Organisation" selbst zu diesen Ideen/Artefakten gehört? Auf jeden Fall aber wird durch die Umkehrung der Frage vermieden, durch den sozialwissenschaftlichen Diskurs[7] einen Bereich des Rationalen von einem Bereich des Irrationalen zu trennen, für den man sich dann allein zuständig fühlt.

Bürokratie und Gabentausch

Dem Raster der institutionellen Analyse folgend (wie es von Marcel Mauss und Karl Polanyi sowie von deren späteren Anhängern entwickelt worden ist), setzt Larissa Lomnitz bei Tauschbeziehungen an. Wie die meisten ihrer Vorgänger in dieser Tradition übernimmt sie von den Akteuren, die sie untersucht, deren lebensweltlich befangene Rhetorik der Egalität, die sie deshalb nicht mehr hinterfragen kann. Gleichheit wird auf diese Weise unter der Hand zum Spezifikum von Gesellschaften, in denen Markt und Bürokratie eine geringere Rolle spielen als Gabentausch und Gegenseitigkeit. Doch in historischer und makrosoziologischer Perspektive verhält es sich umgekehrt. Bürokratie und Markt sind die beiden mächtigsten Gleichmacher, und die bürgerliche (wie auch die sozialistische) Moderne ist diejenige Gesellschaftsform, wo das Recht auf Differenz am radikalsten diskreditiert ist.[8]

In nicht-modernen Gesellschaften hingegen reklamieren Individuen und Gruppen ein unwiderrufliches Recht für sich, verschieden zu sein, andere Bedürfnisse zu haben und unterschiedlich behandelt zu werden. Hier kommen Geschlecht, Seniorität, Abstammung, Status und idiosynkratische Neigungen als Attribute zum Tragen, die den Austauschbeziehungen quasi vorgelagert sind und nicht jedesmal wieder zur Disposition stehen. Das heißt vor allen Dingen, daß nicht alle Statusbeziehungen inhärent mit dem Tauschprozeß selbst verbunden sind, wie es in der modernen Marktgesellschaft über das Prinzip der Leistung geschieht.

Indem Lomnitz das unwiderrufliche Recht auf Differenz unerwähnt läßt, verdeckt sie einen ausschlaggebenden Punkt. In einem Kreis von Menschen, für die selbstverständlich das Recht auf Differenz gilt, stellen sich Austauschbeziehungen nicht deshalb als reziprok dar, weil zwischen Gleichen Gleiches getauscht wird. Nicht weil sie wirklich gleich sind oder Gleiches tauschen, sondern weil sie ihre Ungleichheit annehmen und nicht ständig in Frage stellen, deuten sie ihre internen Tauschbeziehungen als Gabentausch, als System generalisierter Reziprozität. Hier wird nicht aufgerechnet, sondern davon ausgegangen, daß sich Schulden auf lange Sicht kompensieren; der gute Ton verbietet es, überhaupt von Schulden und Erwiderung zu sprechen. Das emisch geltende Vokabular bietet hier vor allem an, von der gegenseitigen Hilfe zwischen Brüdern (also Gleichen) zu sprechen.

Lomnitz' empirischer Ausgangspunkt ist das System des Tausches von Hilfeleistungen (Spanisch *favores*) zwischen Mitgliedern der Mittelschicht in Chile und Mexiko. Die Leistungen bestehen stets darin, daß die gebende Seite ihren Einfluß im formalen System spielen läßt und eine knappe Ressource illegal abzweigt. Die empfangende Seite darf auf keinen Fall sofort mit einer Gegenleistung, geschweige denn mit Geld, antworten. Dadurch wäre der symbolische Inhalt des Gabentauschs zunichte gemacht. Dieser Inhalt ist das wechselseitige Vertrauen in die Zuverlässigkeit des Partners, sich verbindlich zu dem System gegenseitiger Hilfe zu bekennen - nicht wegen eines kurzfristigen Vorteils, dessen Kalkulation im nächsten Moment wieder anders aussehen mag, sondern aus Reziprozitätsethik im Sinn einer heiligen Pflicht. Im Kern geht es um jene *confianza* (Vertrauen), die man am ehesten von engen Verwandten erwartet. Wegen der universalen Bedeutung dieses Ethos hat sich in der englischsprachigen Anthropologie ein eigener Terminus dafür eingebürgert: seit Meyer Fortes' Vorschlag von 1963 spricht man von *amity*. Die meisten Sprachen haben einen gesonderten Ausdruck für diesen Ethos, der freilich von Fall zu Fall besondere Unterschiede aufweist, so daß es keine Eins-zu-eins-Übersetzungen geben kann. In diesem Buch führt Aboubakar Souaré zwei Ausdrücke aus Guinea ein, *dyokkere endhan* und *sabu*, die vermutlich erst zusammen so etwas wie *amity* ausmachen.

Wenn jemand eine legal nicht zugängliche Sache begehrt und keine richtigen Beziehungen dafür hat, setzt er oder sie einen Freund als Mittelsmann ein, der mit dem Verteiler der Ressource in einer Vertrauensbeziehung steht. Auf diese Weise wird die ganze Gesellschaft von Netzwerken durchwoben, die durch primäre Beziehungen zwischen konkreten Personen begründet werden. Während sich ein solcher Sachverhalt gewiß empirisch gut nachweisen läßt und deshalb hier auch nicht bestritten werden soll, ist die versteckte, aber nachhaltiger wirkende Bedeutung dieser Sichtweise doch irreführend. Es entsteht ein Bild, in dem sich der Gabentausch in den Lücken moderner Vergesellschaftung ausbreitet, wie das Gras zwischen den Pflastersteinen.

Die Pflastersteine als formale, intentionale Strukturen - grob vereinfachend: als Bürokratie - erscheinen damit erstens als einer weiteren (kulturanthropologischen) Befragung nicht würdig und zweitens als etwas Repressives, das man gerne beiseite räumen möchte, um die Wiese - grob vereinfachend: die gemeinschaftlichen Beziehungen - blühen zu lassen. Eine derart vorgegebene Aufteilung des Gesellschaftsbildes macht es schwer oder unmöglich, die Pflastersteine selbst zum Gegenstand sozialwissenschaftlicher Betrachtung zu machen und die komplexen Beziehungen zwischen Gras und Pflastersteinen überhaupt zu erfassen. Deshalb versuchen die Autoren dieses Bandes die implizite Aufteilung des Bildes hinter sich zu lassen.

Es lohnt sich hier dennoch, der gängigen Argumentationsfigur noch eine Weile zu folgen, um die relevanten Fragen herauszuarbeiten. In dem von Lomnitz beschriebenen Tauschsystem von *favores* steht die gebende Seite in einem Loyalitätskonflikt, da das Abzweigen der Ressource zugunsten eines Bruders oder Freundes eine Regelverletzung im formalen System bedeutet. Etwa im (von mir erfundenen) Fall des Direktors einer Telefongesellschaft, der bei einem Freund einen Anschluß legen läßt, der laut Warteliste erst in zwei Jahren drangekommen wäre. Lomnitz betont, daß der Konflikt nicht zwischen Gemeinwohl und privatem Nutzen liegt - und deshalb glaube ich, daß wir uns zumindest streckenweise auf dem gleichen Weg befinden. Die Loyalität dem Freund gegenüber ist vielmehr genauso Ausdruck eines institutionalisierten Orientierungsmusters. Dieses Muster ist in gleichem Maße auf das Gemeinwohl bezogen, allerdings in anderer Weise konstituiert als im modernen Sektor mit seiner Staatsbürokratie und den ebenfalls bürokratisch organisierten Unternehmen. Die Frage ist also: wie verhalten sich die beiden Orientierungsmuster der Loyalität zueinander?

Die Praxis der Telefonzuteilung bedarf wie jede andere Praxis eines *Repräsentationsmodells*: eines theoretischen Konstrukts, das besagt, wie die Dinge in einem gesonderten Handlungsbereich am besten aussehen, wie die Welt an dieser Stelle eigentlich beschaffen sein sollte.[9] Diesem Modell kommen in dem vorliegenden Beispiel zwei unterschiedliche Aufgaben zu. Zum einen soll es die Praxis der Telefonzuteilung als Umsetzung eines Plans erscheinen lassen, der zweckrational am Prinzip der Effektivität orientiert ist. Zum anderen aber soll das Modell der Praxis einen symbolischen Schutzmantel bieten, der sie in den Augen möglichst vieler Betroffener fair und legitim erscheinen läßt. Vom Standpunkt der Telefongesellschaft, die von der Gesellschaft beauftragt ist, die Menschen mit Telekommunikationsmöglichkeiten zu versehen, besteht das Repräsentationsmodell unter anderem aus der Warteliste, zu der ein festgelegter Katalog von Sonderregelungen gehört (beispielsweise für Feuerwehrleute, Polizisten, Ärzte usw.). Aus der Sicht vieler Menschen - nach den hier diskutierten Texten zumindest in Chile, Mexiko, Georgien und China; ich denke man kann ohne weiteres sagen: mit einigen Unterschieden überall auf der Welt - ist indes jener andere Schutzmantel der Praxis ebenso wichtig, der auf Werte wie Familien- und Gruppensolidarität, Noblesse oblige und Ritterlichkeit verweist. Dies sind Begründungsmuster der Praxis, die zwar ganz anders, aber deshalb nicht weniger auf das Gemeinwohl bezogen sind und eben deshalb legitim und sinnhaft erscheinen.

Mayfair Mei-Hui Yang liefert ein der Telefongeschichte analoges Beispiel aus China. Sie berichtet, daß die Staatsbürokratie einen bestimmten Kriterienkatalog erarbeitet, nach dem Wohnungen an Bedürftige vergeben werden sollen, diese Kriterien aber meist in das Klassifikations- und Prioritätensystem der Menschen übersetzt werden, ehe sie zur Anwendung kommen. Jener Verwandtschaftsethos (*amity*), der in Südamerika als *confianza* bekannt ist, heißt in China *guanxi* (sprich: guan-schi, wörtlich "Beziehung").[10] Sie sagt:

> "In a similar manner, the art of guanxi redistributes what the state economy has already distributed, according to the people's own interpretations of need and the advantages of horizontal social relationships."[11]

Das Problem besteht also darin, wie die Akteure mit der Spannung zwischen bürokratischer Allokation und der Verpflichtung gegenüber Verwandten und Freunden umgehen, wie sie - in Weberscher Terminologie gesprochen - zwischen formaler und materialer Rationalität[12] vermitteln. Wir lernen, daß es sich in Südamerika meist um einen geschickten Balanceakt zwischen zwei - wie ich sie nennen möchte - *Legitimitätsdiskursen* handelt.

Diesen Balanceakt kann man vor allem an den ungeschriebenen Regeln des informellen Austauschs erkennen, von denen einige folgendermaßen lauten:

> "... don't request favors that might threaten a friend's vital interests or the safety of that person's job; don't mix friendship and business, sentiment and profit; phrase your request in terms that reflect your degree of confianza. Thus, among friends who are on less than intimate terms, it is customary to present one's case as a request for advice, thus leaving it up to the friend to offer assistance. Among close friends, such an indirect approach would be

offensive, since it would imply casting doubts on a friend's readiness to be of service."[13]

Mayfair Yang bestätigt diese Beobachtung für China, wenn sie darauf hinweist, daß die Beteiligung am Gabentausch zur Konstitution persönlicher Identität unerläßlich ist.[14] In Chile - so faßt Lomnitz ihre Ausführungen zur Etikette des informellen Austauschs zusammen - hat die Reziprozitätsethik einen "quasi-sacred ritual character"[15]. Dagegen läßt das Verletzen der Regeln der anderen Etikette, also beispielsweise der Telefonwarteliste, nicht nur kein schlechtes Gewissen zurück, sondern bietet sogar eine gewisse Kompensation für die Unzufriedenheiten mit der modernen, komplexen Gesellschaft im ganzen.

Mit dieser Feststellung stellt die Anthropologin aber ihr eigenes Erklärungsmodell, wonach nur deshalb informell getauscht wird, weil es formell nicht so gut klappt, selbst in Frage. Es scheint um mehr zu gehen, als um ein cleveres Ausnutzen von Chancen.

Bürokratie und Markttausch

Larissa Lomnitz führt ihr empirisches Material auch an anderen Stellen ihrer Argumentation so gut vor, daß es gegen den Strich gelesen werden kann. Sie berichtet, daß die Partner eines illegalen Tausches unter bestimmten Bedingungen dazu neigen, von der generalisierten zur balancierten Reziprozität zu wechseln, ihre Leistungen also genau aufzurechnen und die zeitliche Folge festzulegen. Dies geschieht beispielsweise, wenn die beiden Parteien sozial weit voneinander entfernt sind - etwa zu unterschiedlichen Schichten der Gesellschaft gehören -, oder wenn die Sache, um die es geht, auch im Rahmen der Ideologie der gegenseitigen Hilfe moralisch verboten erscheint. Es wird dann lieber direkt Leistung gegen Geld getauscht, so daß keinerlei Verpflichtung und soziale Nähe zurückbleibt. Man möchte einen solchen Tausch möglichst anonym und ohne Spurenhinterlassung abwickeln. Diese Art der Reduktion eines umfassenden, auf lange Zeiträume angelegten sozialen Austauschs auf eine ephemere Markttransaktion nennt Lomnitz "Säkularisierung von Reziprozität".

Wir erfahren, daß beispielsweise chilenische Geschäftsleute, die eine dringende Zollabfertigung benötigen, diese in der Regel durch Bestechung erzielen. Sie wählen diesen Weg anstatt einer vielleicht ebenfalls möglichen *confianza*-Lösung, weil sie Wert darauf legen, mit der ringgeschätzten Schicht der Verwaltungsleute keine Vertrauensbeziehungen zu pflegen. Jeder Akt der Bestechung konstituiert diese oft willkommene Asymmetrie. Der Geber stellt sich deutlich über den Empfänger, so daß er damit nicht nur eine instrumentelle Handlung vollzieht, sondern auch seine soziale Identität rituell darstellt und stabilisiert. In Fällen, in denen sowohl eine solche Asymmetrie als auch *confianza* unerwünscht sind, bietet es sich an, das Geschäft über einen Mittelsmann abzuwickeln.

In Mexiko ist die auch andernorts übliche Verwaltungskorruption unter dem Namen *mordida* (wörtlich "Stich" wie im deutschen Bestechung) bekannt. Es gilt die Vorstellung, daß die Beamten ihre Pflicht in der Regel erst tun, wenn sie bestochen werden, oder sie lassen sich umgekehrt mit Geld davon abbringen, ihre Pflicht zu tun. Für unser Argument ist daran wichtig, daß es hier gewiß um keinen ungezähmten Freistil geht. Die beiden betroffenen Parteien setzen vielmehr bestimmte Techniken ein, um dennoch ihr Gesicht zu wahren. Wenn etwa nicht ein privater Geschäftsmann, sondern ein Mitglied des Staatsapparates eine zügige Zollabfertigung braucht, seinen Kollegen vom Zoll aber als gleichrangig behandeln muß, um überhaupt etwas zu erreichen, so sollte er es besser nicht mit ungeschminkter Bestechung versuchen. In einem solchen Fall erreicht am ehesten ein Mittelsmann, daß das Schmiergeld die erwünschte Handlung bewirkt, ohne die sozialen Erwartungen der Situation zu verletzen. Während manchmal auch eine offiziell nicht existente "Steuer" oder eine nicht erbrachte Leistung berechnet wird, um das Schmiergeld zu kaschieren, beauftragen die höchsten Angestellten des formalen Systems eine Anwaltskanzlei damit, möglichen Kunden die *mordida* abzunehmen, wie auch umgekehrt diese Kunden einen Anwalt dazwischenschalten, um sich keine Blöße zu geben.

In allen diesen Beispielen kommt es auf die Existenz von zwei divergenten Legitimitätsdiskursen an. Auf der einen Seite bauen die Akteure einen Legitimitätsdiskurs auf, der ihre Praxis als vernünftig und moralisch erscheinen läßt, sofern in den unzähligen Tauschvorgängen der Ethos von *confianza* (*guanxi* oder *dyokkere endhan*) bestätigt wird. Doch diese Beobachtung - und das ist der Punkt, an dem ich mich am weitesten von Lomnitz und Yang entferne - darf nicht darüber hinwegtäuschen, daß das konkrete Handeln wiederum eine gewisse Eigenständigkeit gegenüber sämtlichen Orientierungsrahmen hat. Wenn eine konkrete Situation es opportun erscheinen läßt, wird gelegentlich gegen den Ethos gehandelt. Immerhin bekennen sich die Akteure weiterhin oder gerade deshalb zu dem Idealtyp. Oft begründen sie ihr abweichendes Handeln damit, daß sie durch die Umstände dazu gezwungen waren, später aber danach trachten werden, die Ordnung wieder herzustellen. In diese Kategorie gehören auch noch Fälle, wo die Menschen mit der Erklärung gegen ihren Ethos handeln, daß schließlich "alle anderen es tun" und sie deshalb den kürzeren ziehen würden, sollten sie sich als einzige daran halten. Im Hintergrund steht auch hier die aufrichtige Überzeugung, daß es eigentlich falsch ist, so zu handeln. Mit anderen Worten, das Repräsentationsmodell der *confianza* (*guanxi*, *dyokkere endhan*) wird dadurch nicht brüchig oder gar obsolet, daß es von dem Handlungsmodell (dem Rezept für situationsbedingtes Alltagshandeln) und der konkreten Praxis immer wieder als unrealistisch entlarvt wird.

Auf der anderen Seite baut sich nach dem gleichen Muster ein Legitimitätsdiskurs auf, der Praxis als vernünftig und ethisch korrekt erscheinen läßt, wenn die

Prinzipien der Effektivität und der bürokratischen Symmetrieforderung (alle gleichen Fälle gleich zu behandeln) respektiert werden. Hier gilt im Prinzip das gleiche wie oben: mal befolgt man die Regeln, mal verletzt man sie, doch stets bekennt man sich am Ende zu ihnen. Beinahe jede konkrete Handlung, die im Licht des einen Diskurses rational und legitim erscheint, läßt sich durch Bezug auf den anderen Diskurs de-legitimieren und umgekehrt. Situatives Taktieren bedeutet folglich, im geeigneten Moment aus dem einen in den anderen Diskurs überzugehen. Deshalb kommt es bei der Analyse vor allem darauf an, wie das Verhältnis zwischen der Praxis und den beiden divergenten Legitimitätsdiskursen bzw. den Übergängen im einzelnen aussieht. Die oben genannten Beispiele - etwa die Anwaltskanzlei, die vor allem dazu da ist, Bestechungen elegant und unbemerkt über die Bühne zu bringen - werden von Lomnitz so ausgelegt, als stünden sich Ethos und Rationalität bzw. Authentizität und aufoktroyierter Schein diametral gegenüber.

Dagegen meine ich, daß beide Diskurse sowohl ethische wie rationale Dimensionen enthalten. Vor allem aber möchte ich hervorheben, daß es sich in beiden Fällen um legitimierende Diskurse handelt, die überall gleichermaßen unverzichtbar sind und die von den Akteuren gleichermaßen taktisch eingesetzt werden. Der Ethos des Marktes und der Bürokratie unterscheidet sich von *amity* nicht dadurch, daß sich das eine hintergehen läßt, das andere aber nicht. Beides sind notwendige, rituell zelebrierte Fassaden.

Gleichwohl unterscheiden sich Gesellschaften, soziale Kontexte und Entwicklungsphasen offenbar nach der Ausprägung der gesonderten Diskurse, nach den möglichen Akkreszenzen und Übergängen zwischen den Diskursen und nach den Verbindungen zur Praxis. Diejenigen Faktoren, die hier eine unumstrittene Rolle spielen, sind einigermaßen trivial. Wenn das formale Versorgungssystem einer Gesellschaft die Nachfrage nicht befriedigen kann, helfen sich die Menschen auf informellen Wegen. Die Planwirtschaften des real existierenden Sozialismus haben hierfür gigantische Fallbeispiele abgegeben. Wenn gesellschaftliche Transformation ein gewisses Tempo übersteigt, so daß die formal dafür vorgesehenen Steuerungsinstanzen nicht mehr nachkommen, suchen die Menschen nach schnelleren und flexibleren Auswegen im informellen Bereich. Hier liefern dieselben Länder die besten Beispiele, doch diesmal als postkommunistische Transformationsgesellschaften. Wenn die Komplexität eines gesellschaftlichen Systems die Steuerungskapazität des formalen Apparats übersteigt, etwa das Management einer Metropole, greifen die Akteure häufig auf informelle Netzwerke zurück.

Kleinteiligere Fragen zu informellen Beziehungen im Kontext formal organisierter Felder führen vielleicht zu interessanteren Beobachtungen. So haben die Beispiele Lomnitz' gezeigt, daß wachsende soziale Distanz (also eine sozialstrukturelle Transformation) in diesem Sinn wirksam wird. Manche Hilfeleistungen, die mit den Regeln der Reziprozitätsethik erklärt wurden, mutieren durch zunehmende soziale Distanz zwischen den Akteuren zu Tauschakten, die mit den Marktregeln begründet werden, wonach Leistung für Geld zu haben ist. Eine Zunahme sozialer

Distanz kann aber auch zur Herausbildung von Patron-Klient-Beziehungen führen, die eine besondere Art von Reziprozität beinhalten, die Lomnitz "asymmetrisch" nennt und auf die ich nun eingehen möchte.

Bürokratie und Patronage

Wenn Mitglieder eines informellen Netzwerkes im formellen System aufsteigen, wird es ihren Tauschpartnern schwerfallen, ihre Beiträge in der gleichen Währung und in derselben Höhe zu erwidern. Zudem werden die Aufsteiger nun mehr an Loyalität interessiert sein, die sie am ehesten dadurch aufbauen und bewahren, daß sie ihre Tauschpartner im "Schatten der Verschuldung" (Gouldner) lassen. Auf diese Weise spielt sich eine Patron-Klient-Beziehung ein. Die eine Seite, der Patron (zumindest in der Literatur immer ein Mann), bringt vor allem den Zugang zu begehrten Positionen und Aufträgen, politischen Schutz sowie Hilfeleistungen in Not ein. Die andere Seite, die Klientel, antwortet mit persönlicher Loyalität gerade auch in politischen und ideologischen Dingen, mit kleineren Diensten und mit Informationen aus Bereichen, die dem Patron wegen seiner gehobenen Position nicht mehr zugänglich sind, auf die er aber besonders angewiesen ist.

Ein (abermals von mir erfundenes) Beispiel sind die Hochschulabsolventen eines Jahrgangs, die bei einem Professor absolviert oder gemeinsam an einem fernen Ort, etwa in Leipzig, Manchester oder Madras, studiert haben. In den Ländern der Dritten Welt, wo diese Elite noch klein ist, überziehen die Mitglieder eines solchen Männerbundes im Regelfall noch schneller und leichter als anderswo einen nennenswerten Teil des öffentlichen Dienstes und der großen staatlichen Unternehmen und setzen ihre Interessen meist erfolgreich durch ihr Netzwerk durch. Schon weil alle wissen, wie sehr sie auf solche Verbindungen angewiesen sind, halten sie sich an die Spielregeln. Sobald ein Mitglied der Gruppe es geschafft hat, einen höheren Posten zu erreichen, beispielsweise den eines Direktors im Finanzamt, wird er zum Patron des Netzwerks der ehemaligen Kommilitonen. Dieses Netzwerk erhöht dadurch seine Schlagkraft insgesamt.

Lomnitz stellt reziproke Tauschbeziehungen zwischen Leuten, die unter der ideologischen Ägide von *amity* (*confianza, guanxi, dyokkere endhan*) handeln, immer nur in der Variante dar, in der sie quer zur formalen Organisation verlaufen. Im Unterschied dazu weist die Autorin im Fall der Patronage darauf hin, daß das entsprechende Beziehungsmuster gelegentlich auch parallel zu der formalen Hierarchie verläuft. Im politischen System Mexikos sei es so, daß beispielsweise ein Staatssekretär bei seiner Ernennung einige Mitglieder seiner Allianz - also jene Leute, die ihn als Patron anerkennen - auf die wichtigsten ihm nachgeordneten Posten des Apparats zu setzten versucht. Gleichzeitig achtet sein Minister allerdings ebenfalls darauf, daß einige der Posten dieser Ebene mit seinen eigenen Klienten gefüllt werden. Er tut es einerseits, weil seine Gefolgschaft es im Tausch für ihre Loyalität von ihm erwartet, andererseits weil er seinen Einfluß in der formalen Hierarchie so besser sicherstellen kann - oder überhaupt nur auf diese Weise sicherstellen kann. Sofern sich alle Mitspieler an diese Taktik halten und einige es auch noch schaffen, Posten, die mehrere Hierarchieebenen unter ihnen gelegen sind, mit loyalen Anhängern zu besetzen, resultiert das ganze Arrangement darin, daß die formale Hierarchie alleine nicht ausreicht, um eine kollektive Handlung in Gang zu setzen und zu steuern.

Während Lomnitz die subversive Note dieses Arrangements betont, möchte ich darauf verweisen, daß die Hierarchie dadurch nicht einfach und unbedingt unterlaufen oder umfunktioniert, sondern auch gebändigt und auf ein menschliches Maß heruntergeholt werden kann. Es wird verhindert, daß eine einzelne Person oder Allianz die Hierarchie quasi nach Belieben für den eigenen Vorteil nutzen kann, so daß es durch diese Art der Aneignung zu einer besonderen Form der "demokratischen" Kontrolle des bürokratischen Apparats kommt. Oder radikaler formuliert: ohne diese Durchdringung der formalen Hierarchie mit Netzwerkbeziehungen wäre der bürokratische Apparat so starr und leer, daß er am Ende wirkungslos würde. Von der anderen Seite betrachtet, ist wiederum der bürokratische Apparat eine Voraussetzung der Patronage, die andernfalls mehr oder weniger gegenstandslos wäre. Es handelt sich somit um zwei Aspekte eines Phänomens, die sich zugleich sowohl wechselseitig bedingen als auch bedrohen. Ohne den Begriff der Patronage einzuführen, schreibt Mayfair Yang in der Terminologie des Gabentausches:

> "In the dominant scenario, where it is usually people of lower status who feel oblidged to give gifts, gift giving creates a microcosmic world in which hierarchical relations are to a certain extent reversed. Donors become the moral superiors of recipients, who owe favors to donors. Symbolic capital compensates for the lack of material, office, or political capital. Thus face and the morality of reciprocity, obligation, and indebtedness become in a sense the ammunition of the weak. This mobilization of the forces of gift morality effects a subtle displacement of the abstract principles of bureaucratic hierarchy and defuses their potency by diversifying the state economy's principle of classification and distribution by rank."[16]

Mit einem Verweis auf Ronald Dore[17], der über informelle Beziehungen in der japanischen Wirtschaft schreibt, erweitert Larissa Lomnitz ihr Argument in eine Richtung, die einige Leser vermutlich schon ungeduldig vermißt haben. Überall, nicht nur in Mexiko, sind formale Beziehungen zwischen bestimmten Rollenträgern nur eine Dimension eines umfassenden Bündels sozialer Beziehungen zwischen Personen und Gruppen. In jeder Gesellschaft liegen hinter den Entscheidungen von Verwaltungen, Organisationen und Unternehmen oftmals Gründe, die offiziell kaum jemals angegeben werden, obschon sie jeder im Prinzip kennt.[18] Diese Gründe hängen mit kulturellen Themen wie Loyalität, Gesicht, Gewissen, Ehrgeiz,

Eifersucht, Neid, Machismo oder nicht zuletzt Mode zusammen und sind im Legitimitätsdiskurs formaler Organisation zumindest sachfremd.

Der Pfad, auf dem die beiden Diskurse sich begegnen und auch offiziell verknüpfen können, ist zumindest in der westlichen Marktgesellschaft indes sehr schmal. Es dreht sich im Kern um die Leidenschaft für die kühle Auswahl des besten Mittels.[19] Als repräsentative Begründung organisationeller Entscheidungen steht sonst nichts als diese Art der leidenschaftlichen Sachlichkeit zur Verfügung. Egal aus welchen Gründen entschieden wurde, es muß am Ende immer heißen: weil das gewählte Mittel das nachweislich beste für den gegebenen Zweck ist. Jede andere Außendarstellung würde die Zufälligkeiten und Unsicherheiten der Entscheidungen durchscheinen lassen. Das wiederum würde die Legitimität des Verfahrens untergraben und die Mitspieler merken lassen, wie dünn das Eis ist, auf dem sie sich bewegen.[20]

Die Frage ist also: Wieso hören wir im Fall Japans so oft von der - verglichen mit dem bürokratischen Modell - angeblich hervorragenden Effektivität informeller Beziehungen, und wieso werden dagegen bei Yang über China und bei Lomnitz über Südamerika und Georgien (stellvertretend für die meisten Ausführungen über die ehemals Dritte Welt) informelle Beziehungen vorrangig als Unterwanderungsstrategien gesehen?

Theoretisch muß es überall beide Tendenzen geben, zumindest kennt jede Gesellschaft die zwei entsprechenden Legitimitätsdiskurse. Auch empirisch scheint nichts gegen diese Annahme zu sprechen. Damit ist das Problem aber noch nicht vom Tisch, wie eine zufällig herausgegriffene, einfache und bestechende Beobachtung Victor Ayenis[21] zeigt. Wie in anderen Staaten gibt es auch in Nigeria eine Instanz zur Kontrolle der Staatsbürokratie, an die sich Bürger wenden können, die ihre Rechte durch den Staat verletzt fühlen. Doch die nigerianische Public Complaints Commission hat sich selbst zu einer überdimensionalen Bürokratie entwikkelt und unterläuft systematisch ihren eigenen, offiziellen Daseinsgrund. In Kanada bearbeiten vier bis fünf Angestellte jährlich zwischen 15 000 und 20 000 Fälle, wogegen in Nigeria etwa ein Drittel bis ein Viertel der Fälle von ungefähr 1800 Angestellten erledigt werden; Ayeni schließt diesen Gedanken mit der lakonischen Bemerkung: "This is certainly ridiculous"[22]. Um die Beschreibung dieser Differenz kann sich auch eine Sozialwissenschaft nicht drücken, die das Dichotomisieren meidet wie der Teufel das Weihwasser.

Im Rahmen des gängigen Paradigmas, wie es in den hier diskutierten Texten verwendet wird, muß man an dieser Stelle bei der kulturrelativistischen und -deterministischen Feststellung stehenbleiben, wonach manche Gesellschaften eben informelle Beziehungen hervorbringen, die das rationale, formale System unterstützen, andere hingegen solche, die in die entgegengesetze Richtung wirken. Ging es Larissa Lomnitz am Anfang ihres Textes noch darum, daß "culturally determined loyalities to kin and local groups"[23] der bürokratischen Rationalität zuwiderlaufen und folglich Ineffektivität verursachen, finden wir uns am Ende ihres Textes bei der entgegengesetzten Feststellung, wenn es um Japan geht. Dort, so scheint es, stärken primäre Loyalitäten Organisationen, die sich auf formale Rationalität berufen. Wie kommt man hier weiter?

Die Fragestellung

Ich habe versucht, die Texte von Lomnitz und Yang als typische Beispiele für eine in den meisten Studien über Unternehmen und formale Organisationen der ehemaligen Dritten Welt beliebte Herangehensweise zu diskutieren. Bei einem solchen Verfahren kann es kaum ausbleiben, daß die zu Beispielen stilisierten Texte vereinfacht, überzogen und insgesamt ungerecht behandelt werden.

Der Vorwurf lautet: Das formale System der Gesellschaft wird ohne Bezug auf politische und kulturelle Prozesse eingeführt; allenfalls findet sich der Pauschalhinweis: koloniales Erbe. Das formale System erscheint infolgedessen als eine aus sich selbst heraus rationale und zumindest in gewisser Weise allein schon deshalb legitime Tatsache. Indem unterstellt wird, daß das Versagen des formalen Systems ein ausreichender Grund dafür ist, daß die Akteure auf informelle Beziehungsmuster zurückgreifen, die aus dem Gültigkeitsbereich der Reziprozitätsethik stammen, läßt man nur diesen Referenzrahmen als politisch-kulturell konstruiert erscheinen. Folgerichtig bemüht man sich auch nur um eine Erklärung dieses Teils der Geschichte, während man den Rest zusammen mit natürlichen und technologischen Gegebenheiten nicht in Betracht zieht.

Im Rahmen dieses Paradigmas wird also ohne weitere Erklärung davon ausgegangen, daß nicht die Pflastersteine, sondern nur das Gras dazwischen zu erklären sei. Damit ist aber die westliche Welt als Normalfall der Geschichte stilisiert, sofern sie implizit als Erfinderin und einzig erfolgreiche Anwenderin der Pflastersteine gilt. Alle anderen Gesellschaften scheinen hingegen in einem defizienten Modus vor sich hinzudümpeln, und deren Kulturen (etwa in der Form des Klientelismus, eines zyklischen Zeitbewußtseins oder eines religiösen Fatalismus) scheinen nur noch als Erklärung für Defizienz herzuhalten. Dieses desaströse Ergebnis widerspricht freilich den meist ehrenhaften Absichten der häufig emanzipatorisch orientierten Autoren, die eigentlich "missing voices" repräsentieren wollten. Doch gerade diese Fixierung (zumindest der in diesem Band vertretenen Disziplinen) auf das Informelle, Marginale, Unterdrückte führt dazu, daß das Formale, Zentrale, Dominante in die unerreichbare Sphäre der Systemrationalität abdriftet und damit alternativlos, nicht weiter hinterfragbar wird.

Die Beiträge dieses Buches, so unterschiedlich sie auch ausfallen, sind darum bemüht, den Prozeß der formalen Organisation selbst in die Analyse einzubeziehen. Und sie tun das, ohne die ethnographische Methode aufzugeben. Die möglichen gemeinsamen Nenner dieses jungen Unterfangens lassen sich zur Zeit am ehesten negativ formulieren. Alle gehen von der Annahme aus, daß informelle Beziehungen in formalen Organisationen nicht hinreichend beschrieben sind, indem man auf ihre Koinzidenz mit einem Versagen formaler Strukturen hinweist. Ein solcher Zusammenhang soll zwar nicht bestritten werden, doch die Erklärungskraft des Arguments wird allein schon deshalb gering geschätzt, weil es zirkulär ist. Was kommt zuerst: das Versagen des formalen Systems oder die informellen Auswege? Darüber hinaus leidet das Argument an jener Armut, an der alle Erklärungen menschlichen Handelns leiden, die darauf aufmerksam machen, daß die Akteure auf ihren Vorteil bedacht sind. Die aufschlußreichere Frage lautet: unter welchen Umständen verzichten Menschen auf einen möglichen Vorteil?

Mit der Ablehnung dieser Argumentationsweise geht ein weiterer gemeinsamer Nenner einher, der sich ebenfalls zunächst nur negativ bestimmen läßt. Es wird mit unterschiedlicher Intensität bestritten, daß die Art der Verknüpfung von formalen und informellen Beziehungen durch den - der Nutzenmaximierung entgegengesetzten - Verweis auf lokal vorherrschende kulturelle Orientierungsmuster hinreichend erklärt wird.

Dennoch wird eingeräumt, daß in den afrikanischen Gesellschaften, von denen die Rede ist (ähnlich wie in Südamerika, Georgien und China) Statusasymmetrien im sozialen Austausch vermutlich deutlicher als andernorts meist nur in Verbindung mit Schutz und Loyalität zwischen konkreten Personen annehmbar erscheinen. Beispielsweise werden Hierarchien sowie Abhängigkeiten verschiedener Art aus diesem Grund oft mit Patron-Klient-Beziehungen ausgefüllt. Oder: wenn sich die Reziprozitätsethik auch dort erhält, wo die Transaktionen aus westlicher Sicht eigentlich nach Regeln formaler Rationalität laufen sollten, dann verweist dies darauf, daß bestimmte soziale Verpflichtungen als "heilig" gelten (wie Lomnitz und Yang sagen). Solche Verpflichtungen können folglich nicht ohne erhebliche negative Konsequenzen zugunsten anderer Verpflichtungen verletzt werden.

Doch der gemeinsame Nenner - dies muß hier noch einmal hervorgehoben werden - besteht gerade nicht darin, die informellen Beziehungen auf diese vermeintlich unantastbaren Verpflichtungen zu reduzieren. Er besteht vielmehr darin, einen solchen Kulturdeterminismus zu bestreiten. Die in einer Gesellschaft herrschenden Orientierungsmuster werden als Repräsentationsmodell aufgefaßt, hinter dem genügend Spielraum bleibt, um in der konkreten Praxis die eigenen Vorteile zu beachten. Zweckrationale Nutzenmaximierung und Orientierung an geltenden Klassifikationsmustern sowie Symbol- und Wertesystemen werden als zwei Aspekte aufgefaßt, die allein für sich genommen keinen Erklärungswert haben. Vermutlich könnte man sich darauf einigen, daß gerade die von Akteuren geschaffenen Kombinationen der beiden Aspekte den interessanten Punkt ausmachen.

Vor allen Dingen aber - ich wiederhole diesen Punkt zum Abschluß dieses einführenden Kapitels - sind die Autorinnen und Autoren bemüht, einen in der gängigen Literatur vernachlässigten Aspekt in den Vordergrund zu holen: daß nämlich die formalen Strukturen nicht einfach da sind, sondern absichtlich von Menschen aufgebaut, erhalten und manipuliert werden. Die Akteure haben dabei sicherlich nicht nur den modernen Diskurs der Rechts- und Chancengleichheit und den der Effektivität im Dienst des Gemeinwohls im Sinn. Zumindest ebenso wirkungsvoll dürfte ihr Interesse sein, über Positionen und Handlungschancen des formalen Systems ihre individuelle Lebenslage zu verbessern. Konkret heißt das oft, ihre Rollen in informellen Netzwerken über Rollen im formalen System zu stärken. Zudem lassen sie sich dabei von diversen und widersprüchlichen kulturellen Orientierungsmustern leiten, die sie situationsabhängig aktivieren und deaktivieren können. Formale und informelle Beziehungen in Organisationen sind weniger zwei getrennte Welten als vielmehr zwei Diskursarten, die sich ständig überschneiden und durchqueren: die eine kann nur sein, weil es die andere gibt, und umgekehrt.

In einer hervorragend recherchierten Analyse der Aneignung von Entwicklungsprojekten (die ja immer auch formale Organisationen sind) geht Kurt Beck[24] über die gängige Dichotomie zwischen formalen und informellen Beziehungen hinaus. Er zeigt, wie im Prozeß der Transformation nicht nur das angeeignete Objekt, sondern auch die Akteure neu konstruiert werden. Sudanesische "Stämme" erscheinen in dieser Perspektive nicht als stabile Formationen, in die etwas Neues hereingeholt wird, sondern als flexible Konstrukte, die erst im Aneignungsprozeß ihre Konturen gewinnen. Unter anderen Verhältnissen würden sich diese Konturen leicht verschieben, wie sich auch die Konturen und Ziele der Projekte ständig verschieben.

Die Autoren dieses Buches präsentieren detaillierte und differenzierte Darstellungen des Verhältnisses zwischen den Diskursen der Rechts- und Chancengleichheit, der Effektivität und des Rechts, verschieden zu sein. Sie zeigen diverse Übergänge und Verknüpfungen dieser Diskurse und deren Bedeutung für die Praxis jeweils eines konkreten organisationellen Feldes im Wandel.

Literatur

Albrow, Martin, 1992: Sine Ira et Studio - or Do Organizations Have Feelings? In: Organization Studies, 13, 3, S. 313-329.

Ayeni, Victor, 1987: Nigeria's bureaucratized ombudsman system: an insight into the problem of bureaucratization in a developing country. In: Public Administration and Development, 7, 3, S. 309-324.

Beck, Kurt, 1990: Entwicklungshilfe als Beute. Über die lokale Aneignungsweise von Entwicklungshilfemaßnahmen im Sudan. In: Orient, 31, 4, S. 583-601.

Dore, Ronald, 1984: Good Will and the Spirit of Market. In: The British Journal of Sociology, 36, 4, S. 459-482.

Eisenstadt, Shmul N., 1961: Anthropological Studies of Complex Societies. In: Current Anthropology, 2, 3, S. 201-222.

Fortes, Meyer, 1969: Kinship and the Social Order. The Legacy of Lewis Henry Morgan. London: Routledge.

Holy, Ladislav und Milan Stuchlik, 1983: Actions, Norms and Representations. Foundations of Anthropological Inquiry. Cambridge: Cambridge University Press.

Ignatieff, Michael, 1984: The Needs of Strangers. London: Chatto & Windus.
Lomnitz, Larissa, 1988: Informal Exchange Networks in Formal Systems: A Theoretical Model. In: American Anthropologist, 90, 1, S. 42-55.
Olowu, Dele, 1988: Bureaucratic Morality in Africa. In: International Political Science Review, 9, 3, S. 215-229.
Rohr, John, 1988: Bureaucratic Morality in the United States. In: International Political Science Review, 9, 3, S. 167-178.
Weber, Max, 1916/1973: Einleitung in die Wirtschaftsethik der Weltreligionen. In: Soziologie, Universalgeschichtliche Analysen, Politik. Stuttgart: Kröner, S. 389-440.
Yang, Mayfair Mei-Hui, 1989: The Gift Economy and State Power in China. In: Comparative Studies in Society and History, 31, 1, S. 25-54.

Anmerkungen

1 Lomnitz 1988, S. 42-55.
2 Yang 1989, S. 25-54.
3 Die lange Debatte über die "informelle Gruppe" innerhalb der Organisationssoziologie ist für unser Anliegen zwar nicht bedeutungslos, soll hier aber weder wiederholt noch zusammengefaßt werden.
4 Vgl. Lomnitz 1988, S. 45, 54.
5 Ebenda, S. 54.
6 Vgl. Eisenstadt 1961.
7 Gemeint sind hier im einzelnen die Disziplinen Geschichte, Soziologie und Ethnologie. Im Laufe des Kapitels spreche ich je nach Betonung und Kontext synonym von "sozialwissenschaftlich" oder "kulturanthropologisch".
8 Zum Recht auf Differenz und der Bedrohung dieses Rechts durch die Moderne vgl. Ignatieff 1984.
9 Ladislav Holy und Milan Stuchlik (1983) unterscheiden zwischen Handlung, Handlungsmodell (das besagt, wie im Alltagshandeln etwas situationsbedingt erreicht werden kann) und Repräsentationsmodell als abstraktester Ebene der Vorstellungswelt.
10 Vgl. Yang 1989, S. 35.
11 Ebenda, S. 50.
12 Vgl. Weber 1916/1973, S. 437.
13 Lomnitz 1988, S. 45.
14 Yang 1989, S. 42.
15 Lomnitz 1988, S. 46.
16 Yang 1989, S. 51.
17 Dore 1984, S. 459-482.
18 Vgl. Lomnitz 1988, S. 49.
19 Zur Frage der paradoxen Leidenschaft für die kühle Rationalität formaler Organisation im Anschluß an Max Webers Soziologie vgl. Martin Albrow 1992.
20 Daß es unter postmodernen Verhältnissen vielleicht gerade darauf ankommt, die Unsicherheiten der Entscheidungen zu kommunizieren, ist eine Frage, die ich hier für mein Argument ohne Verlust übergehen kann.
21 Ayeni 1987, 309-324.

22 Ebenda, S. 314-317. 1988 brachte die *International Political Science Review* ein Sonderheft zum Thema Bürokratie heraus, wo weitere instruktive Beispiele zu finden sind; vgl. besonders Dele Olowu (1988) und im Kontrast dazu John Rohr (1988).

23 Lomnitz 1988, S. 42.

24 Beck 1990, S. 583-601.

Wirtschaftsunternehmen als informelle Beziehungsnetze

Zwischen Maschinenbau und Männerhaus. Die mehrschichtige Organisation eines sudanesischen Handwerksbetriebs

Bernhard Streck

Als ich im Herbst 1982 nach sudanesischen Zigeunern zu suchen begann, geriet ich recht bald in ein Viertel der Riesenstadt Omdurman, in dem auf den Straßen und hinter den Lehmmauern hauptsächlich Blech geklopft wurde. Erst viel später erfuhr ich den Gruppennamen dieser Leute, und erst nach Jahren bekam ich Kostproben ihrer Geheimsprache, so daß ich hier in aller Kürze das Ergebnis jener langwierigen Recherchen und Rekonstruktionen[1] voranstellen kann: Die Ghajar im Hayy al-ᶜArab von Omdurman sind eine kleine und besondere Gruppe der Niltalzigeuner, die während der Osmanenzeit aus dem Balkan nach Ägypten gelangten und vor den dortigen Modernisierungsanstrengungen unter Muhammad ᶜAlî (Besteuerung, Wehrpflicht etc.) den Nil aufwärts in den damals, also um die Mitte des 19. Jahrhunderts, ebenfalls osmanischen Sudan flohen. Schon während der anschließenden Mahdizeit lebten sie in Omdurman, aus dem sie sich auch unter dem britisch-ägyptischen Kondominium kaum heraustrauten. Trotzdem gab es einige Heiratsverbindungen zu anderen Zigeunergruppen oder zu sudanesischen Stämmen. Geblieben ist aber die auffällige Spezialisierung auf die Metallverarbeitung, bei der die ärmeren Ghajar alte Blechtonnen ausbeulen oder anderswie verwerten, die besser situierten aber "fränkische Schmiede" wurden, wie im Sudan Metallarbeiter genannt werden, die mit Maschinen, Elektrizität und neuen Werkstoffen moderne Produkte herstellen. Eine solche Werkstatt besaß der alte Ibrâhîm mit seinen Söhnen. Ich lernte den Betrieb 1982 durch tägliche Anwesenheit über mehrere Wochen kennen und besuchte ihn auch später gelegentlich wieder. Aus meiner Kenntnis des Metallsektors in anderen Teilen des Sudan kann ich schließen, daß Ibrâhîms Betrieb für eine Zigeunerschmiede einen außerordentlichen Fall darstellt, für den boomenden Handwerkssektor insgesamt aber guter Durchschnitt ist.

Zur Beschreibung der "Kultur" dieses Betriebes wähle ich vier Ebenen, die jeweils das Ganze unter einem bestimmten Aspekt ansehen. Im Alltagsgeschehen sind diese Ebenen kaum auseinanderzuhalten, die Ereignisse und Handlungen betreffen fast immer alle vier und wohl auch noch weitere dazu. Für die Analyse bietet sich aber eine derartige Entflechtung an, zumal dann der Blick frei wird für den Schichtenaufbau auch dieser Kultur. Die hier vorgestellte Schichtenanalyse deckt sich also nicht mit einer ebenso benannten soziologischen, die die Mitglieder einer Untersuchungsgruppe nach dem Einkommen kategorisiert. Diese Ebene der Kaufkraft kann als Einzelaspekt einer holistisch verstandenen Kultur eine wichtige

Rolle spielen, sie wäre aber trotzdem nur eine "Schicht" von mehreren synchron bestehenden und mehr oder weniger interdependenten Straten.

Eine mehrschichtige Kulturanalyse war in der diffusionistischen Ethnologie früherer Jahrzehnte entwickelt worden, damals aber mit kulturhistorischen, d.h. zeit- oder geschichtsrekonstruierenden Absichten. Inwieweit auch eine phänomenologische Schichtenanalyse zeitstratifizierend arbeiten kann, soll am Schluß angesprochen werden. Bevor ich nun die Perspektiven im einzelnen entwickle, also den ausgewählten Betrieb
- als Wirtschaftsunternehmen,
- als Familienangelegenheit,
- als interethnisches Kontaktfeld,
- und als Männerdomäne

getrennt vorzustellen versuche, seien ein paar Bemerkungen zur Technologie einer solchen Schmiedewerkstatt vorangestellt.

Ibrâhîm, seine Söhne und Mitarbeiter betreiben hauptsächlich Recycling von Metallschrott. Der größte Teil des Rohmaterials war schon einmal Fertigprodukt und stammt entweder von der Eisenbahn (Sudan Railways) oder von importierten und ausgedienten Kraftfahrzeugen, insbesondere Lastkraftwagen. Die Wiederverwertung betrifft hauptsächlich, aber nicht ausschließlich Eisen- und Blechteile, auch Funktionsteile wie z.B. Achsen oder Zahnräder werden verwendet, selbst ein Kfz-Differential kann sich als rechtwinklige Kraftübertragung an einer Ibrâhîmschen Maschine wiederfinden. Die große Bedeutung des Metallschrotts spiegelt sich in seiner Abundanz innerhalb der Werkstatt wieder. Die Dächer der zwei Lehmkastenhäuser sind voll davon und auch die Teile des Hofes, in denen nicht gerade gearbeitet oder durchgegangen wird, beherbergen aufeinandergetürmtes Altmetall, wobei es für den Besucher zunächst schwierig ist, Objekte zum Ausschlachten von solchen zu unterscheiden, die der Fertigstellung entgegengehen.

Schrott ist aber nicht der einzige Werk- oder Rohstoff. Für bestimmte Aufträge kauft Ibrâhîm, bzw. einer seiner Söhne, auch Halbfertigprodukte wie Blechtafeln oder Winkeleisen auf dem formalen Sektor. Da sind Zwischenhändler tätig, die das Industriemetall hauptsächlich aus Heluan in Ägypten via Port Sudan importieren. Übrigens muß auch der Metallschrott eingekauft werden. Bestimmte Zigeunergruppen (hauptsächlich Halab), aber auch andere Händler haben sich darauf spezialisiert, in dem riesigen Land mit seinen strapaziösen Verkehrswegen Schrott zu sammeln und an die metallverarbeitenden Betriebe weiterzuverkaufen. Aus diesem Grunde bleiben havarierte Autos in besiedelten Gegenden nicht lange liegen: sie werden seziert und abtransportiert und füllen schließlich die Rohstofflager solcher Schmiedewerkstätten wie der von Ibrâhîm.

Was die Arbeitsmethode betrifft, muß zunächst auf die Priorität des Versuchs vor dem Maßnehmen, des Probierens vor dem Planen hingewiesen werden. Es gab in der Werkstatt keine Pläne; man hat nicht gezeichnet bzw. aufgerissen. Selten nur wurde zu einem Maßband oder gar der Schieblehre gegriffen. Mit Handmaß wurden Ritzmarkierungen angebracht, das Stück auseinandergemeißelt, an der richtigen Stelle angeschweißt und, wenn es die falsche war, wieder abgeklopft. Schrauben als Verbindung zweier Eisenteile ist selbstverständlich bekannt, aber wurde selten oder nie praktiziert.

Insgesamt fällt dem westlichen Beobachter die Dominanz der Handarbeit auf, auch wenn Elektrizität und Maschinen vorhanden sind. Das lag 1982/83 nicht nur am Traditionalismus der Handwerker, sondern mehr noch an den häufigen Stromausfällen, die das Auskommen mit Hammer, Meißel und Säge in Übung hielten. An Maschinen standen in Ibrâhîms Werkstatt eine betagte Drehbank, die allein eines der beiden Lehmkastenhäuser ausfüllte, ein Schweißapparat, eine Bohrmaschine und eine Schleifmaschine. Während letztere mit Hand betrieben wurde, brauchten die Bohrmaschine und die Drehbank Elektromotoren als Antrieb. Sie kamen damals aus China und kosteten 280 Sudanesische Pfund (1982 etwa 560 DM). An der Drehbank war der Motor festgeschraubt. Die Bohrmaschine aber besaß keinen eigenen Antrieb, d.h. der dafür vielleicht vorgesehene Elektromotor war meist anderswo im Einsatz, z.B. um eine neu produzierte Maschine probeweise anzutreiben.

Schließlich muß noch auf die breite Palette von Fertigprodukten hingewiesen werden, die Ibrâhîms Werkstatt nach Tagen oder Wochen in Richtung Kundschaft verließen: Es waren in erster Linie Maschinen für die Lebensmittelproduktion, z.B. eine Mühle für Salzsteine (Natron), eine Wurstfüllmaschine, eine Teigknetmaschine oder ein Kühltisch für die Bonbonproduktion. Dann wurden Geldschränke hergestellt, eiserne Wasserreservoire oder Bonbonpressen. Schließlich wurden auch einfachere Nachfragen befriedigt wie Räder aus Gußaluminium, Bohnenkochtöpfe, eiserne Stehleitern u.a.m. Manchmal wurden die fertigen Maschinen auf Wunsch des Kunden hellblau gestrichen. Kam das Stück später wegen bestimmter Mängel wieder zurück, stach es aus dem schwarzgrau bis rostroten Schrott auch farblich hervor.

Die Werkstatt als Wirtschaftsbetrieb

Das Schmiedeviertel von Hayy al-ᶜArab liegt näher am Großen Markt von Omdurman als an der Leichtindustriezone Richtung Umm Badda. Für Arbeitszeit und Technologie ist aber diese das Vorbild, die sich ihrerseits an den sudanesischen Industriebetrieben orientiert. Der Große Markt hat andere Gesetze, z.B. eine sehr lange Mittagspause. In Ibrâhîms Werkstatt wurde von 7 - 15 Uhr gearbeitet, d.h. acht Stunden am Stück, wie die großen Vorbilder des formalen Sektors und nicht wie viele der gänzlich informellen Werkstätten, in denen manchmal später angefangen, aber mit Sicherheit früher aufgehört wird. Doch die formale Arbeitszeit sagt wenig über die Produktivität aus; denn dem Klima entsprechend war auch bei Ibrâhîms Leuten der Arbeitseifer am frühen Morgen groß und nahm dann mit jeder Stunde ab. Zwischen 14 und 15 Uhr wurde kaum mehr etwas getan, obschon niemand zur nahen Moschee ging, um das Mittagsgebet zu verrichten. Die kontinuierliche Abnahme der Arbeitslust wurde durch die zwischen 9 und 10 Uhr eingelegte Pause für das Frühstück unterbrochen, das in der Werkstatt oder in einem nahegelegenen Restaurant eingenommen wurde.

Betriebstruktur

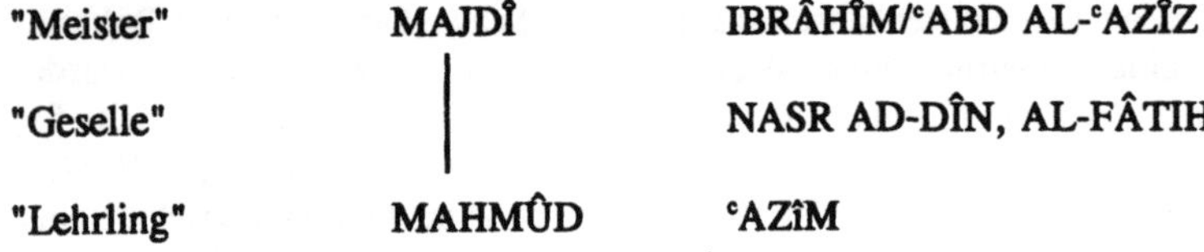

Die formale Struktur der Belegschaft gliedert sich in die Chefebene (Ibrâhîm und seine Söhne), die Facharbeiter oder Gesellen, und die Lehrlinge. Diese wurden im Alter von etwa zehn Jahren eingestellt, d.h. nach einigen wenigen Jahren Grundschule oder gar anstelle derselben. Ein halbes Jahr fungierten die Lehrlinge als Laufburschen. Es war ihre Probezeit. Die anderen prüften, ob der Knabe sich überhaupt für den Metallberuf eignete. Für einen derartigen Arbeitstag bekam der Lehrling auf Probezeit 1 SP, danach 3 - 4 SP. Nach 1 bis 1 1/2 Jahren galt seine Lehrzeit als beendet. Je nach Fähigkeit, Geschick, Fleiß, Ausdauer und Vertrauenswürdigkeit konnte der ohne Formalitäten zum Gesellen beförderte Mitarbeiter bis zu 7 SP am Tag verdienen.

Die Arbeiter ("Gesellen") dieses informellen, d.h. vor allem schrift- und kontraktlosen Sektors sind freie Tagelöhner. Wenn sie irgendwo anders einen höheren Lohn geboten bekommen, gehen sie. Sie werden täglich um 15 Uhr ausbezahlt. Das ist die Garantie für ihr Ausharren. Oft wird dann aber auch noch gefeilscht. Denn die Höhe des Lohns ist einzig mündlich zugesagt, und wenn die Tagesleistung einmal allzu dürftig ausgefallen ist oder ein gewährter Vorschuß bzw. Kredit vom Lohn abgezogen werden muß, kann es leicht zum Dissens kommen.

Das Feilschen bestimmt auch die Beziehung zum Kunden. Es gibt selbstverständlich keine festen Preise, alles ist Verhandlungssache. Deswegen schließt sich an das Gespräch über den Auftrag ein u. U. längeres Gespräch über den Preis an. Während ersteres nüchtern, sachlich und in gedämpftem Ton abläuft, gehorcht das Feilschen allen Regeln orientalischer Theatralik und Rhetorik. Der Kunde kann es abbrechen und entsetzt die Werkstatt verlassen, um kurze Zeit später wieder zurückzukehren. Ibrâhîm lädt ihn dann vielleicht ein, der Arbeit beizuwohnen, um den Aufwand an Zeit selbst abschätzen zu können. Das Wichtigste aber ist der

Vorschuß, ohne den kein Auftrag angefangen wird. Der Vorschuß macht einen Auftrag nicht nur verbindlich, er versetzt den Meister auch in die Lage, die nötigen Rohstoffe einzukaufen, z.B. neues Tafelblech, wenn der Kunde kein reines Schrottprodukt möchte. Nur kleinere Reparaturarbeiten, die en passant in der Werkstatt erledigt werden können, laufen ohne Vorschuß ab - aber nicht ohne Feilschen. Wenn keine Einigkeit erzielt wird, bleibt das reparierte Produkt im Besitz des Betriebs. Die Handwerker wissen wohl, was sie der technisch nicht sehr interessierten oder begabten Mehrheitsbevölkerung wert sind. Bei der Bestimmung des Preises konnte ich aber auch oft feststellen, wie Barmherzigkeit und Großzügigkeit das Gewinnstreben überflügeln - insbesondere, wenn die Kunden arme Passanten oder Verwandte aus dem Viertel waren. Bei den Händlern vom Großen Markt oder den Lebensmittelfabrikanten allerdings brauchten Ibrâhîm und seine Söhne ein zähes Verhandlungsgeschick. Denn diese Kunden verstanden das Feilschen besser als die Handwerker und wußten genau, daß ihre Vorschüsse und Aufträge den Betrieb am Leben hielten.

Zur Position der Werkstatt in der breiten Grauzone zwischen voll erfaßten, besteuerten und modern organisierten Firmen einerseits und dem Wirtschaften ganz im Schatten, wie es Millionen von Sudanesen bei zunehmender Zahl tun müssen, andererseits, gehört eine durchaus formale Seite: nämlich die offizielle Registrierung Ibrâhîms als eines Schmiedes, seine erworbene Lizenz, sein Eigentumstitel am Grundstück der Werkstatt (wie seines in Thaura gelegenen Wohnhauses), seine jährliche Veranlagung zur Umsatzsteuer, die infolge der abwesenden Buchführung ein Steuerschätzer per Augenmaß festsetzt, und seine Mitgliedschaft im Rat der Leichtindustriebetriebe. Ibrâhîm führt, wenn man so will, auf formale Weise einen informellen Betrieb. Er hat nichts zu verbergen und niemand kann von ihm als Analphabeten verlangen, Rechnungen auszustellen oder seine Ein- und Ausgaben zu verbuchen. Wenn der Steuerschätzer durchs Viertel kommt, erfährt er das im voraus, präpariert seine Werkstatt ärmlich und verlegt sich aufs Klagen. Die Abgaben, die der Staat ihm über Lizenz, Grundsteuer, geschätzte Umsatzsteuer und die Vielzahl indirekter Steuern abnimmt, sind ihm Bürde genug. Jede weitere Formalisierung würde ihn noch mehr dem Fiskus ausliefern, so daß er, selbst wenn er konvertieren könnte, den von der Informalität gebotenen Schutz vorzöge.

Ibrâhîms Betrieb ist, das lassen auch die Bremer Studien zum Handwerk im Sudan[2] vermuten, alles andere als ein Sonderfall. Die formal/informelle Zwitterstellung charakterisiert die Mehrzahl der sudanesischen Handwerksbetriebe, soweit sie überhaupt zählbar sind. Viele von Ibrâhîms Stammesgenossen und ein Großteil der ebenfalls handwerklichen anderen Zigeunergruppen verfügen über einen noch geringeren Formalisierungsgrad: Oft fehlt ihnen die eingetragene Werkstatt, sie sind selten Mitglied eines Handwerkerrates, besitzen keine Lizenz und werden folglich auch nicht vom Steuerschätzer besucht. Doch selbst dieser Masse von informellen Kleinbetrieben und Wanderhandwerkern läßt sich kaum ein gesamtökonomischer Nutzen absprechen - von einer volkswirtschaftlichen Überflüssigkeit ganz zu schweigen, die *von Frieling* dem gesamten Informellen Sektor anheften möchte.[3]

Der Familienbetrieb

Ibrâhîm betreibt seine fränkische Schmiede sicher nicht, um der sudanesischen Volkswirtschaft zu helfen. Er kennt als Angehöriger einer verachteten Einwanderergruppe kaum ein Gefühl der Identität oder Solidarität mit dem Sudan. Seine Arbeit dient einzig der Prosperität seiner großen Familie und sie hatte schon in den 60er Jahren genug abgeworfen, um seinen ältesten Sohn Jaylî auf die katholische Schule zu schicken. Der arbeitet heute in einer Bank und kommt erst nach Büroschluß um 14 Uhr in die Werkstatt. Auch die anderen beiden Söhne, Majdî und ᶜAbd al-ᶜAzîz, lernten Lesen und Schreiben, sie blieben aber Schmiede; doch arbeiteten beide schon im arabischen Ausland. Der jüngste Sohn, Fadl, besuchte 1986 noch die Sekundarschule und äußerte den Wunsch, Pilot zu werden.

Verwandtschaftsstruktur

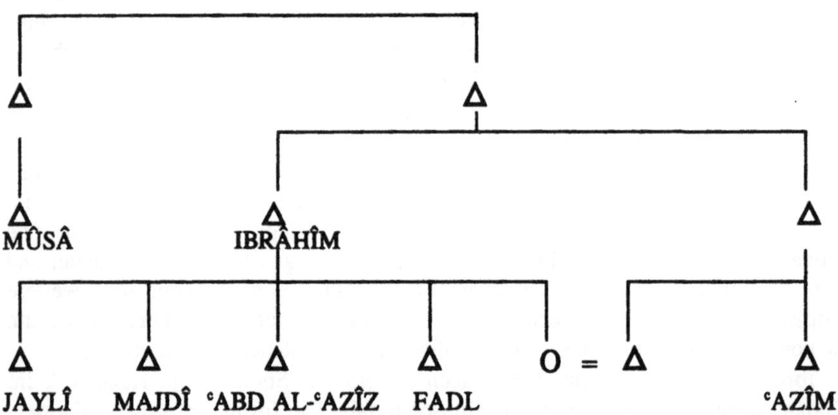

Eine Aufsteigerfamilie des modernen Sudan? Vergessen wir nicht, daß die Quelle all dieses Wohlstandes die informelle Verarbeitung von Schrott ist. Und es gab keine Anzeichen, daß dieses Fundament aufgegeben werden sollte oder konnte. Ibrâhîm hatte seine Werkstatt unter seine zwei Schmiedesöhne aufgeteilt. Er selbst arbeitete noch bei dem jüngeren ᶜAbd al-ᶜAzîz mit. Majdî, der ältere, betrieb im Nachbargehöft seine fränkische Schmiede auf eigene Rechnung. Doch bedeutete das keineswegs eine betriebswirtschaftliche Trennung. Majdî kam wegen Elektrizität, zum Gebrauch der Drehbank, des Schweißapparats und anderer Dinge in die Werkstatt von Vater und Bruder. Ebenso gingen die Angestellten beider Betriebe dahin, wo sie gebraucht wurden. Es war mehr ein Zeichen der Reife und des Erwachsenenstatus, daß der schon verheiratete Majdî eine eigene Werkstatt besaß, während der noch unverheiratete ᶜAbd al-ᶜAzîz eine mit seinem Vater teilte.

Ibrâhîm, ᶜAbd al-ᶜAzîz, Majdî sowie Jaylî nach Büroschluß und Fadl nach Schulschluß konnten auch nach 15 Uhr in der Werkstatt anzutreffen sein. Sie mußten nicht, wegen der Auszahlung des Tageslohnes, solange bleiben, und konnten umgekehrt, auch am Feierabend in der Werkstatt arbeiten. Es wurden Dinge für den eigenen Haushalt angefertigt, der familieneigene Toyota-Pick-up repariert oder auch der russische Motorroller, mit dem Majdî die beträchtliche Distanz zwischen dem Wohngehöft der Großfamilie in Thaura und der Werkstatt in Hayy al-ᶜArab überwandt.

Es ging nicht allen Familienmitgliedern gleich gut, insbesondere dann nicht, wenn sie außerhalb des Topfes lebten, in den die Mitarbeiter der Schmiede Ibrâhîms hineinwirtschafteten. Gemeint ist die Verwandtschaft, die durchweg ärmer war und an dem wirtschaftlichen Aufschwung Ibrâhîms nur begrenzt teilhaben konnte. Nun hatte sie aber auch kein Werkstattverbot. Wann immer ein Ghajarî aus der Nachbarschaft, die ja fast immer Verwandtschaft ist, eine Reparatur brauchte, bekam er sie zum Freundschaftspreis oder umsonst. Ibrâhîms Werkstatt war eine Art Mittelpunkt im Blechklopferviertel. Hier fand man Werkzeuge, die man selbst nicht hatte. Hier gab es die genannten Maschinen und die besten Ingenieure - Ibrâhîms Söhne - die für alle Probleme eine Lösung wußten.

Der prosperierende Betrieb wurde aber - so weit ich es erkennen konnte - nicht ausgenutzt. Es herrschen bei den Ghajar keine "Gleichheitsnormen", die den Aufstieg eines einzelnen behindern oder nivellieren. Sicher hat auch eine solche Minderheit segmentäre Züge, da es keine feste Stammesorganisation und schon gar kein Stammesoberhaupt gibt. Doch herrscht, wie in vielen Handwerkergruppen, strengster Familienindividualismus. Dazu gehört auch die Entfaltungsfreiheit in ökonomischer, religiöser oder exzessiver Hinsicht. Man weiß bei den Ghajar, daß jener arm ist, weil er permanent trinkt, und dieser, weil er seine Überschüsse einer islamischen Bruderschaft spendet. Ibrâhîms relativer Reichtum war voll anerkannt: ein tüchtiger, fleißiger Schmied mit ebensolchen Söhnen.

Damit hat diese Werkstatt für die Ghajarkolonie auch Vorbildfunktion. Ein Ausbildungsplatz bei Ibrâhîm zu den oben genannten Bedingungen war begehrt. Der Lehrling ᶜAzîm hatte z.B. das Glück, als Neffe Ibrâhîms eingestellt zu werden. Zwar taugte er nicht viel, stand oft träge in der Werkstatt herum, und sein Interesse blieb weit hinter dem der anderen, fremdstämmigen Mitarbeiter zurück. Aber er genoß den Verwandtschaftsbonus. Und eine Entlassung wäre unmöglich gewesen, zumal nach dem Prophetengeburtstag (Mawlid an-Nabî) 1982 sein Bruder eine

Tochter Ibrâhîms heiratete - die klassische Paralellcousinenverbindung, die auch bei den Ghajar wie bei vielen anderen Sudanesen die Präferenzheirat darstellt.

Ein anderes Beispiel für den Zugang zur Werkstatt kraft Verwandtschaft gab der alte Mûsâ. Er war ein Vetter Ibrâhîms, noch etwas älter als dieser, und war vielleicht früher ein tüchtiger Schmied gewesen. Doch war ihm das Glück nicht sehr hold, so daß ihm weder Werkstatt noch schmiedende Söhne geblieben sind. Bei Spezialaufträgen wie dem Verzinken von Blechschüsseln ließ aber Ibrâhîm den Mûsâ benachrichtigen. Er gab ihm Zink, Ammoniakpuder, ein Wollbündel und die zu verzinkende Blechschale. Dann kniete der Alte über der Bodenesse und verrieb das silbrige Metall mit bloßen Händen auf dem glühend heißen Blech. Für diese ihm eigene Qualifikation bekam Mûsâ Geld, das er mit nach Hause nahm, wenn die schweißtreibende Arbeit getan war. Er zählte zur erweiterten Familie, deswegen ließ man ihm seine Nische. Die solidarischen Leistungen innerhalb der Ghajar-Verwandtschaft haben fast alle Arbeitsäquivalente. Denn zu tun gibt es immer etwas, und die Begabung auf metallurgischem Gebiet gilt als Erbcharisma der Ghajar wie auch der anderen Zigeunergruppen am Nil.

Die interethnische Begegnungsstätte

Ibrâhîms Werkstatt liegt inmitten des Stammesquartiers der Ghajar, einem Teil des Hayy al-Arab, in dem sich die alte, vom Khalifen Abdallâh begründete ethnische Siedlungsstruktur, wenn schon nicht nominal (es wohnen dort kaum ᶜArab, also Nomaden), so doch faktisch erhalten hat. Trotzdem verfügte der Betrieb über eine bedeutende interethnische Dimension, die in zwei Richtungen weist: Einmal können die abhängig Beschäftigten anderen Stammesgruppen angehören, zum anderen sind die meisten Kunden und Auftraggeber selbstverständlich Stammesfremde. Wie zu erwarten, gehören die Individuen "unterhalb" der Ghajar zu anderen Ethnien als die "oberhalb" von ihnen. Die Ghajar, die als Zigeuner, d.h. Leute ohne Abstammung und ohne Heimat, in der interethnischen Wertskala des Sudan ziemlich weit unten rangieren, können dank ihrer handwerklichen Fähigkeit ökonomisch durchaus eine Mittelposition einnehmen. Sie erscheinen somit als Zwischenschicht, die Angehörige anderer Stämme in Abhängigkeit halten kann, ihrerseits aber wiederum stark von Stammesfremden abhängt.

Interethnische Zusammensetzung

JAᶜALIYÎN, DANAQLA	Auftraggeber
GHAJAR	Handwerker
FELLÂTA, NÛBA	Lohnabhängige

1982 arbeitete in der Werkstatt neben dem oben vorgestellten ᶜAzîm, dem Neffen Ibrâhîms, auch Mahmûd, ein junger Mann aus Dilling. Im Vergleich zu seinem Lehrlingskollegen war der Nûba Mahmûd geschickt, freundlich, willig und konnte auch selbständig arbeiten. Majdî, in dessen Werkstatt sich Mahmûd meistens aufhielt, wollte ihn auch als Geselle behalten. Doch Mahmûd hielt an seinem Plan fest, nach Abschluß der Lehre in seine Heimat zurückzukehren, wo alles sauberer und ordentlicher sei als im übervölkerten, engen Omdurman. In Dilling wollte er mit den erworbenen Kenntnissen eine Werkstatt für eiserne Tür- und Fensterrahmen eröffnen.

Auch al-Fâtih, ein Fellâtî aus der Gezira, der die Lehre bereits abgeschlossen hatte und sich stolz Mikânîkî nannte, lebte von dem Gedanken an Rückkehr. Sobald er genügend angespart hätte, würde er nach Manâqil gehen und dort heiraten. Die Werkstatt, in der er bisweilen wie ein Fremder wirkte, schien ihm recht wenig zu behagen. Auch äußerte er, wenn sonst niemand anwesend war, die stärksten Vorbehalte gegen die Ghajar, die Betrüger und Ausbeuter seien. In ihm verkörperte sich deutlich die Abhängigkeit der jungen Landflüchtlingen vom etablierten Handwerk der Stadt.

Besser integriert in den Ghajarbetrieb erschien der dritte stammesfremde Mitarbeiter, Nasr ad-Dîn. Er hatte sein Handwerk in der Leichtindustriezone gelernt und wurde dann als ausgebildeter Dreher von Ibrâhîm eingestellt. Seine sichtliche Zufriedenheit mit dem Arbeitsplatz lag gewiß auch an der verantwortungsvollen Aufgabe, die ehrwürdige Drehbank in dem hinteren Lehmhaus zu bedienen. Hier stand er täglich im wohltemperierten Schatten inmitten seiner Eisenspäne und sang seinem Vorbild Michael Jackson nach. Er war bereits verheiratet, und seine vierköpfige Familie kam mit den 200 SP, die Nasr ad-Dîn im Monat nach Hause brachte, gut über die Runden. Nasr ad-Dîn war auch einer der wenigen mir bekannten Beschäftigten im Handwerkerbereich, der in seiner Freizeit Sport trieb. Gerne erzählte er von einem Marathonlauf zum Jabal Awliyâ, bei dem er einen Wassersack auf dem Rücken getragen habe.

Nasr ad-Dîns Zufriedenheit reichte aber doch nicht zu einer Dauereinstellung. 1986, als ich den Betrieb erneut besuchte, arbeitete er in einer anderen "fränkischen" Werkstatt, deren Chef kein Ghajarî war. Doch schien er aus seinem früheren Arbeitsverhältnis in Frieden geschieden zu sein. Fluktuation der Arbeit im informellen Sektor ist eine Selbstverständlichkeit. Ohne vertragliche Bindungen lassen sich Beschäftigungsverhältnisse ebenso leicht eingehen wie lösen. Majdî sagte selbst einmal, wenn einer wegen etwas mehr Lohn gehen wolle, sei er ihm nicht böse. Das Kommen und Gehen ist charakteristisch für die interethnische Dimension und kontrastiert auffällig mit der Stetigkeit der Familien- und Stammesebene.

Dieselbe Schnellebigkeit der Beziehungen findet sich auch in der anderen Richtung dieser Dimension, bei den reichen Händlern und Fabrikanten als Kunden. Sie gehörten meist einem der "ruling tribes" des Sudan an, also den Jaᶜaliyîn oder einem der Nubierstämme. Sichtbar widerwillig begaben sie sich in ihrer weißen Jallabiya in den Schmutz des Hayy al-ᶜArab und der Werkstatt Ibrâhîms, um nach einem Auftrag zu sehen oder einen neuen zu vereinbaren. In solchen Fällen, insbesondere wenn ein Termin nicht eingehalten war, konnte es zur Solidarisierung der heterogenen Belegschaft kommen. Die Metallarbeiter lachten, sobald der Kunde wieder gegangen war, denselben aus und fühlten sich durch die neuerlich gegebene Terminzusage unter keinerlei Druck gesetzt. So war während der ganzen Dauer meiner Beobachtungsphase z.B. eine Wurstmaschine in Arbeit, die ein dynamischer Fleischfabrikant vom Großen Markt in Auftrag gegeben hatte. Der vielbeschäftigte Kunde kam immer mal wieder vorbei, um sich vom Fortgang der Arbeit zu überzeugen. Als sie schließlich, himmelblau angestrichen, abgeholt werden konnte, erwies sie sich als Fehlkonstruktion. Zwei Tage später stand sie wieder in der Werkstatt, und lachend hämmerten die Arbeiter das schöne Stück wieder auseinander.

Ein ernsthafteres Verhältnis war der Betrieb Ibrâhîms mit einem Marmelade- und Süßigkeitsfabrikanten eingegangen. Er besaß ein rasch expandierendes Unternehmen, nicht zuletzt, weil sein Onkel in Numayrîs Kabinett saß. Als er sich entschlossen hatte, am Boom mit Sesam- und Erdnußgebäck zum Geburtstag des Propheten teilzunehmen, besprach er sich mehrmals mit Ibrâhîm und Majdî. Das Geschäft hatte solche Ausmaße, daß die Schmiede alle anderen Aufträge zurückstellten und hauptsächlich für den neuen Auftraggeber arbeiteten. Als Produktionsstätte vermittelten sie ihm einen leerstehenden Hof mit Einzimmerhaus in der Ghajar-Verwandtschaft. Dort wurden die von Majdî nach genauen Anweisungen konstruierten und gebauten Maschinen aufgestellt, und rechtzeitig vor dem Fest lief die Produktion an, getragen von einem zuverlässigen und eingespielten Nuba-Arbeiterteam, das aus der Marmeladefabrik abkommandiert worden war. Die fertigen Gebäckstücke wurden in alte Kartons verpackt und in Ibrâhîms Werkstatt eingestapelt, der dafür eigens ein Lehmkastenhaus vom Metallschrott reinigen ließ. Als ich vier Jahre später wieder in die Werkstatt kam, erblickte ich im herumliegenden Eisen Fragmente jener Sesamgebäckmaschinen. Auf meine Frage nach dem Ergehen jenes Fabrikanten lachte man und erklärte, der sei schon lange bankrott gegangen. Als Entschädigung für noch ausstehende Restzahlungen habe man sich die Maschinen wieder geholt.

Der Kreislauf des Eisens vom Schrott als Werkstück über das Fertigprodukt zurück zum Schrott gleicht in seiner Beständigkeit dem intra-ethnischen Feld. Doch die flüchtigen inter-ethnischen Beziehungen sind wichtig, um den Kreislauf in Bewegung zu halten. Ibrâhîms Werkstatt wie die Handwerkstätigkeiten der anderen Zigeuner könnten in der Isolation nicht leben. Ihr komplementäres Gewerbe ist auf die Mehrheitsbevölkerung hin ausgerichtet, aus der prosperierende Betriebe wie der von Ibrâhîm auch die Arbeitskräfte beziehen. Die Werkstatt der Ghajar bot der Allgemeinheit Arbeitsplätze und stellte für sie Maschinen her - von Frielings volkswirtschaftliche "Überflüssigkeit" kann sich also nur in der Dimension von Rationalisierung und Modernisierung zeigen.

Die Werkstatt als Männerhaus

Frauen haben in dieser Welt des Handwerks, der intra- und interethnischen Beziehungen der Männer keinen Zutritt und keinen Platz. Es gibt in der ganzen Leichtindustriezone keine einzige weibliche Beschäftigte und im Hayy al-ᶜArab, im Ghajar-Viertel, sehen nur die Metallarbeiter, die innerhalb der Gehöfte arbeiten, ab und zu eine Passantin. Frauen, die von den nordwestlichen Wohnvierteln zum Großen Markt gehen, machen um das Ghajarquartier einen großen Bogen, und sollte einmal eine arme Nuba-Frau den direkten Weg gewählt haben, wird sie sogleich Gegenstand rassistischer und sexistischer Kommentare. Revanchiert sie sich dann mit dem gemeinsudanesischen Ausdruck für Zigeuner, "Halab", kommt es leicht zum Handgemenge. Denn die Ghajar sind keine Halab, und eine Frau in persona hat bei den Eisenmännern nichts zu suchen.

Andererseits ist die Frau als Gegenwelt selbstverständlich immer anwesend, wie in jeder anderen Männergemeinschaft. Einmal kam Majdî mit einem großformatigen Foto aus dem Werbekalender einer westlichen Autofirma in den Drehbankraum. Sofort ruhte alle Arbeit, man versammelte sich und debattierte leidenschaftlich über die gebotene Ansicht, wobei der abgebildete PKW ganz im Schatten der an ihn angelehnten, leicht bekleideten Blondine blieb. Schließlich heftete Majdî das Kalenderblatt an die Lehmwand, und sichtlich bewegt, erheitert und entspannt durch dieses Ereignis ging man wieder zurück an die Arbeit.

In den alltäglichen Unterhaltungen der Belegschaft spielt die Frau eine überragende Rolle, wenn auch in erster Linie als Sexualobjekt und Herausforderung männlicher Kraft. Auch Verheiratete beteiligten sich an den zotigen Themen, die Details aus Ehebetten ebenso einschlossen wie aus den gelegentlichen Bordellbesuchen der Junggesellen. Dabei herrschte absolute Entfaltungsfreiheit der Phantasie, die durch jeden Metallstab oder jedes Loch im Eisen angeregt werden konnte. Andere Formen der Sexualität wie Homophilie oder Sodomie, im islamischen Sudan mit seinem schwierigen Geschlechterverhältnis keine Seltenheit,[4] kam nur im Sinne der Denunziation zur Sprache. Insbesondere war Lûtî, der Ausdruck für den passiven Homosexuellen, eine beliebte Beleidigung.[5]

Die Männergesellschaft der Werkstatt pflegt auch die Kommensalität. Das Frühstück zwischen 9 und 10 Uhr ist das Hauptereignis des Arbeitstages - nicht nur zur Regeneration der Arbeitskraft. Jedermann ist in der Lage, mit Tomaten, Zwiebeln, Öl und Brot das von den Freiluftgarküchen angebotene Bohnengericht anzureichern. Niemand nimmt das Frühstück allein ein. Die Regel ist die auf den Werkstattboden gestellte Schüssel, um die sich die Männer knien bzw. hocken und aus der sie sich mit der rechten Hand bedienen. Auf diese Weise wird Eintracht, männliche und muslimische, zelebriert. Es hockt der Ghajarî neben dem Nûba und der Ja^calî neben dem Fellâtî. Im Frühstück sind alle vertikalen und horizontalen Grenzen aufgehoben. Auch Vorübergehende werden herbeigewunken - ja müssen herbeigewunken werden; das schreibt die sudanesische Ethik vor, die aus der Tradition der Hirtennomaden und Glaubenskrieger stammt.[6]

Es gibt aber auch außerhalb des Frühstücks Genüsse, die die Arbeit erleichtern oder vergessen machen. Dazu gehört der süße Tee, der zu jedem Anlaß herumgereicht wird und für dessen ständige Nachfrage informelle Teeverkäufer in den Straßen des Hayy al-ᶜArab wie auch anderswo gerüstet sind. Auch Zigaretten zählen hierzu, die ebenfalls von oben nach unten gespendet werden. Freilich zeigt sich hier bisweilen auch ein Generationenkonflikt, wenn die Älteren den traditionellen Kautabak zu sich nehmen und auf das teurere Laster der Jugend, das Zigarettenrauchen, schimpfen. Dann gibt es noch zwei illegale Freuden, die zumindest ideell immer anwesend sind, auch wenn ihr faktischer Konsum meist außerhalb der Arbeitszeit stattfindet: gemeint sind Rauschkraut und Dattelschnaps. Wer diesen Lastern fröhnt, taugt meist nicht mehr zur geregelten Werkstattsarbeit. Trotzdem gab es süchtige Ghajar, die in der Werkstatt um Geld baten und es auch bekamen. Rauschkraut am Arbeitsplatz - so oft es bei den wirklich informellen Handwerkern zu beobachten war - verbot sich in Ibrâhîms Werkstatt schon wegen des häufigen Besuchs durch wohlanständige und bigotte Kunden vom Großen Markt.

Die aufgezählten Momente des gemeinsamen Genusses verbinden die Männer ebenso wie die gemeinsame Arbeit. Und auch hier gibt es Höhepunkte des Gemeinschaftserlebnisses, z.B. die Fertigstellung einer Maschine. Als eine Natronmühle endlich ihren Probelauf absolvieren konnte, bei dem die ganze Werkstatt in einen Salznebel getaucht wurde und außerdem ein Eisenstück abbrach und durch die Luft geschleudert wurde, schrien, jubelten und tanzten die Männer. Dann wurde Tee gereicht. Anschließend mußte das Ungetüm wieder auseinandergeklopft werden, weil ein wesentliches Teil fehlte.

Die Metalltechnik wirkte wie ein geheimes Bindeglied dieser ethnisch heterogenen Männergesellschaft. Eisen, die Schweißfunken, die davonfliegenden Späne an der Drehbank - viele Arbeiten übten eine solche Faszination aus, daß oft Passanten eine Weile zuschauten, ohne ein spezielles Anliegen mitgebracht zu haben. Und diese Faszination schien auch nach Feierabend zu wirken, wenn die Maschinen im engen Familienkreis weiterliefen. Für die Ibrâhîmsöhne war die Werkstatt auch ihr Freizeitspaß.

Kam ich am Freitag, dem sudanesischen Sonntag, in die Werkstatt, überraschte mich immer wieder die Zahl der Leute, die sich selbst dann hier versammelt hatten. Auf meine anfängliche Frage, ob man als guter Muslim auch am Freitag arbeiten könnte, beruhigte man mich, man würde ja nicht richtig arbeiten, nur ein wenig. Sicher hatte die Freitagsarbeit deutlichen Spielcharakter. Man zeigte sich Kniffe und man scherzte viel; vor allem aber war man beisammen und an dem Ort, wo der Mann eben hingehört. Diese Bedeutung der Werkstatt als Männerhaus ist mir erst aufgegangen, als ich die häuslichen Verhältnisse einzelner Ghajar und Nichtghajar kennengelernt hatte. Es gibt bei armen Sudanesen keinen Raum, wo sich ein Mann ungestört aufhalten oder mit anderen Männern zusammen länger verweilen könnte. In den engen Wohnhöfen regieren die Frauen und Kinder. Der Mann flieht nach dem Aufstehen diese bedrückenden Verhältnisse und kehrt erst zum Nachmittagsessen zurück. Das ist auch am Freitag so. Wenn er nicht zur Moschee geht - und bei den Metallhandwerkern war das ebensowenig verbreitet wie bei den Ghajar - , sucht er seine Werkstatt auf, wo er Schicksalsgenossen antrifft und wo man mit Eisen, Werkzeug und Maschinen spielen kann.

Schluß

Wir haben Ibrâhîms Werkstatt an der Grenze, aber nicht im Übergang vom informellen zum formalen Sektor kennengelert. Wir fanden typische Züge der Informalität: Ausbildung, Arbeitsrekrutierung, Abwesenheit von Vertrag, Rechnung, Buchführung, Sozialleistungen und Arbeitsschutz. Andrerseits galt Ibrâhîm als etablierter, ja wohlhabender Schmied, als Besitzer zweier Werkstätten und eines ausgedehnten Wohngehöftes. Seine Söhne fuhren PKW bzw. Motorroller, verfügten über Auslandserfahrung und blickten mit ihrer Qualifikation in eine sichere Zukunft. Dies wird aber kaum der Handwerksbetrieb der modernen Gesellschaft sein, in dem Mechanisierung, Rationalisierung und Industriekonkurrenz die Entwicklung prägen.

Ibrâhîms Werkstatt hat es u.a. deswegen nicht nötig, die Arbeitskraft der Angestellten optimal abzuschöpfen, weil Arbeitskräfte im Überangebot und die Löhne deswegen vergleichsweise niedrig sind. Trotzdem verdient ein Sudanese im Metallsektor weit mehr als etwa ein Lehrer oder Polizist. Die Zigeuner im Sudan begründen ihre Vorbehalte gegen die Scholarisierung u.a. mit dem Argument, Handarbeit bringe mehr als Kopfarbeit. Damit kehren sie die sudanesische Prestigeordnung teilweise um, die zwar nicht die reine Kopfarbeit, aber den ihr zugerechneten Handel an die oberste Stelle setzt.

Wenn für Handwerker wie die Söhne Ibrâhîms dennoch ein Modernisierungsmotiv gegeben war, betraf das hauptsächlich den Zugang zu formalen Krediten. Nur der Besitz einer größeren Summe Geldes erlaubt die Anschaffung der Maschinen, die ein fränkischer Schmied braucht. Oben an stand bei Majdî 1982 der Wunsch nach einem damals 4000 SP teuren Generator, der den Betrieb von der schwankenden Stromversorgung durch die "Regierung" unabhängig machen würde.

Meine Analyse sollte kein direkter Beitrag zur kontroversen Debatte um die Förderungswürdigkeit informeller Handwerksbetriebe oder ihrer Entwicklungspotentiale sein. Für diese Argumentationsebene taugt die ethnologische Mikroperspektive wenig. Ethnographische Feldforschung in einem Handwerksbetrieb begreift diesen als Welt für sich, bevölkert mit kompetenten Problemlösern mit eigenen Perspektiven nach oben, unten, innen und außen. Dazu wurde der beobachtete Betrieb in vier Dimensionen zerlegt: eine funktionale, eine horizontale, eine vertikale und eine kulturelle im engeren Sinne, die die affektiven, spielerischen und diskursiven Momente der sozialen Wirklichkeit einfangen sollte.

Es ist wohl deutlich geworden, daß eine zeitliche Anordnung der vier Schichten nicht viel Sinn macht. Es läßt sich damit keine kulturhistorische oder entwicklungssoziologische Phasenabfolge rekonstruieren - etwa dergestalt, daß das stammes- und familiengebundene Denken in der interethnischen Auseinandersetzung langsam der ökonomischen Rationalität weiche. Auch der makroökonomische bzw. -soziologische Dualismus läßt sich mit der hier vorgenommenen Schichtenanalyse nicht bedienen. Die kulturelle Ebene, oder die Werkstatt als Männerhaus, ist so wenig traditionalistisch wie die funktionalen Aspekte schon die moderne Zukunft verheißen könnten. Alle vier Ebenen sind sowohl Vergangenheit wie Gegenwart und ihre Wirksamkeit gestaltet die Zukunft auf lange Sicht.

Die funktionale Ebene zeigte die Werkstatt in ihrer ökonomischen Rationalität, als einen Betrieb, in dem möglichst gewinnbringend Eisenschrott zu neuem Gerät und einfachen Maschinen umgebaut wurde. Die horizontale Perspektive betonte die Gleichheit und Solidarität der Familienangehörigen und - in einem sicher abgeschwächten Sinne - auch der gesamten Ghajarverwandtschaft, selbst wenn diese ökonomisch regrediert erschien. Die vertikale oder interethnische Ebene lenkte den Blick nach unten, woher die Ghajar ihre billigen Arbeitskräfte rekrutieren, und nach oben, woher sie ihre Aufträge bekommen. In anderen beobachteten Fällen konnten diese vertikalen Beziehungen sich zu Patronagen verfestigen[7]; die Interaktionen mit dem Marmeladefabrikanten deuteten u.U. eine solche Entwicklung an, bevor der Sturz Numayrîs 1985 diese abbrach.

Zu den Beziehungen der Ungleichheit gehört auch das Verhältnis der Werkstatt zur Regierung, die sich nicht nur in der willkürlich erscheinenden Steuerbelastung ausdrückt, sondern auch in der prekären Stromversorgung. Die losen Kabel, die die Lehmwand herunterhingen, versinnbildlichten gleichsam die Energie von oben: Sie war gefährlich, weil es weder Sicherungskasten noch Sicherheitsstandards gab. Sie war nötig, da sonst Drehbank und Schweißapparat stillstanden. Sie war willkürlich, weil die häufigen Unterbrechungen im Netz selbstverständlich nicht angekündigt wurden. Die sudanesischen Bâzârîs, die in solchen Fällen ihre japanischen Generatoren vor den Laden stellen und anwerfen, demonstrieren damit ihre Überlegenheit über die Regierung. Aber die Handwerker, die sich aus der Anonymität des informellen Sektors an die Grenze zum formalen hochgearbeitet haben, bekommen die Willkür der Staatsgewalt voll zu spüren. Man wird hier an das Obrigkeitsverständnis in der Asiatischen Produktionsweise, bzw. dem Orientalischen Despotismus erinnert, das den Staat als Naturgewalt erfährt, gegen die die überlebenswillige Dorf- oder Stammesgemeinschaft Vorkehrungen treffen muß. Das Vertrauen auf die eigene Geschicklichkeit, wie es die Ghajar pflegen, bietet dafür eine geeignete Grundlage.

Anmerkungen

1 B. Streck, Zigeuner am Nil. Die Halab im Sudan, München 1994.

2 P. Oesterdieckhoff, Handwerk im Sudan - Technische und sozioökonomische Aspekte. Universität Bremen, Sudanforschungsgruppe, Diskussionsbeiträge Nr. 2, Bremen 1984; D. Hansohm/K. Wohlmuth, Sudan's Small Industrie Development: Structure, Failures and Perspectives. In: M. P. van Dijk/H. S. Marcussen (Hg.), Industrialization in the Third World. The Need for Alternative Strategies, London 1990, S. 146-165; D. Hansohm, Small Industry Development in Africa - Lessons from Sudan. Bremer Afrika-Studien, hg. vom Informationszentrum Afrika, Bremen, Bd. 2, Münster/Hamburg 1992.

3 H. D. von Frieling, Das Konzept des informellen Sektors. Kritik eines Entwicklungsidealismus. In: E. W. Schamp (Hg.), Der Informelle Sektor. Geographische Perspektiven eines umstrittenen Konzepts, Aachen 1989, S. 169-200.

4 Vgl. Ibrahim Hayder, The Shaiqiya. The Cultural and Social Change of a Northern Sudanese Riverian People, Wiesbaden 1979.

5 Der Begriff scheint aus dem Persischen zu kommen, wo er im 19. Jahrhundert noch "Akrobaten" bezeichnete (W. Floor, Guilds and futavvat in Iran. In: Zeitschrift der Deutschen Morgenländischen Gesellschaft *134* (1984) 1, S. 106-114), heute aber schlicht "Gelegenheitsarbeiter, Rowdys oder Strassenlümmel" (Mehdi Naficy, Klerus, Basar und die iranische Revolution, Hamburg 1993).

6 Dazu T. Nordenstam, Sudanese Ethics, Uppsala 1968; B. Streck, Gewehr und Speer. Bewaffnete Macht in der Republik Sudan, Kursbuch *67* (1982), S. 88-98.

7 B. Streck, Ethnisch heterogene Patronagen im Nilsudan. In: K. H. Kohl et al. (Hg.), Die Vielfalt der Kultur. Ethnologische Aspekte von Verwandtschaft, Kunst und Weltauffassung. Ernst Wilhelm Müller zum 65. Geburtstag, Berlin 1990, S. 222-236.

Die Schreiner von Kanungu. Aspekte der Sozialordnung in ugandischen Handwerksunternehmen

Georg Heidenreich

Einleitung

Die Beschäftigung mit dem Handwerk hat in der Ethnologie eine lange Tradition; neben geschlossenen Abhandlungen über verschiedene Handwerke finden sich in vielen Monographien Beobachtungen zu diesem Thema. Der Schwerpunkt der Handwerksethnologie liegt auf der Beschäftigung mit technologischen und ergologischen Aspekten sowie der Frage, inwieweit besonders in Afrika von "Kastenhandwerkern" gesprochen werden kann.[1] Kaum behandelt werden dagegen Fragen der Arbeitsorganisation, d.h. der betrieblichen Arbeitsteilung, Arbeitszeiten und Arbeitsstetigkeit sowie der Hierarchie, da diese im Rahmen von übergeordneten familiären oder "Kastenstrukturen" geregelt zu sein scheinen. Die meisten Autoren gehen darüber hinaus nur auf solche Gewerbe ein, die bereits in vorkolonialer Zeit bekannt waren, z.B. Schmiedehandwerk, Schnitzerei oder Korbflechterei.[2]

Der vorliegende Beitrag befaßt sich mit einer Gruppe von Handwerkern, die sich hinsichtlich Ausbildung, Arbeitsorganisation und betrieblicher Sozialordnung teilweise erheblich von den traditionellen Gewerben unterscheiden, ohne ganz von der sonst dominierenden Subsistenzwirtschaft losgelöst zu sein. Dabei handelt es sich um Schreiner im Südwesten Ugandas, die einer "halbkapitalistischen Warenproduktion"[3] nachgehen, d.h. sie arbeiten zwar mit Lohnarbeitskräften, orientieren sich aber nicht an einem möglichst hohen Gewinn, sondern an ihren unmittelbaren Bedürfnissen, die allerdings im Vergleich zur Mehrzahl ihrer bäuerlichen Nachbarn relativ hoch sind, da sie sich am Lebensstandard der örtlichen Elite messen.[4]

Die hier untersuchten Schreinereibetriebe liegen in Kanungu, dem Hauptort des Landkreises Kinkiizi, der zum Distrikt Rukungiri gehört. Kinkiizi wird vornehmlich von Bakiga, einer Ethnie bantusprachiger Ackerbauern, bewohnt.[5] Bei den Bakiga nahmen die Handwerker, d.h. vor allem Schmiede und Schnitzer, in vorkolonialer Zeit eine geachtete gesellschaftliche Stellung ein, ohne wie in Rwanda oder Buganda am königlichen Hof gewisse ümter innezuhaben. Die Handwerke wurden zwar hauptsächlich von bestimmten Clans betrieben, es handelte sich jedoch nicht um geschlossene Kasten, so daß auch andere Interessierte gegen ein Lehrgeld das Metier erlernen konnten.

In der Kolonialzeit wurden neue Handwerke eingeführt, u.a. Schreinerei, Schusterei, Ziegelherstellung, Schneiderei. Seit Ende der fünfziger Jahre werden diese in Kinkiizi auch an Berufsschulen gelehrt. Der Ort Kanungu ist Sitz der bedeutendsten "Technical School" des Landkreises, und die untersuchten Schreinereien werden von Absolventen dieser Schule geführt. Trotz der formalen Qualifikation befinden sich die Handwerker heute im Gegensatz zu früher eher am unteren Rand der sozialen Skala, jedenfalls im Vergleich zur lokalen Führungsschicht aus Beamten und Händlern, die sie selbst als ihre Referenzgruppe ansehen. Bei diesen zählt vor allem eine "White-Collar"-Tätigkeit als ertragreich und ihrem Status angemessen.

In Kanungu gibt es drei Betriebe, die von formal ausgebildeten Schreinern geleitet werden; im Ort und in der nähreren Umgebung arbeiten darüber hinaus mehrere Schreiner, die das Handwerk informell erlernt haben. Im Mittelpunkt dieser Untersuchung stehen die Schreiner mit Berufsschulbildung, die im wesentlichen von ihrem Handwerk leben und regelmäßig Lohnarbeitskräfte beschäftigen.

Die folgenden Ergebnisse beruhen auf einer sechszehnmonatigen Feldforschung in Kanungu, die ich in den Jahren 1991 und 1992 durchführte. Sie sind Teil einer größeren Untersuchung, die Arbeit und Beruf bei traditionellen und modernen Handwerkern vergleicht.[6] Methodisch standen neben Leitfadeninterviews und informellen Gesprächen Beobachtung und teilnehmende Beobachtung im Mittelpunkt, d.h. ich habe stunden- und tageweise bei den Schreinern mitgearbeitet. Darüber hinaus habe ich Interviews mit Lehrern und Schülern der "Nyakitare Technical School" geführt, um mir einen Eindruck von der Berufsschulausbildung der Handwerker zu verschaffen. Um einige Aspekte der Arbeitsorganisation der Schreiner deutlich zu machen, werde ich im folgenden gelegentlich auf die Arbeit der ebenfalls untersuchten Schmiede im Nachbarort Nyamihungye eingehen, bei dem es sich im Unterschied zu Kanungu um eine bäuerlich geprägte Streusiedlung handelt.

Die ökonomische Situation der Schreiner

Die drei Schreinereien in Kanungu werden von Absolventen der örtlichen Berufsschule (Nyakitare Technical Institute) geführt, die dort das "Uganda Junior Crafts Certificate" erworben haben. Die drei sind verheiratete jüngere Männer im Alter zwischen 29 und 35 Jahren namens Barikyayi, Besigye und Bisiru. Sie sind Bakiga, kommen aber aus unterschiedlichen Clans. Gemeinsam ist ihnen auch, daß ihre Väter Holzhandwerker waren, d.h. Holzfäller, Schnitzer oder Schreiner.

Das Einkommen der Handwerker ist nur grob zu bestimmen, da die Schreiner keine kontinuierliche Buchhaltung betreiben. Zudem trennen sie nicht zwischen geschäftlichen und privaten Ausgaben, sodaß ihnen die Betriebskosten (Materialkosten, Lagermiete, Lohnkosten etc.) und damit die Gewinnspannen nicht genau bekannt sind; die Gewinnspanne ist je nach Auftrag unterschiedlich, liegt aber nach meiner Schätzung bei etwa 30 Prozent. Es ist auch nicht im einzelnen zu sagen, wieviel vom Gewinn für weitere Investitionen in die Werkstatt und Landwirtschaft ausgegeben wurde bzw. als Einkommen zur Verfügung stand. Die Handwerker geben aber nach eigenen Angaben den größten Teil ihres Geldes für den Konsum aus, so daß ich im folgenden pauschal das geschätzte Einkommen wiedergebe.

Die Einnahmen der Handwerker schwanken im Jahresverlauf erheblich; als gute Monate gelten diejenigen nach der ersten und zweiten Kaffeernte (August, Dezember), wo mehr Geld vorhanden ist als in anderen Monaten. Geringer Umsatz herrscht dagegen vor allem von Januar bis März, wenn Steuern und Schulgebühren anstehen und daher wenige Aufträge eingehen. Bisiru macht in guten Monaten einen Umsatz von bis zu 300 000 Ushs, Barikyayi von bis zu 100 000 UShs und Besigye von höchstens 60 000 UShs. In schlechten Monaten können die Umsätze auf jeweils 100 000 (Bisiru), 35 000 (Barikyayi) oder 20 000 UShs (Besigye) fallen.

Der Schreiner Bisiru hatte 1991 ein Jahreseinkommen aus dem Handwerk, d.h. Umsatz abzüglich der geschätzten Kosten, von rund 640 000 UShs oder 1280 DM (1991: 1 DM = 500 Uganda Shillings), während Barikyayi auf 300 000 UShs (600 DM) und Besigye auf 180 000 UShs (360 DM) kamen. Das Einkommen aus der Landwirtschaft (v.a. Kaffee) betrug bei Bisiru etwa 160 000 UShs (320 DM) und bei Besigye 120 000 UShs (240 DM). Barikyayi betreibt keinen Cash-crop-Anbau, sondern nur etwas Subsistenzfeldbau.

Die Unterschiede in der Einkommenshöhe lassen sich auf die unterschiedliche handwerkliche Spezialisierung der Schreiner zurückführen, da die Arbeitsleistung nur geringe Abweichungen aufweist. Bisiru stellt technisch aufwendige Möbel für die örtliche und regionale Elite her, z.B. gepolsterte Sofas oder reich verzierte Betten. Darüber hinaus erhält er auch größere öffentliche Aufträge wie die Ausstattung von Schulen oder die Möblierung von Verwaltungsgebäuden. Barikyayi hat sich auf die Grundausstattung von Häusern mit Türen, Fenstern und eingezogenen Holzdecken spezialisiert, was er für die meisten Einkommensschichten ausführt, d.h. vom mittleren Bauern über Beamte bis zum gut verdienenden Geschäftsmann. Besigye schließlich fertigt Möbel, aber auch Türen und Fenster für mittlere Einkommensgruppen an. Er erwirtschaftet außerdem einen relativ hohen Anteil seines Einkommens aus dem Anbau von Cash-crops und betreibt am intensivsten Subistenzlandwirtschaft.

Besigye und Barikyayi sind daran interessiert, hochwertige Möbel herzustellen, da dies nicht nur das Einkommen, sondern auch den guten Ruf als Handwerker und die berufliche Selbsteinschätzung steigert. Sie weisen jedoch darauf hin, daß hierfür größere Investitionen für Werkzeuge nötig seien, d.h. mehr und bessere Geräte. Außderdem sehen sie weitere Probleme für eine Expansion der Werkstatt:

- mangelnde Nachfrage, vor allem nach hochwertigen Möbeln.
- Unzuverlässigkeit ihrer Arbeitskräfte, was ihre Anwesenheit und Arbeitsausführung angeht.

- Zahlungsverzögerungen bei öffentlichen Aufträgen.
- hohe Holzpreise, besonders für hochwertiges Regenwaldholz.

Sinnvoll wäre nach ihren Angaben auch eine Höherqualifizierung in einer Schreinerei in Rukungiri oder Kampala, vor allem, um neues Design kennenzulernen. Dem hohen Aufwand an Zeit und Geld steht jedoch ein sehr unsicherer Nutzen entgegen, da der Markt für teure Möbel in Kanungu immer noch sehr klein ist. Barikyayi und Besigye verfolgen daher weiterhin lieber eine risikoarme Strategie der mittleren Erlöse.

Die Schreiner nehmen mit ihrer Ausrichtung an relativ hohen materiellen Zielen am ökonomischen und sozialen Wettbewerb in Kanungu teil, auch wenn sie dabei bisher in unterschiedlichem Maß erfolgreich waren. Dieses ausgeprägte Interesse an einem höheren ökonomischen und sozialen Status unterscheidet sie wie die Beamten und Händler des Trading Centers von der Mehrheit der bäuerlichen Bevölkerung. Die drei Schreiner verspüren jedoch eine Kluft zwischen ihren materiellen Ansprüchen und den finanziellen Möglichkeiten, was Besigye in die Worte faßt: "I have many demands and very little money." Schreiner, Beamte und Händler haben jedoch unterschiedliche Vorstellungen über den Weg, der zu Wohlstand führt. Händler und Beamte sehen in körperlicher Arbeit keine erfolgversprechende Möglichkeit, um wohlhabend zu werden. Die Schreiner sehen dagegen in ihrer Tätigkeit eine Chance, einen gewissen Wohlstand zu erreichen, der über demjenigen vieler kleiner Beamte und Händler liegt.

Die Frauen der Schreiner erledigen den Hauptteil der Subsistenzlandwirtschaft, wobei sie allerdings stärker durch Lohnarbeitskräfte entlastet werden als die meisten Bäuerinnen. Außerdem sind sie praktisch allein für die gesamte Hausarbeit zuständig, da die Kinder noch klein sind und nur wenig mithelfen können. Die Schreiner kümmern sich wie die Männer der Schmiede- und Bauernfamilien um den monetären Bereich, der bei ihnen noch größere Bedeutung hat als bei den meisten Bauernfamilien, da mehr Lebensmittel eingekauft werden und teure Güter wie Fahrräder oder Radios angestrebt werden. Prinzipiell sind die Schreiner auch für die Neuanlegung von Feldern und die Pflege der Cash-crops verantwortlich. Sie überlassen jedoch diese Arbeit ganz oder teilweise zeitweise beschäftigten Arbeitskräften.

Die Arbeit im Wochen- und Tagesverlauf

Die Schreiner folgen dem heute üblichen Schema der Siebentagewoche, d.h. der Sonntag ist der einzige Wochentag, an dem sie grundsätzlich nicht in der Werkstatt tätig sind. Für die Handwerker ist auch der Agrarkalender von Bedeutung, da die Schreiner zwar selbst wenig auf dem Feld arbeiten, aber mit Hilfe ihrer Frauen und Lohnarbeitskräften in gewissem Umfang Landwirtschaft betreiben. Von der

Mehrzahl der bäuerlichen Bevölkerung unterscheiden sich die Schreiner von Kanungu dagegen bezüglich der Bedeutung von Tages- bzw. Uhrzeiten. Sie teilen in stärkerem Maß als die Bauern und Schmiede den Tag nach der Stundenzählung ein. Die drei Handwerker besitzen auch Armbanduhren, tragen diese allerdings nicht während der Arbeit. Ein wichtiger Aspekt der exakten Zeitmessung ist der Empfang von Nachrichten- und Mitteilungssendungen von Radio Uganda um zehn und um zwölf Uhr, die Bisiru und Barikyayi verfolgen. Die Minuteneinteilung spielt allerdings praktisch keine Rolle, da Arbeitsabläufe nicht nach Minuten gemessen und geplant werden.

Bei den Schreinern führte ich eine Arbeitszeitstudie durch, die einen Zeitraum von vier Wochen, verteilt über drei Monate, erfaßte. Hierbei war ich jeweils von montags bis freitags den ganzen Tag in Kanungu und besuchte abwechselnd die verschiedenen Werkstätten, wobei ich Arbeitsbeginn, längere Pausen und Arbeitsende notierte.

Von 57 möglichen Arbeitstagen der drei Schreiner wurde an 11 Tagen oder knapp 20 Prozent nicht gearbeitet. Diese Nichtarbeitstage beschränkten sich auf Krankheitstage (wie im Fall Besigyes in der dritten Woche), auf staatliche Feiertage (der Mittwoch der dritten Woche war der ugandische Unabhängigkeitstag) oder auf den Besuch von Hochzeiten oder Beerdigungen.

Das von den Schmieden in Nyamihungye häufig genannte "Ausruhen", das auch ohne vorherige Schmiedearbeit stattfand,[7] war bei den Schreinern in Kanungu die Ausnahme (Beispiel: Montag und Dienstag der zweiten Woche bei Bisiru bzw. Montag der gleichen Woche bei Barikyayi) und kam nur nach der Vollendung größerer Aufträge vor. Bisiru hatte mit seinen drei Arbeitern in der Vorwoche einen Auftrag über 30 Stühle fertiggestellt, während Barikyayi mit einem Arbeiter unter großem Zeitdruck wegen einer bevorstehenden Hochzeit im Haus des Bräutigams die Holzdecke eingezogen hatte. Darüber hinaus gibt es noch Tage, an denen die Handwerker verreisen, z.B. Bisiru am Donnerstag der ersten Woche nach Rukungiri; hierbei geht es meist ebenfalls um geschäftliche Angelegenheiten, z. B. um den Kauf von Materialien oder das Eintreiben von Schulden.

Die Schreiner sind von natürlichen Rahmenbedingungen nicht in gleichem Maße abhängig wie die bäuerliche Bevölkerung, haben allerdings nicht die Möglichkeit, wie die Handwerker in der Distrikthauptstadt Rukungiri auch abends zu arbeiten, da es in Kanungu keinen Strom gibt. Sie nutzen jedoch in der Regel auch das Tageslicht nicht voll aus, da sie morgens frühestens gegen 8 Uhr, d. h. etwa zwei Stunden nach Sonnenaufgang, beginnen und abends zwischen 16 und 17 Uhr aufhören, während die Sonne gegen 19 Uhr untergeht.

Das Wetter beeinflußt die Arbeit der Schreiner in unterschiedlichem Maß. Nur Bisiru hat in seiner Werkstatt ein Schutzdach über den im Freien stehenden Werkbänken. Besigye und Barikyayi arbeiten bei Regen gelegentlich in ihren engen Lagerräumen weiter; meistens bedeutet jedoch einsetzender Niederschlag eine Unterbrechung der Arbeit. In den Regenzeiten (Februar bis Mai; September bis

November) bedeutet dies bei ungeschützten Werkstätten an vielen Tagen ein bis zwei Stunden Pause (zwischen etwa 15 und 17 Uhr). Gelegentlich fällt der Regen bis in den Abend hinein, sodaß die Arbeit gar nicht mehr aufgenommen wird.

Die landwirtschaftlichen Jahreszeiten wirken ebenfalls auf die Arbeit der Handwerker ein, vor allem im Fall von Besigye und Bisiru, die selbst größere Felder haben. Bisiru kümmert sich während der Zeiten von Rodung und Ernte mehr als sonst um die Planung und korrekte Ausführung der landwirtschaftlichen Arbeiten durch Frau und Lohnarbeiter, während Besigye auch selbst mit Hand anlegt, z.B. beim Transport der Hirse vom Feld zum Speicher. Darüber hinaus sind die Zeiten der Kaffee-Ernte (Juli, Dezember) Arbeitshöhepunkte in der Werkstatt, wenn Geld vorhanden ist und neue Möbel bestellt werden.

Die Schreiner haben genaue Vorstellungen über den Ablauf eines Arbeitstages, wobei sich diese Arbeitszeiten von Werkstatt zu Werkstatt leicht unterscheiden. Bisiru gibt eine Arbeitszeit von 8.30-18 Uhr (Mittagspause von 12-13 Uhr) an, Barikyayi von 8.30-17 Uhr (Mittagspause von 13-14 Uhr) und Besigye von 8 Uhr bis 18 Uhr (Mittagspause von 12-13 Uhr). Besigye und Bisiru geben außerdem eine Frühstückspause von 9-9.30 Uhr an. An manchen Tagen beginnen oder beenden sie ihre Arbeit allerdings auch früher oder später, als es ihren Vorstellungen entspricht, was auch zu unterschiedlichen Arbeitsstunden führt (vgl. Tab.).

Tabelle
Arbeitsstunden der Schreiner

1. Zeitraum 19.8.-23.8.1991	Mo	Di	Mi	Do	Fr
Bisiru	5	6	7	0	5
Barikyayi	7	7	6	3	7
Besigye	7	9	7	5	5

2. Zeitraum 2.9.-6.9.1991	Mo	Di	Mi	Do	Fr
Bisiru	0	0	6	7	7
Barikyayi	0	7	4	6	6
Besigye	3	8	7	7	8

3. Zeitraum 7.10.-11.10.1991	Mo	Di	Mi	Do	Fr
Bisiru	7	7	0	7	6
Barikyayi	7	6	0	9	7
Besigye	0	0	0	0	0

4. Zeitraum 21.10.-25.10.1991	Mo	Di	Mi	Do	Fr
Bisiru	7	6	4	7	7
Barikyayi	7	6	5	7	6
Besigye	9	7	6	6	8

Trotz der vorhandenen Schwankungen versuchen die Schreiner, die Arbeitszeitvorstellungen auf etwa eine Stunde genau einzuhalten. Einen späten Arbeitsbeginn oder frühen Arbeitsschluß empfinden sie selbst als Ausnahmen, auch wenn sie darüber niemandem rechenschaftspflichtig sind. Im Rahmen meiner Forschung gaben sie jedoch Erklärungen für die Abweichungen im Aufzeichnungszeitraum.

Beispielsweise weist Bisiru darauf hin, daß er zunächst seiner kranken Frau das Frühstück zubereitete, weshalb er am betreffenden Tag (4.9.1991) erst gegen 10 Uhr mit der Arbeit beginnen konnte. Barikyayi begann dagegen einmal bereits um

8 Uhr (10.10.1991), da er am Vortag wegen eines Arztbesuchs nicht wie gewohnt den ganzen Nachmittag in der Werkstatt sein konnte. Der frühe Arbeitsschluß gegen 15 Uhr in Bisirus Werkstatt am 6.11.1991 wird damit begründet, daß an diesem Tag ein größerer Auftrag von Stühlen abgeschlossen wurde und er mit einem neuen Auftrag erst am nächsten Tag beginnen wollte.

Neben den Arbeitszeitvorstellungen existiert eine am Arbeitsergebnis ausgerichtete Wochen- und Tagesplanung. Die Wochenplanung ist so ausgelegt, daß zum Wochenende Aufträge oder Teile von größeren Aufträgen fertiggestellt werden. Auch die Tagesplanung orientiert sich daran, am Ende des Tages bestimmte Arbeitsgänge eines komplexeren Produktionsablaufs abzuschließen, z.B. jeweils Sägen, Hobeln oder Verbinden; anstrengende Tätigkeiten wie Sägen oder Hobeln werden nach Möglichkeit am Morgen erledigt. Im Laufe einer Arbeitswoche können viele Unwägbarkeiten auftreten, die Änderungen des Tagesplans nötig machen, z.B. Abwesenheit der Arbeiter, kurzfristig fertigzustellende Aufträge oder technische Probleme.

Neben der grundsätzlichen Regelmäßigkeit der Arbeit und den größeren Unabwägbarkeiten wie einem neuen dringenden Auftrag existieren im täglichen Ablauf der Arbeit auch kleinere zeitliche und inhaltliche Schwankungen, wobei die Schreiner sich aber in der Regel nicht einfach ausruhen, d.h. sie gehen nicht tagsüber in die Bierwirtschaft bzw. sitzen mit Freunden am Wegesrand, wie es häufig bei Schmieden oder Bauern zu sehen ist. Vielmehr tragen ihre Aktivitäten außerhalb der Werkstatt entweder auch Arbeitscharakter, wenn etwa Bisiru sich um den Weiterbau seines Hauses kümmert; oder sie sind sozial verpflichtend, wie beispielsweise im Falle Besigyes, der unter der Woche einen Gottesdienst zum Andenken an seine verstorbene Schwester besuchte.

Da die Schreiner den detaillierten Arbeitszeitvorstellungen so genau nicht folgen (vgl. Tab.), ergeben sich Schwankungen bei den täglich geleisteten Arbeitsstunden. Die täglichen Arbeitsstunden betragen zwischen drei und neun Stunden, wobei das Mittel bei knapp sieben Stunden liegt, wenn man Krankheitstage nicht berücksichtigt. Wichtig ist jedoch festzuhalten, daß solche exakten Arbeitszeitvorstellungen überhaupt existieren und an vielen Tagen auch eingehalten werden. Das genaue Messen und Planen von Zeit gehört zu den Kriterien von "Professionalität", die die Schreiner von Kanungu als formell ausgebildete Handwerker für sich in Anspruch nehmen.

Die Schreinerarbeit im Produktionsprozeß

Die Werkstätten der Schreiner in Kanungu liegen jeweils im Hof von einstöckigen Wohn- und Geschäftshäusern, die zur Straße hin eine fast geschlossene Front bilden. Die Höfe sind jedoch nach hinten in Richtung des Hanges offen, der von Kanungu zur Talsohle hinunterführt. Zwischen den Häusern hindurch und an den

Werkstätten vorbei führen Fußpfade, die aber wenig benutzt werden, da in unmittelbarer Umgebung am Hang nur wenige Anwesen liegen und Leute, die von weiter her kommen, lieber die besser befestigten Straßen benutzen. Die Werkstätten bestehen aus einem oder zwei Lagerräumen für Bretter, Werkzeuge und Werkstücke sowie aus mehreren Werkbänken, die im Freien aufgestellt sind oder unter einem am Gebäude befestigten Schutzdach. Bisiru wohnt und arbeitet in Kanungu in seinem eigenen Haus, während Barikyayi und Besigye die Lagerräume gemietet haben und selbst etwas außerhalb wohnen.

Die Werkzeugausstattung der drei Schreiner besteht ausschließlich aus Handwerkzeugen. Kanungu ist nicht elektrifiziert, und keiner der Handwerker hat einen Generator, mit dem er selbständig auch elektrische Maschinen betreiben könnte. Die Handwerker sind unterschiedlich gut ausgerüstet, verfügen aber jeweils mindestens über eine Grundausstattung von Sägen, Hobeln, Hammer, Stechbeiteln, Schraubzwingen und Meßwerkzeugen wie Zeichenmaßstab und Winkelmaß.

Die Schreiner sind in der Lage, ein Grundrepertoire an Möbeln anzufertigen, das allen gemeinsam ist. Hierzu zählen Stühle, Tische, niedrige Tische mit Beistelltischchen ("coffee-sets") und Betten; darüber hinaus auch Türen und Fenster mit hölzernen Fensterläden sowie eingezogene Holzdecken. Barikyayi hat sich auf diese Art von Bauschreinerei spezialisiert, während Besigye in gleichem Maße Möbel und Türen etc. produziert. Bisiru hat dagegen ein größeres Möbelangebot als die beiden anderen, da er auch gepolsterte Sofas, Sessel, Schränke, Schreibtische und Doppelbetten mit Nachtkästchen anfertigt. Er beteiligt sich jedoch nur wenig an der Ausstattung von Häusern mit Decken, Türen und Fenstern.

Der technische Aufwand für die Produkte ist je nach Auftrag verschieden, schwankt aber auch zwischen den Schreinern. Die lokale Beurteilung von "Qualität" ist von verschiedenen Faktoren abhängig, d.h. von der Komplexität des Entwurfs, der Güte der verwendeten Materialien (Holz, Schaumstoff, Lack), der Art der Holzverbindungen und der Lackierung. Barikyayi und Besigye produzieren Möbel von mittlerer Qualität. Bisiru schreinert neben durchschnittlichen Gegenständen (vor allem im Rahmen größerer öffentlicher Aufträge) auch als hochwertig angesehene und daher von der örtlichen Elite bevorzugte Möbel.

Der Betriebsinhaber und seine Arbeiter sind in der Regel während des ganzen Tages mit ihren Werkstücken beschäftigt, die jeder vom ersten Zusägen der Bretter bishin zur Montage und Lackierung selbständig bearbeitet. Arbeitszerlegung, d.h. Verteilung der Arbeitsgänge an unterschiedliche Personen sowie arbeitsteilige Zusammenarbeit gibt es nur bei größeren Werkstücken, etwa einem Schrank. Insgesamt aber ist die betriebliche Arbeitsteilung gering ausgeprägt.

Die Konversation ist kurz und beschränkt sich meist auf technische Fragen; gelegentlich spricht man auch über private oder dörfliche Neuigkeiten. Hierbei wird die Arbeit jedoch überhaupt nicht oder nur für einige Minuten unterbrochen. Wenn Besucher erscheinen, wird nach der Begrüßung meistens auch weitergearbeitet; längere Unterbrechungen ergeben sich bei Kundenverhandlungen oder wenn Leute von weiterher gekommen sind. Längere Gespräche werden jedoch nach Aussage der Schreiner in der Regel vermieden, um den Arbeitsrhythmus nicht zu stören.

Die Schreiner von Kanungu arbeiten nicht nur von sich aus stetig, sondern sie werden auch von außen her wenig abgelenkt, da ihre Werkstätten nicht an der Hauptstraße, sondern in wenig belebten Hinterhöfen liegen. Es gibt wenig Passanten, und die Familien, die in den umliegenden Häusern wohnen, sind mit Ausnahme kleinerer Kinder tagsüber nicht zuhause.

Der flüssige Arbeitsrhythmus ist besonders beim Sägen und Hobeln möglich und auch notwendig, um die Arbeitsmühe geringzuhalten. Andere Arbeiten wie Abmessen, Kleben oder Zusammensetzen sind zwar körperlich weniger anstrengend, erfordern aber mehr Konzentration. Schreiner können allerdings die Arbeit leichter unterbrechen als beispielsweise Schmiede, deren Arbeitsrhythmus auf die Koordination von zwei oder drei Handwerkern angewiesen ist und die auf den Zustand des Materials (glühendes Eisen) achten müssen. Wie bei den Schmieden von Nyamihungye gibt es auch bei den Schreinern von Kanungu keine Unterstützung des Arbeitsrhythmus durch Arbeitsgesänge.

Die Arbeit der Schreiner ist hinsichtlich der einzelnen Bewegung meist weniger anstrengend als beispielsweise das Hämmern der Schmiede. Durch die Langwierigkeit der Arbeitsgänge, die sich besonders beim Hobeln über Stunden hinziehen können, wird die Arbeit jedoch auch als mühevoll empfunden. Der Arbeitsrhythmus läßt die Anstrengung zwar weniger spüren, reicht aber allein nicht aus, um stetig zu arbeiten. Hierfür ist nach Aussage der Schreiner immer wieder Überwindung nötig. Diese Fähigkeit führen sie in erster Linie auf persönliche Veranlagung zu körperlicher Arbeit, aber auch auf Neigung zum Handwerk, familiäre Tradition und den Berufsschulbesuch zurück.

Arbeitsnormen in der Schreinerei

Einen Teil der Bestellungen, die der Betriebsinhaber erhält, erledigt er selbst. Andere Aufträge übernehmen im Rahmen der halbkapitalistischen Handwerksproduktion die Arbeiter, die keinen dauerhaften Arbeitsvertrag haben, sondern jeweils mit einer Art mündlich vereinbartem Werkvertrag für eine bestimmte Aufgabe beschäftigt werden. Die für den Schreiner üblichen Vorstellungen über Arbeitszeiten und Arbeitsausführung gelten aus Sicht beider Seiten prinzipiell auch für die Arbeiter, werden jedoch nicht als feste Normen, sondern als Handlungsorientierung aufgefaßt. Problematisch wird eine abweichende Arbeitsweise der Arbeiter dann, wenn Termine nicht eingehalten werden oder die Qualität nicht stimmt. Um das Verhältnis von Betriebsinhaber und Arbeitern richtig einschätzen zu können, ist es nützlich, etwas zum begrifflichen Hintergrund des Handwerks bei den Bakiga zu sagen.

Im Rukiga-Runyankole bezeichnet der Ausdruck abebyimikono (Sing.: owebyimikono) Leute, die nichtlandwirtschaftliche Güter herstellen. Zu dieser Berufsgruppe gehören Handwerke mit traditionellen Techniken (Schmiede, Töpferinnen, Schnitzer) ebenso wie solche mit modernen Techniken (Schreiner, Schuster, Schneider). Die Bezeichnung abebyimikono heißt wörtlich "Menschen, die etwas mit ihren Händen tun", womit aber nicht jede Art manueller Tätigkeit gemeint ist, sondern das handwerkliche Geschick betont wird.

Die Diversifizierung der Handwerksberufe seit der Kolonialzeit führte zu einer begrifflichen Unterteilung der Handwerker in abafundi (sing.: omufundi) und abafundi bacweka (wörtlich: "halbe Handwerker"). Als abafundi werden Handwerker mit einer formellen technischen Ausbildung an sog. "Technical Schools" bezeichnet, d.h. hier kommen nur die modernen Handwerke in Frage. Besonders wird der Aspekt hervorgehoben, daß abafundi in der Lage sind, Raum und Zeit exakt abzumessen. Abafundi bacweka sind dagegen Handwerker, die ihren Beruf durch die Beschäftigung bei einem anderen Handwerker oder gar autodidaktisch erlernt haben und die ihre Arbeit eher auf Erfahrungswerten stützen als auf genaue Maße. Dies trifft auf alle traditionellen wie auch auf manche moderne Handwerker zu. In kleineren Marktorten wie Ruteenga oder Kihiihi haben die meisten modernen Handwerker keine Berufsschule besucht.

Dem Begriff omufundi liegt das Swahiliwort fundi (Handwerker) zugrunde. Diesen Ausdruck gebrauchten die Missionare für die Handwerker, die in ihren Missionsstationen unterrichtet und zum Bau und der Ausstattung von Kirchen und Schulen eingesetzt wurden. Mit der Errichtung von sog. "Technical Schools" in den fünfziger Jahren durch Kirche und Staat galten auch deren Absolventen als abafundi. Diejenigen Handwerker, die weder in einer kirchlichen noch in einer staatlichen Berufsschule ausgebildet werden, sind seither als abafundi bacweka bekannt. Die Gegenüberstellung beider Gruppen führte zu einem gewissen Minderwertigkeitsgefühl bei den Handwerkern ohne Berufsschulausbildung; gleichzeitig lehnen es die schulisch ausgebildeten Handwerker häufig ab, mit den anderen unter dem Begriff abebyimikono zusammengefaßt zu werden. Dieser Ausdruck nimmt zunehmend die Konnotation eines unvollkommenen Handwerkers an, d.h. omufundi mucweka oder Lehrling (omwegi). Die abafundi bacweka bezeichnen sich selbst auch als "local fundi", d.h. mit einem englisch-swahilistämmigen Lehnwort, das zumindest aus ihrer Sicht weniger negativ ist. Diese Bezeichnung wird auch im folgenden verwendet, sobald von informell ausgebildeten Handwerkern die Rede ist.

In den Schreinereien von Kanungu sind die Arbeiter wie die Betriebsinhaber überwiegend Absolventen der örtlichen Berufsschule (Nyakitare Technical School, NTS), d.h. formell ausgebildete Handwerker (abafundi); gelegentlich beschäftigen sie auch Handwerker ohne Berufsschulausbildung, sog. "local fundi". Die Arbeiter werden als "abakozi" (Sing.: omukozi) bezeichnet, der Betriebsinhaber entweder als "omufundi" oder einfach als "omubaizi", d.h. Schreiner. Die Tatsache, daß es im Rukiga kein lexikalisches Äquivalent zum "Betriebsinhaber" gibt, deutet darauf hin, daß das unabhängige Arbeiten der Normalzustand ist, während die Lohnarbeit als der erklärungsbedürftige Zustand gilt, der mit einem eigenen Begriff (omukozi, d.h. gegen Entgelt Arbeitender) belegt wird.

Bei den Tätigkeiten der Arbeiter kann es sich um eine einzelne Bestellung handeln, z.B. um einen Tisch; oder es geht um einen Teilauftrag, was häufig bei öffentlichen Aufträgen vorkommt. Bei öffentlichen Aufträgen und dringenden Privatbestellungen gibt es genaue Terminvorgaben, ansonsten wird meistens das Ende des laufenden oder des nächsten Monats als ungefährer Fertigstellungstermin vereinbart. Die mit dem Kunden vereinbarte Terminvorgabe gibt der Schreiner dann an die Lohnarbeitskräfte weiter. Für jeden Auftrag wird eine eigene Entlohnung vereinbart.

Der Schreiner Bisiru hatte z. B. im Oktober 1991 einen Auftrag des Landkreises über 30 Stühle erhalten; hiervon produzierte Bisiru selbst 9 Stühle, während er die Herstellung jeweils 7 weiterer Stühle seinen drei Arbeitern überließ. Jeder Arbeiter erhielt 1000 UShs (2 DM) pro fertiggestelltem Stuhl, und die Vorgabe, die sieben Stück innerhalb von zwei Wochen anzufertigen. Die Arbeiter bekommen in der Regel Stücklohn; bei komplizierteren Werkstücken, wo auch der Betriebsinhaber mitarbeitet, wird ein Tageslohn vereinbart, der z.B. im Falle der Herstellung eines Schranks in Bisirus Werkstatt 550 UShs betrug (Oktober 1991). Die zu entlohnenden Arbeitstage werden vorher ausgemacht, wobei hier zehn Tage angesetzt waren.

Die Betriebsinhaber klagen darüber, daß die Arbeiter nicht nur aus akzeptierten Anlässen wie Erntearbeiten oder Familienfeiern nicht erscheinen, sondern daß es besonders nach Feiertagen wie Weihnachten oder Ostern mehrere Wochen dauern kann, bis sie die Arbeit fortsetzen. Geklagt wird auch darüber, daß sie oft sehr spät kämen oder früh gingen; schließlich wird auch gesagt, daß die Arbeiter ihre Aufgabe nicht gut erfüllten, d.h. ungenau arbeiten.

Als Grund für häufige Abwesenheit, kurze Arbeitszeiten und mangelhafte Ausführung nennen die Schreiner vor allem den ihrer Meinung nach zu hohen Alkoholkonsum der abakozi, der sich gerade am Montag zeige, wenn der sonntägliche Rausch auskuriert werden muß. Darüber hinaus geben sie an, daß sich die Arbeiter wenig für das Handwerk als solches interessieren; sie gehörten zu den Berufsschulabsolventen, die nur diese Schule besuchten, um überhaupt eine Qualifikation zu haben. Die abakozi seien auch weniger als sie daran interessiert, ihren Lebensstandard zu verbessern. Schließlich folgten sie Anordnungen nur ungern, sondern strebten danach, sich möglichst rasch selbständig zu machen, obwohl sie dafür nicht erfahren genug seien.

Aus Sicht der Arbeiter sind es dringende Angelegenheiten, die sie gelegentlich davon abhalten, zur Arbeit zu kommen, oder aber die häufigen Verzögerungen bei der Lohnauszahlung. Die Arbeiter beklagen auch die grundsätzlich schlechte Bezahlung; tatsächlich machen die Lohnkosten nur etwa 10 Prozent der Produktionskosten aus. Die Arbeiter verdienen auch nicht ganzjährig aus der Tätigkeit in der Schreinerei; sie können auf etwa 50 000 - 80 000 UShs (100-140 DM) pro Jahr kommen, während die Betriebsinhaber zwischen 280 und 1280 DM einnehmen. Als Problem empfinden die Arbeiter auch, daß die Schreiner oft in recht grober Weise Anordnungen gäben, anstatt eine Bestellung mit ihnen zu besprechen, d.h. sie fühlen sich nicht als ebenfalls formell ausgebildete Handwerker respektiert. Sie bestätigen, daß sie lieber selbständig arbeiten würden, um mehr zu verdienen und unabhängig zu sein. Allerdings liegen die Kosten für eine gute mechanische Werkzeugausrüstung mit ca. 400 DM sehr hoch, was sie als Hauptgrund angeben, sich noch nicht selbständig gemacht zu haben.

Die Sanktionsinstrumente des Betriebsinhabers bestehen in Ermahnungen, teilweiser oder vollständiger Lohnverweigerung sowie in der Drohung, keine Aufträge mehr zu vergeben. Bei dringenden Arbeiten wird er eher mit Sanktionen drohen als sonst, gleichzeitig erhöht er aber in der Regel auch den Arbeitsanreiz, z.B. durch Vorschuß oder höheren Lohn.

Trotz der allgemeinen Unzufriedenheit der Betriebsinhaber mit ihren Arbeitern greifen sie selten zu Sanktionen, da sie wissen, daß die abakozi von ihnen nicht wirklich abhängig sind, da sie alle noch Landwirtschaft betreiben und bei anderen Schreinereien anfangen könnten, wenn auch vielleicht zu schlechteren Bedingungen. Die Betriebsinhaber müssen daher darauf achten, einigermaßen gute und zuverlässige Arbeitskräfte nicht zu verschrecken. Insgesamt ist es nicht leicht, junge Männer in abhängigen und unsicheren Lohnverhältnissen zu halten.

Zusammenfassung

Die Betriebe der Schreiner von Kanugu zeichnen sich einerseits durch relativ hohe technologische Kompetenz im Vergleich zu nicht schulisch ausgebildeten Schreinern und traditionellen Handwerkern wie Schmieden aus. Außerdem verfügen die Betriebsinhaber und in geringerem Maße auch ihre Arbeiter im Vergleich zu traditionellen Handwerkern und den meisten Bauern über ein hohes Maß an Zeitdisziplin. Andererseits ist eine große Fragilität der betrieblichen Hierarchie in den Schreinereien festzustellen.

Auf technologischer Ebene und hinsichtlich der zeitlichen Normen ist der Einfluß der Berufsschulausbildung auf die Betriebsinhaber und die gleichfalls formal qualifizierten Arbeiter von Bedeutung. Darüber hinaus spielt der Schulabschluß auch für den sozialen Status vor allem der Betriebsinhaber gegenüber der örtlichen Elite eine gewisse Rolle, da in Uganda formale Qualifikationen hoch bewertet werden. Bei den Arbeitern zeigt sich die Bedeutung der formalen Qualifikation in ihrer Forderung an die Betriebsinhaber, sie als gleichwertig ausgebildete Handwerker (abafundi) zu respektieren.

Der hohe Internalisierungsgrad der staatlich vorgegebenen Werte und Normen hat einen spezifischen historischen Hintergrund. Uganda wurde intensiv christlich missioniert, und alle wesentlichen Initiativen zur Berufsschulbildung gingen bis in die sechziger Jahre von den Kirchen aus; zum anderen übernahmen in Uganda Einheimische sehr früh wichtige administrative Positionen. Die Orientierung an externen Normen hat jedoch auch zur Folge, daß die Kreativität der Schreiner sehr viel weniger ausgeprägt ist als in anderen Bereichen des informellen Sektors, d.h. es werden im allgemeinen diejenigen Modelle nachgebaut, die die Handwerker während ihrer Berufsschulausbildung erlernt haben.

In einem auffälligen Gegensatz zur technologischen Qualifikation und zeitlichen Diszplin der Schreiner steht das brüchige Verhältnis von Lohnarbeitern und Betriebsinhaber. Jeder Auftrag erscheint als inhaltliche, zeitliche und finanzielle Verhandlungssache mit vielen Unabwägbarkeiten in der Ausführung, und auf längere Sicht kann der Betriebsinhaber nicht zuverlässig mit seinen Arbeitskräften rechnen.

In diesem Bereich der betrieblichen Sozialordnung wirkt sich aus, daß die Bakiga eine politisch und kulturell relativ homogene Gesellschaft sind, in der es keine Handwerkerkasten gibt. Darüber hinaus sind auch mit dem Zerfall der traditionellen Großfamilie die familiären Bindungen schwach geworden, sodaß sich kaum Familienangehörige unter den Arbeitskräften finden.[8] Die außerfamiliären Arbeiter aber sind auf die handwerkliche Lohntätigkeit nur in beschränktem Maß angewiesen und sie besitzen alle noch ausreichend Land, um gegenüber dem Betriebsinhaber als ökonomisch unabhängige Vertragspartner auftreten zu können.

Anmerkungen

1 Vgl. Hermann Amborn, Differenzierung und Integration. Vergleichende Untersuchungen zu Handwerkern und Spezialisten in südäthiopischen Agraggesellschaften, München 1990.

2 Vgl. Claus Schneider, Handwerk und materialisierte Kultur der Lobi in Burkina Faso, Stuttgart 1990 (Studien zur Kulturkunde 94); Hans Stirnimann, Existenzgrundlagen und traditionelles Handwerk der Pangwa von SW-Tanzania, Freiburg (CH) 1976.

3 Georg Elwert, Traditionelle Solidarität, Überleben in Krisen und kapitalistische Maximierung. In: Georg Elwert (Hg.), Afrika zwischen Subsistenzökonomie und Imperialismus, Frankfurt-New York 1982, S. 51.

4 Gerd Spittler, Die Arbeitswelt in Agrargesellschaften. In: Kölner Zeitschrift für Sozialogie und Sozialpsychologie, *43* (1991) 1, S. 13.

5 Mary Mandelbaum-Edel, The Chiga of Western Uganda, New York-Toronto 1957.

6 Georg Heidenreich, Arbeit und Beruf bei Handwerkern der Bakiga von Kinkiizi (Distrikt Rukungiri), Diss., Bayreuth 1994.

7 Vgl. ebenda, S. 114.

8 Vgl. Evelyn Rachel Yeld, The Family in Social Change. A Study among the Kiga of the Kigezi District, South-West Uganda, Diss., Kampala 1969, S. 684.

Zweckrationalität in intrakultureller Perspektive. Probleme des organisatorischen Wachstums in afrikanischen Unternehmen im kolonialen Zimbabwe

Volker Wild

Zweckrationalität in afrikanischen Organisationen kann grundsätzlich unter zwei unterschiedlichen Perspektiven betrachtet werden. Zum einen als ein Rationalitätstypus, der sich aus den inneren Bedingungen der Gesellschaft bzw. der einzelnen Organisation ableitet. Diese Perspektive versteht Zweckrationalität als eine Antwort auf die Durchsetzung marktwirtschaftlicher und gesamtstaatlicher Strukturen bzw. als eine Funktionsbedingung der Organisation selbst. Zweckrationalität steht hiernach im Konflikt mit anderen Rationalitätstypen, die nicht an funktionaler Effizienz, sondern an Werten wie Solidarität und Patronage orientiert seien. Der Gegensatz zwischen den unterschiedlichen Rationalitätstypen wird als intrakulturell aufgefaßt. Sowohl Max Webers Rationalisierungstheorie als auch eine Vielzahl neuerer soziologischer Studien über afrikanische Organisationen orientieren sich an dieser Perspektive.[1]

Demgegenüber steht eine interkulturelle Perspektive. Ihr zufolge ist organisationelle Zweckrationalität ein Diskurs, der afrikanischen Gesellschaften "ursprünglich" fremd ist. Der zweckrationale Diskurs werde von außen an sie herangetragen und ihnen übergestülpt, und zwar von Agenturen des Westens, zum Beispiel von Bildungseinrichtungen, internationalen Firmen und Entwicklungshilfeorganisationen. Gegenüber diesen Versuchen, so die interkulturelle Perspektive, reagierten die Akteure afrikanischer Organisationen mit Mißtrauen, Abwehr und Widerstand. Sie versuchten, entweder den zweckrationalen Diskurs zu unterlaufen oder ihn frontal zu torpedieren.

Daß diese interkulturelle Perspektive zumindest in der Welt der Entwicklungszusammenarbeit so häufig auf die Untersuchung afrikanischer Organisationen Anwendung findet, scheint keineswegs zufällig. Es ist zunächst eine weitverbreitete Auffassung, organisationelle Zweckrationalität mit westlicher Kultur zu identifizieren und damit eo ipso als "unafrikanisch" zu verstehen. Darüber hinaus setzen viele praxisorientierte Untersuchungen an Reibungen an, die *ausländische* Akteure in Afrika erfahren: Ein Entwicklungsprojekt scheitert, ein multinationaler Konzern gerät in die Verlustzone. Die Schlußfolgerungen, die sich aus einer solchen Perspektive ergeben, sind meist recht schematisch. Entweder gelten Afrikaner - gemessen an westlichen Standards - als ineffizient, oder ihr Verhalten wird als Abwehr einer fremden, prinzipiell nicht zugänglichen Rationalität gedeutet.

Der Unterschied zwischen beiden Betrachtungsweisen hat weitreichende Implikationen. Legt man den Akzent auf die Fremdheit zweckrationaler Logiken, so folgt daraus eine Verzerrung der Effizienzprobleme afrikanischer Organisationen. Ineffizienz wird dann einem halbbewußten Widerstand gegen von außen aufgestülpte Modelle zugeschrieben. Sie kann nur gegen diesen Widerstand überwunden werden, bleibt aber immer das eigentliche Muster afrikanischer Organisation. Aus der intrakulturellen Perspektive dagegen erscheinen Effizienzdefizite im Zuge gesellschaftlichen Wandels und mittels organisationaler Kompetenzsteigerung überwindbar. Überkommene und moderne Logiken können sich prozeßhaft aneinander abarbeiten. So gesehen wird klar, daß es weniger um prinzipiell inkompatible Logiken geht als um die Frage, wo, für wen und in bezug auf welche Ziele Zweckrationalität gelten soll. Damit eröffnet sich die Perspektive einer evolutionären, wenn auch keineswegs zwangsläufigen oder linearen Dynamik der Rationalisierung aus den "Sachzwängen" der ökonomischen Konkurrenz und der betrieblichen Organisation heraus.

Nimmt man die Konstellationen und Milieus afrikanischer Organisationen in ihrer Vielfalt und Breite, so ist offensichtlich, daß der intrakulturellen Perspektive gegenüber der interkulturellen Perspektive eine unvergleichlich größere Bedeutung zukommt. Organisationen, die von der interkulturellen Dimension geprägt sind - wie zum Beispiel afrikanische Zweigbetriebe multinationaler Konzerne - , stellen eine Minderheit dar. Anders liegen die Dinge bei afrikanischen Klein- und Mittelbetrieben. Hier ist der Widerspruch zwischen divergenten Handlungslogiken ein Widerspruch innerhalb der eigenen Kultur, so zum Beispiel, wenn der Unternehmer Gewinne maximieren will, während seine Mitarbeiter nach einer klientelistischen Versorgungslogik handeln. Man kann zu Recht davon ausgehen, daß Zweckrationalität für die Mehrzahl afrikanischer Organisationen kein Fremdkörper und keinen Importartikel darstellt, sondern eine Achse ihrer eigenen Handlungslogik, deren Bedeutung sich aus gesellschaftlichen Zwängen wie organisationalen Erfordernissen ableitet.

Im weiteren gehe ich also davon aus, daß afrikanische Unternehmen prinzipiell zweckrationale Systeme sind, die der Erreichung wirtschaftlicher Ziele dienen.[2] Ihnen geht es um die Erzielung von Einkommen, die Steigerung von Umsätzen und die Maximierung von Gewinnen. Darin unterscheiden sie sich nicht von westlichen Unternehmen oder Unternehmen anderer Regionen. Sie weisen aber erhebliche Effizienzdefizite auf, etwa in Gestalt hoher Verluste, geringer Wettbewerbsfähigkeit und kurzer Lebensdauer. Ein zentrales Problem afrikanischer Unternehmen besteht in den Schwierigkeiten, über eine bestimmte Minimalgröße hinauszuwachsen. Viele Autoren haben dieses Problem angesprochen.[3] Weitgehend herrscht Übereinstimmung, daß afrikanische Unternehmen an eine Wachstumsgrenze stoßen, wenn sie eine Größenordnung erreicht haben, die es dem Unternehmer nicht mehr erlaubt, alle wichtigen Geschäftsvorgänge und alle Mitarbeiter persönlich zu kontrollieren. Sobald der Unternehmer beginnt, Managementverantwortung zu delegieren, gerät das Unternehmen in Schwierigkeiten. Die typische Reaktion afrikanischer Unternehmer auf diese Schwierigkeiten besteht darin, neben dem

Stammunternehmen eine Reihe weiterer Unternehmen in Branchen zu gründen, die wenig managementintensiv sind und ohne große unternehmerische Anstrengungen eine sichere Rendite versprechen. Meist handelt es sich um Farmen oder um städtischen Haus- und Grundbesitz. Ein solches horizontales, segmentäres Entwicklungsmuster afrikanischer Unternehmen ist häufig beobachtet worden.

Einige Forscher haben für dieses Muster vor allem die wirtschaftlichen Rahmenbedingungen verantwortlich gemacht. Die Unsicherheit ihrer rechtlichen, wirtschaftlichen und politischen Stellung sei für afrikanische Unternehmer mit großen Risiken verbunden und lasse die breite Streuung von Investitionen sinnvoll erscheinen. Ich will nicht bestreiten, daß das politisch-wirtschaftliche Umfeld auch eine Rolle spielt. Es ist bekannt, daß während der Kolonialzeit Rassendiskriminierung und segregationistische Maßnahmen die Entwicklung eines einheimischen Unternehmertums erschwerten. Insbesondere die Tatsache, daß qualifiziertes kaufmännisches Personal auf dem Arbeitsmarkt nicht zur Verfügung stand, behinderte die organisatorische Expansion der Unternehmen.

Meine These ist jedoch, daß das meist ausbleibende Größenwachstum afrikanischer Unternehmen auf divergente Handlungslogiken und interne Managementprobleme zurückzuführen ist. Diese These will ich im folgenden durch Beobachtungen untermauern, die sich auf Untersuchungen des afrikanischen Unternehmertums im kolonialen Zimbabwe, und zwar in der Zeit zwischen 1940 und 1980, stützen.[4] Dabei will ich drei Aspekte ansprechen: die Pobleme afrikanischer Einzelunternehmen, die Beschäftigung von Familienangehörigen und die Bildung von *private companies*.

Fehlende kaufmännische Kompetenz: das Beispiel der Einzelunternehmen

Unter Einzelunternehmen verstehe ich hier das Unternehmen, dessen Geschäftsführung ausschließlich oder fast ausschließlich in der Hand des Unternehmers selbst liegt und in dem alle Mitarbeiter der direkten Kontrolle des Unternehmers unterstehen.[5]

Die breite Masse der afrikanischen Unternehmen vor der Unabhängigkeit entsprach diesem Organisationstypus, sie beschäftigten keinen oder allenfalls einen Mitarbeiter. Dies lag nicht an schlechten wirtschaftlichen oder politischen Rahmenbedingung, wie oft vermutet wird. Im Transportsektor zum Beispiel waren die Gewinnchancen ausgezeichnet, die staatlichen Eingriffe gering. Gleichwohl erreichten von den etwa 800 Transportunternehmen in den Jahren 1940 bis 1965 nur vier Unternehmen Betriebsgrößen von vier und mehr Fahrzeugen.[6]

Die Gründe für dieses blockierte Größenwachstum sind in erster Linie in Managementdefiziten zu suchen. Buchführung wurde von den meisten Unternehmern als Zeit- und Geldverschwendung betrachtet. Es kam ihnen nur darauf an, ob Geld da war, nicht wie es erwirtschaftet wurde oder wem es gehörte. Kostenrechnung und Abschreibung waren weitgehend unbekannt. Einnahmen wurden als Profite verwandt und privat konsumiert. Geld galt als zu flüchtig, um es mit Blick auf einen späteren Ertrag einzusetzen. Kredite wurde nicht zurückgezahlt, so daß afrikanische Unternehmen bei Finanzinstituten als schlechtes Risiko galten. Schwerwiegende Mängel im operativen und Finanzmanagement führten in den meisten Fällen schon nach wenigen Jahren in den Bankrott.

Allerdings gab es Ausnahmen von der Regel. Einige wenige Transport- und Handelsfirmen erreichten Betriebsgrößen, die über das Kleinformat der Durchschnittsbetriebe hinausgingen. Der Grund ihres wirtschaftlichen Erfolges lag meist in dem Fleiß und im dem ausgeprägt autokratischen Geschäftsregime des Unternehmers. Mit diesen Faktoren konnten zum Teil Kompetenz- und Managementdefizite kompensiert werden, aber doch nur innerhalb enger Grenzen, wie das Beispiele zweier afrikanischer Händler vor der Unabhängigkeit illustriert.

Einer von ihnen setzte seine Kinder ein, um seine Angestellten zu bespitzeln. Er weigerte sich hartnäckig, Entscheidungen zu delegieren und zog es vor, sein Unternehmen selbst zu kontrollieren, indem er Furcht verbreitete, mißtrauisch gegenüber jedermann blieb und hart durchgriff, wenn jemand seine Pflichten verletzte. "His workers were scared of him," berichtet sein Sohn. "He would deliberately make sure that none was going idle or just chatting... He would never like to see anyone standing still. He would instil fear. That too was one of his weapons. He was regarded as a no-nonsense kind of person."[7]

Ein anderer Einzelhändler verbrachte täglich 18 Stunden im Geschäft, nicht nur um seine Angestellten zu überwachen, sondern vor allem um selbst die Tageseinnahmen aus seinen sieben Firmen zu zählen.[8] Noch heute bringt er damit jeden Montag mehrere Stunden zu. Von seinen eigenen Kindern hält er so wenig, daß er eines nach dem anderen aus dem Geschäft verjagt hat. Sein Erfolg als Unternehmer basiert auf Mißtrauen, strengen Kontrollen und einer Ethik der Sparsamkeit und harten Arbeit.

Die Grenzen dieses Geschäftsregimes liegen auf der Hand. Die Bespitzelung von Angestellten fordert eine dauernde Präsenz, die in einem größeren Unternehmen nicht zu erbringen ist. Außerdem trägt sie nicht zur Motivation der Mitarbeiter bei. Das Zählen der Bareinnahmen lenkt von Führungsaufgaben ab. Und der Arbeitstag läßt sich kaum über 18 Stunden hinaus ausdehnen. Angesichts dieser Schwierigkeiten verhielten sich beide Händler ähnlich wie erfolgreiche Unternehmer in anderen afrikanischen Ländern: sie investierten in Haus- und Grundbesitz und kauften sich Farmen, die sie als Vermögensanlage betrachteten, nicht als produktive Investition.

Die Zahl derjenigen afrikanischen Unternehmer, die vor der Unabhängigkeit Zimbabwes von diesem Muster abwichen, die also imstande waren, komplexe Unternehmensstrukturen aufzubauen und so innerhalb ihrer Branche zu expandieren, war verschwindend gering. Den Hintergrund ihres Erfolges bildeten kompetentes Management, nicht aber ein überzogen autoritäres Geschäftsregime. Der größte afrikanische Busunternehmer vor der Unabhängigkeit konnte innerhalb von zehn Jahren eine Flotte von hundert Fahrzeugen aufbauen, die sowohl in Zimbabwe als auch in den angrenzenden Ländern operierte. Er bediente sich der professionellen Expertise von Unternehmensberatern, Buchhaltern und Rechtsanwälten. Sein Führungsstil soll weniger auf Mißtrauen als auf Motivation, Partizipation und Leistungsanreizen aufgebaut haben. Für ihn und andere Unternehmer seines Typus war kennzeichnend, daß sie innerhalb ihrer Stammbranche expandierten und ihre Investitionen nicht in andere Branchen lenkten.

Diese Beispiele illustrieren, daß der entscheidende Faktor, von dem das Größenwachstum des Einzelunternehmens abhing, ohne Zweifel die kaufmännische Managementkompetenz des Unternehmers selbst war. Die Rolle, die dagegen divergente Handlungslogiken und Wertorientierungen spielte, läßt sich besonders gut am Beispiel der Familienunternehmen ablesen.

Divergente Handlungslogiken: die Beschäftigung von Familienangehörigen

Einige Forscher haben die Meinung vertreten, daß sich den ersten Generationen afrikanischer Unternehmer die Familie als Struktur anbot, um ihre Wachstumsprobleme zu bewältigen. In Berufung auf Ruth Benedict bezeichnet ein zairischer Autor den Einsatz von Familienarbeitskräften im eigenen Unternehmen als eine "particularly workable [formula] in less developed countries where many businesses are still small-scale and wage labour frequently umcommitted to business ventures"[9]. Es ist bekannt, wie erfolgreich viele indische und levantinische Händler in Afrika mit ihren weitgespannten Familiennetzwerken waren und welche Bedeutung die Familie im europäischen Frühunternehmertum spielte.

Auch die zimbabwischen Unternehmer setzten von Anfang an Familienangehörige in ihren Betrieben als Arbeitskräfte und Manager ein. Als eine "particularly workable formula" erwies sich dies jedoch nicht. Viele zimbabwische Unternehmen gingen an der Untreue der Verwandten zugrunde. Ein afrikanischer Geschäftsmann faßte die Erfahrungen mit seinem Bruder, den er als Manager eines seiner Läden angestellt hatte, so zusammen: "He was running the shop in Selukwe. He put me down. He was squandering things. He had too many ladies. I could not control him. I went there once a month. After two years I was discovering that the business was not making money. It was too late."[10]

Weder soziale Sanktionen noch kaufmännische Kontrollen hinderten die Familienangehörigen an einer, wie es scheint, vermutlich oft zügellosen Praxis der Selbstbedienung. Hier ist vermutlich die Traditionslage relevant. Zwar kannte die vorkoloniale Gesellschaft die Einrichtung des Privateigentums, aber doch nur am Rande und auch nicht im Sinne eines uneingeschränkten Verfügungsrechts. Nießbrauchpraktiken waren weit verbreitet. Während früher jedoch der Sozialverband für die Einhaltung des Solidarkodex sorgte, war im Kolonialismus dessen Kontrollfunktion weitgehend erodiert. Individualistische Bereicherungstendenzen machten sich breit und entfalteten sich in einem normativen Vakuum, in dem jeder seinen Vorteil suchte.

Am riskantesten war die Beschäftigung von Brüdern und Onkeln. Sie glaubten oft, ihre Zugriffsrechte aus ihrer Stellung in der patrilinealen Verwandtschaftsgruppe ableiten zu können. Kinder ließen sich dagegen leichter kontrollieren, waren jedoch am Geschäft wenig interessiert. Die wertvollsten Arbeitskräfte waren die Ehefrauen der Geschäftsleute. Besonders bei den gebildeten unter ihnen verband sich oft eine partnerschaftliche Eheauffassung mit einem starken Engagement für das Geschäft. Erst wenn der Mann anfing, sich Mätressen zu halten, so wurde mir erzählt, pflegten Ehefrauen Abzweigungen vorzunehmen, um für schlechte Zeiten vorzubauen.

Der Fall der afrikanischen "Familienunternehmen"[11] belegt die Tatsache, daß die Ausrichtung zweckrationaler Logik auf das Unternehmen sich von innen, also aus dem Unternehmen selbst, vollzog. Sie war nicht das Ergebnis eines kulturellen Oktroys. Im Konflikt zwischen dem Unternehmer und dessen Angehörigen kommt der Widerspruch zwischen einer zweckrationalen Logik der Gewinnmaximierung des Unternehmens und der überkommenen - aber ebenso rationalen - Logik verwandtschaftlicher Solidarität zum Ausdruck. Während der Unternehmer auf die Maximierung und individualistische Verwendung seiner Einkommen aus war, orientierten sich seine Angehörigen an einer Versorgungslogik, die den Zugriff auch auf privat erwirtschaftete Einkommen legitimierte.[12] Nicht zwei inkompatible Logiken, sondern zwei konträre Bezugsrahmen stehen hier gegeneinander: einmal geht es um das Wohl des Unternehmens und einmal um das Wohl einer Verwandtschaftsgruppe.

Private companies

Eine weitere Option, Größenwachtstum zu bewältigen, bestand in der Bildung von *private companies* mit mehreren Anteilseignern. Bereits seit Ende der fünfziger Jahre ließen afrikanische Unternehmer, vor allem im Transportsektor, ihre Firmen als *private companies* registrieren, um Steuern zu sparen, ihre Haftung zu begrenzen oder auch ganz einfach ihr Sozialprestige zu erhöhen. In den ersten zehn bis fünfzehn Jahren änderte eine solche Registrierung an der Organisation des Unternehmens jedoch kaum etwas. Der Unternehmer beteiligte seine Frau, seinen Bruder oder Freund mit einigen Dollar am Unternehmen, behielt aber selbst die uneingeschränkte Verfügungsmacht.

Dies wurde Mitte der siebziger Jahre anders. Größere Unternehmer schlossen sich zusammen, um mehr Kapital aufzubringen und so größere Operationen zu finanzieren. Es gab nicht viele solcher Versuche. Meist waren afrikanische Unternehmer zu mißtrauisch, ihr Geld Organisationen anzuvertrauen, über die sie nicht allein verfügten. Frühere Versuche mit Sparvereinen und Handelskooperativen hatten regelmäßig mit einem finanziellen Desaster geendet.[13] Die beiden prominentesten afrikanischen *private companies* im Zimbabwe der siebziger Jahre, die nicht mehr in den Händen eines einzelnen Unternehmers lagen, waren die Progress Trading Company und die Express Motorways. Die Express Motorways war ein Zusammenschluß der führenden afrikanischen Transportunternehmer und besaß einen Franchise-Vertrag für den Busverkehr zwischen Harare und Chitungwiza, einem großen afrikanischen Township. Es war ein überaus lukratives Geschäft.

In Progress Trading hatten sich afrikanische Händler mit dem Ziel zusammengetan, ein Großhandelsgeschäft aufzuziehen, das den rasch expandierenden afrikanischen Markt beliefern sollte. Beide Unternehmen waren eindeutig erwerbswirtschaftlich orientiert. Sie scheiterten aber am Hader der Direktoren und an ihrer Unfähigkeit, Unternehmensorganisationen dieser Größenordnung zu führen. Progress Trading erzielte 1979 einen Umsatz von 20 Millionen Dollar, Express Motorways besaß eine Flotte von ungefähr 70 Bussen.

Für die Art der Probleme, die sich bei diesen Organisationen auftaten, will ich einige Beispiele aus der Geschichte von Progress Trading anführen.

- Bereits früh begannen die Angestellten, Waren zu stehlen oder gemeinsame Sache mit Kunden zu machen.
- Die Vorstände ließen sich von ihrer Firma Kredite zahlen, die sie entweder nicht, nur sehr verspätet oder mit ungedeckten Schecks zurückzahlten.
- Ein weißer Finanzvorstand, der berufen worden war, um die Mißstände abzustellen, wurde aus der Firma gedrängt, weil er zuviel Kontrolle über die Finanzen ausübte.
- Ein schwarzer *Managing Director* wurde gefeuert, weil er zu prominent wurde und den übrigen Direktoren, die nicht so gebildet waren, in der Öffentlichkeit die Show stahl.
- Eingestellt wurde an seiner Stelle der Vertraute eines einflußreichen Direktors, der jedoch unfähig war und die Firma binnen kurzem ruinierte. "It was several times mentioned", berichtete mir einer der Direktoren, "that the General Manager was failing to run the company properly. We should therefore do something. But nothing happended although we knew the company was going down"[14].

Die Firma zerbrach an der Mißgunst ihrer Direktoren, an ihrem gegenseitigen Mißtrauen, an ihrer zerstörerischen Prestigekonkurrenz und an den sich daraus ergebenden Machtkämpfen. Am Schluß versuchte jeder nur noch möglichst viel aus der Firma herauszuholen. Die Hauptanteilseigner liquidierten die Vermögensbestände und teilten die Erlöse untereinander auf.

Progress Trading scheiterte sozusagen auf zwei Ebenen. Einmal auf der Ebene der Ziele der Organisation und zweitens auf der Ebene der Verfahren. Beide Ebenen hängen eng miteinander zusammen. Was die Ziele anbetrifft, so glaubte jeder Direktor, Progress Trading unterscheide sich nicht von den Einzelunternehmen alten Zuschnitts. Die Vorstellung, daß das Unternehmen rechtlich, organisatorisch und wirtschaftlich eine eigenständige Einheit bildete, daß es sich um eine Körperschaft handelte, über die nicht die einzelnen Direktoren, sondern die Organe der Körperschaft verfügten, - diese Vorstellung blieb lange Zeit fremd. Jeder glaubte jederzeit auf das Geschäftsvermögen durchgreifen zu können. Die Entnahme von Betriebskapital zum Eigenbedarf galt als selbstverständlich. Die fehlende Trennung von Haushalt und Betrieb, die für die frühen afrikanischen Einzelunternehmen typisch war, wirkte sich hier potenziert aus.

Auf der Ebene der Verfahren war die Situation nicht weniger problematisch für den Bestand der Organisation. Ein Großteil der Direktoren besaß keinerlei kaufmännische Kenntnisse. Sie hatten ihre eigenen Unternehmen sozusagen von der Hand in den Mund gemanagt. Bücher und Zahlen betrachteten sie mit größtem Mißtrauen. Sie verdächtigten das Management, die Bilanzen zu manipulieren, um in die eigene Tasche zu wirtschaften. Ein prominenter Direktor, ein *business veteran*, weigerte sich, Schecks zu unterschreiben, weil er argwöhnte, damit würden unkontrollierte Ausgaben seiner Angestellten finanziert. Als der *Managing Director* ein computergestütztes Warenbestandssystem einführen wollte, wurde ihm vorgeworfen, er sei nur faul. Früher seien Inventuren von Hand vorgenommen worden.

Wie auch in der Masse der Einzelunternehmen wurden Positionen innerhalb der Organisation nach partikularistischen, askriptiven und diffusen, statt universalistischen, performativen und spezifischen Kriterien zugeteilt. Wichtig waren also Alter, Herkunft, sozialer Status und soziale Beziehungen, nicht Qualifikation und Leistung. Qualifizierte Kräfte galten als anmaßend, weil sie die alte Ordnung nicht anerkannten, und als gefährlich, weil sie zuviel wußten, was die anderen nicht wußten. Ein afrikanischer Buchhalter, der bereits seit 1960 afrikanische Unternehmer betreut, kommentierte diesen Sachverhalt mir gegenüber: "Nobody trusted anybody. They all were suspicious. In fact this is the sickness amongst the African people. That is why their companies don't succeed."[15]

Mißtrauen und Machtkämpfe waren die entscheidenden Phänomene afrikanischer *private companies*. Mißtrauen darf in diesem Zusammenhang nicht als charakterliche Eigenschaft begriffen werden. Es war das Ergebnis konfligierender Ziele und fehlender Abstimmungsverfahren. Ohne einen Konsens über Ziele und Verfahren aber konnten Unternehmen unmöglich Bestand haben.

Hintergründe: Segmentäre Organisationstraditionen

Ich will hier nur einige Bemerkungen zu den Hintergründen der angesprochenen Grenzen des organisatorischen Wachstums machen. Da ist zum einen der soziokulturelle Hintergrund, die Tatsache, daß die gartenbäuerlichen afrikanischen Gesellschaften der Region keine großorganisatorische Tradition besaßen. Vorkoloniale Sozialverbände waren in der Regel locker geknüpft, bestanden aus kleinen Einheiten und waren segmentär differenziert. Sie besaßen flache Hierarchien und geringe funktionale Differenzierung. Die frühen Staaten auf zimbabwischem Gebiet bildeten dabei keine grundsätzliche Ausnahme.[16] Die vorkolonialen Gesellschaften kannten keine Schrift und nur gering entwickelte Rechentechniken. Ebenso fehlten Priesterschaft, Bürokratie und stehendes Heer, die eine Tradition von Schriftlichkeit, Rechenhaftigkeit und Organisation hätten begründen können.

Vorkoloniale Sozialbeziehungen basierten nicht auf universalistischen, affektiv neutralen und performativen Normen, wie sie für die Interaktion in Unternehmensorganisationen funktional sind. Gesellschaftliche Stellung wurde von Herkunft und Alter bestimmt, soziale Beziehungen waren affektiv besetzt, soziale Normen hatten nur für die eigene Bezugsgruppe Gültigkeit.[17]

Schließlich kannten die vorkolonialen Gesellschaften auf zimbabwischem Gebiet keine Tradition des Handels, die mit derjenigen Westafrikas vergleichbar gewesen wäre. Austausch innerhalb der Gesellschaft war weitgehend auf Notzeiten beschränkt, während der eigentliche Fernhandel seinem Umfang nach unbedeutend blieb.[18] Der Handel blieb im wesentlichen subsistenzorientiert. Ein solcher Handelstypus bleibt Gray und Birmingham zufolge "closely associated with subsistence agricultural production, and ... subservient to the kinship system. ...the exchange of goods makes virtually no impact on the subsistence economy nor does it generate a wide range of activities divorced from supplying the basic needs of subsistence agriculture. The impulse towards innovation and economic specialisation is continually suppressed and shackled"[19].

Schluß

Die Probleme, die afrikanische Unternehmer in Zimbabwe bei dem Versuch erfuhren, größere Unternehmen aufzubauen, unterstreichen nachdrücklich die Bedeutung der intrakulturellen Perspektive für die Analyse afrikanischer Organisationen. Der Aufbau komplexer Unternehmensstrukturen erfordert eine ständige Auseinandersetzung mit überkommenen Handlungslogiken wie der gegenseitigen Hilfe unter Verwandten oder ganz neu entstandenen Handlungslogiken wie dem privatistischen Erwerbsstreben des Unternehmers selbst und seinem Mißtrauen gegenüber allen Geschäftspartnern. Das Wachstum der Organisation verlangte gleichzeitig die Steigerung kaufmännischer Kompetenz. Beide Prozesse hatten einen intrakulturellen Charakter. Sie wurden angetrieben von Widersprüchen, die sich innerhalb der afrikanischen Gesellschaft und Kultur entfalteten, auch wenn sie anfänglich im Zusammenhang mit dem kolonialen Eingriff standen. Der afrikanische Unternehmer war in den Augen seiner Verwandtschaft nicht der Vertreter einer fremden Kultur. Genauso wenig hatten die Konflikte innerhalb afrikanischer *private companies* etwas mit dem Widerstand gegen fremdkulturelle Einflüsse oder Interessen zu tun.

Es bedürfte weiterer Untersuchungen nachzuweisen, wie die intrakulturelle Dynamik die Entwicklung afrikanischer Unternehmen beeinflußt und zur Steigerung ihrer Effizienz beigetragen hat. Es ist jedoch offensichtlich, daß afrikanische Unternehmer der späten Kolonialzeit in der Tendenz zweckrationaler handelten als diejenigen der vorausgegangenen Unternehmergeneration. Afrikanische *private companies* nach der Unabhängigkeit bewältigten die Probleme organisatorischen Wachstums besser als Firmen, die noch vor der Unabhängigkeit gegründet wurden, wie Progress Trading und Express Motorways.

Diese Beobachtungen und Feststellungen haben weitreichende praktische Konsequenzen. Wenn Zweckrationalität in bezug auf unternehmerischen Erfolg als eine Handlungslogik verstanden wird, die sich aus der Dynamik der afrikanischen Gesellschaft heraus entwickelt, dann gibt es Grund für die Annahme, daß die Bemühungen, die Effizienz afrikanischer Organisationen zu verbessern, nicht an kultureller Verweigerung scheitern müssen.

Anmerkungen

1 Vgl. P. Blunt/M.L. Jones, Managing Organisations in Africa, Berlin-New York 1992.

2 Vgl. W.R. Scott, Grundlagen der Organisationstheorie, Frankfurt-New York 1986.

3 U.a. P. Kennedy, African Capitalism, The Struggle for Ascendency, Cambridge 1988, S. 170ff.; P. Kilby, Hunting the Heffalump. In: Ders., Entrepreneurship and Economic Development, New York 1971, S. 32; G.P. Hart, Some Socio-Economic Aspects of African Entrepreneurship with Particular Reference to the Transkei and Ciskei, Occasional Paper No. 16, Institute of Social and Economic Research, Rhodes University, Grahamstown 1972, S. 81.

4 Vgl. V. Wild, Versorgungskapitalisten, Geschichte und Geschäftskultur afrikanischer Unternehmer im kolonialen Zimbabwe, München 1994.

5 Da ein solches Unternehmen durchaus eine mehr oder minder große Zahl von Mitarbeitern beschäftigen kann, ist es nicht notwendig ein Einpersonenunternehmen. Gleichwohl liegt auf der Hand, daß es einen gewissen, wenn auch flexiblen Zusammenhang zwischen *self management* und Unternehmensgröße gibt.

6 Wild, Kap. 14.

7 Morgan Makomva zit. in: Wild, S. 219.

8 Wild, S. 221-227.

9 M. Vwakyanakazi, African Traders in Butembo, Eastern Zaire (1960 - 1980), A Case Study of Informal Entrepreneurship in a Cultural Context of Central Africa, Diss., University of Wisconsin 1982, S. 242f.

10 Zacharia Chigumira zit. in: Wild, S. 115.

11 Von wirklichen Familienunternehmen läßt sich freilich im Falle der zimbabwischen Unternehmen nicht sprechen. Familienangehörige wurden nur in kleiner Zahl und nur selten in verantwortlichen Positionen eingestellt. Die Bedeutung der Angehörigen war nicht vergleichbar mit der strategischen Rolle der Familie in anderen Unternehmenskulturen.

12 Vgl. P. Marris/A. Somerset, African Businessmen, A Study of Entrepreneurship and Development in Kenya, London 1971.

13 Beispiele dafür sind die Bantu Trading Co-operative Society (1938 bis 1957) und die Central African Mutual Association (1958 bis 1962).

14 Timothy Shamuyarira zit. in: Wild, S. 249.

15 Alfred Banda zit. in: Wild, S. 252.

16 D.N. Beach, Zimbabwe before 1900, Gweru 1984; S.I.G. Mudenge, A Political History of Munhumutapa, c 1400 - 1902, Harare 1988.

17 M.F.C. Bourdillon, The Shona Peoples, Gwelo 1976.

18 D.N. Beach, The Shona Economy, Branches of Production. In: R. Palmer/N. Parsons (Hg.), The Roots of Rural Poverty in Central and Southern Africa, London 1977.

19 R. Gray/D. Birmingham, Some Economic and Political Consequences of Trade in Central and Eastern Africa in the Pre-colonial Period. In: Dies. (Hg.), Pre-colonial African Trade, Essays on Trade in Central and Eastern Africa in the Pre-colonial Period, London 1970, S. 3.

Segregation und soziokulturelle Integration in Joint Ventures. Das Beispiel Nigeria

Erika Dettmar

Vorbemerkungen

Joint Venture-Kooperationen[1] eignen sich dazu, die Bedeutung der sozialen und kulturellen "Einbettung" der wirtschaftlichen Zusammenarbeit zu demonstrieren. Für den Fall, daß Partner aus unterschiedlichen Nationalitäten und Kulturen zusammenarbeiten, können sich die Akteure nicht auf Gemeinsamkeiten in Sprache, nonverbaler Kommunikation, symbolischer Legitimierung von Autorität, Prinzipien der Betriebsorganisation etc. verlassen. Die dadurch verursachten Schwierigkeiten sind bisher vor allem unter Bezug auf psychologische und betriebswirtschaftliche Theorien zum interkulturellen Management und "Human Ressource Management" untersucht worden.[2] Dabei blieben der Einfluß historischer Entwicklungen und Gruppenloyalitäten und die Bedeutung der organisatorischen und gesellschaftlichen Machtstrukturen weitgehend ausgeklammert. Letztere wirken sich jedoch entscheidend auf die Prozesse der soziokulturellen Integration bzw. Segregation und die Interessenverfolgung in Joint Ventures aus.[3]

Im folgenden gehe ich in historischer Perspektive näher auf die sozialstrukturelle und kulturelle Dimension der Joint Ventures in Nigeria ein. Dabei bediene ich mich eines theoretischen Modells, das sich aus klassischen wirtschaftsethnologischen Einsichten und neueren neoinstitutionalistischen und ökonomischen Ansätzen zusammensetzt. Zentrale Ergebnisse der wirtschaftsethnologischen Forschung können auf die Untersuchung von modernen interkulturellen Wirtschaftsbeziehungen angewandt werden. Dies gilt insbesondere für die Einsicht, daß wirtschaftliche Interessenverfolgung in unterschiedliche Formen der Reziprozität differenziert werden kann und daß die jeweilige Art der Reziprozität abhängig von der jeweiligen sozialen Integration der Partner ist.[4] Folgende Unterscheidungen lassen sich vornehmen:

- Generalisierte Reziprozität: Dabei handelt es sich um solidarische Beziehungen, die auch einseitige Unterstützung und Hilfe ohne direkte und sofortige Gegengabe beinhalten. Meistens kommt sie zwischen Verwandten und engen Freunden vor.
- Ausbalancierte Reziprozität: Dabei werden Äquivalenzen miteinander getauscht, so daß beide Seiten ein dem Wert ihrer Gabe entsprechendes Gegenstück zurückerhalten. Man kann dabei von "fairem Tausch" sprechen. Zahlreiche wirtschaftsethnologische Studien haben gezeigt, daß auch in interkulturellen Wirt-

schaftsbeziehungen im Interesse langfristig stabiler Handelsbeziehungen soziale Integration und wirtschaftlicher Interessenausgleich angestrebt werden.[5]

- Negative Reziprozität: Dabei handelt es sich um ein utilitaristisches Vorgehen, bei dem beide Seiten darauf bedacht sind, den eigenen Vorteil auf Kosten des Wirtschaftspartners zu maximieren. Diese "negative" Tauschbeziehung, in der gewöhnlich eine Seite profitiert und die andere verliert, impliziert eine antagonistische soziale Beziehung, in der die Interessen der Partner nicht als sich ergänzend, sondern gegensätzlich wahrgenommen werden.[6]

Die wirtschaftsethnologischen Grundannahmen bezüglich der Reziprozität können durch neoinstitutionalistische[7] und neuere wirtschaftswissenschaftliche Positionen[8] ergänzt werden. Boulding entwickelt in seinem Buch "Three faces of Power" die These, daß Wirtschaftsbeziehungen sich danach unterscheiden, ob in ihnen die Anwendung von "Threat Power", "ökonomischer Macht" oder "integrativer Macht" überwiegt. Dabei kommt er der Auffassung Sahlins erstaunlich nahe. Je nachdem, wieviel "integrative" Macht (d.h. soziale und kulturelle Integration, Kommunikation und gegenseitige Legitimierung der Wirtschaftspartner) involviert ist, ist die Art der Interessenverfolgung unterschiedlich. Eine starke Involvierung von integrativer Macht findet man in Familien, Wohlfahrtsorganisationen etc. Sie führt dazu, daß Menschen geben, ohne gleichzeitig etwas zurückzufordern. Der Ausgleich bleibt auf unbestimmte Zeit offen (findet aber langfristig doch in der Regel statt). Ökonomische Macht kommt ohne die Einsetzung eines Minimums an integrativer Macht und gegenseitigem "Wohlwollen" nicht aus. Sie führt zu ausgeglichen reziproken, "fairen" Wirtschaftsbeziehungen. "Threat Power" erlaubt die kurzfristige Verfolgung eigener Interessen eines Wirtschaftspartners auf Kosten der anderen Seite. Dabei werden Bedrohung und Abhängigkeit eingesetzt, die Beziehung ist notwendig antagonistisch. Allerdings ist sie auf Dauer für den Bestand des Gesamtzusammenhangs der Wirtschaftsbeziehung gefährlich. Das Ergebnis der verschiedenen Arten der Interessenverfolung besteht dementsprechend entweder in "Profit" oder "Benefit". Während "Profit" auf kurzfristige Interessenverfolgung beschränkt ist, ist "Benefit" Ergebnis einer langfristigen, integrativen Intressenverfolgung. Profit führt zu einem Nullsummenspiel, Benefit dagegen zu einem Positivsummenspiel, da beide Seiten langfristig von ihrer Beziehung profitieren können.[9]

Eine zentrale Rolle bei negativ reziproken Wirtschaftsbeziehungen spielen Machtungleichheiten und Abhängigkeitsstrukturen zwischen den Partnern. Boulding zeigt, daß die Möglichkeit der Verwendung von "Threat Power", also Ausnutzung von Machtunterschieden und Abhängigkeiten des Wirtschaftspartners, mit einer kurzfristigen, antagonistischen Interessenverfolgung ohne Einsatz von "integrativen" Elementen (Kommunikation, soziokulturelle Anpassung und Legitimierung) einhergehen kann. Die Bedeutung von Machtstrukturen in der wirtschaftlichen Interessenverfolgung führt Etzioni weiter aus. Auch er hält die normativen und affektiven Bindungen der Individuen bei deren wirtschaftlicher Interessenverfolgung für zentral (die sogenannten N/A-Faktoren). Ausgehend von Polanyi ist er der Auffassung, daß eine verbindende institutionelle Kapsel, d.h. gemeinsame kulturelle Normen und Verhaltensregeln, und ein übergreifendes soziales Zugehörigkeitsgefühl die Wirtschaftsbeziehungen "einbetten" muß, um ihnen ihren zerstörerischen, antagonistischen und negativ reziproken Charakter zu nehmen.[10] Der Bestand der institutionellen "Kapsel" ist jedoch abhängig von einer relativ ausgeglichenen Machtsymmetrie zwischen den beteiligten Gruppen und Individuen. Wenn es einer Seite gelingt, einseitig ökonomische und politische Macht zu konzentrieren, ist die "Kapsel" gefährdet und die Gefahr von antagonistischen, langfristig zerstörerischen wirtschaftlichen Beziehungen gegeben.[11]

Auf Joint Venture-Beziehungen angewendet, kann man daraus folgende Prämissen ableiten:

1. In Joint Venture-Beziehungen besteht ein Zusammenhang der Machtverhältnisse zwischen den Partnern (sowie den Organisationen, Staaten etc., mit denen sie durch institutionelle und soziale Beziehungen verbunden sind) und ihrer jeweiligen soziokulturellen Integration oder Segregation.
2. Joint Venture-Beziehungen sind dann segregativ, wenn die Machtverhältnisse durch Machtkonzentration auf einer Seite gekennzeichnet sind und gleichzeitig rigide Gruppenidentitäten und extreme Kategorisierungen vorherrschen.[12] Damit verbunden ist eine negativ reziproke, partikulare Interessenverfolgung beider Seiten sowie Antagonismus und mangelnde gegenseitige Legitimierung und Loyalität. Diese Art der Joint Venture-Kooperation tendiert dazu, unstabil zu sein.
3. Joint Venture-Beziehungen sind dann integrativ, wenn in ihnen Machtsymmetrie und der Versuch der gegenseitigen soziokulturellen Anpassung und Legitimierung vorherrschen. Der soziokulturellen Integration entsprechen eine langfristige wirtschaftliche Interessenverfolgung, ausgeglichene Reziprozität und stärkere wirtschaftliche Stabilität.

Der geschichtliche Hintergrund in Nigeria

Die Analyse der heutigen Joint Venture-Beziehungen in Nigeria unter den oben genannten theoretischen Gesichtspunkten wird verständlicher, wenn man sie auf dem geschichtlichen Hintergrund betrachtet.

Die Geschichte der nigerianisch-europäischen Wirtschaftsbeziehungen ist ein Beispiel dafür, wie aus anfänglichen integrativen, durch soziokulturelle und ökonomische Kompromisse gekennzeichneten Handelspartnerschaften mit wachsendem Machtungleichgewicht segregative, negativ reziproke Beziehungen wurden. Wie bekannt, weigerten sich die afrikanischen Eliten in der Frühzeit des nigerianisch-europäischen Handels, Europäern Land zu verkaufen, und wahrten durch den

Abschluß von zeitlich befristeten Pachtverträgen ihre Unabhängigkeit. Dadurch gelang es ihnen, den politischen und kulturellen Einfluß der Europäer zu minimieren bzw. zu kontrollieren.[13] Die afrikanischen Chiefs konnten, wenn ausländische Händler gegen ihre Interessen handelten, wirksame Sanktionen gegen diese verhängen.[14] Europäische Händler konnten nur dann ihre Interessen verteidigen, wenn sie sich den nigerianischen Ordnungsinstanzen, die den Handel kontrollierten,[15] unterwarfen bzw. sich mit den in den Stadtstaaten von Bonny und New Calabar als dominante wirtschaftliche Einheiten fungierenden "Häusern" und ihren Vorstehern verbündeten.[16] Sie paßten sich in der Regel den nigerianischen geschäftlichen Gepflogenheiten und Institutionen an und brachten den nigerianischen Autoritäten und Handelspartnern Respekt entgegen.[17] Obwohl die lokalen Gesellschaften während der frühen nigerianisch-europäischen Handelsbeziehungen einen tiefgreifenden Wandel durchmachten, geschah dies unter selektiver Anpassung an die neuen wirtschaftlichen Gegebenheiten, durch Reinterpretation der tradierten Institutionen und unter der Kontrolle von nigerianischen Eliten.[18]

Ab Beginn des neunzehnten Jahrhunderts änderte sich die Struktur der nigerianisch-europäischen Beziehungen allmählich mit der zunehmenden Konzentration von "Threat Power" durch die Briten am Golf von Benin. Ab 1810 waren britische Kriegsschiffe an der Guineaküste präsent. Sie gaben in vielen Fällen den britischen Händlern Rückendeckung bei der Verfolgung ihrer Interessen. Ein wichtiges Ereignis, das zur Veränderung beitrug, war auch die Erfindung des Chinins im Jahre 1850. Es ermöglichte den Briten erstmals die erfolgreiche Erkundung des Landesinneren. Diese Zeit gilt daher als der Wendepunkt in den nigerianisch-europäischen Beziehungen.[19] Den Europäern gelang es seitdem zunehmend, die Terms of Trade zu ihren Gunsten zu manipulieren und die Institutionen, in die die Wirtschaftsbeziehungen eingebettet waren, zu kontrollieren und zu gestalten. Als Folge der veränderten Machtstrukturen etablierten sich um die Mitte des neunzehnten Jahrhunderts die "Courts of Equity" als neue Ordnungsinstitutionen und verbindene institutionelle "Kapseln" im Handel. Sie reflektierten den neuen soziokulturellen Kompromiß, der auf der Basis der veränderten Machtstrukturen ausgehandelt worden war. Sie setzten sich aus den wichtigsten afrikanischen und europäischen Geschäftsleuten der Region zusammen. Den Vorsitz hatte immer ein Europäer inne. Dessen Urteile mußten jeweils vom lokalen afrikanischen Herrscher abgesegnet werden.[20] Diese Gerichtshöfe waren als neue, integrierende Ordnungsinstanz sehr erfolgreich und verbreiteten sich rasch. Sie verloren aber aufgrund des zunehmenden Antagonismus in den nigerianisch-europäischen Beziehungen bald an Legitimität auf beiden Seiten.

Die Rückendeckung, die die britischen Händler bei ihrer Interessenverfolgung durch die britische Marine erhielten, und die zunehmende Konzentration der europäischen Wirtschaft an der Küste in Form von multinationalen Konzernen[21] führte zu einem wachsenden Machtungleichgewicht, zur weiteren Akkumulation von "Threat Power" auf seiten der Briten und damit zur Auflösung der verbindenden Institutionen im Handel. Die Etablierung einer "fremdgruppenorientierten" Zusammenarbeit in der Kolonialzeit in Nigeria ist durch folgende Elemente gekennzeichnet:

- Die in vorkolonialer Zeit dominanten indigenen wirtschaftspolitischen Einheiten, u.a. die "Häuser", die von unabhängigen nigerianischen Unternehmern geführt wurden und auf der Basis einer indigenen Symbolik (z.B. Verwandschaftsterminologie) die Arbeitsbeziehungen zwischen den (in der Regel nicht miteinander verwandten) Mitgliedern regelten, wurden abgelöst. Das "Haus" wurde mit der "House Rule Ordinance" von 1915 abgeschafft.[22] Andere Institutionen, die den Handel reguliert und kontrolliert hatten, wurden zerstört (wie das Königreich Benin, das Aro-Chukwu-Orakel und andere Geheimgesellschaften) oder hatten aufgrund des Verlustes ihrer ökonomischen Basis mit der Beseitigung der Kontrolle über den Handel ihre Legitimität verloren. An ihre Stelle traten die multinationalen Unternehmen, die von Europäern dominiert wurden und auf europäischen Institutionen und Symbolen basierten.
- Die nigerianischen Eliten wurden in der Kolonialzeit weitgehend (aber nicht vollständig) als "funktionale Annexe" in die europäischen Handelsfirmen integriert, auch wenn sich ihre "historische Realität" nicht in dieser Funktion erschöpft.[23] Sie wurden als abhängig Beschäftigte den nach Europa ausgerichteten Interessen der Firmen unterworfen und mußten sich an fremde, europäische Institutionen (Regelung der Arbeitsbeziehungen durch Vertrag und "freie Lohnarbeit", britisches Geld etc.) anpassen. Die Beziehungen zwischen nigerianischen und europäischen Eliten in den multinationalen Konzernen waren während der Kolonialzeit durch strukturelles Ungleichgewicht, durch mangelnde soziale und kulturelle Vermittlung und durch fehlende Interessenvermittlung (negative Reziprozität) gekennzeichnet.
- Zur Legitimation der wirtschaftlichen Dominanzbeziehungen in den multinationalen Konzernen dienten die Ideologie der kulturellen Überlegenheit der Europäer ("civilizing mission")[24] und die Rassenideologie. Sie ermöglichten einerseits eine geschlossenere Interessenverfolgung der unterschiedlichen europäischen Interessengruppen gegenüber den afrikanischen Eliten, wie sie andererseits soziale Integration und kulturelle Vermittlung in den afrikanisch-europäischen Beziehungen nahezu ausschlossen. Die seit den achtziger Jahren des neunzehnten Jahrhunderts sich immer stärker manifestierende Rassentrennung ging einher mit zunehmendem Antagonismus und Utilitarismus in den Wirtschaftsbeziehungen.[25]

Die Ideologien der kulturellen und "rassischen" Überlegenheit der Europäer wurden aber zu allen Zeiten von breiten Kreisen der nigerianischen Bevölkerung in Frage gestellt. Als Gegenideologie entstand schon ab den sechziger Jahren des neunzehnten Jahrhunderts der kulturelle Nationalismus.[26] Das Tragen von traditioneller Kleidung und von Yorubanamen, der Erwerb von traditionellen Chieftaincy-

Titeln etc. dienten den modernen nigerianischen Eliten als symbolischer Ausdruck der Verbundenheit mit ihren Heimatgemeinschaften.[27] Der kulturelle Nationalismus bezog sich aber auch auf ethno-linguistische Gruppen, die sich im Kontext des Kolonialismus zu "Stämmen" entwickelten,[28] und auf die "Schwarzen" bzw. "Afri-kaner" insgesamt. Die kulturnationalistische Ideologie war wirksam bei dem Bestreben der nigerianischen Eliten, sich in ihrem Machtkampf mit den in Wirtschaft und Politik dominanten Europäern der Loyalität und Unterstützung der nigerianischen Bevölkerung zu versichern; dazu verhalfen ihnen auch ihre traditionellen Klientelbeziehungen.[29]

Als Folge ihrer fehlenden Legitimität sahen sich die multinationalen Firmen mit dem Widerstand und der Ablehnung der lokalen Produzenten und Konsumenten konfrontiert. Deswegen gingen z.B. europäische Firmen, die nach der Deportation König Jajas im Jahre 1887 zunächst versucht hatten, sich dessen Märkte mit eigenem Personal anzueignen, bald dazu über, wieder nigerianische Agenten zu beschäftigen.[30] Während den europäischen Leitern der Unternehmen jedoch daran gelegen war, die soziokulturelle Legitimierung durch den Einsatz nigerianischer Zwischenhändler ihren eigenen Interessen unterzuordnen, strebten Teile der für die Konzerne arbeitenden nigerianischen Eliten freilich die Wiedererlangung ihrer früheren Unabhängigkeit und Gleichberechtigung an. Der nigerianische politische Nationalismus war stark von dem Wunsch nach wirtschaftlicher Selbstbehauptung der modernen Eliten motiviert.[31]

Der durch die nationalistische Bewegung ausgelöste Veränderungsprozeß vollzog sich gleichzeitig auf der politischen, wirtschaftlichen und soziokulturellen Ebene. Auf Druck der nationalistischen Bewegung hob die britische Kolonialregierung 1948 offiziell die Politik der Rassentrennung auf und erleichterte gleichzeitig den Zugang nigerianischer wirtschaftlicher Eliten zu staatlichen Förderungsprogrammen, Exportlizenzen etc.[32] In nachkolonialer Zeit unterstützte der nigerianische Staat stets die einheimische Elite bei ihrem Bemühen um Kontrolle der nationalen Wirtschaft.[33] Dabei kam ihm in den siebziger Jahren der Zuwachs an "bargaining power"[34] gegenüber den multinationalen Konzernen aufgrund des Ölbooms zugute.[35] Die Regierung nutzte den Machtzuwachs, um mit Hilfe der Indigenisierungsgesetze[36] den europäischen Einfluß in den multinationalen Firmen zu beschneiden und nigerianischen Eliten größere Beteiligungsmöglichkeiten zu eröffnen. Aus den multinationalen Konzernen (an denen Europäer bis zu 100 Prozent der Anteile halten konnten) wurden nun Joint Ventures, an denen Nigerianer in den meisten Fällen zu 60 Prozent beteiligt wurden.[37]

Die Auswirkungen der Indigenisierungsgesetze auf die Beziehungen in den Joint Ventures sind bisher nur auf der wirtschaftlichen und strukturellen Ebene untersucht worden. Einige Autoren weisen darauf hin, daß aufgrund der technologischen Abhängigkeiten eine wirkliche Machtveränderung kaum stattgefunden habe.[38] Seit Beginn der achziger Jahre setzt sich jedoch in der Literatur die Auffassung durch, daß die Maßnahmen des nigerianischen Staates zu einer bedeutsamen Verschiebung der Eigentumsverteilung in der nigerianischen Wirtschaft von ausländischem zu einheimischem Kapital beigetragen haben und daß "the growing competence and business experience of those representing the Nigerian partners, state or private, must ... be taken into account"[39]. Diese Veränderungen haben nicht zu einem Bruch in den Beziehungen zwischen nigerianischen und europäischen wirtschaftlichen Eliten geführt, aber zu einem stärkeren Machtgleichgewicht zwischen beiden.[40] Als Resultat stellt Beckmann fest:

> "If foreign firms were to survive in Nigeria, they must come to terms with the aspirations of the domestic bourgeoisie, in and out of the state apparatus."[41]

Vor allem der in Nigeria weit verbreitete Nationalismus hat dazu geführt, daß den Versuchen ausländischer Firmen, nigerianische Anteilseigner zu "kaufen" bzw. zu manipulieren, Grenzen gesetzt wurden.[42]

Segregation und Integration in Joint Ventures der Gegenwart

Es kann vermutet werden, daß der Zuwachs an Verhandlungsmacht der nigerianischen Regierung durch den Ölboom und die dadurch eingeleitete Verschiebung in den Machtstrukturen zwischen nigerianischen und europäischen wirtschaftlichen Eliten in den achtziger Jahren zu einer Beziehungsstruktur geführt hat, die sich der in vorkolonialer Zeit herrschenden Machtsymmetrie annähert. (Es ist allerdings zu befürchten, daß der zunehmende Verfall an "bargaining power" des nigerianischen Staates seit Anfang der neunziger Jahre diese Situation in Zukunft wieder revidieren könnte). Die Frage, die sich daraus für die Untersuchung der heutigen Joint Venture-Beziehungen ergibt, ist, ob sich diese Veränderung auch in einer sozialen und kulturellen Integration und Vermittlung der beteiligten Gruppen, in einer stärkeren Kontrolle und Gestaltung der Gemeinschaftsunternehmen durch nigerianische Eliten und einer Integration in das lokale institutionelle Umfeld auswirkt. Außerdem stellt sich die Frage, ob mit der Machtverschiebung und einer eventuellen soziokulturellen Integration eine Hinwendung zu stärker ausgeglichenen reziproken Beziehungen im inner- und außerbetrieblichen Verhältnis verbunden ist.

Zu den Prozessen der sozialen Integration und kulturellen Indigenisierung in nigerianisch-europäischen Joint Ventures sind bisher keine aktuellen empirischen Untersuchungen veröffentlich worden.[43] Nigerianische Autoren haben während der siebziger Jahre die kulturelle Distanz europäischer und ihnen unterstellter nigerianischer Manager von den Werthaltungen und Normenerwartungen der Arbeiter sowie die Rassentrennung in Joint Ventures und die ungleiche Bezahlung zwischen Weißen und Schwarzen kritisiert.[44] Der Rassimus wird von einigen Autoren aufgrund ihrer persönlichen Erfahrung als zentrales Motiv für die Indigenisierung der Firmen gewertet.[45] Im folgenden werde ich den Zusammenhang zwischen Strukturen, soziokulturellen Beziehungen und wirtschaftlicher Interessenverfolgung in Joint Ventures in Nigeria anhand von empirischen Beispielen näher erörtern.

Meine auf Interviews, Beobachtungen und der Auswertung von Firmendokumenten basierende vergleichende Untersuchung von 17 Joint Ventures in Nigeria[46] zeigt, daß die Machtstrukturen, die die Joint Venture-Beziehungen jeweils prägen, mit spezifischen Phänomenen auf der soziokulturellen Ebene und auf der Ebene der Interessenverfolgung verbunden sind. Die Machtstrukturen sowie die soziokulturellen und ökonomischen Phänomene treten in den Joint Ventures in dreierlei Hinsicht zutage: im Verhältnis zwischen den Anteilseignern, im Verhältnis zwischen Geschäftsführung und Mitarbeitern und im Verhältnis zwischen Unternehmen und dem gesellschaftlichen Umfeld (Staat, Wirtschaftsorganisationen, Gewerkschaften, Presse und Öffentlichkeit etc.).

Die Untersuchung beschränkte sich vor allem auf deutsch-nigerianische Gemeinschaftsunternehmen. Zum Zweck der Weiterverfolgung der Integrationsprozesse habe ich ergänzend Interviews mit Chief Executives und leitenden Managern von sechs überwiegend britisch-nigerianischen Joint Ventures hinzugezogen. Britisch-nigerianische Firmen gehören zu den am stärksten indigenisierten Joint Ventures im Land. Unter den deutsch-nigerianischen Unternehmen sind sowohl solche, die sich durch starke Machthierarchien und Trennungen zwischen deutschem (bzw. europäischem) und nigerianischem Personal auszeichnen, als auch solche, bei denen es aufgrund der Realisierung von Abhängigkeiten gegenüber der nigerianischen (staatlichen und privaten) Elite zu soziokulturellen Anpassungsbemühungen der deutschen Partner und zu Legitimationsstrategien gegenüber der lokalen Öffentlichkeit gekommen ist. Letztere sind allerdings in der Minderheit. Die meisten untersuchten deutsch-nigerianischen Joint Ventures weisen sowohl integrative als auch segregative Züge auf und sind durch komplexe Macht- und Abhängigkeitsbeziehungen im Verhältnis zwischen den Anteilseignern und zwischen Unternehmen und staatlichen Behörden geprägt. Ich möchte hier zwei extreme Beispiele darstellen, die die Zusammenhänge zwischen Machtstrukturen, soziokultureller Dimension und Interessenverfolgung jeweils in Hinblick auf eine "segregative" und eine "integrative" Variante der Unternehmenskooperation veranschaulichen.

Segregatives Beispiel: Schuhfabrik in Lagos

Es handelt sich um eine Fabrik in Lagos, die Schuhe für den lokalen Markt produziert und 230 Arbeiter beschäftigt. Die Schuhe werden durch ein assoziiertes nigerianisch-französisches Unternehmen vertrieben. Die Firma wurde 1963 von einem Hamburger Händler und dessen nigerianischem Handelspartner, einem Schuhfabrikanten (der eine Minderheitenbeteiligung von 10 Prozent hielt), gegründet. Beide verband eine langjährige Handelspartnerschaft. Im Joint Venture-Abkommen wurde ein Interessenausgleich gefunden. Das Hamburger Unternehmen setzte durch, daß es den überwiegenden Teil der benötigten Importe lieferte, und sicherte sich dadurch einen vertraglich garantierten Absatz seiner Produkte. Demgegenüber erreichte der nigerianische Teilhaber, daß die Arbeiter der Firma so weit wie möglich aus seinem Dorf rekrutiert wurden. Dies sicherte ihm in seiner Heimatgemeinde Ansehen und Einfluß.

Nach den Indigenisierungserlassen mußten weitere nigerianische Anteilseigner einbezogen werden. Die deutsche Beteiligung beträgt heute offiziell noch 40 Prozent. Bei der Suche nach weiteren Teilhabern achtete das deutsche Mutterhaus darauf, solche Partner auszuwählen, die bereit waren, ihm gegen eine entsprechende Gewinnbeteiligung die Kontrolle des Unternehmens zu überlassen. Nachdem der deutsche Firmengründer in das Mutterhaus zurückgekehrt war, wurde ein neuer deutscher Managing Director als Statthalter der Interessen der Mutterfirma eingesetzt. Er leitet das Unternehmen heute weitgehend unbehelligt von "Einmischungen" durch nigerianische Partner:

> "Ich bin ziemlich unabhängig von unseren Direktoren - der einzige Direktor, der was sagt, ist S. (in Deutschland), aber die nigerianischen Direktoren mischen sich nicht ein. In vielen Betrieben mischen sich die Nigerianer ein, aber hier nicht." (Managing Director)

Die Beteiligungsstrukturen und vertraglichen Regelungen sichern hier dem deutschen Joint Venture-Partner die alleinige Unternehmenskontrolle. Auf soziokultureller Ebene drückt sich diese strukturelle Disposition darin aus, daß die deutsche Geschäftsführung weitgehend auf eine Legitimierungsstrategie gegenüber Arbeitern, nigerianischen Managern und Öffentlichkeit und auf die Berücksichtigung der in diesen Gruppen verbreiteten Erwartungen, Normen und Interessen verzichtet. Die innerbetrieblichen Beziehungen sind weitgehend durch soziale Segregation zwischen der deutschen Geschäftsführung auf der einen Seite und nigerianischem Management und Arbeitern auf der anderen Seite gekennzeichnet. Managementmeetings finden nicht statt. Dem deutschen M. D. wurde vorgeworfen, daß er die wirtschaftlichen Daten der Firma dem Personal nicht zugänglich mache und eigene Geschäfte verfolge. Auch in der alltäglichen Kommunikation mit dem Firmenpersonal ginge die deutsche Unternehmensleitung nicht über rein utilitaristische Gesichtspunkte hinaus. Entgegen den Erwartungen nigerianischer Arbeiter und Angestellter, die großen Wert auf ein Interesse des Managements an ihren privaten Problemen und familiären Belangen legen, zeigte sich der deutsche Geschäftsführer an symbolischen Gesten der zwischenmenschlichen Anteilnahme uninteressiert. So sagte er z.B. auf die Frage, ob er an sozialen und familiären Zeremonien der nigerianischen Manager und Mitarbeiter teilnehmen würde: "Da muß ich Ihnen ganz ehrlich sagen, da drücke ich mich, wo ich kann."

Der M. D. rechtfertigte die soziale Distanz mit der unterschiedlichen Entlohnung und der Notwendigkeit der Aufrechterhaltung seines überlegenen Status:

> "Von meiner Sicht aus sind das auch Dinge, wenn sie mit einem Kontakt haben, ist es auch nicht gut von der Autorität her, und wir leben doch in einem anderen Lebensstandard und zwingen die Leute zu Ausgaben, die sie nicht aufbringen können."(Deutscher M. D.)

Demgegenüber kritisierten nigerianische Manager die unterschiedlichen Gehälter und damit einhergehenden sozialen Trennungen und Hierarchien in den innerbetrieblichen Beziehungen:

> "You can't eat in the same place because you are not able to bear the costs... The gap is still very wide, one to ten. You must always follow him (dem Weißen) behind. That can create problems in the future." (Nigerianischer Personalmanager)

Der M.D. ließ auch in den außerbetrieblichen Beziehungen nicht das Bemühen erkennen, seine Firma durch eine an den Normenerwartungen der lokalen Öffentlichkeit orientierte Managementstrategie zu legitimieren. Die Erwartungen gegenüber Unternehmen in Nigeria kommen in folgenden Worten eines nigerianischen Gewerkschaftsvertreters zum Ausdruck:

> "If you are (als Unternehmen) in a community, you assist in developing the place. Where you make your money, where you have your workers, you should be able to provide some facilities for them."[47]

Der deutsche M. D. meint jedoch auf die Frage, ob die Firma Spenden an Communities, Stipendien etc. verteilen würde, die fehlende Einflußnahme der nigerianischen Direktoren habe das Unternehmen bisher vor solchen öffentlichen Zahlungen bewahrt. Er bewertet dies allein vor dem Hintergrund eines kurzfristigen Kosten-Nutzen-Kalküls. Es sei vorteilhaft, daß ihnen in dieser Richtung keine Ausgaben entstünden, denn "die Kosten hier gehen ins Unendliche".

Die deutsche Partnerfirma verkaufte dem Joint Venture durch sogenannte Preiseinschlüsse künstlich überteuerte Waren. Nach informellen Berichten eines Mitarbeiters der Firma sollen dem Unternehmen dadurch monatlich ca. 20 000 DM entzogen worden sein. Diese nicht marktkonforme (aber allgemein übliche) Praxis des "Transferpricings"[48] wird durch die vertraglich festgeschriebene Lieferbindung und die Managementkontrolle durch den ausländischen Partner ermöglicht. Ein Mitarbeiter des Joint Ventures kritisierte, daß dadurch lange Zeit wichtige Investitionen in neue Maschinen etc. versäumt worden seien. Der Maschinenpark war veraltet und den erhöhten Anforderungen des 1986 eingeführten Structural Adjustment Programms (verstärkte Konkurrenz im Binnenmarkt, Exportdruck etc.) nicht gewachsen. Das Joint Venture geriet zunehmend in eine wirtschaftliche Krise. Die Zahl der pro Tag produzierten Paar Schuhe war von 8000 in früheren Jahren auf 2300 im Jahre 1991 zurückgegangen. Die nigerianischen Manager der Firma trugen mit zunehmender Vehemenz Forderungen nach Erhöhung ihrer Gehälter vor, während die Arbeiter mit z.T. gewalttätigen Streiks Gehaltserhöhungen und Verbesserungen ihrer Arbeitsbedingungen forderten. In der ersten Hälfte des Jahres 1993 hatten bereits drei Streiks stattgefunden, wobei auch die Maschinen teilweise zerstört wurden.

Die Beziehungen zwischen deutscher Geschäftsführung und den nigerianischen Angestellten erhielten zunehmend eine antagonistische Dynamik. Den Arbeitern wurde vom deutschen Management vorgeworfen, nur ihre eigenen Interessen zu verfolgen und nicht das Gesamtinteresse des Unternehmens im Auge zu haben. Demgegenüber macht ein nigerianischer Gewerkschaftsvertreter für die Handlungen der Arbeiter fehlendes Zugehörigkeitsgefühl zum Betrieb und eine negativ reziproke Interessenverfolgung der europäischen Betriebsleitung verantwortlich:

> "They don't like people cheating them and they don't like people giving them the feeling that one has come to gather money and take it to their country. They want Europeans to stay with them, feel at home with them. One thing in Nigera, if you are in a place and you show that you are part of them, they give you the best. But if you show that you just make your money, that is where the problem starts. When the workers have that feeling, if they think, after all, he is using us, there is always a problem in this company. They can even destroy the machines. There should be a feeling of belonging, that you are part of us."

Die antagonistische Dynamik, der diese Firma unterlag, verdeutlicht die Problematik der segregativen Joint Venture-Beziehungen. Die Möglichkeit, durch Machtausübung wirtschaftliche Interessen durchzusetzen, führte hier auf der ökonomischen Ebene zur partikularen Interessenverfolgung durch die dominante Gruppe, zu fehlendem Interessenausgleich und auf der soziokulturellen Ebene zu sozialer Segregation im innerbetrieblichen Verhältnis und Verzicht auf soziokulturelle Einbettung und Legitimierung der Firma im lokalen Umfeld. Die daraus resultierende antagonistische Gruppendynamik im Betrieb wurde verschärft durch die negativen Veränderungen in den wirtschaftlichen Rahmenbedingungen. Dadurch wurde langfristig der Bestand des Gemeinschaftsunternehmens aufs Spiel gesetzt.

Integratives Unternehmen: Kabelfabrik in Lagos

Dieses Beispiel unterscheidet sich von dem oben dargestellten dadurch, daß die Interessenverfolgung durch die deutsche Geschäftsführung hier nicht in erster Linie auf der Ausübung struktureller Macht, sondern auf soziokultureller Anpassung und Legitimierung basiert. Damit verbunden ist eine stärkere Tendenz zu ausgeglichen reziproken und gegenseitig gewinnbringenden Beziehungen innerhalb des Unternehmens und zwischen Unternehmen und Gesellschaft.

Es handelt sich um ein deutsch-nigerianisches Manufakturunternehmen mit ca. 600 Angestellten, das Kabel für den lokalen Markt produziert. Es befindet sich zu

60 Prozent in der Hand europäischer Anteilseigner, u.a. eines deutschen Kabelunternehmens, und wird seit der Betriebsaufnahme im Jahre 1973 von einem deutschen Managing Director geleitet. Der strukturellen Vormachtposition der deutschen Partnerfirma gegenüber den nigerianischen Anteilseignern steht eine Abhängigkeit vom nigerianischen Staat im außerbetrieblichen Verhältnis gegenüber. Der nigerianische Staat kauft 50 bis 60 Prozent der Produkte der Firma auf und ist damit ihr Hauptkunde. Außerdem wurde in diesem Beispiel die Vormachtstellung des deutschen Managements im innerbetrieblichen Verhältnis bereits kurz nach der Unternehmensgründung durch eine starke und organisierte Opposition der nigerianischen Arbeiter und Angestellten herausgefordert.

Der deutsche Geschäftsführer, der einen vom Oba von Lagos verliehenen Chieftaincy-Titel hält, verfolgt eine Managementstrategie, die auf Legitimierung seiner Führung in den inner- und außerbetrieblichen Beziehungen abzielt. Er selbst führt dies auf seinen interkulturellen Lernprozeß zurück, der durch die massive Opposition des nigerianischen Personals zu Beginn seiner Tätigkeit eingeleitet wurde. Bald nach seiner Amtsaufnahme während des "Ölbooms" kam es zu Streiks und Spannungen im Betrieb. Nigerianische Manager und Arbeiter verbündeten sich und trugen schriftlich Forderungen an die Geschäftsführung vor. Das Problem zog Kreise und führte auch zu einer Involvierung der nigerianischen Regierung:

> "Man kriegt Briefe, anonyme Briefe, man weiß nicht, woher sie kommen, ganz schlimme Sachen stehen da drin. Es bilden sich Gruppen im Betrieb, die einen bei der Regierung anschwärzen, dann kommt die Immigration[49] und sagt, zeig' mal die und die Akte..."

Die Verbindungen zwischen nigerianischem Personal und nigerianischer Regierung und die Angst vor negativen Maßnahmen der nigerianischen Behörden gegen sein Unternehmen bewegten den deutschen M.D. zur kulturellen und sozialen Umorientierung. Der M.D. suchte in der Folge regelmäßig wirtschaftliche Verbände, Clubs etc. auf, in denen Nigerianer in der Mehrheit waren, und vermochte dadurch, sich zunehmend sozial und kulturell zu integrieren und sich anzupassen. Der Änderungsprozess im innerbetrieblichen Verhältnis begann mit einer Reflexion der zentralen Elemente der segregativen Joint Venture-Beziehungen in Nigeria, Utilitarismus und Rassismus, durch ihn selbst und seinen deutschen Mitarbeiter:

> "Der Hauptfehler, den ich gemacht habe, war, daß ich furchtbar ehrgeizig war, die Leute bei der Arbeit zu halten und Geld zu verdienen. Ich habe oft Gegendruck provoziert anstatt motiviert." (M.D.)

> "Wenn sie nicht bereit sind, die Schwarzen als gleichwertige Brüder anzusehen, werden sie Probleme haben. Das ist wohl das größte Problem im Umgang zwischen Europäern und Nigerianern. Die meisten Weißen denken immer noch, daß sie überlegen sind." (Deutscher Manager)

Der deutsche Geschäftsführer ist heute einer der angesehensten Ausländer in Lagos. Seinen guten Ruf bei nigerianischen Behörden, Verbänden und Gewerkschaften verdankt er einer soziokulturellen Legitimationsstrategie, die auf einer gründlichen Kenntnis der lokalen Normen und Institutionen beruht. Dieser Anpassungsprozess war notgedrungen mit einer intensiven sozialen Integration in die Gesellschaft von Lagos verbunden und hat zu einer gewissen Transformation der Einstellungen und Gefühle des Deutschen gegenüber der Gastgesellschaft geführt.

Die Prinzipien des Managementstils, den der M.D. vertritt, entsprechen weitgehend dem Führungsverhalten, das aus der nigeriabezogenen Managementliteratur als "autoritärer Paternalismus" bekannt ist.[50] Der Chef gibt einerseits strikte Vorgaben und Anordnungen, seine Mitarbeiter sind ihm zu Respekt verpflichtet. Andererseits wird von ihm materielle und soziale Fürsorge, menschliches Interesse, Hilfestellung bei privaten Problemen der Mitarbeiter und Information[51] erwartet. Der deutsche M.D. ist bemüht, sein Führungsverhalten in Hinblick auf die mit diesem Muster verbundenen Normenerwartungen zu legitimieren. Er habe ein genau festgelegtes System von Sanktionen, das für jeden durchschaubar sei und daher akzeptiert würde. Morgens ginge er durch die Fabrik, tausche Begrüßungen mit den Mitarbeitern aus und rede mit ihnen. Er habe eine Kasse eingerichtet, aus der sich jeder Mitarbeiter in Notzeiten einen zinslosen Kredit verschaffen könne. Entlassungen fänden nur bei Diebstahl statt. Informationen über Gehälter und die wirtschaftliche Lage der Firma würden zugänglich gemacht, da ihre Verheimlichung nur Opposition hervorrufen würde. Alle Firmenentscheidungen würden im Konsens mit den nigerianischen Managern getroffen. Zu den nigerianischen Boardmitgliedern pflege er gute private Beziehungen.

Im außerbetrieblichen Verhältnis legt der deutsche Geschäftsführer Wert auf den Aufbau einer guten Firmenreputation, indem er auch hier bestrebt ist, die Firma in Hinblick auf die Normenerwartungen der lokalen Öffentlichkeit zu legitimieren. Eine solche Legitimationsstrategie war erst durch die soziale Integration des Deutschen in die nigerianische Geschäftswelt möglich. Die soziale Integration in die Gastgesellschaft führte zur Konfrontation mit den Normen, die in Nigeria von seiten der Öffentlichkeit an Unternehmen herangetragen werden.[52] So berichtet der M.D., daß seine Firma anfangs kein Geld für "social responsibilities" gegeben hätte. Erst als er in den Wirtschaftsverbänden erfuhr, daß nigerianische Geschäftsführer der großen Firmen "ständig" Geld spendeten, und hörte, daß sein Unternehmen einen schlechten Ruf besaß, weil es dieser Erwartung nicht entsprach, habe er angefangen, überschüssige Produkte, Stipendien und Hilfen an Community-Projekte zu verteilen. Auch die nigerianischen Direktoren forderten aus Imagegründen eine solche Praxis. Heute ist ein Mitarbeiter für die Prüfung der eingehenden Anträge zuständig. Der M.D. hat außerdem den Vorsitz des Verbandes der lokalen Kabelunternehmer übernommen und gibt an, Angestellte nigerianischer Kabelunternehmen, die für die Qualitätskontrolle zuständig sind, von Zeit zu Zeit in seinem Betrieb auszubilden. Eine Legitimierung im innerbetrieblichen und außerbetrieblichen Verhältnis erfolgt auch durch die Unterstützung der Gewerkschaft der Elektrounternehmen. So sagt der Repräsentant der Gewerkschaft in einem Interview, daß seine Organisation vom M.D. Spenden, z.B. für die Konferenz ihrer nationalen Delegierten, erhalten hätte.

Der durch die Erfahrung der strukturellen Interdependenz eingeleitete soziokulturelle Integrationsprozess erhielt eine sich selbst verstärkende Dynamik durch die Eigenwirkung der involvierten nigerianischen Institutionen. Die Verleihung des Chieftaincy-Titels durch den Oba von Lagos erfolgte, nachdem der M.D. begonnen hatte, sein Verhalten auf die Normenerwartungen der Arbeiter abzustimmen. Der Titel dient aus der Sicht der Arbeiter dazu, den europäischen Geschäftsmann emotional an die Gastgesellschaft zu binden und ihn dazu zu bewegen, "to assimilate instead of gathering the money and go away" (Vertreter der Gewerkschaft).

Indem der Europäer durch einen von der "Community" verliehenen Titel ihr gegenüber verpflichtet wird, soll sein soziales Verantwortungsgefühl geweckt werden. Man erhofft sich, daß er dadurch eine langfristige Perspektive im Land entwickelt und zu wirtschaftlichen Reziprozitätsleistungen (in Form von Reinvestitionen und "social responsibilities") bereit ist.

Demgegenüber dient der Chieftaincy-Titel, wie oben bereits dargestellt, den modernen nigerianischen Eliten als Symbol, um ihre Verbundenheit zum "Volk" zu demonstrieren und sich dadurch als rechtmäßige (politische und wirtschaftliche) Führer zu legitimieren. Er erfordert allerdings auch beträchtliche reale Reziprozitätsleistungen (in Form von finanziellen und moralischen Beiträgen zu Community-Projekten etc.). Die legitimierende Wirkung des Titels kann auch über die Heimatcommunity hinaus auf eine Region und sogar die Nation ausgedehnt werden. So konnte sich z.B. der Gewinner der nigerianischen Wahlen vom 12. Juni 1993, Chief Moshood Abiola, vor allem deswegen als nationaler politischer Führer legitimieren, weil er in zahlreichen Communities im ganzen Land durch Spenden Chieftaincy-Titel erworben hatte.

Auch Europäer können von der symbolischen Wirkung des Titels profitieren. Der Chieftaincy-Titel eines Europäers ist Symbol dafür, daß der Betreffende sich in Nigeria integriert hat und zur ausgeglichenen Reziprozität, anstelle kolonialer Ausbeutung, gegenüber der Gastgesellschaft bereit ist. Dies verdeutlichen folgende Aussagen über Chief B., den Geschäftsführer des hier dargestellten Joint Ventures:

> "For instance K. (hier dargestelltes Kabelunternehmen), the owner is a chief. That shows you the kind of integration into the country. It makes him to understand what our difficulties are and to give us assistance."(Repräsentant der Gewerkschaft der Elektrounternehmen)

> "Chief B. is integrated. He loves Nigeria. We all love him." (Direktor der Manufacturers Association of Nigeria)

> "For instance, the man who came in, Chief B., if he had not been accepted by the community, he would not have been given a Chieftaincy-Titel." (Vize-präsident des Unternehmerverbandes NECA)

Bei diesen Aussagen geht es nicht allein um die materielle Ebene, sondern vor allem auch um den Aspekt der sozialen Integration eines "Weißen" in eine "schwarze" Community. Der Chieftaincy-Titel eines Europäers signalisiert, daß sein Träger kein Rassist ist (Rassismus und koloniale Ausbeutung stellen sich in der nigerianischen Erfahrung als zwei Seiten einer Medaille dar, s.o.). In diesem Kontext ist auch das hier gebrauchte Wort "love" zu verstehen: Es wird in bezug auf Europäer häufig benutzt, um auszudrücken, daß die Einstellung und das Verhalten des Betreffenden gegenüber Land und Leuten durch Wohlwollen und Respekt gekennzeichnet sind.

Die tatsächlichen Reziprozitätsleistungen des deutschen Chiefs und des von ihm geführten Joint Ventures gegenüber den Mitarbeitern und dem lokalen gesellschaftlichen Umfeld können hier nicht quantifiziert werden. Es kann lediglich festgestellt werden, daß die Firma und ihr Geschäftsführer sich in Lagos den Ruf erworben haben, den entwicklungspolitischen Vorstellungen der nigerianischen Regierung zu entsprechen und die Gewerkschaften, einheimischen Kleinunternehmer etc. zu unterstützen:

> "I can't remember any other one (Expatriate) who is as good as this one." (Repräsentant der Gewerkschaft der Elektrounternehmen)

> "K. (Unternehmen von Chief B.) is doing well now. As much as they can get local material they use. K. is one of the good companies of the country." (Leiter des Consultancy-Departments des Nigerian Institute for Social and Economic Research, NISER)

Aussagen des Geschäftsführers selbst lassen darauf schließen, daß er weniger einen an kurzfristigem Kosten-Nutzen-Kalkül orientierten Ansatz als einen langfristigen, gegenseitig gewinnbringenden Ansatz in seinen Geschäftsbeziehungen verfolgt. Seine Einstellungen zur lokalen Industrie und zu nigerianischen Zulieferfirmen sind durch Wohlwollen und ein Gefühl langfristiger gegenseitiger Abhängigkeit geprägt. So meint er, er habe Mitarbeiter von lokalen Kabelfirmen, die für die Qualitätskontrolle zuständig sind, in seinem eigenen Unternehmen "durchgeschleust, um ihnen beizubringen, wie man elektrische Kabel macht. Die werden uns nicht wehtun. Laßt uns das Wissen weitergeben, irgendwann wird es auch für uns was bringen. Ohne Industriekultur läuft hier ja nichts".

Die Firma hatte nach Auskunft ihres Managing Directors trotz der erschwerten wirtschaftlichen Rahmenbedingungen vom zweiten Jahr an bis zum Zeitpunkt der Untersuchung (1991 und 1993) "immer nur Gewinne" gemacht. Öffentlich zugängliche Bilanzen konnten nur bis zum Jahre 1987 ausfindig gemacht werden. Danach wurden die Gewinne vor Steuern von 1 510 000 Naira im Jahre 1985 auf

1 960 000 Naira im Jahre 1987 erhöht. Ein unmittelbarer kausaler Zusammenhang zwischen dem integrativen, auf soziokulturelle Legitimation im institutionellen Umfeld ausgerichteten Ansatz dieses Unternehmens und seiner relativ stabilen wirtschaftlichen Lage kann nicht nachgewiesen werden. Dem Geschäftsführer zufolge hat seine Strategie eher indirekte wirtschaftliche Vorteile. Diese bestünden vor allem in der Loyalität der Arbeiter gegenüber der Firma und einer reibungslosen Kooperation mit den nigerianischen Behörden.[53] Es sind demzufolge also eher die schlecht quantifizierbaren, qualitativen Kostenfaktoren, die sogenannten "Transaction Costs"[54], die durch die soziokulturelle Integration und Legitimation reduziert werden können.

Das Beispiel bestätigt den Zusammenhang zwischen den strukturellen Ausgangsbedingungen - hier die Realisierung einer Abhängigkeit des Unternehmens von den von Nigerianern dominierten politischen Institutionen - und der Bereitschaft zur Anwendung von "integrativer Macht" bei der deutschen Unternehmensleitung. Die Beziehungen gleichen in diesem Fall eher dem vorkolonialen Muster, in denen die Machtverhältnisse Europäer zur Anpassung an nigerianische Institutionen gezwungen haben. Soziokulturelle Integration ist hier nicht mehr ein untergeordnetes Instrument, wie in segregativen Firmen, sondern ist leitendes Prinzip des Managements im innerbetrieblichen und außerbetrieblichen Verhältnis. Sie involviert die Persönlichkeit, Einstellungen und Gefühle der beteiligten europäischen Partner. Die soziale Integration in die lokale Gesellschaft bewirkt eine Konfrontation mit dem in der Gastgesellschaft verbreiteten Normendruck und Integration in das lokale System von "Ehre und Schande". Dadurch wird eine stärker ausgeglichene Reziprozität in den inner- und außerbetrieblichen Unternehmensbeziehungen gefördert.

Weitere integrative Joint Ventures in Lagos

Interviews mit den nigerianischen geschäftsführenden Direktoren bzw. leitenden Managern von sechs nahezu vollständig indigenisierten europäisch-nigerianischen Joint Ventures zeigen, daß es sich bei der hier dargestellten "integrativen" Firma nicht um einen Einzelfall handelt. Alle sechs Joint Ventures operieren seit mindestens dreißig Jahren im Land und verfolgen eine langfristige, an Imagegesichtspunkten orientierte Geschäftsperspektive. Alle produzieren nahezu ausschließlich für den lokalen Markt. Alle werden heute von nigerianischen Geschäftsführern geleitet. Diese bemühen sich um eine Strategie der soziokulturellen Legitimierung in den innerbetrieblichen und außerbetrieblichen Unternehmensbeziehungen. Alle einbezogenen "integrativen" Joint Ventures weisen zudem eine bemerkenswerte wirtschaftliche Stabilität auf.[55]

In den heute weitgehend indigenisierten Firmen kam es in den achziger Jahren, nach der Übernahme der Mehrheit der Anteile durch Nigerianer, zu heftigen nigerianisch-europäischen Auseinandersetzungen um die Besetzung von Führungspositionen. Sie wurden häufig auf der ideologischen Ebene ausgetragen. So wurden den beteiligten leitenden europäischen Managern vom nigerianischen Personal fehlende kulturelle Kompetenz und Rassismus vorgeworfen. Diese Prozesse kann man als Fortsetzung der sowohl auf politischer als auch auf wirtschaftlicher und soziokultureller Ebene geführten historischen Auseinandersetzungen zwischen nigerianischen und europäischen wirtschaftlichen Eliten werten. Als Resultat ist das Management dieser Firmen heute weitgehend nigerianisiert. Daher spielen in ihnen soziokulturelle Konflikte zwischen Europäern und Nigerianern heute kaum noch eine Rolle. Die verbliebenen Europäer befinden sich in der Minderheit und sind in der Regel bereit, sich in soziokultureller Hinsicht an die Vorgaben der nigerianischen Betriebsleitung anzupassen (in einigen Unternehmen werden dazu Instruktionen in Form von "Rules and Regulations" ausgegeben). Gleichzeitig mit der Hinwendung zu einer stärkeren Machtsymmetrie im nigerianisch-europäischen Verhältnis kam es hier zu soziokulturellen Integrationsprozessen in den inner- und außerbetrieblichen Beziehungen.

Die Befragung von nigerianischen Chief Executives und leitenden Managern der Firmen und die Auswertung von unabhängigen Publikationen zeigt, daß das nigerianische Management gegenüber Arbeitern, Regierung und Kunden eine Strategie der Legitimierung verfolgt, indem auf gemeinsame Interessen und kulturelle Werte und Normen verwiesen wird. Dabei ist eine kulturnationalistische Rhetorik unverkennbar. Typisch sind folgende Aussprüche:

> "A manager in this country must satisfy the needs of Nigerians." (M.D. von C.)
>
> "I'm very proud of our record. We are in the forefront of local sourcing. In the last few years I have introduced new products from local raw-materials." (M.D. von N.)
>
> "The Nigerian Manager, no matter how educated he is, is firmly rooted in the culture." (M.D. der Firma V.)
>
> "Compensation System, Discipline, all has to be firmly related to the culture." (M.D. der Firma C.)

Alle befragten leitenden nigerianischen Manager betonen, sich in zentralen kulturellen Werten und Normenerwartungen, wie der Bedeutung der Familie als wichtigstem Bezugspunkt im Leben des einzelnen, den kommunitären Verpflichtungen der Mitarbeiter gegenüber ihren Heimatgemeinschaften und Großfamilien, der Bedeutung von Alter und zwischenmenschlichem Respekt, privatem Interesse und Fürsorgeverpflichtung des Managements für die Arbeiter etc., an die Erwartungen der nigerianischen Mitarbeiter anzupassen. Vor allem hinsichtlich des Personalmanagements stellen die Befragten demonstrativ ihre Verwurzelung in der nigerianischen Tradition heraus. Darin äußert sich das Fortleben des historischen Kulturnationalismus, der für einen Teil der nigerianischen Eliten traditionell ein wichtiger Machtfaktor in ihren Auseinandersetzungen mit den europäischen Führungen der multinationalen Firmen gewesen ist. Die kulturelle Distanz und "Entfremdung" nigerianischer Manager von den Arbeitern, von der noch Onyemelukwe 1973 in bezug auf die damals von Europäern dominierten multinationalen Firmen berichtete und die er kritisierte, ist im Zuge des Indigenisierungsprozesses bei der Mehrheit der interviewten nigerianischen Geschäftsführer einer kulturnationalistischen Rhetorik gewichen. Diese Rhetorik ist Teil einer Strategie, die Unternehmen und ihre Führung in Hinblick auf die soziokulturellen Normenerwartungen der lokalen Gesellschaft zu legitimieren und dadurch Loyalität und Kooperation von Arbeitern und Konsumenten zu erreichen.

Dabei kommt auch dem Chieftaincytitel weiter eine zentrale Symbolik zu. Von den vier befragten nigerianischen Chief Executives hatten drei bereits einen Chieftaincytitel erworben. Typisch ist folgender Ausspruch eines Managing Directors:

> "I have done many things in the religious, social, educational area in my own community. They gave it (den Chieftaincytitel) to me as an honour. I'm very pleased about it. And I take my responsibility serious. It's service, money, but it is also an effort in time." (Managing Director von N.)

Die leitenden Manager der indigenisierten Joint Ventures verweisen jedoch nicht nur auf die Erfüllung ihrer Reziprozitätsverpflichtung gegenüber der Heimatgemeinschaft, wofür der Chieftaincytitel traditionell Symbol ist. Ihre Legitimierungsstrategie geht über das traditionelle Muster insofern hinaus, als sie auf eine überethnische "Community" bzw. auf die "Society" abzielt.[56] Die "Community", auf die sich die Norm der Reziprozität im Verhältnis zwischen Unternehmen und Gesellschaft bezieht, ist das direkte lokale Umfeld der Firma und - bei großen Unternehmen, deren Austauschbeziehungen sich auf den gesamten nationalen Markt erstrecken und die ihre Arbeiter aus verschiedenen ethnischen Gruppen rekrutieren - die Nation bzw. "Society":

> "You have (as a company) to be part of your immediate community. You have to assist your immediate community within certain limits." (nigerianischer Executive Director von P.)

> "The population looks up to that we do something for the population, and we try to do something that is beneficial for the society. There is this expectation that companies donate for one cause or the other. The company is obliged to respond to this obligation. They expect you to be a good corporate citizen. It's a civic duty towards the society. We do it because we rely on the society, so we have to give something back to the society." (M.D. von N.)

> "With that size of ressources, knowing how short everything is in society, we feel that it is our social responsibility to contribute something in this important areas. We do it because we feel it is the right thing to do." (M.D. von C.)

> "As a company there are certain obligations. The affluent members of the society, by inference you got to give, to impart. People will be surprised if a big company like... (Firma von Chief B.) doesn't give scholarships. There are so many obligations placed on the company. They look at you as a corporate member of society. People want to know how much you spend on charity."(M.D. von V.)

Auf meine Frage, wer denn "people" sei, sagt er: "The public. The folks on the street."

Daß diese Legitimationsstrategie gegenüber einer ausgedehnten, überethnischen "Community" sich mit den Normen und Erwartungen der lokalen Öffentlichkeit deckt, zeigt z.B. die Beurteilung der indigenisierten Joint Ventures durch einen nigerianischen Gewerkschaftsrepräsentanten:

> "Having stayed for this long, they tend to understand the relationship between workers and employer. U. (größtes und ältestes Unternehmen in Nigeria) is fully integrated and the head is a Nigerian. This companies relate very well with their staff and even with the community. They give out scholarships every year and provide communities with facilities like health service, maternities, social facilities... Those are the community-based companies. Their presence is felt by every person in the society". (Gewerkschaftsrepräsentant)

Dies deutet darauf hin, daß zwischen dem (nigerianischen) Management der hier behandelten indigenisierten Joint Ventures und der lokalen Bevölkerung, aus der diese ihre Arbeiter und Kunden rekrutieren, eine Übereinstimmung in grundsätzlichen Reziprozitätsnormen besteht, die die Grundlage für eine Moralökonomie, die über partikulare ethnische Grenzen hinausgeht, sein könnte. Der Diskurs der "Generosität" bei den Managern ist in dieser Hinsicht wie in der Vergangenheit Bestandteil eines "kompetitiven Kalküls", das auf die Gewinnung der Loyalität der Arbeiter und Konsumenten abzielt.[57] Diese Strategie der lokalen Eliten war im Kontext ihrer Auseinandersetzungen mit dem europäischen Firmenmanagement eine Bedingung für ihren Machtzuwachs. Sie ist weiterhin von Bedeutung für eine langfristige, an Imagegesichtspunkten im lokalen Markt orientierte "integrative" Strategie der Interessenverfolgung. Inwieweit sich dies positiv auf die Entwicklung der Gesamtgesellschaft auswirkt, und insbesondere, inwieweit das verbale Bekenntnis der Firmenchefs zur ausgeglichenen Reziprozität mit einer realen Reziprozitätsbeziehung im inner- und außerbetrieblichen Verhältnis, die über ethnische Grenzen hinausgeht, verbunden ist, konnte bisher nicht quantifiziert werden. Eine Auswertung der "Annual Reports", in denen die großen nigerianischen Firmen gewöhnlich auch ihre Beiträge in Hinblick auf ihre "social responsibilities" darstellen, deutet aber darauf hin, daß "major companies operating in this country appear to have accepted a reasonable degree of management responsibility to society"[58]. In folgenden Bereichen leisten die Firmen finanzielle Unterstützung: Schulen, Gesundheitseinrichtungen und Straßen in der umgebenden "Community", "worthy national or state activities", wie sportliche und kulturelle Ereignisse, Stipendien und Ausbildungseinrichtungen, Not- und Katastrophenhilfe, Umwelt, Gesundheitseinrichtungen von nationaler Bedeutung und nationale wirtschaftliche Entwicklungsprojekte.[59]

Bisher wurden vor allem die Legitimierungen im Hinblick auf die Normenerwartungen des lokalen Umfeldes angesprochen. Die befragten leitenden Manager sind in einigen Punkten allerdings auch darauf bedacht, ihre Akzeptanz der von der europäischen Mutterfirma eingebrachten Normen - insbesondere Zeitstandards, Qualitätsstandards, Disziplinnormen etc.- zu betonen. In dieser Hinsicht sehen sie ihre Aufgabe darin, ihre Mitarbeiter zu "erziehen". Auf diesen umgekehrten Aspekt der soziokulturellen Legitimierung und die damit einhergehenden Synthesen und Reinterpretationen möchte ich hier nicht weiter eingehen. Es ergibt sich allerdings der Eindruck, daß die Indigenisierung der Joint Ventures den nigerianischen Eliten eine größere Souveränität bei der selektiven Eingliederung europäischer Kulturelemente in den lokalen institutionellen Kontext ermöglicht.

Die Betrachtung der Joint Ventures in Nigeria zeigt, daß Machtstrukturen, soziokulturelle Elemente und ökonomische Interessenverfolgung einen wechselseitigen Zusammenhang bilden. Es gibt Hinweise dafür, daß die einseitige Konzentration von Macht durch eine Seite auf der soziokulturellen Ebene mit Segregation und auf der ökonomischen Ebene mit wirtschaftlichem Antagonismus und einer negativ reziproken Interessenverfolgung einhergehen. Damit ist langfristig die Gefahr einer wirtschaftlichen Instabilität der Gemeinschaftsunternehmen verbunden. Umgekehrt können Veränderungen in den Machtstrukturen in Richtung Interdependenz und Machtsymmetrie gegenseitige soziokulturelle Integrationsprozesse und eine Tendenz zu ausgeglichener Reziprozität in den innerbetrieblichen und außerbetrieblichen Unternehmensbeziehungen herbeiführen. Dabei erhalten die Joint Ventures eine wichtige Rolle im Kontext einer übergreifenden (kommunalen und nationalen) Moralökonomie.

Literatur

Ajayi, E., 1965: West African States at the Beginning of the Nineteenth Century. In: Ajayi, E. (Hg.): A Thousand Years of West African History. Ibadan.

Akeredolu-Ale, E.O., 1993: A Sociohistorical Study of the Development of Entrepreneurship Among the Ijebu of Western Nigeria. In: African Studies Review, 16, 3, S. 347-364.

Anene, J.C., 1965: Benin, Niger Delta, Ibo and Ibibio Peoples in the Nineteenth Century. In: Ajayi, E. (Hg.): A Thousand Years of West African History.

Asobi, H. A., 1988: Indigenisation, Class Formation and Class Struggle in Nigeria. An Analyis. In: African Development, 13, 2, S. 29-76.

Bateson, G., 1985: Ökologie des Geistes. Frankfurt/M. 1985.

Blabkins, N.W., 1980: Indigenisation - the Nigerian Experience. In: African Insight, 10, 1, S. 21-26.

Barkan, J.D. et al., 1991: "Hometown Voluntary Associations", Local Development and the Emergence of Civil Society in Western Nigeria. In: The Journal of Modern African Studies, 29, 3, S. 457-480.

Beckmann, B., 1982: Whose State? State and Capitalist Development in Nigeria. In: Review of African Political Economy, Nr. 23, S. 37-51.

Belasco, B.L., 1980: The Entrepreneur as Culture Hero: Preadaptations in Nigerian Economic Development. New York.

Bello, J.A., 1988: The Social Responsibility of Management in Nigeria. In: Iyanda, O.& Bello, J.A. (Hg.): Elements of Business in Nigeria. Lagos, S. 283-310.

Belshaw, C.S., 1965: Traditional Exchange and Modern Markets. Englewood Cliffs.

Berry, J.W. et al., 1992: Cross-Cultural Psychology. Research and Applications. Cambridge.

Bierstecker, T.J., 1978: Distortion or Development? Contending Perspectives on Multinational Corporation. Cambridge.

Blankmeister, B. et al., 1992: unternehmerischem Erfolg aus der Sicht einheimischer Geschäftsleute in Kano. In: Gebert, D. (Hg.): Traditionsorientierung und unternehmerischer Erfolg. Saarbrücken, S. 231-318.

Blankmeister, B. et al., 1992: Der einzelne Unternehmer im Spannungsfeld zwischen Tradition und ökonomischen Anforderungen: Muster der Problemhandhabung. In: Gebert, D. (Hg.): Traditionsorientierung und unternehmerischer Erfolg. Saarbrücken, S. 319-381.

Boulding, K.E., 1989: Three Faces of Power. Newbury Park.

Bourgoin, H., 1984: L'Afrique Malade Du Management. Paris.

Cole, P., 1975: Modern and Traditional Elites in the Politics of Lagos. London.

Coleman, J. S., 1965: Nigeria: Background to Nationalism. Berkeley.

Cook, A.N., 1964: British Enterprise in Nigeria. London.

Crowder, M., 1966: A Short History of Nigeria (Revised and Enlarged Edition). New York.

Damachi, U., 1978: Theories of Management and the Executive in the Developing World. London.

Dike, K.O., 1965: Trade and Politics in the Niger Delta 1830-1885. Connecticut.

Dinges, N.G. & Maynard, W.S., 1983: Intercultural Aspects of Organizational Effectiveness. In: Landis, D. & Brislin, R.W. (Hg.): Handbook of Intercultural Training. New York.

Ejiofor, P.N.O.& Aniagoh, V.A. (Hg.), 1984: Managing the Nigerian Worker. Lagos.

Ejiofor, P.N.O., 1985: Development of Management Education in Nigeria. Lagos.

Ekundare, R.O., 1973: An Economic History of Nigeria 1860-1960. London.

Elwert, G., 1987: Ausdehnung der Käuflichkeit und Einbettung der Wirtschaft. Markt und Moralökonomie. In: Heinemann, K. (Hg.): Soziologie wirtschaftlichen Handelns. (Sonderheft der Kölner Zeitschrift für Soziologie und Sozialpsychologie).

Enahoro, E.O. et al. (Hg.), 1987: Culture and Management in Nigeria. Lagos.

Ensminger, J., 1992: Making a Market. The Institutional Transformation of an African Society. Cambridge.

Etzioni, A., 1988: The Moral Dimension in Economics. London.

Evers, H.D. & Schrader, H., 1994: The Moral Economy of Trade. Ethnicity and Developing Markets. London.

Frank, S., 1993: Going Global. Erfolg mit internationalen Joint Ventures. In: Auslandskurier 11, S. 20-24.

Gebert, D.(Hg.), 1992: Traditionsorientierung und unternehmerischer Erfolg. Studien zum Selbstverständnis nigerianischer Geschäftsleute. Saarbrücken.

Gregory, K.L., 1983: Native-View Paradigms: Multiple Cultures and Culture Conflicts in Organisations. In: Administrative Science Quarterly. Vol. 28, Nr. 3, S. 359-376.

Gugler, J., 1991: Life in a Dual System Revisited: Urban-Rural Ties in Enugu, Nigeria, 1961-1987. In: World Development 19.

Harneit-Sievers, A., 1991: Zwischen Depression und Dekolonisation. Saarbrücken.

Hofstede, G., 1980: Culture's Consequences. International Differences in Work-Related Values. London.

Hofstede, G., 1983: The Cultural Relativity of Organisational Practices and Theories. In: Journal of International Business Studies, 14, S. 75-89.

Hofstede et al., 1990: Measuring Organisational Cultures: A Qualitative/Quantitative Study across Twenty Cases. In: Administrative Science Quaterly, 35, S. 286-316.

Hoogvelt, A., 1979: Indigenisation of Foreign Capital: Industrialisation in Nigeria. In: Review of African Political Economy, Nr. 14 (Jan.-Apr.) S. 56-68.

Horton, R., 1969: From Fishing Village to City-State. A Social History of New Calabar. In: Douglas, M. & Kaberry, P. M. (Hg.): Man in Africa. London.

Human Ressource Management in International Joint Ventures. Management International Review, Special Issue Nr. 30, 1990.

Isichei, E., 1973: The Ibo People and the Europeans. New York.

Iwu, E., 1973: Die Bedeutung ursprünglicher sozio-ökonomischer Organisationsformen in Afrika für die Industrialisierung. Marburg/L.

Iyanda, O., 1985: Indigenising Management Concepts for Managerial Effectiveness. In: Ejiofor, P. N. O. (Hg.): Development of Management Education in Nigeria. Lagos, S. 42-52.

Iyanda, O. & Bello, J.A. (Hg.), 1988: Elements of Business in Nigeria. Lagos.

Jensen, J., 1992: Wirtschaftsethnologie. In: Fischer, H. (Hg.): Ethnologie, eine Einführung. Berlin, S. 119-148.

Kachikwu, E.I., 1988: Nigerian Foreign Investment Law and Policy. Lagos.

Lane, H.W. & Beamish, P.W., 1990: Cross-Cultural Cooperative Behavior in Joint Ventures in LDC's. In: Management International Review, Special Issue, Vol. 30, S. 87-102

Nigeria's Major 500 Companies. Corporate Profiles. Lagos 1992/93, 2nd Edition

Onyemelukwe, J.O.C. Men and Management in Contemporary Africa. London.

Ojo, J.A.T., 1991: Recent Economic and Financial Developments Affecting Performance in the Nigerian Manufacturing Sector. Lecture at the Faculty of Law, Economics and Business Administration, University of Bayreuth, Nov.5.

Osaze, E.B., 1991: Nigerian Corporate Policy and Strategic Management. Lagos (Centre for Management Development).

Polany, K., 1979: Ökonomie und Gesellschaft. Frankfurt/M.

Sahlins, M., 1968: Tribesman. Prentice Hall.

Schatz, S.P., 1977: Nigerian Capitalism. Berkely.

Schwarz, G., 1988: Interkulturelles Management. Bern/Stuttgart.

Taijfel, H., 1982: Gruppenkonflikt und Vorurteil. Bern.

Tiemann, G., 1991: Reziprozität und Redistribution: Der Mensch zwischen sozialer Bindung und individueller Entfaltung in nicht-industrialisierten Gesellschaften. In: Biervert, B. & Held, M.(Hg.): Das Menschenbild der ökonomischen Theorie. Frankfurt/M., S.173-191.

Trager, L., 1981: Customs and Creditors: Variations in Economic Personalism in a Nigerian Marketing System. In: Ethnology, Vol. XX, Nr. 2, S. 133-146.

Trenk, M., 1990: Dein Reichtum ist dein Ruin. Afrikanische Unternehmer und wirtschaftliche Entwicklung. Berlin.

Watzlawick, P., 1969: Menschliche Kommunikation. Bern.

Yemitan, O., 1987: Madame Tinubu. Merchant and King-Maker. Ibadan.

Yesufu, T.M., 1982: The Dynamics of Industrial Relations: The Nigerian Experience. Ibadan.

Anmerkungen

1 Joint-Ventures sind "in der Regel langfristig angelegte Gemeinschaftsunternehmen von mindestens zwei Parteien, die Bar- und/oder Sacheinlagen, technisches und anderes Know-how sowie Managementwissen und Personal einbringen. Ihre Rechtsform ist nicht von vornherein vorgeschrieben, sondern hängt jeweils von den Möglichkeiten ab, die das im Einzelfall für das Joint Venture anwendbare Gesellschaftsrecht vorsieht." (Frank 1993, S. 20)

2 Vgl. Hofstede 1980, 1983, 1990; Dinges & Maynard 1983; Gregory 1983; Bourgoin 1984; Schwarz 1988; Lane & Beamish 1990; zu einem Überblick vgl. auch "Management International Review" 1990 (Special Issue: Human Ressource Management in International Joint Ventures) und Berry 1992, S. 315-338. Die meisten neueren Ansätze zur Organisationsforschung in der interkulturellen Psychologie, die sich mit arbeitsbezogenen Werten und Motivationen beschäftigen, nehmen die von Hofstede entwickelten "vier Dimensionen" der Kultur zum Ausgangspunkt (vgl. Berry 1992, S. 330ff.).

3 Vgl. zu den Problemen einheimischer Unternehmer, Zugang zu Informationen, Kontakten und Ressourcen aus Industrieländern zu erhalten, in bezug auf Nigeria Schatz, der in dieser Hinsicht von einem "alien social milieu of business" spricht (1977, S. 110ff.).

4 Vgl. Sahlins 1968, S. 82.

5 Vgl. Sahlins 1968, S. 85; Trager 1981; Belshaw 1985 u.a.

6 Vgl. Sahlins 1968, S. 83; Jensen 1992; Tiemann 1991.

7 Vgl. insbesondere Etzioni 1988.

8 Vgl. insbesondere Boulding 1989.

9 Vgl. ebenda, S. 28, 171.

10 Vgl. auch zum Konzept der Moralökonomie Elwert 1987; Evers 1994.

11 Vgl. Etzioni 1988, S. 214.

12 Vgl. zum Begriff der extremen Kategorisierung Tajfel 1982. Beim Rassismus, der eine Unüberschreitbarkeit von Gruppengrenzen postuliert, handelt es sich z.B. um eine extreme Kategorisierung.

13 Vgl. z.B. Dike 1956, S. 5-7.

14 Vgl. z.B. Crowder 1966, S. 153; Ekundare 1973, S. 26.

15 Z.B. Geheimgesellschaften wie das Aro-Chukwu-Orakel in der Delta- und Cross-River-Region, der Egbo-Bund in Calabar, die Iwebo-Assoziation im Königreich von Benin etc. (Ekundare 1973, S. 53, Dike 1956, S. 39; Belasco 1980, S. 81, 82).

16 Vgl. Dike 1956, S. 42; Horton 1969, S. 69.

17 Vgl. z.B. Dike 1956, S. 6, 7; Ekundare 1973, S. 53.

18 Vgl. z.B. Horton 1969; Akeredolu-Ale 1973; Belasco 1980.

19 Vgl. Ekundare 1973, S. 27.

20 Vgl. Crowder 1966, S. 153; Dike 1956, S. 199.

21 Wie der United African Company; vgl. z.B. Crowder 1966, S. 161; Cook 1964, S. 58, 60; Isichei 1973, S. 97, 99.

22 Vgl. Cook 1964, S. 194, 195.

23 Vgl. Harneit-Sievers 1991, S. 40.

24 Vgl. Dike 1956, S. 63, 64, 116; Isichei 1973, S. 92, 93.

25 Vgl. Coleman 1958, S. 141ff.; Cole 1975, S. 152; Harneit-Sievers 1991, S. 205.

26 Vgl. zur Geschichte und Ausdrucksform des Kulturnationalismus in Nigeria Cole 1975 und Coleman 1965.

27 So schreibt Cole in Bezug auf die symbolische Wirkung des Chiefaincy-Titels: "Chieftaincy-titles gave influence to politicians. The ceremonies which accompany each installation are a classic way of identifying with the spirit of the people and reaching the level of grass-root politics. The modern elite, in order to win the support of the people, must re-identify with the spirit of the people and reaching the level of grass-roots politics. A reference to the names of many of Nigeria's politicians will make this point clearer - Chief H.O.Davies, Chief Obafemi Awolowo, the late Chief S.L. Akintola, Chief Adegbenrol, Chief J.M.Johnson, Chief Okoye - the list can easily be extended."(Cole 1975, S. 190)

28 Vgl. z.B. zur Entwicklung des Yorubanationalismus Coleman 1965. Zu dieser Entwicklung trugen auch Ethnographien von nigerianischen Wissenschaftlern maßgeblich bei.

29 Die Handelsfreundschaften, die Protonationalisten wie König Jaja und Madame Tinubu (vgl. z.B.Yemitan 1987, S. 56ff. in bezug auf Madame Tinubu und Isichei 1973, S. 124ff. in bezug auf König Jaja) und spätere nigerianische Nationalisten ins Hinterland unterhielten, bauten auf den traditionellen Bindungen, wie sie z.B. im Südwesten Nigerias im Rahmen des "Baba Isale" Systems (vgl. Cole 1975, S. 24, 25) bestanden, auf. Dabei handelte es sich um Klientelbeziehungen, die auf gegenseitiger Unterstützung im Handel und Reziprozität beruhten. Sie waren z.T. durch Verwandschaft und Zugehörigkeit zur gleichen Stadt vermittelt, z.T. wurden sie aber auch, wie bei König Jaja, über ethnische Grenzen hinweg durch Heirat und personalisierte Handelsbeziehungen systematisch aufgebaut (Yemitan 1987, S. 43ff.; Anene 1965, S. 303ff.; Isichei 1973, S. 74). Zu den freundschaftlichen Banden, die z.B. die Iboproduzenten zu den Kalabari-Zwischenhändlern unterhielten, zitiert Isichei einen zeitgenössischen europäischen Beobachter: "The men of the Oguta area told an inquirer 'that they did not wish to trade with the Niger company but with the Calabar men who were their friends'. The People of Ewafa, when asked if they would welcome direct trade with European, affirmed their loyalty to the Kalabari trader prince, Will Braid. Whatever Will Braid says, they say, for they would never leave him, but are ready to support him at all times." (Isichei 1973, S. 73). Eine Fortsetzung dieser Klientelbeziehungen zwischen modernen Eliten und ihren Heimatgemeinschaften sind die heute in Nigeria weit verbreiteten "Hometown Voluntary Associations" oder "Improvement Associations". Moderne Eliten engagieren sich hier durch Spenden für kommunale Entwicklungsprojekte etc. und erwerben dadurch Prestige in ihren Heimatgemeinden (vgl. z.B. Barkan u.a. 1991; Gugler 1991; vgl. auch den Beitrag von Carola Lentz in diesem Band).

30 Isichei schreibt dazu: "Their inexperienced European personal could not match African traders' accumulated expertise, their knowledge of local customs and languages, and their goodwill. As early as 1890 it was admitted that 'the merchants made a great mistake in going to the markets' and by 1893, the attempt had been given up." Vgl. Isichei 1973, S. 125f.

31 Vgl. Coleman 1965; Harneit-Sievers 1991, S. 40, 234.

32 Vgl. Coleman 1958, S. 310ff.; Harneit-Sievers 1991, S. 322-388.

33 Vergleiche dazu die ausführliche Darstellung der nachkolonialen Wirtschaftspolitik in Nigeria bei Schatz 1977.

34 Vgl. zum Begriff der "bargaining power" im Kontext von Wirtschaftsbeziehungen z.B. Ensminger 1992.

35 Vgl. auch Beckmann 1992, S. 43.

36 In den Nigerian Enterprises Promotion Decrees von 1972, 1974 und 1977 wurden weitreichende gesetzliche Grundlagen für eine Nigerianisierung der Wirtschaft geschaffen. Das Decree von 1977 teilte Unternehmen in Nigeria in verschiedene Kategorien ein. Nur für eine kleine Gruppe von Manufakturunternehmen mit komplexer, in Nigeria neu eingeführter Technologie wurden noch ausländische Mehrheitsbeteiligungen von bis zu 60 Prozent zugelassen. In Nigeria etablierte Unternehmen mit relativ einfacher Technologie gingen ganz

in nigerianischen Besitz über. Für eine weitere Gruppe von Unternehmen, auch die seit langem im Land etablierten großen Firmen (wie UAC, Lever Brothers, John Holt etc.) wurde eine ausländische Beteiligung von bis zu 40 Prozent zugelassen (vgl. Hoogvelt 1979, S. 59; Kachikwu 1988, S. 28-32).

37 Seit 1990 wird den multinationalen Konzernen gesetzlich wieder eine hundertprozentige Anteilseignerschaft an lokalen Firmen eingeräumt. Dies kann einmal auf das Interesse des nigerianischen Staates zurückgeführt werden, ausländisches Kapital nicht von Investitionen abzuschrecken, man kann darin aber auch einen Ausdruck der sinkenden Verhandlungsmacht Nigerias gegenüber den multinationalen Firmen angesichts der massiven Verschuldung sehen. Die neue Regelung gilt allerdings nur für neugegründete Unternehmen und hatte auf die hier dargestellten Joint Ventures zum Zeitpunkt der Untersuchung keinen Einfluß.

38 Z.B. Hoogvelt 1979; Bierstecker 1978, S. 143, 144.

39 Beckmann 1982, S. 37, 43; vgl. zur gewachsenen Partizipation der nigerianischen Elite an der Wirtschaft des Landes auch Asobi 1988.

40 Vgl. Beckmann 1982, S. 44.

41 Beckmann 1982, S. 44. Die in Bewertungen der Indigenisierung seit den achziger Jahren verstärkt vertretene Auffassung, daß die nigerianische Elite als Folge des Indigenisierungsprogramms zunehmend an Macht, Einfluß und Kapitalbasis gewinnt und in dieser Hinsicht sich auch nicht einfach im Sinne einer "Kompradorenbourgeoisie" für die Interessen ausländischer Unternehmen instrumentalisieren läßt, unterscheidet sich von der in der Literatur der siebziger Jahre vorherrschenden Meinung, nach der es sich auch bei den modernen nigerianischen Eliten um "funktionale Annexe" ausländischer Kapitalinteressen handelt.

42 Vgl. Beckmann 1982, S. 44. Dies wurde durch meine eigenen Forschungen bestätigt.

43 Auch von nigerianischen Autoren sind mir keine aktuellen empirischen Untersuchungen zur kulturellen Indigenisierung des Managements bekannt. Das Thema wird allerdings seit einiger Zeit diskutiert, wie theoretische Beiträge führender nigerianischer Managementtheoretiker zeigen. Vgl. z.B. Ejiofor 1984; Ejiofor 1985, insbesondere darin der Beitrag von Iyanda; Enahoro 1987, Bello 1988.

44 Vgl. Iwu 1973; Onyemelukwe 1973; Yesufu 1982.

45 Z.B. Balabkins 1980, S. 26

46 Für die Ermöglichung der Vorbereitung und Durchführung der Untersuchung in den Jahren 1991 und 1993 danke ich der Deutschen Forschungsgemeinschaft und dem Graduiertenkolleg "Interkulturelle Beziehungen in Afrika" der Universität Bayreuth.

47 Einen Überblick über die Normenerwartung der Öffentlichkeit in Nigeria hinsichtlich der "Social responsibilities" der Firmen und ihrer Manager gibt Bello 1988. Die nigerianische Öffentlichkeit differenziert er in dieser Hinsicht in sechs Gruppen : "Consumers, suppliers, employees, owners, government, and the community." (1988, S. 283). Folgende "social responsibilities" der Firmen wurden in mehreren nationalistisch geprägten nigerianischen Entwicklungsplänen festgelegt: "promotion of national unity", "national development", "good corporate citizenship", Nigerianisierung des Managements, Nutzung von lokalen Rohstoffen und Entwicklung von lokalen Zulieferern, Gewährleistung von Entwicklungsmöglichkeiten der Angestellten und Indigenisierung von Technologien. Einige Forderungen (Wohlfahrtsleistungen für Angestellte, Mindestlohn, Trainingsprogrogramme) wurden gesetzlich festgeschrieben. Andere "social responsibilities" der Firmen sind nicht gesetzlich festgelegt, bestehen jedoch in Form eines starken öffentlichen Erwartungsdrucks. Dazu zählen die Erhaltung und Rehabilitierung der Umwelt, Finanzierung von Straßen, Krankenhäusern, Schulen und Freizeiteinrichtungen in der Community, nationale Katastrophenhilfe, Finanzierung von nationalen Entwicklungsprojekten und Gewährung von Stipendien für Studenten (vgl. Bello 1988, S. 298-300; Blankmeister u.a. 1992, S. 304-314). Seit langem

in Nigeria etablierte Firmen wie die UAC sind bekannt für ihre Leistungen in diesen Bereichen (Bello 1988, S. 299). Es ist üblich, daß Firmen einen Mitarbeiter, manchmal auch (wie z.B. Cadbury) eine Abteilung unterhalten, die Anträge von Individuen und Communities auf die Vergabe von Stipendien, den Bau eines Krankenhauses oder einer Straße etc. prüft und Informationen über die Antragsteller einholt. Die Anträge kommen bei größeren Firmen aus dem ganzen Land. Die Kriterien der Vergabe z.B. von Stipendien für ein Universitätsstudium sind unterschiedlich. Sie werden sowohl an die Kinder der eigenen Belegschaft als auch an nicht mit dem Unternehmen affilierte Antragsteller vergeben. Es ist anzunehmen und wird z.T. auch zugegeben, daß sich persönliche Bekanntschaft zu einflußreichen Mitarbeitern der Firmen positiv auf die Entscheidung auswirkt. Die tatsächliche Vergabepraxis und die Rolle verwandschaftlicher und ethnischer Bindungen sowie die Konflikte innerhalb des Firmenmanagements über die Verteilung von Spenden sind auf der Grundlage des vorliegenden Materials und der öffentlich zugänglichen Informationen nicht überprüfbar. Bello kritisiert in dieser Hinsicht das Fehlen von objektiven und überprüfbaren Kriterin und Firmenstrategien (Bello 1988:305). Die von Blankmeister befragten nigerianischen Unternehmer in Kano förderten nach eigenen Angaben neben einzelnen Antragstellern und Verwandten auch regionale und städtische Entwicklungsprojekte (Blankmeister u.a. 1992, S. 307-314).

48 Die Mutterfirmen verpflichten die Joint Ventures, zu gegenüber den normalen Marktpreisen weit überhöhten Preisen Produkte bei ihnen zu kaufen. Von den Gewinnen werden u.a. die ausländischen "Experten" bezahlt.

49 Einwanderungsbehörde.

50 Vgl. Onyemelukwe 1973, S. 90, 125; Damachi 1978; Yanda 1985, S. 47; Gebert 1992, S. 43ff.

51 Insbesondere hinsichtlich der materiellen Lage der Firma und der Bezahlung der Mitarbeiter, vgl. zu diesem Punkt Onyemelukwe 1973, S. 118.

52 Vgl. hierzu auch Blankmeister u.a. 1992; Onyemelukwe 1973.

53 Auch einige der von Barbara Blankmeister und Anette Urban in Kano befragten nigerianischen Unternehmern nennen vor allem Loyalität der Mitarbeiter als wichtigstes Ergebnis ihres paternalistischen, durch Spenden und Fürsorge im inner- und außerbetrieblichen Verhältnis gekennzeichneten unternehmerischen Verhaltens (vgl. Blankmeister u.a. in: Gebert 1992, S. 231ff.).

54 Vgl. z.B. Ensminger 1992, S. 18.

55 So steigerte Firma N., ein schweizer-nigerianisches Nahrungsmittelunternehmen, ihre Gewinne vor Steuern von 51 218 000 N im Jahre 1987 auf 98 101 000 N. im Jahre 1991. Firma J, ein gemischtes Handels- und Manufakturunternehmen mit britischer Beteiligung, das seit 1887 in Nigeria und damit eines der ältesten nigerianischen Unternehmen ist, steigerte ihre Gewinne vor Steuern von 29 200 200 N im Jahre 1987 auf 192 100 000 N im Jahre 1991. Firma L., ein nahezu vollständig nigerianisierter nigerianisch-britischer Produzent von Konsumartikeln wie Seifen und Kosmetika, konnte ihre Gewinne vor Steuern von 65.094.000 N. im Jahre 1987 auf 248 089 000 N im Jahre 1991 steigern. Firma V., ein ebenfalls vollständig nigerianisierter Schaumstoffproduzent, steigerte ihre Gewinne vor Steuern von 9 914 000 N im Jahr 1987 auf 32 868 000 N im Jahr 1991. Unternehmen P., ein amerikanisch-nigerianischer Produzent von Pharmazeutika, der ausschließlich von Nigerianern gemanaged wird, weitete seine Gewinne vor Steuern von 6 787 000 N im Jahr 1986 auf 12 029 000 N im Jahre 1990 aus. Firma C., ein vollständig nigerianisierter und weitgehend von britischen Direktoren unabhängiger britisch-nigerianischer Lebensmittelproduzent, steigerte ihre Gewinne im Zeitraum 1986-1990 von 12 700 000 N im Jahre 1986 auf 37 000 000 N im Jahr 1990. Der Umsatz des Unternehmens wuchs von 125 000 000 N im Jahre 1987 auf zwei Milliarden Naira im Jahre 1992 an (Nigeria's Major 500 Companies 1992/1993). Ver-

gleichende Untersuchungen zum verarbeitenden Sektor bis 1990 zeigen ein differenziertes Bild. Von 1986-1988 stieg der Produktionsindex von 323.4 auf 488.0. Gleichzeitig sanken die durchschnittlichen Unternehmensgewinne in dieser Zeit aufgrund erhöhter Kosten (Ojo 1991, S. 9, 10). Eine Aufstellung der Entwicklung der Profitrate (vor Steuern) von 10 ausgewählten Multinationalen Firmen in den Jahren 1984-1988 zeigt unterschiedliche Entwicklungen. Während einige Firmen ihre Gewinne vor Steuern steigern konnten, verzeichneten andere nur geringe Gewinne, Verluste oder starke Schwankungen, vor allem aufgrund hoher Produktions- und Importkosten. Erfolgreich waren vor allem solche Firmen, die ihren Anteil an lokal gewonnenen Materialien steigern konnten (vgl. Ojo 1991, S. 12, 15). Ein landesweiter Survey der nigerianischen Zentralband (CBN) von 1990, der 647 Manufakturbetriebe erfaßte, zeigt, daß auch in den Jahren 1989-1990 die Profitrate vor und nach Steuern um durchschnittlich 8,4 Prozent bzw. 10,0 Prozent fiel (vgl. Ojo 1991, S. 18). Probleme verursachte die Verteuerung der importierten Rohstoffe. Dagegen konnten sich auch in diesem Zeitraum vor allem solche Firmen behaupten, die verstärkt lokale Rohstoffe verarbeiteten, wie Lebensmittel- und Seifenproduzenten und die Hersteller von "Synthetic Fabrics" (vgl. Ojo 1991, S. 16, 19, 23).

56 Auch Blankmeister u.a. stellen in ihrer Untersuchung zu nigerianischen Unternehmern in Kano fest, daß die meisten Unternehmer eine Reziprozitätsverpflichtung gegenüber dem lokalen Umfeld des Betriebs empfinden. Einige transformieren das traditionelle Muster, indem sie nicht nur für ihre Verwandten, sondern auch für eine lokale Schule oder städtische bzw. regionale Entwicklungsprojekte spenden. (Blankmeister u.a. 1992, S. 319ff.).

57 Vgl. Tiemann 1991, S. 188. Tiemann entwickelt den Zusammenhang zwischen "Generosität", "kompetitivem Kalkül" und "Loyalität" in Bezug auf die Beziehungen zwischen "Big Men" und ihrer Gefolgschaft in Melanesien. Die Begriffe lassen sich aber auch auf die hier behandelten Unternehmensbeziehungen übertragen.

58 Bello 1988, S. 299.

59 Vgl. ebenda, S. 299, 300.

Hinter der Fassade einer Organisation. Handlungsstrategien zwischen divergierenden Legitimitätsdiskursen am Beispiel eines guineischen Unternehmens

Aboubakar Souaré

Einleitung

Ein Industrieunternehmen ist mehr als eine Ansammlung von Menschen und Maschinen, die Güter produzieren oder Dienstleistungen zur Verfügung stellen. Es ist ein Ort par excellence, an dem verschiedene Strategien aufeinanderprallen, die sich auf die Verteidigung divergenter, oft heimlich verfolgter Interessen stützen.

Dieser Zusammenstoß erlangt eine besondere Dimension im Fall des Transfers eines Modells formaler Organisation aus einem soziokulturellen Kontext in einen anderen. Hier kann man eine Überlagerung von Diskursen feststellen, die ihre Legitimität aus sehr unterschiedlichen Registern schöpfen.

Was den Fall der guineischen Brauerei Sobragui anbetrifft, die hier im Zentrum meiner Untersuchung steht, könnte man dazu folgende Frage formulieren:

Was passiert, wenn man ein europäisches Modell formaler Organisation - hier ein privates Brauerei-Unternehmen - in ein afrikanisches Land verpflanzt, welches einem nicht-kapitalistischen Entwicklungsweg folgt und darin Arbeiter beschäftigt, die mehrheitlich Moslems sind, unterschiedlichen Ethnien angehören und den Normen der familialen Solidarität und der Lineage-Zugehörigkeit folgen?

Meine Ausführungen stützen sich auf die Ergebnisse einer Feldforschung, die ich in der Brauerei Sobragui in Conakry von Mai bis September 1993 durchgeführt habe. Ich werde mit einem kurzen Überblick über die Entstehungsgeschichte der Brauerei beginnen, die als deutsch-französisches Privatunternehmen startete, in den 70er und Anfang der 80er Jahre als Staatsbetrieb mehr schlecht als recht funktionierte und mit ihrer Reprivatisierung 1987 einen Neubeginn unter belgischer Leitung unternahm. Anschließend werde ich die widerstreitenden Diskurse im Inneren der Sobragui erörtern und die Vorstellungen, die ihnen zugrundeliegen, aufzeigen. Zum Abschluß werde ich mich der Analyse des Kräfteverhältnisses zwischen den konkurrierenden Strategien und ihren möglichen Determinanten zuwenden.

Geschäftsführung und Bilanz des Unternehmens

Überblick über die Geschichte der Brauerei

1957 gründete die französische Brauereigesellschaft Soboa (Société des Brasseries de l' Ouest africain) mit Sitz in Dakar eine Filiale in Conakry mit ca. 100 Beschäftigten, in der das in Senegal produzierte Bier abgefüllt und auf dem guineischen Markt verteilt wurde. Drei Jahre später entwickelte sich aus dieser Soboa-Tochtergesellschaft ein autonomes Unternehmen, die Sobragui (Société des Brasseries de Guinée), deren Geschäftsführung in den Händen deutscher und französischer Unternehmer lag.

Die Anfangsschwierigkeiten des Privatunternehmens lagen vor allem in Problemen des Rohstoffmangels und der Konkurrenz importierter Biersorten aus der DDR und der ČSSR. Da diese Biere aufgrund höherer Qualität jedoch sehr viel teurer verkauft wurden, konnte sich die lokale Biermarke durchsetzen, und die Sobragui erzielte praktisch ein Bier-Monopol auf dem guineischen Binnenmarkt. 1968 beschäftigte das Unternehemen 68 Arbeitnehmer, die Produktionskapazität lag bei 6000 Flaschen pro Stunde, und die jährliche Bierproduktion zwischen 4 und 8 Mill. Litern.[1] Außer Bier wurden auch Limonaden und Speiseeis produziert.

Die politischen Ereignisse von 1970 gaben der guineischen Regierung, die aufgrund der sozialistischen Orientierung des Sékou Touré-Regimes gegenüber Privatunternehmen immer mißtrauisch geblieben war, Gelegenheit, die Sobragui zu enteignen.

Im November 1970 versuchten portugiesische Soldaten und bewaffnete Exilguineer einen Regierungsumsturz, der jedoch scheiterte. In diesem Zusammenhang wurde ein Komplott aufgedeckt, das unter der Bezeichnung "fünfte Kolonne" bekannt wurde und an dem auch Frankreich und die BRD beteiligt gewesen sein sollen. Dies führte zur Ausweisung und Verhaftung deutscher Entwicklungshelfer und Experten sowie zur Inhaftierung und Hinrichtung vieler Oppositioneller, aber auch eines großen Teils der Führungskräfte der Staatspartei PDG (Parti Démocratique de Guinée).

Auch in der Brauerei Sobragui wurden mehrere Beschäftigte verdächtigt, am Komplott gegen Guinea beteiligt gewesen zu sein. Die Sobragui wurde daraufhin enteignet und 1972 verstaatlicht. Während bis 1970 die Anlage relativ regelmäßig von Experten gewartet worden war, geschah in der ersten Phase der Staats-Sobragui so gut wie nichts, um die Maschinen instand zu halten. Das Unternehmen schleppte sich bis 1976 dahin und mußte erneut für weitere zwei Jahre schließen, da die Vernachlässigung der Installationen zu einem technischen Zusammenbruch der Anlage geführt hatte.

Die Schweizer Firma "Machine Service" wurde mit der Instandsetzung der Anlage beauftragt, doch ein großer Teil der zur Verfügung gestellten Gelder verschwand in dunklen Kanälen, so daß bei der Wiedereröffnung der Sobragui

1982 nur ein Teil der Anlage funktionstüchtig war. Trotz häufiger Pannen und schlechter Bilanz hielt sich der Staatsbetrieb jedoch noch weitere fünf Jahre. 1987 wurde die Sobragui im Rahmen einer gesamtwirtschaftlichen Reprivatisierung von Staatsbetrieben an ein belgisches Unternehmen verkauft.

Die formale Organisationsstruktur der Brauerei

Ob Privat- oder Staatsunternehmen, die Brauerei Sobragui muß, um auf Dauer bestehen zu können, wie jeder Industriebetrieb unter anderem auch am Profit orientiert bleiben. Um dieses Ziel zu erreichen, übernahm die Sobragui mit der Gründung des Unternehmens durch die europäischen Besitzer ein Modell der formalen Organisation, welches sich in Europa bereits bewährt hatte.

Dieses Modell stützt sich auf die Prinzipien der rationalen Bürokratie und der ökonomischen Effektivität. Hiernach ist die Leistung das Kriterium par excellence, das den Status jedes Mitarbeiters innerhalb des Betriebes bestimmt.

Doch die Abhängigkeit des Status von der Leistung wirft Probleme auf, die die traditionellen Kriterien des Status infrage stellen. Der Status-Begriff in der traditionellen Gesellschaft ist natürlich auch an spezielle Kompetenzen gebunden, wie zum Beispiel religiöses Wissen, therapeutische Fähigkeiten oder redistributive Großzügigkeit, aber er wird vor allem in Zusammenhang mit dem Niveau der sozialen Verantwortung gesehen, die untrennbar verbunden ist mit der Position, die man innerhalb des Verwandtschaftssystems einnimmt, und mit der Teilnahme am System der sozialen Solidarität und gegenseitigen Hilfe, das auf Pular (die Sprache der Fulbhe) *dyokkere endhan* genannt wird.

So wird zum Beispiel ein älterer Arbeiter große Schwierigkeiten haben, die Legitimität des Prinzips anzuerkennen, im Namen dessen ein junger Abteilungsleiter ihn einzig und allein in seiner Stellung als einfacher Arbeiter behandelt. Er wird sich darüber beklagen, daß jemand, der altersmäßig sein jüngster Sohn sein könnte, ihm Anordnungen geben und ihn sanktionieren kann, ohne ihm mit der üblichen Hochachtung vor dem Alter zu begegnen.

Um auf die Sobragui zurückzukommen - hier hängt also der Status dem Prinzip nach von der Position in der Hierarchie ab und diese von der Leistungsfähigkeit und Kompetenz. Die eingeführte Struktur entspricht dem klassisch-zentralisierten und pyramidalen Typ mit dem Direktor an der Spitze, hierarchisch gefolgt von seinem Stellvertreter, den Abteilungsleitern und den Arbeitern.

Ein inneres Regelwerk legt die Aufgaben, Verhaltensnormen und Strafbestimmungen fest. Das Konzept von 1988, das einzige mir zur Verfügung stehende, hebt die Regeln der Disziplin, den Respekt vor Leistungsnormen und die Achtung des Betriebseigentumes hervor, die maßgebend für alle beschäftigten Arbeiter waren. Die Spanne der Strafmaßnahmen reicht von Verwarnung bis hin zu fristloser Kündigung, Zwischenstellungen nehmen öffentliches Tadeln und Lohnkürzungen ein.

Eine fristlose Kündigung kann somit durch Beleidigung, tätliche Übergriffe, Verletzung der Sitten und Bräuche, Trunkenheit am Arbeitsplatz, Zerstörung der Produktionsmittel (Maschinen, Anlagen und Instrumente), Diebstahl, mutwillige oder nachlässige Verschwendung von Rohstoffen und den Verrat betrieblicher Geheimnisse hervorgerufen werden.

Dieses den gültigen guineischen Arbeitsgesetzen entsprechende Reglement hat sich also anscheinend im Laufe der Zeit nicht wesentlich verändert. Bei richtiger Anwendung dieser Regeln, so könnte man meinen, wäre eine Stabilisierung bzw. Erhöhung der Effektivität des Unternehmens zu erwarten.

Die Realität sieht jedoch anders aus, was die betrieblichen Ereignisse der Sobragui verdeutlichen. Dies ist jedoch nicht nur auf die gewöhnliche Diskrepanz zwischen Theorie und Praxis, sondern unter anderem auch auf den spezifischen Charakter des institutionellen Umfeldes zurückzuführen. Besonders deutlich wird diese Diskrepanz, wenn man sich die Bilanz des Staatsunternehmens Sobragui näher anschaut.

Bilanz des Staatsunternehmens Sobragui

Im Oktober 1984 stellte die Nationale Industriekonferenz (Conférence Nationale de l' Industrie) - trotz moderner Ausstattung des Betriebes - eine Auslastung der Kapazität von nur 6,52 Prozent für die Bier-Produktion des Jahres 1983 und 20 Prozent für die Eis-Produktion des Jahres 1982 fest und konstatierte im Zeitraum von 1973 bis 1983 einen Gesamtverlust von 18 491 Syli (nach offiziellem Kurs ca. 740 Dollar). Im Jahre 1988 war der Betrieb immer noch mit etwa 15,5 Mill. FG beim Staat verschuldet (ca. 91 000 DM).

Die Verschuldung anderer guineischer Unternehmen lag zu dieser Zeit allerdings noch höher: die Tabakfabrik "Enta" (Entreprise guinéenne des Tabacs et Allumettes) schuldete dem Staat 37,5 Mill. FG, die Wellblech produzierende Firma "SoguiFab" (Société guinéenne de Fabrication) 66,7 Mill. FG, die Plastikfabrik "SoguiPlast" (Société guinéenne des Plastiques) 160,7 Mill. FG und die "Batiport", die Baumaterialien verkauft, sogar 432,5 Mill. FG. Nach den Untersuchungen der Nationalen Industriekonferenz betrug der Gesamtverlust des Industriesektors in der Zeit von 1978 bis 1983 über 2 Md. Syli (ca. 80 Mill. Dollar), sein Anteil am Bruttosozialprodukt entsprach weniger als 5 Prozent! Alle guineischen Unternehmen zusammen beschäftigten nicht mehr als 6000 Arbeiter und Angestellte, das waren 5 Prozent der Lohnabhängigen und 0,2 Prozent der arbeitenden Bevölkerung.

Wie beurteilen die Arbeiter der Sobragui diese katastrophale Bilanz des Unternehmens? Hierzu zwei typische Aussagen über die Praktiken der illegalen Aneignung im Staatsbetrieb:

> "Das stach einem direkt in die Augen! Man sollte 30 produzieren? Also produzierte man 30! Man schaffte 10 zur Seite, präsentierte 20 und unterschrieb. Man führte in der Buchführung niemals auf, was betrügerischerweise entwendet wurde.
> Man schaffte 10 bis 15 Kästen zur Seite! Die Kontrolleure konnten nichts dagegen unternehmen, da sie ja selbst beiseite schafften. Man kann nicht glaubwürdig streng auftreten, wenn man selbst nicht seriös ist. Und außerdem haben selbst die Direktoren und sogar Minister lastwagenweise beiseite geschafft."

Während hier der Akzent auf der Ausbreitung des Diebstahls an Betriebseigentum liegt, werden in der folgenden Aussage die Unzulänglichkeiten auf der Ebene der Arbeitsorganisation und der Kontrolle sowie die Günstlingswirtschaft bei der Einstellung und die Überbelegung in den Abteilungen bemängelt:

> "Das war ein generelles Problem: Mangel an Arbeitsorganisation, die Schwäche der Betriebsführung, Insuffizienz der Kontrolle ... Das Unternehmen war eine Sache des Staates! Man stahl vieles: Rohstoffe und Endprodukte. Du konntest dich mit bis zu 6 Kästen 'versorgen'. Du verkaufst sie für 3000 Syli, du verbrätst das Geld, und dann wartest du auf die nächste Gelegenheit. Ein Kollege kommt in dein Büro und sagt: ich brauche 10 Flaschen! ... es war persönliche Profitgier, die die Leute dazu brachte!"

Und weiter:

> "Man berücksichtigte nicht die Kompetenz des einzelnen, um ihn auf einen bestimmten Posten zu berufen. Man gab ihm die Stelle, weil es ein Cousin war, ein Bruder oder ein Freund, so wie man das heute noch in der Verwaltung macht. Am Anfang der staatlichen Sobragui ging alles noch gut, aber 1984 fing die Sache an mit der Einsetzung eines Seemanns als Generaldirektor. Der Directeur Commercial war ein Tischler ...! Die Inspektoren kamen bloß, um sich ihren Teil vom großen Kuchen abzuholen. Wenn sie ihn bekamen, hielten sie die Klappe. So sah dieses System aus!
> Und außerdem war alles hier überbelegt: in diesem kleinen Labor waren wir 18 Leute, um eine Arbeit zu machen, die von zwei oder drei Leuten hätte gemacht werden können."

Dieser Darstellung zufolge gab es offensichtlich kein effektives Kontrollsystem mehr. Es wird berichtet, daß niemand niemanden mehr kontrolliere, außer zum eigenen Gewinn. Von Anfang an war die Phase der Sobragui als Staatsunternehmen von Korruption und Unterschlagung gekennzeichnet. Dafür spricht z. B., daß selbst die Summe, die der Staat zur Wiederherstellung der völlig vernachlässigten Anlage zur Verfügung stellte (10 Mill. Syli), zum Teil in dunklen Kanälen verschwand und die Wiedereröffnung 1982, nach vier Jahren unvollständiger Reparaturarbeiten!, nur mit partieller Anlage vonstatten gehen konnte. Sich häufende Pannen in der Produktion waren unvermeidlich.

Bedeutet das, daß es unmöglich ist, ein Industrieunternehmen europäischen Zuschnitts nach Guinea zu verpflanzen und in Betrieb zu nehmen?

Die Bilanz der reprivatisierten Sobragui scheint das Gegenteil zu beweisen.

Bilanz des Privatunternehmens

Im Rahmen der Privatisierung im Jahr 1987 wurden alle Maschinen des Unternehmens überholt. Und schon im April 1988 konnten die Geräte mit 100prozentiger Kapazität in die Produktion gehen.

Tatsächlich stieg die Leistung an: die Bierproduktion steigerte sich von 42 000 Hektolitern im Jahr 1989 auf 120 000 Hektoliter im Jahr 1990, also um das Dreifache innerhalb eines Jahres. 1993 erhielt die Sobragui vom Staat sogar den 1. Preis für beste Rentabilität!

Was hat sich also in der Zwischenzeit in diesem Betrieb verändert? Folgende Faktoren spielen eine Rolle: Die Liberalisierung der guineischen Wirtschaft nach Regierungsantritt der CMRN (Comité Militaire du Redressement National), die Privatisierung der Brauerei unter der Leitung eines Belgiers (der ähnliche Unternehmen in anderen afrikanischen Ländern unterhält), das Anheben der Löhne auf ein vergleichsweise hohes Niveau und die Einführung eines adäquaten Kontrollsystems zur Abwehr der Praktiken der illegalen Aneignung.

Die CMRN, die nach dem plötzlichen Tod von Sekou Touré im März 1984 die Macht übernahm, schlug unter dem Druck Frankreichs, des IWF und der Weltbank den Weg der Liberalisierung der Politik und Wirtschaft ein. In diesem Zusammenhang wurden alle Staatsunternehmen mit Verlust-Bilanz aufgelöst oder privatisiert.

Tatsächlich waren 1984 von 39 Industrieunternehmen schon 16 aufgrund einer Negativbilanz geschlossen worden, die restlichen 23 erreichten kaum 20 Prozent ihrer Produktionskapazität. So war auch die Sobragui 1987 an einen belgischen Unternehmer verkauft worden.

Mit der Privatisierung öffentlicher Unternehmen beauftragte man die zu diesem Zweck gegründete Nationalkommission. Leider gelang es mir nicht, mehr Licht in die Bedingungen zu bringen, unter denen diese Kommission operierte.

Gerüchten zufolge war der Verkauf von Staatsbetrieben an Privatunternehmer eine Art Versteigerung, durch die vor allem die Taschen der einflußreichsten Mitglieder jener Kommission sowie von Regierungsmitgliedern gefüllt wurden.

Fest steht jedenfalls, daß die reprivatisierte Sobragui von jetzt an die finanzielle Autonomie auf administrativer und kommerzieller Ebene genoß, an der es ihr vorher so sehr mangelte und dank derer sie sich nun regelmäßig mit allem für ein optimales Funktionieren Notwendigen ausstatten konnte, ohne unnötige bürokratische Umwege nehmen zu müssen, zum Beispiel mit Rohstoffen, Ersatzteilen und Stromerzeugungsaggregaten, um bei den häufig auftretenden Stromausfällen weiterproduzieren zu können.

Eine weitere mit der Privatisierung einhergegangene Verbesserung war die Entscheidung, die Löhne der Arbeiter deutlich anzuheben. Der niedrigste Arbeitslohn der Sobragui wurde mit 87 920 FG monatlich (Kategorie 01) festgelegt, wobei im selben Jahr (1988) das höchste Beamtengehalt im Öffentlichen Dienst (Hierarchie A) bei etwa 50 000 FG lag.

Außerdem erhält jeder Arbeiter am Monatsende wahlweise einen Kasten Bier oder Saft und kommt zusätzlich in den Genuß einer Sonderzuwendung, wenn er eine soziale Zeremonie, wie z. B. eine Taufe oder Hochzeit, auszurichten hat.

Vor allem aber ist es der tatsächlichen Anwendung eines den Verhältnissen angepaßten Kontrollsystems zuzuschreiben, daß die private Brauerei Sobragui zu einer so positiven Bilanz kam, denn die Erfahrung hat gezeigt, daß eine bessere Bezahlung nicht ausreicht, um die Praxis von Korruption, Unterschlagung und Diebstahl zu unterbinden.

Das Kontrollsystem der Brauerei

Das Kontrollsystem der Brauerei war ein Punkt, in dem sich das Staatsunternehmen Sobragui wesentlich vom Privatunternehmen unterschied. Im Prinzip war das Kontrollsystem formal fast dasselbe, nur in der Anwendung lag der große Unterschied. Sowohl im Bericht der Nationalen Industriekonferenz als auch in diversen Interview-Aussagen meiner Feldforschung wird vom Laisser-faire-Stil gesprochen, der im Staatsunternehmen Sobragui ebenso wie in anderen guineischen Staatsbetrieben vorherrschte, und von der großen Kluft zwischen theoretischen Diskursen und den tatsächlichen Praktiken in der Brauerei.

Anfangs war es auch in der Sobragui der Fall, daß trotz Lohnerhöhungen dic Diebstähle an Betriebseigentum nicht nachließen. Doch sobald diejenigen, die beim Betrug erwischt wurden, fristlos entlassen wurden, so wie es immer schon in der Betriebsordnung festgelegt war, begann das konsequent durchgesetzte Kontroll-und Bestrafungssystem Wirkung zu zeigen, auch wenn die Arbeiter mit Entsetzen reagierten und sich darüber beklagten, daß ein Familienvater "bloß wegen einer lächerlichen Bierflasche" gleich auf die Straße gesetzt werden konnte.

Worin besteht nun diese Kontrolle im Detail? Es geht in der privatisierten Sobragui nicht nur um die Bewachung von Betriebseigentum (Ausgangskontrollen), sondern auch um eine Kontrolle der Anwesenheit und Leistung der Arbeiter. Überprüfungskarteikarten kamen in Gebrauch, auf denen folgende Angaben eingetragen wurden: die Ankunftszeit des Arbeiters, seine Arbeits-Abschlußzeit, die effektive Leistungszeit und erreichte Normen, aber auch Fahrlässigkeiten, mangelnde Sorgfalt und Versäumnisse, die zu Fehlern im Produktionsprozeß führten.

Zusätzlich wurden die Aufgabenbereiche der Arbeiter strikt getrennt, um jegliche Art von Verantwortungskonflikten zu vermeiden und somit Versäumnisse und Nachlässigkeiten klar zuordnen zu können.

Von besonderem Interesse ist dabei die Tatsache, daß die Direktion mehrmals die Gruppe des Aufsichtspersonals auswechseln mußte. Diejenige, welche zur Zeit meiner Untersuchung in der Sobragui im Sommer 1993 angestellt war, kam bezeichnenderweise von einem professionellen Wachdienst außerhalb des Betriebes. Dies hatte man so entschieden, um das Risiko der Integration des Wachpersonals in das Kontaktnetz der Akteure der illegalen Aneignung möglichst auszuschließen. Doch nach Meinung einiger Mitglieder der Geschäftsführung ist auch diese Wachmannschaft weit davon entfernt, die in sie gesetzten Erwartungen zu erfüllen.

Der Lohn eines Arbeiters hängt also von seiner effektiven Leistung und der Einhaltung der Betriebsordnung ab.

Ein weiterer Faktor der verschärften Kontrolle ist in der Umstellung der Finanzverwaltung auf elektronische Datenverarbeitung zu sehen, was bedeutet, daß man jederzeit über die kleinste Unregelmäßigkeit im System informiert ist. Das Kontrollsystem der reprivatisierten Sobragui basiert außerdem auch darauf, daß die strategisch wichtigsten Posten des Generaldirektors und des Finanzdirektors mit Belgiern besetzt wurden. Diese setzen sich für Effektivität ein und stehen außerhalb des lokalen Legitimitätsdiskurses der illegalen Aneignung, da sie niemandem im Unternehmen und seinem Umfeld verwandtschaftlich oder anders verpflichtet sind. Durch ihre Femdheit verfügen sie über genügend Handlungsspielraum und Autorität, um über die Einhaltung der Betriebsordnung zu wachen und wachen zu lassen.

Die abschreckende Wirkung der resoluten Bestrafung bei Zuwiderhandlung gegen die Vorschriften - meist fristlose Entlassung - profitiert auch von der zunehmenden Angst vor Arbeitslosigkeit. Durch das vom IWF und der Weltbank erzwungene Strukturanpassungsprogramm wurde 1988/89 der Öffentliche Dienst von 90 000 Angestellten auf 50 000 ausgedünnt, so daß die Zahl der Arbeitslosen rapide anstieg und die Familien bzw. denjenigen in der Familie, der noch eine Anstellung innehatte, zusätzlich belastete.

Aber gerade hierin liegt gleichzeitig die Schwäche des Kontrollsystems, denn wenn die Arbeiter sich nur an die Betriebsordnung halten, weil sie Angst haben, ihren Arbeitsplatz, ihr regelmäßiges Einkommen und evtl. erreichte Vorteile zu verlieren, und nicht weil sie deren Legitimität grundsätzlich anerkennen, dann muß man damit rechnen, daß das Betriebseigentum weiterhin potentiell bedroht bleibt.

So werden die Strategien der illegalen Aneignung die geringste Lücke im Kontrollsystem nutzen, um sich erneut durchzusetzen, oder sogar daran arbeiten, solche Lücken entstehen zu lassen. Wenn sich die Kontrolle im wesentlichen auf die Angst vor Bestrafung stützt, hängt die Befolgung oder Nicht-Befolgung der Betriebsordnung vom subjektiven Kalkül der möglichen Risiken ab, und es wird in diesem Fall schwierig, die Interessen der Arbeiter mit denen des Unternehmens in Einklang zu bringen.

In der Sobragui wird oft gesagt, daß die Weißen da sind, um Profit zu machen und ihre Interessen zu verteidigen. Solche Äußerungen lassen durchblicken, daß es ein Bewußtsein dafür gibt, daß die Interessen des Unternehmens, die mit denen des belgischen Fabrikbesitzers gleichgesetzt werden, sich deutlich von den Interessen der guineischen Arbeiter unterscheiden. Gerade dieser Interessenunterschied zwingt die mit der Kontrolle ihrer Kollegen beauftragten Arbeiter, einen Kompromiß zu suchen. Es handelt sich für sie darum, ihre formale Rolle zu erfüllen, ohne ihren Ruf unter den guineischen Kollegen zu opfern, denn man riskiert es, sein Ansehen zu verlieren, wenn man sich mit übertriebenem Eifer für die Interessen eines "Ausländers" engagiert, der, wie man sagt, eines Tages sowieso gehen wird.

Strategien der illegalen Aneignung und ihre Hintergründe

Die Praxis der illegalen Aneignung

Jenseits der oben beschriebenen formalen Organisationsstruktur existiert weiterhin eine Praxis der illegalen Aneignung, die darin besteht, daß Betriebsvermögen unter Verletzung bestehender Rechtsvorschriften zu persönlichen Zwecken mißbraucht wird.

In der Brauerei Sobragui kann man drei Formen der illegalen Aneignung unterscheiden: Korruption (im Sinne von Macht- und Amtsmißbrauch), Unterschlagung von Geldern und Diebstahl von Produkten, die in der Umgangssprache alle unter dem euphemistischen Begriff der "Débrouillardise" zusammengefaßt werden, was man mit "Gewieftheit" oder "Improvisationskunst" übersetzen könnte.

"Se débrouiller", ein in Guinea häufig benutzter Ausdruck, bedeutet "sich zu helfen wissen" und umfaßt eine Spanne von Bedeutungen, vom "Über-die-Runden-kommen" einer Überlebensstrategie bis zum "Sich-aus-der-Affaire-ziehen" einer "Besser-Leben-Strategie".

Die Durchführung dieser drei Formen der illegalen Aneignung erfordert die Ausarbeitung und Verwirklichung einer geeigneten Strategie, welche hier zunächst darin besteht, Beziehungen auszunutzen oder zu knüpfen, die einen Zugriff auf das Betriebseigentum möglich machen. Zugleich geht es aber auch darum, die Beziehungen zu Vorgesetzten zu pflegen, zum einen um berufliche Aufstiegschancen zu verbessern, zum anderen um eventuelle Strafmaßnahmen so gering wie möglich zu halten oder von vornherein zu verhindern, für den Fall, daß man bei einer Unregelmäßigkeit ertappt wurde.

Eine adäquate Strategie besteht auch darin, Koalitionen und Komplizenschaften zu bilden, um die Chancen zum Gelingen eines Projekts der "Débrouillardise" zu erhöhen.

Mit anderen Worten kann man sagen, daß die Strategien der illegalen Aneignung darin bestehen, sich ein gutes *sabu* zu schaffen und vom *sabu* anderer zu profitieren.

Das sabu und seine Instrumentalisierung

Sabu ist ein häufig gebrauchter Begriff, der in allen drei Hauptsprachen Guineas - Pular, Malinka und Sussu - anzutreffen ist und ein sehr komplexes moralisches Konzept bezeichnet, welches zum Fundament der traditionellen sozialen Beziehungen gehört. *Ko sabu nyaami saabunde*, sagen die Fulbhe, "Um des *sabu* willen kann man sogar Seife essen". Durch die Kraft des sabu ist man befähigt, unangenehme Prüfungen durchzustehen und Beleidigungen zu verzeihen; hier erscheint das *sabu* als Prinzip der Duldsamkeit. Ein anderer wichtiger Aspekt des *sabu* liegt in der Kraft der Vermittlung, die man ihm zuschreibt, hier erscheint es als Prinzip der Diplomatie.

Sabu bezeichnet auch die Aura oder das Fluidum einer Person mit hohem Ansehen und deren Ausstrahlungsradius auf sich selbst und auf seine nächsten Verwandten und Freunde und seine Umgebung.

Sabu ist ein Schutzraum: man kann es mit einem Baum vergleichen, dessen Laub Abschirmung bietet, dessen Schatten kühlt und dessen Früchte diejenigen nähren, die sie sich pflücken dürfen. Diese großen Bäume, unter denen man Schutz sucht, wenn es regnet, oder Schatten, wenn es zu heiß ist, sind nicht sehr zahlreich, aber auch jeder kleinere Baum kann ein bißchen Schatten spenden, und je mehr Bäume man in seiner Umgebung hat, um so mehr Schatten hat man, um so mehr Sicherheit.

Wohlgemerkt ist es ebenso vorteilhaft, vom *sabu* eines anderen zu profitieren, wie es wesentlich ist, sein eigenes *sabu* aufzubauen, seinen eigenen sozialen Einflußbereich zu erweitern durch die soziale und moralische Qualität seines Handelns und durch die Bereitschaft, anderen zu helfen.

Sabu entsteht aber auch als Folge gemeinsam erlebter Erfahrungen, wie zum Beispiel durch die leidvollen Prüfungen in der Phase der Initiation, durch mit Freunden gemeisterte Erlebnisse aus der Schulzeit, durch zusammen verbüßte Strafen u. ä. oder auch durch ethnische und sprachliche Affinität.

Um den Wünschen und Hoffnungen eines Kameraden aus der Initiationszeit, eines Schulfreundes oder von jemandem, der aus demselben Dorf kommt oder diesselbe Sprache spricht, nachzukommen, wird man sein Bestes geben, selbst auf die Gefahr hin, daß man Prinzipien und Gesetze übertreten muß, die aus einem anderen Legitimitätsdiskurs kommen.

Wenn man *sabu* hat, öffnen sich die Türen viel leichter, selbst wenn man mittellos ist. *Sabu* erleichtert auch die Erfolgsaussichten in Konkurrenz- oder

Wettbewerbssituationen. Selbst wenn man weniger kompetent ist, erhält man mit *sabu* eher einen Posten als besser Qualifizierte.

Viele Arbeiter in der Sobragui haben durch das *sabu* eines Verwandten oder eines Freundes ihren Arbeitsplatz erhalten.

Die Anhäufung von *sabu* als Quelle von Privilegien (Erleichterung des beruflichen Aufstiegs) und Immunität (Schutz vor Bestrafung) ist Teil eines strategischen Kalküls der Akteure, sowohl um ihr Vorhaben der illegalen Aneignung durchzuführen, als auch um mögliche Strafmaßnahmen zu umgehen. Die Strategie besteht hier darin, seine Beziehungen spielen zu lassen, um Zugang zum Vermögen zu erlangen.

Dieser Zugriff zum Betriebsvermögen hängt zum einen von der eigenen Position innerhalb der Betriebshierarchie ab, zum anderen aber auch davon, wie vorteilhaft, aus der Perspektive der illegalen Aneignung, der Arbeitsplatz ist, den man gerade innehat.

Die Soziologie der illegalen Aneignung

Nach einer sowohl innerhalb als auch außerhalb der Sobragui weit verbreiteten Meinung konnten der Generaldirektor und seine Stellvertreter zum Beispiel aus ihren Einflußmöglichkeiten Gewinn schlagen und große Mengen von Bier oder Saft aus der Verkaufsabteilung oder dem Lager erhalten. Es hätte genügt, an den Chef der Wachmannschaft entsprechende Anweisungen zu geben, damit alles zu ihrer Zufriedenheit läuft. Ein Minister brauchte nur zum Telefonhörer zu greifen, und der Direktor des Staatsunternehmens beeilte sich, seinen Wünschen Folge zu leisten.

Der einfache Arbeiter, der über weniger einflußreiche Kontakte verfügt, muß sich dagegen selbst arrangieren, um - je nach Möglichkeit - ein paar Flaschen oder Kästen auf die Seite zu schaffen und sie später an interessierte Kunden zu ver kaufen.

Um gestohlene Produkte aus der Sobragui herauszubringen, muß ein Arbeiter sich mit Freunden organisieren und eine Lücke im Wachsystem nutzen oder versuchen, im Lauf der Zeit einen Wachposten als Komplizen zu gewinnen.

Aus der Perspektive der Akteure der illegalen Aneignung haben so die verschiedenen Arbeitsstellen eine sehr unterschiedliche Attraktivtät. Zum Beispiel ist ein Posten in der Abteilung "Warenlager", wo man, wie es heißt, die Hand direkt am Teig hat, also in Kontakt mit den schon verpackten Endprodukten ist, sehr viel vorteilhafter als zum Beispiel in der Abteilung "Maschinenwartung" oder "Elektrizität", wo die Arbeiter nur einen indirekten Zugang zu den Endprodukten haben. Eine Anstellung als Wachmann hat den Vorteil, daß an diesem keiner vorbeikommt. Die Ein- und Ausgangskontrolle und die Aufgabe, das Betriebseigentum vor Diebstahl zu schützen, eröffnet vielfältige Vorteile: die Möglichkeit, am

Eingang denjenigen ein "Trinkgeld" abzuknöpfen, die gerade im Begriff sind, im Betrieb "ein Geschäft abzuwickeln", oder für die heimlichen Ausgänge seine Komplizenschaft zu verkaufen oder selbst Produkte zu stehlen und nach draußen zu bringen, sobald kein Risiko mehr besteht.

Diejenigen, die die Kontrolle über die Finanzen des Unternehmens innehaben, haben als zusätzliche Einkommensquelle die Möglichkeit der Unterschlagung von Geldern, was allerdings auch mehrere Komplizenschaften erforderlich macht, wie unter anderem die des Finanzinspektors, dessen Schweigen natürlich erkauft werden muß.

Während der gesamten Existenzzeit der Sobragui als Staatsunternehmen gab es tatsächlich nur eine einzige Inspektion, die Anlaß zur Strafverfolgung gab. Das war 1982. Infolge eines Zerwürfnisses, welches zwischen dem Direktor und seinem Stellvertreter entstanden war, wurde eine Inspektion durchgeführt, welche die Veruntreuung von Geldern ans Tageslicht brachte. Alle beide, Direktor und Stellvertreter, wurden strafrechtlich verfolgt und entlassen.

Gewöhnlich stellt der Auftrag, eine Inspektion durchzuführen, für den Unternehmensinspektor ein "gutes Geschäft" dar, welches je nach Größe des Unternehmens und seiner Erfahrung, seinem Fingerspitzengefühl und seiner Kühnheit oft einen Gewinn im Gegenwert von mehreren Monats- oder sogar Jahresgehältern einbringen kann, wohingegen es nicht einmal sicher ist, daß ein Bericht, der alle festgestellten Fakten wahrheitsgetreu aufführt, gern gesehen wird, da nämlich auch der Chef des Inspektors seinen Anteil an der Beute erwartet. Es kommt nicht selten vor, daß ein solcher Inspektor von heute auf morgen auf einen anderen Posten in eine weit entlegene Präfektur im Landesinnern versetzt wird.

Ein in der Hierarchie höher Stehender, der sich weigert, bei den Praktiken der illegalen Aneignung zu kooperieren, und sich treu an die Betriebsordnung hält, ist mit einer eisigen Abwehrhaltung seiner Untergebenen und einer Art sozialer Isolation konfrontiert. Diesem Druck standzuhalten ist keine einfache Angelegenheit, denn seine Kontrahenten können bis in seine Familie vordringen oder sich mit seinen Freunden verbünden, um seine Unnachgiebigkeit zu brechen. Sein standhaftes Verhalten zieht nicht nur sein soziales Ansehen stark in Mitleidenschaft, er riskiert sogar, seine Stellung zu verlieren, sobald ihm der geringste Fehler unterläuft, denn er steht ständig unter mißtrauischer Beobachtung. Unter ihm stehende Arbeiter, die aber sehr sicher auf ihrem Posten sitzen, weil sie von einflußreichen Persönlichkeiten empfohlen wurden, haben genügend Einfluß, ihn ausschalten zu können. Wer hingegen von Zeit zu Zeit ein Auge zudrückt und die heimlichen Machenschaften übersieht, schlägt gleich zwei Fliegen mit einer Klappe: man erhält sich die Sympathie und Dankbarkeit seiner Untergebenen und verhindert damit auch, daß einem ständig von ein paar frustrierten Mitarbeitern nachspioniert und man zuletzt auch noch an höherer Stelle angeschwärzt wird.

Man hält sich also gegenseitig, im doppelten Sinn des Ausdrucks: man hält sich, um gemeinsam erfolgreich zu sein, und man hält sich gegenseitig fest, um einen Verrat zu verhindern.

Denn auch wenn die Kontrollmechanismen in der reprivatisierten Sobragui verschärft wurden, bleibt die Diskrepanz zwischen der internen Kontrolle des Unternehmens und den Normen der sozialen Kontrolle, die Verhalten und Einstellungen der Arbeiter im Betrieb beeinflussen, nicht weniger wirksam.

Welche Aspekte der sozialen Kontrolle spielen dabei eine Rolle, welche Philosophie, welche Motivation legitimiert das Verhalten der Akteure der illegalen Aneignung?

Um besser auf diese Fragestellung eingehen zu können, soll hier zunächst das politische Umfeld Guineas näher betrachtet werden.

Das politische Umfeld

Die erste guineische Republik unter Sékou Touré (1958-1984) war auf politischer Ebene durch ein Einparteien-Regime gekennzeichnet, in dem die Partei Priorität über alles besaß und einem pro-sozialistischem Entwicklungsmodell folgte.

Die Implantation eines modernen Staates bzw. von sowjetisch und chinesisch inspirierten sozialistischen Strukturen in eine Gesellschaft, deren Strukturen und Werte von Lineage- und Clan-Beziehungen auf unterer Ebene und von Sklavenhaltertum und Feudalismus auf der oberen Ebene geprägt sind, läßt sich nicht ohne Widerstand durchführen.

Auch die prokapitalistische Orientierung der Nachbarländer Cote d'Ivoire, Sierra Leone, Liberia und Senegal erleichterte dieses Vorhaben nicht.

Auf jeden Fall entwickelte sich aus der anfangs sehr populären PDG ein zunehmend totalitäres Regime, welches keinen Platz mehr ließ für Meinungs-, Presse- und Versammlungsfreiheit und Tür und Tor öffnete für Übergriffe jeglicher Art.

Man hatte nicht die Wahl, in die Partei einzutreten oder nicht, alle in Guinea lebenden Guineer waren von Geburt an automatisch Mitglieder der PDG und konnten praktisch nicht austreten, ohne ihr Leben aufs Spiel zu setzen. Die geringste reelle oder vermutete Oppostion zur Partei wurde als konterrevolutionäres Verhalten interpretiert und lieferte die Angeklagten dem Gefängnis, der Folter und dem Tod aus. Sehr viele Menschen mußten, schuldig oder unschuldig, diese schreckliche Erfahrung durchleiden.

In einem solchen politischen Umfeld entstand eine Doppelmoral: offiziell "revolutionär", versuchte jeder, hinter dieser Fassade seine eigenen Interessen durchzusetzen.

Dies führte unter anderem zu einer mehrdimensionalen Instrumentalisierung des Parteidiskurses, dessen Jargon und Verhaltenscode oft dazu mißbraucht wurden, ganz persönliche Ziele anzustreben, die nichts mit den von der Partei propagierten Richtlinien zu tun hatten.

Aus Erfahrung hatte man gelernt, daß man sich mehr oder weniger unbestraft Unregelmäßigkeiten in der Amts- oder Geschäftsführung erlauben konnte, solange man die Reputation, ein guter Revolutionär zu sein, aufrecht erhielt. In Wirklichkeit handelte es sich um eine doppelte Instrumentalisierung, denn diese "Unregelmäßigkeiten" bzw. Gesetzesübertretungen wurden dazu genutzt, die Betroffenen besser zu kontrollieren und im Zweifelsfall erpressen und "bestrafen" zu können. Der französische Soziologe Claude Rivière schrieb dazu:[2]

> "Jedesmal, wenn ein politisch oder administrativ Verantwortlicher Unterschlagungen vornimmt, wird ein neues Teilstück zu seinem polizeilichen Dossier hinzugefügt. Beim geringsten Anzeichen von Opposition von seiner Seite ruft ihn der Präsident der Republik zu sich und zeigt ihm sein Dossier wie ein Damokles-Schwert.
> Sollte durch einen außergewöhnlichen Zufall der Verantwortliche nach dieser Verwarnung auf seinem Irrtum und seiner Opposition bestehen, nimmt der Staatschef die Vorgänge aus seinem Dossier heraus und verkündet während eines großen öffentlichen Meetings unter dem Applaus der Menge die Inhaftierung des Schuldigen.
> Manchmal kommt es vor, daß ein übereifriger Finanzinspektor die Festnahme eines der Unterschlagung beschuldigten Verantwortlichen erreicht. So schnell wie möglich interveniert Sékou Touré, um jenen zu befreien und sich so einen neuen Schuldner zu schaffen..."

Diese Nachsicht gegenüber der Praxis der illegalen Aneignung führte unter der Wirkung einer ökonomischen Konjunktur, die immer härter wurde (lächerlich niedrige Löhne, Inflation), und einer übersteigerten Demagogie zur Käuflichkeit der öffentlichen politischen Autorität und der Dienstleistungen, zu einer Generalisierung von Korruption und Unterschlagung in der öffentlichen Verwaltung und in den Betrieben.

Staatsbetriebe sind um so mehr diesen Praktiken ausgesetzt, da die Spielregeln der Propaganda des Parteiapparates erfordern, daß die Bilanzen grundsätzlich positiv deklariert werden, was typisch für sozialistische Länder ist. Hinzu kommt eine maßlose Bürokratisierung der Verwaltungsstrukturen des Staatsbetriebes.

Dazu ein Beispiel aus der Sobragui, welches die Problematik der Versorgung mit Rohstoffen und Ersatzteilen verdeutlicht: Um eine Lieferung von Rohstoffen und/oder Ersatzteilen aus dem Ausland zu erhalten, muß die Firmenleitung einen Antrag beim Industrieministerium stellen. Nach Bewilligung wird der Antrag zum Ministerium für Verwaltungskontrolle (Controle d'Etat) weitergeleitet, dieses schickt ihn ans Planungsministerium, welches die Papiere an die guineische Bank für Außenhandel (BGCE) weitergibt. Diese schickt sie an die Gesellschaft "Importex", die das Monopol auf alle Importe hat. Und erst von hier wird der Antrag an den eigentlichen Empfänger im Ausland gesandt.

Auf jeder dieser Etappen kann das Dossier hängenbleiben, wenn der zuständige Sachbearbeiter nicht seinen "Yedokho" (wörtlich: Preis für die Soße, in der Tat: Schmiergeld) erhält. So wird auch verständlich, warum die Produktion aufgrund technischer Pannen und Rohstoffmangels so oft gestoppt werden mußte.

Der Widerspruch zwischen offizieller Rhetorik und gesellschaftlicher Praxis hat sich in der 2. Republik allerdings noch verschlimmert. Die neuen Machthaber in der Regierung unterscheiden sich von der Masse der Bevölkerung ostentativ durch die Realisierung der von allen angestrebten Prestige-Objekte: prunkvolle Villen, mehrere Limousinen und üppige Bankkonten.

Gegenwärtig (1993) kursiert in Conakry eine fotokopierte Dokumentation "über die unzulässige Bereicherung der guineischen Führungskräfte von 1984 bis 1992", in der dieses Thema mit eklatanten Beispielen und detaillierten Informationen diskutiert wird.[3]

Einstellung zum Staat

Ein anderer Faktor, der zum Verständnis der Korruptionspraktiken (Diebstahl und Unterschlagung) in Unternehmen beitragen könnte, ist in den ambivalenten Vorstellungen zu finden, die sich die Guineer vom Staat machen.

Einerseits ist der Staaatsbegriff in Guinea ein Erbe des Kolonialregimes und wurde nach der Unabhängigkeit als Instrument zur Mobilisierung und Dienstverpflichtung für die Partei mißbraucht, so daß er vor allem als Gewaltmittel im Dienste der Macht angesehen wird und sein Vermögen als Reichtum der politischen Machthaber. Davon Besitz zu ergreifen, sobald man dazu Gelegenheit hat, widerstrebt praktisch niemandem.

So gilt die Lebensweisheit "Den Staat zu bestehlen, ist kein Diebstahl". Vielmehr drohen dem, der das nicht tut, Probleme, denn sowohl die Familie als auch die öffentliche Meinung drängen ihn dazu.

Diese Einstellung wird auch durch die Aussagen der von mir interviewten Beschäftigten der Sobragui bestätigt. Die meisten von ihnen fanden es weniger verwerflich, den Staat zu bestehlen (wenn das überhaupt als verwerflich eingestuft wurde), als einen Dritten zu bestehlen. So fanden es 56 von 66 Befragten normal, daß ein Minister seine Verwandten begünstigt, indem er ihnen Geld, Anstellungen oder Stipendien für die Jüngeren zukommen läßt und indem er Straßen und Brükken, eine Gesundheitsstation oder eine Schule für sein Herkunftsdorf baut. Und eine gute Anzahl von ihnen vertritt die Meinung, daß ein Minister, der nicht so handelt, bösartig, verwünscht oder unwürdig ist. Andererseits aber findet man es regelwidrig, wenn sich ein Minister auf Kosten des Staates selbst bereichert.

Das ist kaum überraschend, da zehn von 66 Befragten erklärten, sie wüßten nicht, was der Staat sei, während die anderen Definitionen zu Protokoll gaben, die kaum mehr als die Widersprüchlichkeit ihres Verständnisses zeigen. Einerseits hieß es "Der Staat sind die Regierenden", andererseits aber auch "Der Staat ist das Land", "Der Staat, das sind wir", "Der Staat ist die Gesellschaft", "Der Staat sind die Menschen", "Der Staat ist das Volk und die Bevölkerung". Diese Parolen erscheinen allerdings in erster Linie als Überbleibsel von x-mal im Radio und auf öffentlichen Debatten wiederholten politischen Phrasen.

Familienverpflichtungen und andere traditionelle Solidaritäten

Wer einen bezahlten Arbeitsplatz erhält, ist gegenüber seiner Familie selbstverständlich verpflichtet, die an ihn gerichteten Erwartungen jeder Art zu erfüllen, die im proportionalen Verhältnis zur Wichtigkeit seiner neuen Stellung und zur Resonanz auf sein Prestige stehen. Manchmal genügt allein die Tatsache, daß man in der Hauptstadt Conakry lebt, um solche familiären Erwartungen hervorzurufen. So muß der Arbeitsverdienst nicht allein zur Versorgung einer umfangreichen Familie, ergänzt durch Brüder, Cousins und Neffen jeder Art, ausreichen, mit ihm müssen außerdem noch traditionelle Verpflichtungen nach dem Gewohnheitsrecht bestritten, Beziehungen der Solidarität und der gegenseitigen Hilfe aufrechterhalten, und das "Baraka" gesucht werden, indem man sich um Vater und Mutter kümmert, beim Hausbau oder mit Kleidung, Nahrung oder sonstigem aushilft (beispielsweise ist es sozial hoch angesehen, den Eltern die Pilgerfahrt nach Mekka zu finanzieren); die Aufzählung enthält nicht die Ansprüche von Ehefrauen und Kindern, die noch direkter und zwingender sind.

Zu den geschilderten familiären Belastungen kommen die hohen Kosten, die die Teilnahme an den traditionellen sozialen Zeremonien verursacht, die zu zahlreichen, sehr unterschiedlichen Anlässen gefeiert werden: religiöse Feste, Taufen, Beschneidungsfeste, Hochzeiten, Beerdigungen, Opferhandlungen als Danksagung oder anläßlich von Krankheiten und anderen Unglücksfällen. Diese traditionellen sozialen Zeremonien bilden die Stütze der sozialen Werte der Gesellschaft und werden als Ausdruck der lebendigen Architektur ihrer Kultur gelebt.

Sie entspringen einer umfassenderen Konzeption sozialer Beziehungen, die die Fulbhe *dyokkere endhan* nennen, was man als Prinzip der Kohäsion übersetzen könnte, eine Teilnahme am Lebensstrom der Gemeinschaft. *Endhan* - das ist der Saft, das Blut und *dyokkere* sind die Verbindungskanäle. Auf abstrakterer Ebene ist es das spirituelle Prinzip, welches die Mitglieder einer Gemeinschaft als ein untrennbares lebendiges Ganzes zusammenhält. Das *dyokkere endhan* ist, um eine Metapher zu wagen, für die Gesellschaft wie das Kreislaufsystem für den menschlichen Körper.

Aber die traditionellen Zeremonien werden auch als Herausforderung empfunden, in denen die individuelle und kollektive Reputation unter Beweis gestellt wird.

Das ist nicht alles: Unter der Wirkung der Reinterpretation des Begriffs der familialen Solidarität und der afrikanischen Gastlichkeit muß ein Angestellter, oder auch einfach bloß ein Städter, sich um nahe und ferne Verwandte kümmern und um Leute aus demselben Herkunftsort, die gekommen sind, um in der Stadt ihr Glück zu versuchen.

All diese familiären Verpflichtungen führen dazu, daß Gesetze und Regelungen der Arbeitgeber und eines anonymen Staatsapparates leicht übertreten werden, ohne daß dies unbedingt als kriminell angesehen wird.

Ähnlich beschreibt dies schon 1968 Jean Suret-Canale:[4]

> "Mag ein Beamter oder Verantwortlicher noch so ehrenhaft sein, er wird die größten Schwierigkeiten haben, dem sozialen Druck, der vom Milieu der Familie (im weitesten Sinne des Wortes) auf ihn ausgeübt wird, zu widerstehen, wenn er sich weigert, eine ungerechte Bevorzugung zugunsten eines 'Verwandten' zu gewähren, sogar wenn er sich sträubt, eine Justizverweigerung im Interesse eines Familienmitgliedes zu begehen... Der Respekt vor den Gesetzen, ihre simple Anwendung, stößt so gegen mächtige soziale Hindernisse, die im Extremfall dazu führen, die verfolgte Politik in Frage zu stellen und ihre Durchführung zu vereiteln und zu kompromittieren."

Der Versuch, diesem Druck der Familie und der sozialen Verpflichtungen zu widerstehen, provoziert den Vorwurf von Inkonsequenz und Naivität, denn es wird gesagt: "Alle handeln doch so", außerdem: "Man hat nicht alle Tage so eine Chance", und: "Du weißt genau, daß du jederzeit deinen Arbeitsplatz wieder verlieren kannst!". Wer sich nicht anpaßt, wird bald als "Feigling" oder "Verfluchter" behandelt.

In der Tat leben diejenigen, die in der Lage sind, die Korruption zu praktizieren und Geld oder Waren zu unterschlagen, besser als die anderen, da ein "gutes Geschäft" dem Arbeitslohn für mehrere Monate oder sogar Jahre entspricht.

Daher rührt auch die Bedeutung einflußreicher Beziehungen, über die man zu den lukrativen Posten im Verwaltungsapparat zu gelangen versucht, die bezeichnenderweise "saftige Posten" oder "gute Büchsen" genannt werden.

Suche nach Prestige

Das am häufigsten eingesetzte Mittel, um aus der Anonymität hervorzutreten, von sich Reden zu machen, seine Persönlichkeit zu unterstreichen, zu beweisen, daß man nicht irgendwer ist (wie man in Conakry sagt), sich ein bewundernswertes Image zuzulegen, besteht darin, die Aufmerksamkeit der anderen auf sich zu ziehen: durch die Qualität des Essens, das man anbietet, der Kleidung, die man trägt, des Hauses, in dem man wohnt, und des Autos, mit dem man fährt, sowie durch die Art der Freizeitgestaltung, die man sich leisten kann. Aber vor allem ist das Prestige, welches man in den Augen der Öffentlichkeit zu erlangen sucht, abhängig von der Fähigkeit, sich im Rahmen von Zeremonien und sozialen Ereignissen großzügig zu zeigen und Feste mit einem Prunk zu feiern, an den sich alle noch lange erinnern werden.

Das Bedürfnis nach Prestige ist kein neues Phänomen. Welcher Dorfbewohner im Foutah Dyallon hat nicht schon wenigstens einmal anläßlich eines abendlichen Festes, das seine letzten Reserven gekostet hat (manchmal mußte er sich noch verschulden), den "Nyamakala" (Barden) Gelegenheit gegeben, Lobgesänge auf ihn und seine Geliebten zu singen?

Welcher Großvater schildert nicht gerne und voller Stolz und Sehnsucht die gute alte Zeit, in der er einen Stier schlachten ließ, um mit solchem Pomp seine Hochzeit mit der jungen Frau seiner Träume zu feiern, die er trotz der aktiven Konkurrenz anderer Bewerber für sich gewinnen konnte?

Welche Altersgruppe, welches Dorf stürzt sich nicht in prahlerische Unkosten, um seine Reputation aufrechtzuerhalten, da die öffentliche Meinung, deren Wortführer die "Nyamakala" sind, zwischen einem "Yondho" (Beteedyo) und einem "Dugula" unterscheidet?

"Yondho" (Beteedyo) ist im Gegensatz zum "Dugula" jemand, der eine soziale und ökonomische Herausforderung anzunehmen versteht, eine Zeremonie großzügig auszurichten weiß und seine Gäste in Ehren hält. Das alte Fulbhe-Sprichwort "Wer nicht zu Lebzeiten von sich reden macht, wird auch nach dem Tod nicht bekannt werden" gilt auch heute noch.

Wesentliche Kriterien für Prestige waren schon immer Reichtum, Wissen und sozialer Status. Versteht man unter "Wissen" traditionellerweise religiöse Bildung und Heilpflanzen-Kenntnisse, aber auch Zugang zur "unsichtbaren" Welt und die Begabung zu okkulten Praktiken (mystische Macht), so ist das Wissen von heute darüber hinaus auch stark an europäischen Bildungsvorstellungen orientiert: Beherrschung der französischen Sprache, Eloquenz, Literaturkenntnisse und Allgemeinbildung, aber auch Diplome.

Während früher der Status eines Individuums und demnach sein Prestige von seinem Alter und seiner Position im Verwandtschaftssystem bestimmt wurde, ist er heute vielmehr von seiner Position in der beruflichen, politischen und administrativen Hierarchie abhängig, welche sich, wenigstens dem Prinzip nach, eher auf berufliche Kompetenz als auf das Alter bezieht.

Das Prestige-Kriterium des Reichtums wurde in der traditionellen Gesellschaft im Zusammenhang mit der Anzahl der Familienmitglieder (Ehefrauen, Kinder, Pflegekinder, im Haushalt lebende Verwandte), den Lobgesängen der "Nyamakala", der Größe der Viehherde, dem Ausmaß der Ernte und der prunkvollen Ausstattung der sozialen Zeremonien gesehen.

Heute stellt sich Reichtum, vor allem im städtischen Milieu, eher durch aus der Kolonialzeit geerbte oder einfach aus dem Westen stammende Statussymbole dar: das ist vor allem die Villa europäischen Stils mit Elektrizität, Klimaanlage und

Kühlschrank, einem Salon mit "Bücherregal" (in dem meistens jedoch das "gute Geschirr" der Familie ausgestellt ist), Couchgarnitur, Eßtisch, TV, Stereoanlage, französischem Bett mit Federkernmatratze im Schlafraum, einer großzügigen Garderobe im Kleiderschrank, die reich bestickte, traditionelle Boubous für gesellschaftliche Anlässe ebenso beinhaltet wie modische westliche Kleidung (Jeans, Minirock, Anzug, Krawatte etc.) für entsprechende Situationen. Zuletzt das wichtigste Statussymbol von allen: ein möglichst großes und dem aktuellen Geschmack entsprechendes Auto einer repräsentativen Marke (Mercedes Benz, BMW o.ä.).

So ist die Qualität des Lebens vom Besitz dieser neuen Symbole des sozialen Erfolges bestimmt, die im Volksmund mit dem Kürzel "3V" zusammengefaßt werden: Villa-Voiture-Video. Der Zugang zu diesen äußeren Zeichen des individuellen Glücks folgt, wie schon erwähnt, nicht immer der Logik des Verdienstes, sondern auch der Logik des Privilegs: Bürosekretäre oder Wachposten von Warenlagern können sich Villen und Autos leisten, während Universitätsprofessoren nur mühsam über die Runden kommen.

Es ist allgemein bekannt, daß "gute Beziehungen" (un bon "piston") mehr wert sind, wie es heißt, als "100 Jahre Studium". Wer also einen guten Posten in der Finanzverwaltung oder im Handel ergattert, steht, wie man sagt, unter einem guten Stern bzw. ist Günstling des Segens der Ahnen. Voller Bewunderung oder Neid heißt es: "Er schwimmt jetzt in Butter ..."

Wer von einer solchen Gelegenheit nicht zu profitieren versteht, ist verächtlichen Pfiffen ausgesetzt: "Der taugt nichts, ist eine Niete, muß ein Verwünschter sein!"

Schlußbemerkungen

Die Argumente, mit denen der Legitimitätsdiskurs der illegalen Aneignung geführt wird, sind all diesen Elementen des sozialen und politischen Umfelds entliehen: die Korrosion des Vertrauens in das System und die politische Elite, die vage Vorstellung vom Staat, der in den Händen der Machthaber als Ausbeutungs- und Unterdrückungsinstrument wahrgenommen wird, die sozialen Verpflichtungen gegenüber einer großen Familie und dem traditionellen Konzept gegenseitiger Solidarität (*dyokkere endhan*), die Notwendigkeit, Statussymbole und Prestige-Attribute anzuhäufen, und nicht zuletzt die unzureichenden Löhne.

Die Legitimität des Diskurses profitiert reichlich vom Mißverhältnis zwischen den Normen der sozialen Kontrolle und den Normen des Kontrollsystems in der Brauerei, so daß durch deren Diskrepanz ein Spielraum entsteht, in dem die Strategien der illegalen Aneignung nicht nur toleriert, sondern geradezu erleichtert werden.

Man darf daraus jedoch nicht schlußfolgern, daß die Grundlagen der traditionellen Solidarität von Natur aus zur Praxis von Korruption, Unterschlagung und

Diebstahl verleiten. Nur im Kontext einer durch soziale Umwälzungen hervorgerufenen gesellschaftlichen Krise werden soziale Konzepte wie die des *sabu* und des *dyokkere endhan* instrumentalisiert und von den Strategien der illegalen Aneignung vereinnahmt.

Der Handel in Guinea, und damit Unternehmergeist und Profitorientierung, existierten lange vor dem Kontakt mit Europäern.

> "Zur Zeit des kolonialen Eindringens im 19. Jahrhundert waren die Regionen, die sich mit dem heutigen Guinea decken, Gebiete mit bedeutendem Warenverkehr, die sich von drei Handelszentren aus organisierten: der Region der südlichen Flüsse ("Rivières du sud"), die vom europäischen Einfluß durchdrungen war, der Handelsstadt Kankan, die mit den Goldlagern von Bouré und den Märkten der Waldregion verbunden war, und dem Fouta-Djallon, der vom theokratischen Fulbhe-Staat dominiert wurde."[5]

Der private Handel hat trotz aller Maßnahmen, die die Regierung der Ersten Republik gegen ihn unternommen hat, überlebt. Guineische Händler aus dem Inland und aus dem Ausland teilen sich mit ausländischen Geschäftsleuten den guineischen Markt.

Der wirtschaftliche Aufschwung ihrer Geschäfte und der Wohlstand der guineischen Händler beweist, daß sich die Suche nach Profit mit dem traditionellen System des *dyokkere endhan* durchaus vereinbaren läßt. Es gelingt ihnen, die Erfordernisse des Profits mit denen der traditionellen sozialen Umverteilung in Einklang zu bringen. Tatsächlich leisten sie zusätzlich zu ihren familiären Verpflichtungen auch noch finanzielle Beiträge zur Verbesserung der Lebensbedingungen in ihren Herkunftsdörfern, indem sie bemerkenswerte Summen in den Bau von Moscheen, Straßen, Schulen, Krankenstationen usw. investieren.

Es handelt sich also nicht um zwei sich ausschließende Konzepte von Profitorientiertheit auf der einen Seite und *dyokkere endhan* auf der anderen Seite; die Prävalenz von *dyokkere endhan* in der guineischen Gesellschaft ist nicht inkompatibel mit der Realisierung von Profit.

In der Sobragui stoßen jedoch zwei konträre Legitimitätsdiskurse aufeinander: derjenige der Akteure der illegalen Aneignung, die sich auf diverse traditionelle Diskurse stützen, um ihr Verhalten zu legitimieren, und derjenige der Betriebseigentümer, die die Prinzipien der formalen Organisation vertreten, die auf der Logik der rationalen Bürokratie, der einseitig ökonomischen Effektivität und des ungeteilten Profits basieren. Diese beiden Diskurse folgen inkompatiblen Rationalitäten.

In den Augen der Vertreter der formalen Organisationsstruktur ist der Legitimitätsdiskurs der illegalen Aneignung irrational, rückschrittlich und unverständlich. Die Verfechter des traditionellen Legitimitätsdiskurses hingegen erleben den formalen Legitimitätsdiskurs als fremdartig, unflexibel und unmenschlich. Sie sehen in ihm ein Hindernis für die Verteilung des in Reichweite liegenden Reichtums, der durch Eigentümer kontrolliert wird, mit denen sich die Akteure nicht identifizieren können und die sie als Ausbeuter wahrnehmen, zumal deren Legitimität weit davon entfernt ist, einleuchtend zu sein.

Aus diesem Grund versuchen die Akteure, den formalen Legitimitätsdiskurs zu transformieren und sich anzueignen. Da jedoch das Betriebsvermögen mit Prinzipien verknüpft ist, die die Integrität des Eigentums absichern und deren Verletzung zur Bestrafung führt, ist dieser Versuch nicht ohne Widerstand möglich.

Auch die Vertreter des formalen Legitimitätsdiskurses versuchen Einfluß auf den Legitimitätsdiskurs der anderen Seite zu nehmen, indem sie zum einen mit besserer Bezahlung und Gratifikationen das Betriebsklima zu verbessern suchen und zum anderen durch die strikte Anwendung der Kontrollmechanismen die Gerechtigkeit, Rechtmäßigkeit und Vorrangigkeit der Prinzipien der formalen Organisationsstruktur den Arbeitern einzutrichtern und damit ihre Denkweisen und Wertvorstellungen zu beeinflussen versuchen.

Das Kräfteverhältnis zwischen beiden Diskursen veränderte sich mit der Reprivatisierung der Sobragui radikal. Während es im Verlauf der Periode der Staats-Sobragui den Akteuren der illegalen Aneignung gelungen war, die Strategie der Unternehmensführung zu boykottieren, hat sich dieses Verhältnis seit der Privatisierung umgekehrt. Dieser Kontrast läßt sich unter anderem durch die Tatsache erklären, daß im Zeitraum der Sobragui als Staatsbetrieb die Wahrscheinlichkeit der Anwendung von Kontrollen und Bestrafungen insofern sehr gering war, als daß sich die Unternehmensleiter (im Prinzip die Vertreter des Betriebsbesitzers) nicht mit den Interessen des Unternehmens identifiziert haben.

So wurde der offizielle Legitimitätsdiskurs zu einer Fassade, hinter der sich die Praktiken der illegalen Aneignung in noch größerem Umfang und noch gewinnbringender ausbreiten konnten. Von seiten der Regierung wurden diese Praktiken toleriert, da sie aus ihnen noch Profit zu ziehen verstand, indem sie zusätzliche Privilegien verschaffte.

Im Gegensatz dazu verfolgt der neue Besitzer seit der Reprivatisierung der Sobragui Interessen, die inkompatibel mit dem Fortbestehen der Praktiken der illegalen Aneignung sind. Die durch die Privatisierung des Unternehmens errungene Autonomie der Sobragui bietet ihm bessere Möglichkeiten einer effektiven Anwendung der Kontrollmechanismen, als das zu Zeiten des Staatsbetriebs möglich war.

Die Effektivität des Kontrollsystems wird jedoch prekär bleiben, solange es sich nur auf die Angst vor Strafe stützt und nicht auf die Überzeugung von seiner Daseinsberechtigung, welche eine Entsprechung in den Wertvorstellungen der sozialen Kontrolle voraussetzen würde.

Ein Privatbesitzer könnte auch mit Unterschlagung und Korruption operieren, allerdings nur, um die Interessen des Unternehmens - die sich mit seinen eigenen decken -, zu wahren oder zu stärken. So ist es z. B. unter guineischen Händlern üblich, Zoll- und Steuerbeamte zu bestechen, um ihre Geschäfte florieren zu lassen.

Daraus kann man entnehmen, daß die Korruption den Interessen des Unternehmens ebenso schaden als auch dienlich sein kann. Es handelt sich hier nicht um eine Frage der Moral, sondern um eine Frage der Perspektive. Dabei geht es einerseits um die Perspektive des Unternehmers, für den die formale Organisation durchaus ein rationales Instrument zu sein scheint, um Profit zu erwirtschaften und zu legitimieren, andererseits um die Perspektive der Beschäftigten, die, da sie mit dem Anteil, der offiziell an sie zurückfließt, unzufrieden sind, auf Praktiken der illegalen Aneignung zurückgreifen, um schneller und vollständiger ihre wachsenden Bedürfnisse befriedigen zu können. Die öffentliche Toleranz dieser Aneignung eröffnet ihnen ungeahnte Chancen.

Man darf sich fragen, ob die Praktiken der illegalen Aneignung nicht auch darauf abzielen, das sowohl im sozialistischen als auch im kapitalistischen Ideologie-Diskurs grundlegende Prinzip der Chancen- bzw. Rechtsgleichheit in Frage zu stellen.

Die Ausmaße, die die Praktiken der illegalen Aneignung, von denen die Korruption die wichtigste ist, heute auf der ganzen Welt annehmen, offenbaren die Notwendigkeit einer neuen sozialen Ordnung und der Neuinterpretation des Prinzips der Chancengleichheit.

Korruption und Diebstahl in Industrieunternehmen im Kontext der guineischen Gesellschaft oder auch des Afrika von heute - offenbaren sie nicht auch jenseits der Suche nach individuellem Vorteil einen Widerstand der traditionellen Kultur von *sabu* und *dyokkere endhan* gegen die beängstigende Ratonalität einer alles überwuchernden Modernität?

Anmerkungen

1 Jean Suret-Canale, La République de Guinée, Paris 1970, S. 312.

2 Claude Rivière, Dynamique de la Stratification sociale en Guinée, Paris 1975, S. 366.

3 Suret-Canale, S. 194.

4 Mamadou Kaly Bah, Mémorandum II, Apercu sur l'Enrichissement illicite des Dirigeants Guinéens de 1984 à 1992, Conakry, Dezember 1992.

5 Agnès Lambert, Les hommes d'affaires guinéens. In: Cahiers d'Etudes Africaines, Paris (1991) 124, S. 487.

Gemeinschaftsdiskurse in Interessenverbänden

Potemkin in Afrika.
Die "ONGs-bidon": Materialien zum Thema Bluff-Organisationen im West-Sahel

Hans Groffebert

"Il faut s'assimiler
sans être assimilé."
(Leopold Senghor)

Eine "ONG-bidon": was ist das?

Das französische Kürzel "ONG" steht für Organisation Non Gouvernementale, zu deutsch "Nicht-Regierungsorganisation". Das Wort "le bidon" hat im französischen mehrere Bedeutungen: 1. Behälter *(bidon de lait)*; 2. (umgangssprachlich) Bauch *(se remplir le bidon)*; 3. (umgangssprachlich) Bluff, Täuschung, Lug und Trug *(Ce n'est pas du bidon, c'est vrai)*.[1] Bei einer ONG-bidon bezieht sich "bidon" auf die dritte Bedeutung - eine ONG-bidon ist also eine Art Bluff-Organisation im Bereich der Gemeinnützigen Vereine.

Vorbemerkungen und "natural history" der Materialgewinnung

In diesem Artikel möchte ich einige Materialien zum Thema "Organisationen in Afrika" aus der gegenwärtigen "praktizierenden Entwicklungspolitik" vorstellen. Die Gelegenheit zur Materialsammlung bot sich mir im West-Sahel zwischen 1987 und 1991, als ich für eine deutsche Nicht-Regierungsorganisation (NRO) als deren Berater dortselbst ein Regionalbüro aufbaute.[2] Eine meiner Aufgaben war es, die lokale ONG-Szene der Region - also afrikanische nichtstaatliche Hilfsorganisationen, die im Bereich Entwicklung arbeiten - zu erkunden, um auf diese Weise mögliche neue Projektpartner für die erwähnte deutsche Organisation zu identifizieren und mit ihnen eine Zusammenarbeit zu initiieren. Der "Lebensmittelpunkt" war Dakar, das "Schweifgebiet" war demnach im wesentlichen der Senegal, der zum frankophonen Afrika gehört.

Als Ethnologe, der zunächst aufgrund biographischer Zufälligkeiten im *Feld* der Entwicklungspolitik und -zusammenarbeit angekommen ist, hatte ich mir zu Beginn meiner Tätigkeit im West-Sahel ernsthaft vorgenommen, auch ethnographisch und ethnologisch zu arbeiten. Viel mehr als eine "diskursive Sonntagsethnologie" wurde es allerdings nicht. Das hatte zunächst nichts mit Arbeitsökonomie, Zeitbudget, mangelnder Gelegenheit, Abwehr, Interessenverlust etc. zu tun. Als Experte der Entwicklungszusammenarbeit war ich in einer Situation, wo ich verstehen sollte *und* handeln und beraten mußte. Eine Vermischung von entwicklungspolitischer Praxis und ethnographisch/ethnologischer Arbeit erschien mir zum damaligen

Zeitpunkt nicht loyal gegenüber jenen Individuen und Organisationen, mit denen ich arbeitete und/oder in privatem Kontakt stand.

Die Darstellung des erwähnten Fallbeispiels zum Thema "Organisationen in Afrika" bringt ein gravierendes Problem mit sich: Zum einen aus Gründen der erwähnten Loyalität, zum anderen aber auch, weil ich in jedem Fall den Anschein einer Denunziation vermeiden möchte. Mein Fallbeispiel ist in seinem Kern skandalös. Es geht um afrikanische ONGs, deren Mitarbeiter perfekt den Jargon der entwicklungspolitischen Geber-Organisationen der Industrieländer beherrschen und die auf diese Weise die Technik meisterhaft verstehen, entwicklungsbezogene Gelder abzurufen, ohne diese in lokale Entwicklungsprojekte fließen zu lassen. In der Zeit meiner Tätigkeit im West-Sahel hatte ich zu einigen dieser fraglichen Organisationen auf mehreren Ebenen Kontakt und konnte auf diese Weise ihre Tätigkeiten über einige Jahre mitverfolgen und en passant "teilnehmend beobachten".

Die ONG-Szene ist im Senegal zwar üppig, dennoch, zumindest nach einiger Zeit des Aufenthaltes und nach diversen "Integrationsmaßnahmen", einigermaßen überschaubar. Man kannte sich. Sei es über Projektanträge, über Seminare und Tagungen, über die Veranstaltungen von ONG-Dachorganisationen, über gemeinsame Bekannte und über Kontakte, die nichts, oder nur am Rande, mit dienstlichen Fragen zu tun hatten. Zu einzelnen Vertretern der zur Debatte stehenden Organisationen hatte ich sogar eine Art "Scherzbeziehung"; der französische Terminus, "parenté à plaisanterie", ist unter den senegalesischen Intellektuellen und der urbanen ONG-Szene durchaus bekannt und geläufig. Man konnte miteinander recht derbe Scherze und ironisch-sarkastische Kommentare über den jeweils anderen austauschen, ohne daß persönliche Verletzungen und Kränkungen virulent wurden, da ja die augenzwinkernde Scherzbeziehung die Plattform des Umgangs miteinander war. Somit ist es mir unmöglich, die Personen, die Organisationen und einzelne Orte identifizierbar zu machen. Es wäre so etwas wie Verrat von etwas, das man nur unter bestimmten "Spielregeln" mitbekommen kann.

Unter entwicklungspolitischen Gesichtspunkten betrachtet, ist dies natürlich nicht ganz korrekt, da es eigentlich notwendig wäre, tatsächlich einmal die, um-es-mal-beim-Namen-zu-nennen!, "abzockenden schwarzen Schafe" zu identifizieren. Dies schon allein deswegen, um die seriösen lokalen ONGs vor einer verallgemeinernden Diskreditierung zu schützen. Dafür ist aber hier nicht der Ort. Das ist ein anderes Thema und ein weites Feld. Dennoch sei an dieser Stelle den Connaisseuren des West-Sahels, der afrikanischen ONG-Szene und der potemkinschen Projekte der folgende "Tip" gegeben: Das allgemein zugängliche Handbuch des CONGAD in Dakar/Senegal - genauer: das "Repertoire des ONG-Membres" des "Conseil des Organisations Non Gouvernementales d'appui au Développement" - birgt eine Liste von etwa 40 lokalen und etwa 35 internationalen ONGs, die einen guten Fundus für die Recherche nach den hier zur Debatte stehenden Organisationen darstellt. Der CONGAD ist eine der Dachorganisationen der ONGs, die im Senegal akkreditiert und auf freiwilliger Basis Mitglied in dieser Dachorganisation sind. Der CONGAD ist eine Art Dienstleistungsbetrieb für die ONGs. Er berät die Mitglieder in organisatorischen Fragen und knüpft auch Verbindungen zu internationalen Donor-Agencies. Zudem führt er Seminare zu bestimmten Arbeitsbereichen der ONGs durch, wie z.B. Buchhaltung, Arbeit mit schwierigen Zielgruppen (Slums, Straßenkinder), Erarbeitung von Projektentwürfen etc.

Die Petrischale der ONGs-bidon

Der Senegal liegt - aus der Perspektive der Entwicklungsgeographie betrachtet - an der fruchtbaren und reichhaltigen Mündung internationaler Mittelabflüsse. Der grand old man der französischen Entwicklungspolitik, René Dumont, hat in seiner bissigen Redeweise einmal bemerkt, daß die ausländischen Hilfsgelder für den Senegal "nicht ins Meer fließen, wie man zuweilen meinen könnte, sondern daß sie an der Corniche, der luxuriösen Uferstraße in Dakar, gestaut werden, wo prächtige Villen emporsprießen"[3].

Für internationale Hilfsorganisationen ist der Senegal überaus attraktiv: Liebling des französischen Mutterlandes zur Kolonialzeit, ist er heute immer noch ein Liebling der internationalen Entwicklungspolitik in Afrika. Der Senegal verfügt über relativ gute Kommunikationsnetze. Das Land übt sich seit einigen Jahrzehnten in interessanten Demokratie-Etuden - Leopold Senghor, der Poet und erste Präsident des Landes nach der Unabhängigkeit, hat es in seiner unnachahmlichen Art einmal folgendermaßen ausgedrückt: "Der Senegal ist das Schaufenster der Demokratie Afrikas ..., das Griechenland Afrikas." Die Hauptstadt bietet einigen mitteleuropäischen Komfort; Franzosen und Libanesen sorgen dafür, daß bestimmte Standards vorhanden sind. Das Verkehrs- und Kommunikationsnetz ist im Senegal recht gut ausgebaut und wird, zumindest im Notwendigsten, instandgehalten. Französisch ist als Umgangssprache weitgehend akzeptiert, die Kenntnis von Lokalsprachen gehört nicht - wie zum Beispiel in Tanzania - zum "guten Expertenton". Kurzum: Ende der achtziger/Anfang der neunziger Jahre unterhielten 75 internationale ONGs ein Büro im Senegal, darunter 34 französische und 27 amerikanische. Hinzu kamen noch die zahlreichen Projektbüros der staatlichen Entwicklungsdienste und die der parteinahen Stiftungen. Aus der Bundesrepublik Deutschland kamen über zwanzig derartige Projektbüros, die im Senegal zu dieser Zeit installiert waren. Selbst die Bundeswehr war mit einer kleinen Beratertruppe vertreten. Hinzuzurechnen sind auch noch jene kleinen und großen Hilfsorganisationen, die zwar kein eigenes Projektbüro im Senegal unterhalten, jedoch über die jeweiligen Zentralen in Europa und Amerika senegalesische Partnerorganisationen unterstützen. Denn im Senegal existieren zahlreiche lokale ONGs, die für die Arbeit der internationalen ONGs überaus wichtig sind, da die heute vorherrschenden entwicklungspolitischen Paradigmen eine Zusammenarbeit mit lokalen Trägern von Projekten notwendig machen.

Der Senegal hat eine lange Tradition mit Organisationen vom Typ "ONG" - die älteste (und noch bestehende) wurde bereits 1955 in Dakar gegründet. Es gibt mehrere formelle und informelle sowie viele lokale und regionale ONG-Netzwerke, die zum Teil als reine Dienstleistungsorganisationen (Informationen, Beratungen etc.) für ihre Mitglieder tätig sind (wie z. B. der bereits erwähnte CONGAD) und zum Teil, sich als Avantgarde verstehend, den quasi Unterorganisationen Direktiven ausgeben.

ONG-Varietäten: "GONGO" und "ONG-bidon"

Nicht-Regierungsorganisationen sind nicht nur in Europa ein boomender Geschäftszweig. Das "Geschäft mit der Hilfe" blüht dort, woher die Hilfe kommt - in den sogenannten Geber-Ländern, aber auch dort, wohin die Hilfe geht - in den sogenannten Empfänger-Ländern. Es bestehen gegenseitige Einverständnisse, aber auch beiderseitige Skepsis. In Afrika haben sich in den letzten Jahrzehnten zahlreiche lokale und regionale ONGs gebildet, deren Gründungen zu einem beachtlichen Teil auf die Initiative von ONGs der Geberländer zurückzuführen sind. Die ONGs der Geberländer benötigen vor Ort in den Entwicklungsländern "Counterparts", die zu ihnen selbst kompatible Strukturen aufweisen und über die gemeinsam konzipierte Projekte der Entwicklungszusammenarbeit abgewickelt werden können. In der Regel bestehen diese sogenannten Partnerschaften über viele Jahre. Die Etappen sind zumeist dreijährige Projekt-Programme; dieser Rhythmus hat sich im Verlauf der letzten Entwicklungsdekaden als relativ sinnvoll erwiesen. Die Projekte eines Programms werden zunächst in einer Art "blue-print", einer Projektvorlage, skizziert; wobei das jeweilige Projekt in seinen Einzelheiten an Hand von Methoden, Zielgruppe, Budget, Eigenbeteiligung, Dauer, erwünschten Ergebnissen etc. beschrieben und legitimiert wird. Nach der finanziellen Bewilligung, etwaigen Modifizierungen und nach einer (zuweilen notwendigen) Vorlaufphase wird das Projekt umgesetzt und durchgeführt. Gegen Ende des Projekts wird häufig eine Evaluierung durchgeführt, und die Ergebnisse werden ausgewertet, wobei eine zentrale Frage die des "Follow-up", des Nachfolgeprojekts ist.

Das Spektrum der lokalen afrikanischen ONGs ist überaus vielfältig. Es finden sich ONGs, die eng mit Kirchen und islamischen Bruderschaften kooperieren, wie auch ONGs, die keine kirchlichen und/oder religiösen Strukturen haben. Es gibt ONGs, die nur eine begrenzte lokale Bedeutung haben, aber auch solche, die einen regionalen und/oder nationalen Wirkungskreis haben. Zum Teil haben die ONGs - vor allem in den Metropolen - in ihrer Arbeitsweise und Sozialethik eine gewisse Ähnlichkeit mit jenen alternativen Organisationen in der Bundesrepublik, die sich Anfang der siebziger Jahre (nach der legendären "Randgruppenkonferenz" 1969 in

Berlin) gebildet haben, während andere ONGs eher den etablierten "gemeinnützigen Vereinen" entsprechen. Soweit einige afrikanische ONG-Facetten.

In den letzten Jahren hat sich die ONG-Szene in Afrika nochmals ausdifferenziert - einige neue Formen sind entstanden.

Zunächst jene, die informel als "GONGOs" bezeichnet werden. GONGO steht dabei für "Government Organized Non Governmental Organization".[4] Dabei handelt es sich um ONGs, die mehr oder weniger indirekt auf Initiativen der jeweiligen Regierung zurückgehen, wobei die betreffenden staatlichen Behörden und/oder Ministerien diskret im abgeschirmten Hintergrund bleiben. Die Bildung dieser Art von ONGs ist relativ einfach zu erklären: Seit einigen Jahren ist zu beobachten, daß staatliche Geber-Organisationen nicht mehr nur mit staatlichen Behörden und Ministerien in Afrika über die Dimensionen der "entwicklungspolitischen Dreieinigkeit" TZ-FZ-PZ (Technische, Finanzielle und Personelle Zusammenarbeit) verhandeln, sondern auch im privaten, nichtstaatlichen Sektor mögliche *direkte* Kooperationspartner entdecken. Dieser entwicklungspolitische Paradigmenwechsel hat im wesentlichen zwei Gründe:

Zum einen haben sich im Verlauf der letzten Jahre viele afrikanische ONGs zu professionellen Agenturen der Entwicklungszusammenarbeit hin verändert, die mit fachlicher und administrativer Kompetenz Projekte planen und durchführen. Damit gerieten sie auch ins Blickfeld von *staatlichen* Geber-Organisationen, die die Qualifikation und das lokale Know-how der betreffenden ONGs schätzen und nutzen wollen. Zudem sind deren Projekte überschaubarer und transparenter als die gigantomanischen Prestigeprojekte der staatlichen Entwicklungsbehörden - die im Moment nicht "trendy" sind und die häufig nur noch als bizarre Entwicklungsruinen in der afrikanischen Landschaft an die Hybris entwicklungspolitischer Euphorien gemahnen.

Zum anderen hat der berühmte "wind of change" Ende der achtziger Jahre, der das Finale des Kalten Krieges mit sich brachte, die entwicklungspolitischen Karten in der Dritten Welt neu gemischt und neu verteilt. Das trifft ganz besonders auf Afrika zu. Seit dem Ende der Ost-West-Konfrontation sind die Nebenkriegsschauplätze des Kalten Krieges in Afrika verlassen. Afrika spielt seitdem - weltinnenpolitisch gesehen - eine noch geringere Rolle. Das wirkt sich auch auf direkte und konkrete entwicklungspolitische Kooperationen mit den Regierungen aus. Es ist in diesem Zusammenhang wohl kein Zufall, wenn der schillernde Begriff "die Kleptokratien Afrikas" im Jahre 1989 zum erstenmal im Weltbankbericht auftaucht. In der Zeit zuvor wäre diese offene Sprache nicht nur ein falscher diplomatischer Zungenschlag gewesen, sondern ein klarer Eklat. Wie dem auch sei: Die entwicklungspolitische Großwetterlage hat zu einem neuen staatlichen Geberverhalten gegenüber afrikanischen Regierungen geführt, und Projektfinanzierungen werden nunmehr nach einem ausführlichen Konditionalitätenkatalog "gecheckt", der von den Faktoren Demokratie und Menschenrechte über die Faktoren Wille zur Marktwirtschaft und Militärbudget bis hin zu den Faktoren Umweltverträglichkeit und

Frauenbeteiligung reicht. Vor allem mit den erstgenannten Faktoren haben recht viele afrikanische Regierungen ihre Schwierigkeiten, und die Donor-Agencies zeigen ihnen die "gelbe oder rote Karte".

Dies führte bei afrikanischen Regierungen zu einer Gegenstrategie: Was lag näher, als sich in einem anderen Gewand - im GONGO-Design - an die Ufer der staatlichen Mittelabflüsse zu begeben, die nunmehr reichhaltig für Nicht-Regierungsorganisationen fließen. Diese GONGOSs sind mehr oder weniger von staatlichen Behörden, zumeist Unterorganisationen von Ministerien, ausgestattet, gesteuert und personell besetzt. Gleichzeitig sind diese Organisationen als reguläre ONGs im Senegal akkreditiert. Auf diese Weise ist es zum Beispiel möglich, daß Entwicklungsmaßnahmen, die von der Regierung durchgeführt und finanziert werden müßten (z. B. im Gesundheitswesen) und für die keine Finanzpartner aus den Industrieländern gefunden werden konnten, tatsächlich indirekt über GONGOs und deren Geber-Organisationen realisiert werden.

Ein Nebeneffekt ist dabei, daß die Regierungen die GONGOs als "Trojanische Pferde" einsetzen: Die GONGOs sind Mitglieder der ONG-Dachverbände und versuchen in dieser Funktion, die ONG-Szene zu beobachten und Einfluß auf die Politik der ONGs zu nehmen. Dies macht sich auch im internationalen Maßstab bemerkbar, da zum Beispiel bei Kongressen der UNO-Organisationen, bei denen in den letzten Jahren die ONGs der Dritten Welt allmählich an Gewicht gewinnen, häufig GONGOs die ONGs eines Landes repräsentieren.[5]

Hilfsorganisationen (hier: Geber-Organisationen) der Entwicklungszusammenarbeit benötigen als strukturierendes Element ihrer Arbeit ein bestimmtes Selbstverständnis, eine "policy". Diese policy besteht zumeist aus diversen Leitmotiven, aus denen ablesbar ist, welches die "Geschäftsgrundlagen" der jeweiligen Organisation sind. Die Leitmotive stehen nicht nur im Kontext einer spezifischen Einschätzung der Situation in der Dritten Welt, sondern sie stehen auch in direkter Abhängigkeit zu den aktuellen gesellschaftlichen und politischen Diskursen des jeweiligen Landes. Die Diskurse über Menschenrechte, Umwelt, Frauen, Sicherheit, Bevölkerungswachstum, Marktwirtschaft etc. finden - je nach Orientierung der Hilfsorganisation - ihren Niederschlag in den Konditionalitäten der Organisationen. Die potentiellen Partnerorganisationen in der Dritten Welt brauchen deswegen bestimmte Profile, um mit den Geber-Organisationen Projekte durchführen zu können. Kritisch gewendet, könnte man sagen, daß unser jeweils aktueller common sense in die Dritte Welt exportiert wird. Gegenwärtig haben die obengenannten Diskurse Konjunktur.

Von seiten der afrikanischen ONGs gibt es mehrere Möglichkeiten, mit diesen Selbstverständnissen und Konditionalitäten der Geber-Organisationen umzugehen. Die einfachste Lösung ist die der formalen Anpassung an die von außen gesetzten Normen. Zum Beispiel "Frauenförderung": Frauenfördernde Maßnahmen stehen vor allem bei den privaten und kirchlichen Geber-Organisationen weit oben auf der Prioritätenliste förderungswürdiger Projekte und Programme der Entwicklungszusammenarbeit. Projektanträge, die diesen Kriterien nicht entsprechen, werden zur Überarbeitung an die lokalen ONGs zurückgeschickt. Im Jargon der Entwicklungszusammenarbeit heißt dies zuweilen "frauenspezifische Nachbesserung von Projekten". Die Antragsteller korrigieren dann den Projektantrag und geben Frauen die Möglichkeit der Mitwirkung bei den Projekten. Dies kann auf der Ebene der Projektverwaltung oder der Zielgruppenbestimmung geschehen. Bei einem Set von Projektanträgen, die von einer lokalen ONG gestellt werden, sind häufig auch "reine" Frauenprojekte vorhanden. Beliebt sind in diesem Zusammenhang die sog. Gartenanbauprojekte, die fast ohne Mitwirkung von Männern realisiert werden.

Eine weitere Möglichkeit besteht in der Form, daß zwischen Geber-Organisation und lokalen ONGs ein Kompromiß gefunden wird. Zum Beispiel "Umwelt und Ökologie": Umweltschonende Maßnahmen sind vor allem bei landwirtschaftlichen Projekten ein wichtiges Kriterium für die Projektfinanzierung. In bestimmten Regionen des Sahels kann dies jedoch kaum durchgeführt werden, da bestimmte Voraussetzungen (z. B. Biomasse für die Kompostierung) nicht vorhanden sind. Deswegen sind hier auch andere (weniger ökologische) landwirtschaftliche Maßnahmen notwendig.

Und dann gibt es noch die Strategie der ONGs-bidon! Bereits zu Beginn des Artikels wurde eine kurze Erklärung des Begriffs gegeben, die hier erweitert werden soll. ONG-bidon ist in gewisser Weise ein Wortspiel, da das französische Wort "bidon" mehrere Bedeutungen haben kann, unter anderem "Behälter" und "Bluff". Also: Eine Behälter-ONG und/oder eine Bluff-ONG. Entfernt erinnert der Begriff auch an den französischen Terminus "bidonville", der soviel wie "Slum, Elendsquartier" meint: Eine Stadt, deren Häuser aus den Blechplatten von Dosen und Fässern erbaut wurde. Und bidonvilles sind jene Orte, an denen viele ONGs aktiv sind - auch die ONGs-bidon.

Der Begriff "ONG-bidon" ist in der ONG-Szene im Senegal allgemein bekannt. Der Begriff dient - hinter vorgehaltener Hand - zur Beschreibung jener ONGs, die es zum Teil meisterhaft verstehen "fund raising" zu betreiben, also Finanzpartner (Geber-Organisationen) für Projekte zu akquirieren, die dann allerdings nicht (zumindest nicht in dem Umfang) realisiert werden, wie es in der jeweiligen Projektvorlage angegeben wurde. (Nach einer groben Schätzung kann man davon ausgehen, daß von den im Senegal akkreditierten ONGs etwa 10% zu den ONGs-bidon zu rechnen sind.)

Eine andere Variante sieht folgendermaßen aus: Die betreffende ONG-bidon schickt eine Projektvorlage an verschiedene Geber-Organisationen und läßt sich das Projekt von mehreren Finanzpartnern finanzieren, wobei die jeweiligen Geber-Organisationen von dieser Mehrfach-Finanzierung nicht informiert sind. Diese Strategie ist relativ risikoreich, da die jeweilige ONG-bidon damit rechnen muß, daß die betroffenen Geber-Organisationen Informationen über ihre finanzierten Projekte austauschen und die Doppel- oder Dreifach-Finanzierung eines einzelnen Projektes "auffliegt". Allerdings sind den Organisatoren der ONGs-bidon zumeist die Vernetzungen der internationalen Geber-Organisationen in groben Umrissen bekannt. So käme nur eine "dilettantische" ONG-bidon auf die Idee, die mehrfach zu finanzierende Projektvorlage an zum Beispiel eine katholische und eine evangelische Hilfsorganisation in der Bundesrepublik zu senden, da zu vermuten ist, daß die dortigen Länderreferenten miteinander im Kontakt stehen und sich über die jeweiligen Projektpartner austauschen. Das System der ONGs-bidon funktioniert in der Weise, daß die Finanzierungsanträge an sehr unterschiedliche Geber-Organisationen geschickt werden, von denen anzunehmen ist, daß sie nicht miteinander in Kontakt stehen. Es ist zum Beispiel unwahrscheinlich und deswegen risikoarm, daß eine evangelische Hilfsorganisation aus Holland, eine staatliche Geber-Organisation der USA und eine halbstaatliche Entwicklungsorganisation für angepaßte Technologie aus Italien untereinander feststellen, daß sie das gleiche Projekt einer bestimmten senegalesischen ONG unterstützen.

Um all dies richtig einzuschätzen, ist es notwendig, daß die ONG-bidon über professionelles und profundes entwicklungsbezogenes Wissen verfügt. Sie muß über die internationalen und nationalen Vernetzungen der Geber-Organisationen Bescheid wissen, und sie muß die entwicklungsbezogenen Schwerpunkte jener Organisationen kennen, die von der ONG-bidon angeschrieben werden. Denn die Projektvorlagen und Finanzierungsanträge, die sich auf das gleiche Projekt beziehen, müssen zumeist in Variationen formuliert sein. So muß bei einem landwirtschaftlichen Projekt die Vorlage, die für eine Hilfsorganisation gedacht ist, die nur ökologische und umweltschonende Anbaumethoden unterstützt, anders formuliert sein als jene Vorlage, die an eine japanische Hilfsorganisation geschickt wird, die der Gentechnologie nahesteht.

Weiterhin ist es notwendig, daß die Administration und Projektverwaltung der ONG-bidon gut durchorganisiert ist. Die Geber-Organisationen gehen immer häufiger dazu über, den finanziellen Teil einer Projekt-Evaluierung vor Ort durchführen zu lassen und nicht mehr von der Finanzabteilung der europäischen oder amerikanischen Zentralen. Die Buchführung der betreffenden Organisationen findet demzufolge in den afrikanischen Ländern statt. Von den Ergebnissen der gesamten Evaluierung ist es abhängig, ob das betreffende Projekt eine weitere Finanzierung durch die Geber-Organisation erfährt. Für die ONGs-bidon heißt dies konkret, daß die Buchführung*en* eines mehrfach finanzierten Projekts unabhängig voneinander verwaltet werden müssen. Gleiches betrifft auch die Konten auf der Bank, besser: auf den verschiedenen Banken.

Ein "ONG-bidon"-Fallbeispiel

Die Programme und Arbeitsschwerpunkte dieser ONGs-bidon lesen sich wie die Kataloge von gigantischen Entwicklungswarenhäusern: Développement - en gros et en detail. Die einzelnen ONGs-bidon präsentieren sich als "ideelle Gesamt-Entwicklungshelfer", die für (fast) alle Bereiche der Entwicklungszusammenarbeit zuständig sind. Eine ONG in Dakar, die im Folgenden näher vorgestellt werden soll und die Anfang der neunziger Jahre mit sieben Mitarbeitern (sechs Männer und eine Frau) arbeitete, war zu dieser Zeit in den folgenden Bereichen tätig, wie sich aus der erwähnten CONGAD-Broschüre entnehmen läßt: "Verbesserung des Lebensstandards im städtischen Bereich. Frauenförderung im ländlichen Bereich. Beratung bei der Gründung von Unternehmen im ländlichen und städtischen Milieu. Kinder- und Frauenschutzmaßnahmen. Projektberatung und Projektbegleitung in den Bereichen Landwirtschaft, Umweltschutz, Wasserversorgung, Fischerei, Technologien, Erziehung, Gesundheit, Viehhaltung, Handel. Schulische Hilfen. Gartenanbau. Verbesserung des integrierten ländlichen Tourismus. Aus- und Weiterbildung in den Bereichen Verwaltung von Dorfentwicklungsprojekten. Veredelung und Konservierung von Landwirtschafts- und Fischereierzeugnissen. Projekte gegen die Versalzung von landwirtschaftlichen Gebieten."

Die Mitarbeiter der betreffenden ONG hatten zumeist mehrjährige Arbeitserfahrungen in anderen lokalen ONGs gesammelt. Im Rahmen dieser Tätigkeiten hatten sie die Möglichkeit, die Arbeitsweise und die verschiedenen Selbstverständnisse und Ideologien der internationalen Hilfsorganisationen und Donor-Agencies kennenzulernen. Sei es durch Tagungen, Seminare und Kongresse, durch Broschüren, durch Projektbesuche der Referenten und Experten dieser internationalen ONGs und durch Konsultationen und Hospitationen in den europäischen Zentralen der Organisationen. Einige Mitarbeiter der hier zur Debatte stehenden lokalen ONG in Dakar hatten einige Jahre in Frankreich studiert und/oder gearbeitet. Dadurch waren ihnen französische (oder europäische) Denkgewohnheiten vertraut, und sie kannten die Entwicklungs-Ideologien der "tier-mondistes"[6] ebenso wie die der staatlichen Geber-Organisationen.

Ihr Projektbüro war am Stadtrand von Dakar gelegen, einem Stadtteil, in dem die Familien von "kleinen" Angestellten und Arbeitern mit sehr niedrigem Einkommen leben. Dortselbst hatte die Organisation eine Art Schule gebaut, in der in erster Linie Erwachsenenbildung und Ausbildung von Jugendlichen betrieben wurde. Das weitläufige, dreigeschossige Schulhaus, in dem auch das Projektbüro untergebracht war, war schon von weitem auffallend, da es die umliegenden Gebäude des Stadtteils an Umfang weit überragte. Der Name der Organisation war in riesigen Buchstaben an die zur Straße gelegene Häuserwand gemalt. Wenn man mit dem Auto aus der Innenstadt in den Stadtteil wollte, so mußte einem das Gebäude und der Name der Organisation unweigerlich auffallen.

Verschiedene europäische und amerikanische Hilfsorganisationen und Donor-Agencies hatten den Gebäudekomplex sowie die Einrichtung der Schule und des Projektbüros finanziert. Die Organisation hatte zuvor diversen internationalen Hilfsorganisationen ähnliche Projektanträge vorgelegt, die sich auf den Bau einer außerschulischen Ausbildungsstätte für Erwachsene und Jugendliche bezogen. Vom Gesamtumfang her waren diese Projektanträge relativ bescheiden - gemessen an dem sichtbaren Ergebnis, dem Schulgebäude. Erklären läßt sich dies auf eine sehr einfache Weise. Die Organisation, die Ende der siebziger Jahre gegründet wurde, hatte zunächst als kleine stadtteilbezogene ONG erfolgreich mit einem außerschulischen Bildungsprojekt begonnen. Unterstützt wurde sie dabei von verschiedenen Geber-Organisationen in Europa, die das Projekt im Rahmen von abgesprochenen Co-Finanzierungen förderten. Die einzelnen Programme und Projekte wurden also gemeinsam getragen. Jede Geber-Organisation wußte von dem jeweiligen Engagement der anderen. Doppelfinanzierungen waren bei dieser Form der Kooperation kaum möglich.

Der entscheidende Schritt geschah Anfang/Mitte der achtziger Jahre, als die Organisation eine beträchtliche Erweiterung ihrer Administration, Aufgabenfelder und ihres Wirkungskreises plante. Die bisherigen Partner- bzw. Geber-Organisationen verweigerten eine Unterstützung in dem anvisiertem Umfang. Es bestanden Bedenken, daß die Organisation eine derartige Vergrößerung nicht - zumindest nicht in diesem Tempo - verkraften würde. Zudem hielten die europäischen Partner-Organisationen die Mitarbeiter der betreffenden ONG für die neuen projektierten Arbeitsfelder auch nicht (zumindest noch nicht) für ausreichend kompetent, um diese qualifiziert durchzuführen. Eine weitere finanzielle Unterstützung wurde davon abhängig gemacht, daß die ONG sich weiterhin auf ihr traditionelles Arbeitsgebiet konzentrierte und eine Erweiterung nur in kleinsten Schritten vollzog.

Nach außen hin entsprach die ONG diesen Bedingungen und legte den Partner-Organisationen einen Projektantrag vor, der unter anderem den Bau von einem kleinen Ausbildungszentrum vorsah. Die Finanzierung wurde bewilligt.

Vertreter der Partner-Organisationen waren einigermaßen erstaunt, als sie einige Zeit später bei einem Projektbesuch ein Ausbildungszentrum besichtigen konnten, das um ein mehrfaches größer und ausgestatteter war als das im Projektantrag bewilligte. Auch hatte die Organisation den Mitarbeiterstab erweitert und damit angefangen, in neuen Arbeitsbereichen tätig zu werden. Was war also geschehen?

Die ONG hatte den Projektantrag nicht nur an die traditionellen Partner-Organisationen geschickt, sondern gleichzeitig und unabhängig an verschiedene andere Geber-Organisationen, von denen bekannt war, daß sie Kleinprojekte dieser Art förderten. Diese zweite Gruppe von möglichen Geber-Organisationen war von der ONG mit Bedacht ausgewählt worden, da unbedingt vermieden werden mußte, daß die Organisationen von den verschiedenen Finanzierungsanträgen erfuhren. Insgesamt hatte die ONG dabei reüssiert: Zumindest dreimal wurde das gleiche Projekt finanziert. Für die traditionellen Partner-Organisationen bestand nach dem Bekanntwerden dieser Angelegenheit keine Geschäftsgrundlage mehr, die eine weitere Zusammenarbeit mit der ONG sinnvoll erscheinen ließ.

Dafür aber hatte die ONG ein neues "lay-out", sie war nicht mehr die kleine Stadtteil-ONG, die im informellen Bildungssektor arbeitete, sondern sie war zu einer sichtbaren städtischen ONG geworden, die mit ihrem äußeren Erscheinungsbild signalisierte, daß sie in großem Maßstab tätig sein konnte. Damit geriet die

ONG auch in das Blickfeld von Geber-Organisationen, die von ihrer Struktur und ihrem Selbstverständnis her größere Partner-Organisationen in den Entwicklungsländern für eine Zusammenarbeit benötigen. Von da ab entwickelte sich diese ONG sukzessive zu einer "klassischen" ONG-bidon. Das Gesamtprogramm der Organisation wurde den herrschenden "Entwicklungsmoden" angepaßt. Die Mitarbeiter hatten ein gutes Gespür für neue "Trends" der internationalen Entwicklungszusammenarbeit: Umwelt, Frauen, Kinder, angepaßte Technologie, Dorfentwicklung, Ernährungssicherung ... Die Organisation präsentierte sich als ideale afrikanische Entwicklungshilfe-Agentur in Sachen "Hilfe zur Selbsthilfe", einer Art "Relais-Station" zwischen den fernen internationalen Geber-Organisationen und den kleinen lokalen Selbsthilfe-Gruppen und Dorfprojekten, die nunmehr auch von der betreffenden Organisation betreut werden sollten.

Das oben beschriebene Gesamtprogramm war für potentielle und tatsächliche Geber-Organisationen attraktiv, da zum einen die ONG Mitarbeiter präsentieren konnte, die über organisatorisches, logistisches sowie sachliches und entwicklungsbezogenes Know how zu verfügen schienen; zum anderen zeigte sich die ONG so flexibel und diplomatisch, daß auch bei schwierigen Projektfragen Kompromisse zwischen einer entlegenen Dorfinitiative und der Geber-Organisation möglich wurden. Für die Geber-Organisationen gab es einen Ansprechpartner, der wichtige koordinierende Funktionen wahrnehmen konnte, wodurch diese selbst arbeits- und verwaltungsmäßig entlastet wurden. Gleichzeitig konnte für die Geber-Organisationen der "Output" von realisierten Projekten in einem bestimmten Tempo gehalten werden.

Der Bluff, der "bidon" der Organisation lag in dieser zweiten Phase - nach dem "Cou" mit dem Schul- und Verwaltungsgebäude - darin, daß es de facto die lokalen und regionalen Verankerungen nicht (oder nur in rudimentären Ansätzen) gab. Die Projekte waren zu einem großen Teil nur in Form der Projektvorlagen vorhanden; zum anderen Teil existierten sie zwar, jedoch dann zumeist nur als Projekte anderer Organisationen mit anderen Finanzpartnern. Die von den Geber-Organisationen für bestimmte Projekte zugesagten und auch abgerufenen Mittel wurden für andere, im wesentlichen private Zwecke genutzt. Hinzuzufügen ist, daß die ONG-bidon nicht nur Geber-Organisationen in ihre "Projektfinanzierung" einbezogen hatte, die über *kein* Projektbüro im Senegal verfügten, sondern auch Geber-Organisationen, die im Senegal vertreten waren. Damit war natürlich die Gefahr groß, daß die potemkinschen Projekte als solche identifiziert werden konnten. Für Projektbesuche seitens der Referenten und Experten der Geber-Organisationen hatte sich die ONG-bidon allerdings vorbereitet: In diesen Fällen entlieh sich die ONG-bidon existierende Projekte von anderen ONGs - zumeist ohne deren Wissen.

Die skizzierte ONG-bidon im Senegal hatte das gegenwärtige System der entwicklungsbezogenen Nord-Süd-Partnerschaften sehr geschickt für ihren "privaten Profit" ausgenutzt.

Zusammenfassend läßt sich folgendes konstatieren:

Die entwicklungsbezogenen Geber-Organisationen haben entwicklungspolitische Selbstverständnisse, Richtlinien und policies, die bestimmte gesellschaftliche, politische und soziale Diskurse der jeweiligen industrialisierten Länder reflektieren. Diese Diskurse werden jedoch häufig nur in sehr abstrakter Form (siehe z.B. die UNO-Kongresse zu den Themen "Umwelt", Rio 1992; und Bevölkerung, Kairo 1994) mit der sogenannten Dritten Welt geführt. Auf den verschiedenen Ebenen der Projekt*zusammenarbeit* findet eine Auseinandersetzung über die entwicklungspolitischen Paradigmen, Selbstverständnisse und Ideologien der Nord-Süd-Partner nur in sehr seltenen Fällen statt. Über die Finanzierung von Projekten wird zumeist auf der Grundlage von Projektanträgen aus den "Entwicklungsländern" entschieden. Sofern die Projektvorschläge in die Gesamt-policy einer Geber-Organisation passen und sofern ausreichende Mittel zur Verfügung stehen, wird das Projekt finanziert. Wenn die Projektvorschläge jedoch nicht in das Gesamtkonzept einer Geber-Organisation passen, wird der Projektantrag abgelehnt, falls die antragstellende Organisation nicht auf die von der Geber-Organisation geforderten Veränderungen eingeht. Kompromisse sind dabei selten.

In den vergangenen dreieinhalb "Entwicklungsdekaden" gab es eine ganze Reihe von Entwicklungsparadigmen - und Paradigmenwechseln: "Nachholende Entwicklung", "Nachhaltige Entwicklung", "Strukturanpassung", "trickle down-Strategie", "Hilfe zur Selbsthilfe", "Armutsbekämpfung" etc. Zumeist waren es Strategien, die *im* Norden *für* den Süden "entwickelt" wurden. Dies gilt für die "out-lines and high-lights" der Entwicklungspolitik ebenso wie für die Konditionalitäten und Modalitäten auf der Projektebene (z.B. Frauenförderung, Umweltschutz, Familienplanung). Unabhängig von der Richtigkeit, Notwendigkeit und Wichtigkeit einzelner Paradigmen und Konditionalitäten: Der Transfer dieser Konzepte und Strategien vollzog und vollzieht sich als eine gigantische Mission des Nordens für den Süden.

Die Länder und Organisationen der Dritten Welt, also die Empfänger der Entwicklungshilfe, reagieren mit sehr unterschiedlichen Strategien auf diese Rahmenbedingungen. Das Spektrum reicht von der formellen Anpassung an die von außen gesetzten Konditionalitäten, die allerdings bei der Realisierung der Projektmaßnahmen "umgeschmiedet" werden, bis neuerdings zu Ansätzen der Verweigerung.[7]

Das geschilderte Beispiel einer ONG-bidon ist ebenfalls eine Strategie oder eine Reaktion und Antwort auf das gegenwärtig herrschende Geber-Nehmer-System. (Wie bereits vermerkt, sollte in diesem Aufsatz das Phänomen ONG-bidon nicht als "Delikt der Entwicklungszusammenarbeit" behandelt werden.) Die existierenden ONGs-bidon sind in spezieller Weise die andere Seite des erwähnten boomenden Geschäfts mit der Hilfe. Die Geber-Organisationen der Industrieländer sind nämlich selbst auch Empfänger-Organisationen: Sie bekommen ihre Finanzmittel, je nach Orientierung, von staatlichen Stellen, kirchlichen Dachorganisationen und privaten

Einzelspenden. Um diese Finanzmittel kontinuierlich zu erhalten, sind die Hilfsorganisationen gezwungen, Erfolge vorzuweisen, damit ihre Arbeit legitimiert ist. Die Erfolge werden dabei in ihrem quantitativen und qualitativen Umfang gemessen: Je mehr Projekte im Kontext Frauenförderung, ökologische Landwirtschaft, Hilfe zur Selbsthilfe etc. realisiert werden, die also den oben erwähnten Konditionalitäten entsprechen, desto gesicherter sind die künftigen Einnahmen der Hilfsorganisation, da sie "Produkte" vorweisen können. Die Konkurrenz zwischen den Geber-Organisationen ist dabei groß, da (wie das Beispiel Bundesrepublik zeigt) das Spendenaufkommen der Bevölkerung für die "Entwicklungshilfe" ebenso begrenzt ist wie die entwicklungsbezogenen Mittel des Staates und der Europäischen Union, die von den Hilfsorganisationen der Entwicklungszusammenarbeit abgerufen bzw. beantragt werden können.

Die Situation der sogenannten Geberorganisationen läßt sich in kurzer Form folgendermaßen umschreiben: Gute Projekte verzweifelt gesucht! "Gute Projekte" meint in diesem Zusammenhang: sie müssen dem jeweiligen Selbstverständnis und den entwicklungspolitischen Werten der Geldgeber weitreichend entsprechen, und sie müssen mit möglichst geringem Verwaltungsaufwand abzuwickeln sein.

Die ONGs-bidon haben die Situation, in der sich die Geber-Organisationen befinden, für sich perfekt instrumentalisiert.

Anmerkungen

1 Beispiele aus dem "Petit Robert"-Wörterbuch, Paris 1987.

2 Im folgenden wird das französische Kürzel für Nicht-Regierungsorganisation "ONG" (Organisation Non-Gouvernemental) verwendet.

3 René Dumont/Marie-France Mottin, L'Afrique étrangée, Paris 1980, S. 203.

4 Das Thema "GONGO" wird auch von Dieter Neubert in seinem Artikel "NRO und Selbsthilfe in Kenia" behandelt. In: Manfred Glagow (Hg.), Deutsche und internationale Entwicklungspolitik, Opladen 1990.

5 Vgl. dazu Jens Martens, Dabeisein ist noch nicht alles. Die NGOs in den Vereinten Nationen. In: Vereinte Nationen, Zeitschrift für die VN, Bonn (1993) 5.

6 Der französische Begriff "tier-mondiste" läßt sich nur schwer ins Deutsche übertragen. "tier monde" heißt auf Deutsch "Dritte Welt". Mit "tier-mondistes" sind jene französischen Initiativ- und Solidaritätsgruppen gemeint, die, häufig mit ideologischen Überfrachtungen, für die Angelegenheiten der Entwicklungsländer eintreten. Eine sehr bissige "Polemik" gegen diese tier-mondistes hat Pascal Bruckner vorgelegt: Das Schluchzen des Weißen Mannes, Berlin 1983.

7 Vgl. dazu Axelle Kabou, Weder arm noch ohnmächtig, Basel 1993. Der deutsche Titel ist etwas irreführend. Der französische Originaltitel des Buches lautet: Et si l'Afrique refusait le développement? (Und wenn Afrika die Entwicklung verweigern würde?), Paris 1991.

Afrikanische Nicht-Regierungsorganisationen zwischen gesellschaftlicher Selbstorganisation und professionalisierter Dienstleistungserbringung

Dieter Neubert

Wenn von Organisationen in Afrika die Rede ist, so sind vor allem die staatliche Verwaltung, staatliche, halbstaatliche oder private Unternehmen im Blick. Sie gelten unausgesprochen als der Prototyp einer formalen Organisation, an dem sich typische Organisationsprobleme beschreiben lassen. Das Forschungsinteresse richtet sich zudem vorwiegend auf praktische, organisationsinterne Probleme, weiterreichende Bezüge über die Organisationsgrenzen hinaus werden eher am Rande behandelt. Dabei entsteht ein gängiges Bild, das höchst negativ ist. Formale Organisationen in Afrika gelten als ineffizient, extrem hierarchisch, unflexibel, überbürokratisiert und korrupt. Zugleich unterstellt man Nepotismus, private Vorteilnahme und demotivierte Mitarbeiter und kommt zu dem Schluß, daß die Organisationen häufig kaum arbeitsfähig sind. Auch wenn dieses Bild stark vereinfacht und die negativen Elemente hervorhebt, so beschreibt es doch einen wesentlichen Teil der Realität.

Neuere kritische Arbeiten stellen diese Befunde nicht grundsätzlich in Frage, nehmen aber mit einer veränderten Analyseperspektive eine Neubewertung vor. Die Organisationen werden in den gesellschaftlichen Kontext eingeordnet und aus der Sicht der handelnden Akteure untersucht. Aus diesem Blickwinkel erscheinen viele der vermeintlich irrationalen Verhaltensweisen durchaus rational. Wenn das Gehalt nicht ausreicht, das Überleben zu sichern, können Organisationen von den Mitarbeitern als Versorgungsanstalt verstanden werden, oder Unternehmen gewinnen ihre Bedeutung vor allem als Grundlage für den Aufbau von Patronatsbeziehungen.[1] So gesehen greift die Untersuchung von Organisationen unter rein zweckrationaler Bewertung zu kurz. Die Analyse der Organisationen soll vielmehr den jeweiligen Legitimitätsdiskurs aufdecken und die Organisationen in diesem Rahmen erfassen.[2]

Der bei Souaré und Rottenburg identifizierte Legitimitätsdiskurs verweist auf die besondere Bedeutung des "Unterlebens"[3] in diesen Organisationen, also auf die Praktiken, mit denen sich die Mitglieder von Organisationen den an sie gerichteten Erwartungen entziehen. Bei dieser Analyse werden die formal definierten Ziele und Strukturen der Organisation ausgeblendet. Die formalen Ziele und Strukturen sowie die darauf bezogenen effektivitätsorientierten Bewertungskriterien stellen aber einen Rahmen für alle Tätigkeiten innerhalb der Organisation dar, der nicht ignoriert werden kann; auch die Kritik oder das Unterlaufen dieser Vorgaben ist letztlich auf diese bezogen. Obwohl die Untersuchung des Legitimitätsdiskurses gerade im Falle eines ausgeprägten Unterlebens neue Erkenntnisse verspricht, wäre ein vollständiger Perspektivenwechsel problematisch. Weder die Betonung scheinbar universeller effektivitätsorientierter Bewertungskriterien noch die Orientierung am jeweiligen Legitimitätsdiskurs allein sind zum Verständnis von Organisationen ausreichend. Notwendig sind vielmehr beide Sichtweisen. Dabei handelt es sich nicht nur um zwei Untersuchungsbereiche, etwa formelle und informelle Strukturen, wie sie in der Organisationsforschung seit langem bekannt sind, sondern um zwei unterschiedliche Zugänge zum Untersuchungsfeld unter Verwendung unterschiedlicher Kategorien. Zum einen geht es um die Bedeutung von Organisationsstrukturen, die kulturübergreifend analysiert werden kann; zum anderen geht es um spezifische kulturell geprägte Deutung und Legitimierung von Organisationen, die für jeden Fall im einzelnen zu ermitteln ist. Ähnlich wie bei der Unterscheidung zwischen etischen (Universalität beanspruchenden) und emischen (kulturspezifischen) Kategorien bietet erst die Verbindung beider Zugänge ein "dreidimensionales Verständnis" sozialer Realität.[4]

Die Suche nach einem geeigneten Ansatz zur Analyse von Organisationen in Afrika ist keineswegs nur von rein akademischem Interesse. Denn innerhalb der Entwicklungspolitik hat die Trägerförderung, das heißt die Unterstützung von afrikanischen Organisationen als Träger von Entwicklungsaktivitäten bzw. gezielte Hilfe zum Aufbau neuer Träger, deutlich an Bedeutung gewonnen. Organisationen in Afrika sind somit ein Gegenstand der Entwicklungspolitik, wobei nicht nur deren interne Organisationsprobleme, sondern auch die gesellschaftlichen Bedingungen für die Entstehung von Organisationen von Bedeutung für den Erfolg der entwicklungspolitischen Aktivitäten sind.

Mit der hier vorgelegten Studie soll auf einige der bisherigen Schwächen der Organsiationsforschung in Afrika eingegangen werden. Der Analyseansatz ist deshalb breit angelegt. Bei der Untersuchung der organisationsinternen Situation werden beide oben genannten Zugänge miteinander verbunden, der Blick auf formale Ziele und Strukturen mit Hilfe von effektivitäts-orientierten Bewertungskriterien sowie der Blick auf den Legitimitätsdiskurs in der Organisation. Mit der Frage nach der Einbindung der Organisationen in ihr gesellschaftliches Umfeld berücksichtigt die Analyse zudem weiterreichende Bezüge über die Organisationsgrenzen hinaus. Schließlich geht es um Nicht-Regierungsorganisationen (NRO) und damit um einen Organisationstyp, der bisher kaum Gegenstand der Organisationsforschung in Afrika war.[5] Gerade NRO sind Adressaten von Trägerförderungsmaßnahmen, und es werden ihnen neben spezifischen Stärken des Arbeitsansatzes (u.a. Basisnähe, Partizipation, Selbsthilfe, Zugang zu den Ärmsten) auch besondere Fähigkeiten als Organisationen zugeschrieben. Man unterstellt den NRO Innovationsfreudigkeit, Flexibilität, Effizienz sowie entwicklungspolitisch hochmotivierte Mitarbeiter, und sie gelten als Ausdruck erfolgreicher gesellschaftlicher Selbstorganisation. Es stellt sich deshalb die Frage, ob die NRO tatsächlich diese hohen Erwartungen einlösen.

Die Studie bezieht sich auf afrikanische NRO in Kenia und Ruanda. Natürlich sind Verallgemeinerungen für "die NRO" in Afrika problematisch, wenn nicht sogar unmöglich. Trotzdem sollen anhand der Länderfallstudien einige typische Problemlagen sowie Handlungspotentientiale von afrikanischen NRO dargestellt werden. Dabei stehen die NRO als Organisationen im Mittelpunkt. Ihre praktische Arbeit und deren politische Rolle werden hier dagegen ausgeklammert.[6] Die Untersuchung wurde mit Feldaufenthalten in den Jahren zwischen 1988 und 1991 durchgeführt, und die Analyse bezieht sich vor allem auf diesen Zeitraum. Damit bleiben auch die Wirkung und Bedeutung des im April 1994 in Ruanda mit außergewöhnlicher Gewalttätigkeit erneut ausgebrochenen Bürgerkrieges hier unberücksichtigt.[7]

Die Analyse erfolgt in vier Schritten: 1. Beschreibung der Besonderheiten des Organisationstyps "NRO", 2. Untersuchung der Arbeitsweise und der organisationsinternen Probleme der NRO in Kenia und Ruanda als professionalisierte Dienstleistungsorganisationen einschließlich der Motivation und Einstellung der Mitarbeiter, 3. Untersuchung der ökonomischen und sozialen Grundlagen der NRO und damit der Frage, ob NRO Ausdruck erfolgreicher gesellschaftlicher Selbstorganisation sind, sowie schließlich 4. Folgerungen für Bedingungen für die Entstehung des Organisationstyps NRO.

Die Besonderheiten des Organisationstyps NRO

NRO werden häufig einem "Dritten Sektor" neben Markt und Staat zugeordnet. Dieser Einteilung liegt eine Unterscheidung von drei grundlegenden Modellen sozialer Ordnung zugrunde: Hierarchie, Markt und Solidarität.[8]

Hierarchie beruht auf institutionalisierter Herrschaft, Regeln der Über- und Unterordnung sowie auf Macht und wird besonders deutlich durch staatliche Institutionen repräsentiert. Markt beruht auf systematisch vermitteltem Tausch von üquivalenten sowie dem Markt-Preis-Mechanismus. An diesem Rahmen orientieren sich vor allem Unternehmen. Solidarität beruht auf angenommenen gemeinsamen Interessen, Normen und Wertorientierungen der sich solidarisch Fühlenden und auf gemeinsamen Situationsdefinitionen. Im Gegensatz zu Markt und Hierarchie werden im Falle von Solidarität gemeinsame Interessen über individuelle Interessen gestellt. Solidarität als Modell sozialer Ordnung ist eine wichtige Grundlage für alle Formen gesellschaftlicher Selbstorganisation in Form freiwilliger Vereinigungen, sozialer Bewegungen oder informeller Gruppen.

Solidarität (als Modell sozialer Ordnung) findet sich in unterschiedlicher Form in verschiedenen Organisationstypen. Für die folgende Betrachtung besonders wichtig ist die Unterscheidung zwischen Selbsthilfe und NRO. Während Selbsthilfe dem Prinzip der Gegenseitigkeit (Reziprozität) folgt und den Mitgliedern einer Gruppe oder Organisation zugute kommt, sind die Nutznießer der Aktivitäten von

NRO in der Regel nicht die Organisationsmitglieder, sondern andere. Diesem Verhalten liegt eine spezielle Form der Solidarität zugrunde, die hier als Altruismus bezeichnet wird. Altruismus in seiner idealtypischen Form impliziert eine materielle oder nichtmaterielle Leistung für das Wohlbefinden eines anderen, ohne die Verpflichtung oder die Erwartung einer äquivalenten Gegenleistung.[9] Der materiellen Leistung steht eine nichtmaterielle Belohnung gegenüber, wobei auch dritte die nichtmaterielle Belohnung bieten können. Altruismus in reiner Form ist wohl kaum anzutreffen.[10]

Konkreter gefaßt läßt sich das Besondere einer NRO idealtypisch durch die Kombination der vier Eigenschaften Weltanschaulichkeit, Freiwilligkeit, Organisiertheit und Gemeinnützigkeit beschreiben.[11] Weltanschaulichkeit nimmt Bezug auf die Existenz gemeinsamer Wertorientierungen und Situationsdefinitionen als Grundlage für die Organisationsbildung. Freiwilligkeit bezieht sich auf den freiwilligen Zusammenschluß. Organisiertheit unterscheidet NRO und z.B. Selbsthilfeorganisationen von individuellen Hilfsakten oder von informellen Gruppen und Bewegungen. Gemeinnützigkeit grenzt NRO von Selbsthilfe ab, denn die Tätigkeit der NRO richtet sich an andere ohne die Erwartung einer äquivalenten Gegenleistung (Altruismus).

Damit NRO tätig werden können, sind sie zunächst auf die Ressourcen angewiesen, die sie von ihren Mitgliedern oder ihrer Gefolgschaft erhalten. Dazu gehören materielle Leistungen wie Mitgliedsbeiträge, Spenden oder ehrenamtliche Arbeit sowie die ideelle Unterstützung der Organisationsziele. Die freiwillige Entscheidung der Mitglieder und der Gefolgschaft, die NRO zu unterstützen, beruht auf dem Willen etwas für andere zu tun; wobei die Hilfebereitschaft und oft auch die Erwartung, wie diese Hilfe gegeben werden sollte, durch die Orientierung an einer Weltanschauung geprägt ist. Mitglieder, ehrenamtliche Helfer und Spender bilden die gesellschaftliche Basis für eine NRO. Die eigentliche gesellschaftliche Bedeutung erlangen NRO jedoch erst durch die von ihnen erbrachten materiellen bzw. ideellen Hilfe- und Entwicklungsleistungen für andere. Dies erfordert den Zugang zu Nutznießern von Angeboten und, sofern die NRO auch die Interessen bestimmter Bevölkerungsgruppen anwaltlich vertreten will, den Zugang zu relevanten Teilen der Öffentlichkeit, oder, kurz gesagt, zu einem gesellschaftlichen Wirkungsfeld. Die Existenz einer eigenen gesellschaftlichen Basis und der Zugang zum gesellschaftlichen Wirkungsfeld bilden die zentrale Grundlage der gesellschaftlichen Bedeutung von NRO; NRO verfügen somit über einen "doppelten gesellschaftlichen Anschluß" und sind damit in der Gesellschaft verankert oder in diese eingebettet[12], man kann deshalb von eingebetteten NRO sprechen. Ressourcen in Form von materieller bzw. ideeller Hilfe oder in Form von politischer Unterstützung werden von einem Teil der Gesellschaft generiert und zugunsten eines anderen, als bedürftig angesehenen Teils transferiert[13].

Somit sind (gesellschaftlich eingebettete) NRO freiwillige und auf der Grundlage von Werten gemeinnützig agierende Organisationen mit doppeltem gesellschaftlichem Anschluß, die Leistungen für Nichtmitglieder erbringen.

Natürlich ist die hier vorgenommene Bestimmung idealtypisch. In der Praxis zeigen sich in Organisationen Elemente verschiedener Modelle sozialer Ordnung und unterschiedlicher Formen von Solidarität. Mit der Typisierung können NRO jedoch theoretisch von anderen Formen von Organisationen klar abgegrenzt werden.

Kenianische und ruandische NRO als professionalisierte Dienstleistungserbringer

In Kenia gibt es etwa 400 NRO mit sozial- und entwicklungspolitischen Aktivitäten. Davon sind knapp 290 kenianische Organisationen, d. h. nationale kenianische Organisationen oder selbständige kenianische Organisationszweige internationaler NRO. In Ruanda ist die Zahl der NRO deutlich geringer, dort gibt es 136 NRO mit sozial- und entwicklungspolitischen Aktivitäten, wovon 110 als ruandische NRO angesehen werden können.[14] Diese NRO betreiben in beiden Ländern neben klassischen Projekten in den Bereichen Bildung, Gesundheit und Wohlfahrt auch Landwirtschafts- und Kleingewerbeförderung, betreuen Umweltprojekte und sind am Ausbau der ländlichen Wasserversorgung beteiligt. Sie gehören zu den wichtigen Trägern von Wohlfahrts- und Entwicklungsmaßnahmen in Kenia und Ruanda, und es wird ihnen in den offiziellen politischen Konzepten ein eigener Platz eingeräumt. Trotz vielfältiger Probleme in der praktischen Arbeit[15] kann festgestellt werden, daß die NRO in Kenia und Ruanda mit ihren Maßnahmen Teile der Armutsbevölkerung erreichen und somit über ein gesellschaftliches Wirkungsfeld verfügen.

Es ist durchaus möglich, die kritische Reinterpretation afrikanischer Organisationen auch am Beispiel der NRO in Kenia und Ruanda weiterzuführen. Gemessen an dem Negativbild von afrikanischen Organisationen zeigen aber insbesondere die größeren, entwicklungspolitisch bedeutsamen NRO in Kenia und Ruanda eine nach der gängigen Kritik an afrikanischen Organisationen überraschende Leistungsfähigkeit und erinnern in ihrer Arbeitsweise und ihrer internen Organisation an NRO in der Ersten Welt.

Drei Themenbereiche sind für das Verständnis der Organisation und der Arbeitsweise der afrikanischen NRO von Bedeutung: der Prozeß der Professionalisierung der Entwicklungspolitik, typische Problembereiche und Spannungsfelder der internen Organisation der NRO sowie die spezifische Motivation und Einstellung der Mitarbeiter.

Professionalisierung

Die wichtigen afrikanischen NRO in Kenia und Ruanda sind von einem Professionalisierungsprozeß beeinflußt, der die Entwicklungspolitik insgesamt und besonders die NRO in den 70er und 80er Jahren erfaßt hat.[16] Professionalisierung bedeutet dabei erstens die Entstehung eines eigenständigen Arbeitsfeldes "Entwicklung" mit eigenen Anforderungen und Standards sowie zweitens die Professionalisierung der Arbeitsweise der NRO durch den zunehmenden Einsatz von hauptamtlichen, bezahlten und gut qualifizierten Mitarbeitern.

Die professionalisierten NRO sind in Kenia und Ruanda, gemessen an den afrikanischen Verhältnissen, durchaus gut ausgestattet. Sie verfügen über relativ neue elektrische Schreibmaschinen, Personalcomputer und neuerdings auch zunehmend über Fax- und Kopiergeräte. Hinzu kommen Fahrzeuge und, sofern technische Abteilungen vorhanden sind, auch akzeptabel ausgestattete Werkstätten. In der grundlegenden Funktionstüchtigkeit der Büros unterscheiden sie sich kaum von den Nord-NRO.[17] Dies steht im deutlichen Gegensatz zur allgegenwärtigen Materialknappheit und der überalterten und häufig beschädigten Büroausrüstung in afrikanischen Behörden.

Die formalen Arbeitsabläufe der NRO orientieren sich an den in der Entwicklungshilfe üblichen Planungs- und Umsetzungsschritten. Es gibt Projektvorstudien, Pilotphasen, Zwischenevaluationen mit Monitoring, Schlußevaluationen, "follow-up" Untersuchungen, Mehrjahresplanungen mit entsprechend beantragten Budgets, Jahresberichten und Projektberichten. Im Grunde folgen die NRO durchgängig in ihrer Selbstdarstellung und in ihren Arbeitsprinzipien den in der Entwicklungshilfe gängigen Steuerungs- und Planungsinstrumenten und übernehmen zugleich die typische Fachsprache der Entwicklungspolitik. Die Anerkennung und Umsetzung dieser Denk- und Handlungsweise wird nicht nur vorgespiegelt, sondern ist ein bestimmendes Element der Selbstdefinition der wichtigen afrikanischen NRO. Selbst die Kirchen und besonders ihre Entwicklungsabteilungen sind bemüht, diesen Arbeitsprinzipien Rechnung zu tragen. Lediglich bei einigen kleinen NRO und bei einigen Funktionsträgern in der katholischen Kirche Ruandas haben diese Instrumente eher geringen Einfluß auf die Arbeit. Die NRO beziehen sich somit überwiegend in ihrer Selbstbewertung ausdrücklich auf effektivitätsorientierte Kategorien und bewegen sich in einem Diskurs über Organisationseffizienz, der durchaus ernst genommen wird und nicht nur Lippenbekenntnis gegenüber potentiellen Geldgebern ist.

Problembereiche und Spannungsfelder interner Organisation

Auf dem Hintergrund der Professionalisierung zeigen sich in der Arbeitsorganisation der NRO in beiden Ländern typische Problembereiche und Spannungsfelder, die großen Einfluß auf die praktische Arbeit haben. Auf einige soll hier kurz eingegangen werden.

Spezialisierung und Despezialisierung

Viele NRO in Kenia und Ruanda haben die Tätigkeit in einem spezialisierten Bereich aufgenommen und sich mit einem gewissen professionellen Standard in ihren Arbeitsfeldern jeweils einen Namen gemacht (z.B. lokale Wasserversorgung, landwirtschaftliche Fortbildung, Genossenschafts- und Selbsthilfeförderung). Inzwischen haben die meisten der NRO ihr Tätigkeitsfeld diversifiziert und weitere Aufgaben hinzugenommen. Die Diversifikation der NRO geht zumeist mit einer Despezialisierung der Tätigkeit einher. Denn die gut qualifizierten Mitarbeiter können nicht mehr über die passende Qualifikation für die vielfältiger werdenden Projekttypen verfügen (gleichzeitige Aktivität in Landwirtschaft, Kleingewerbe, Gesundheit, Wasserversorgung). Zugleich findet eine breite Angleichung des Arbeitsansatzes der NRO in Richtung auf Förderung von Selbsthilfe und Selbstorganisation statt. Auch zuvor eindeutig technisch ausgerichtete NRO arbeiten jetzt gezielt mit Gruppen zusammen.

Anpassungsfähigkeit

Die Veränderungen, die mit der Despezialisierung ablaufen, werden von den NRO als ein Anpassungsprozeß an die Bedürfnisse der Bevölkerung und an die Anforderungen der Arbeit interpretiert. Tatsächlich gibt es gute fachliche Argumente, Selbsthilfeförderung, einkommenschaffende Maßnahmen oder Umweltprojekte reinen Wohlfahrtsmaßnahmen vorzuziehen. Zugleich zeigt sich in der Reaktion der afrikanischen NRO auf Anregungen und Kritik die grundsätzliche Bereitschaft, die eigene Arbeitsweise zu überdenken und weiterzuentwickeln. Besonders die noch jungen NRO in Ruanda nehmen die Vorschläge von Evaluationen ihrer Arbeit ernst und suchen nach Wegen, wie sie ihre Arbeit effizienter gestalten können.

Hinter diesen Anpassungsprozessen stehen aber vor allem die Vorstellungen der Geldgeber über sinnvolle Projekte und Ansätze. Die Anpassungsfähigkeit der NRO an die Forderungen der Geber dient sowohl der Verbesserung der eigenen professionellen Kompetenz als auch der Überlebenssicherung der NRO. Dies bedeutet nicht, daß die Neuerungen und veränderten Ansätze prinzipiell schlecht oder unangemessen sind. Nur entgegen den offiziellen Argumenten geht der Anstoß für die Veränderungen kaum von den Nutzern aus. Wäre dies der Fall, so müßten besonders direkte materielle Hilfen massiv zunehmen, die bei der Bevölkerung immer wieder auf großes Interesse stoßen.

Verwaltungseffizienz und Transparenz

In der Praxis erweist sich die Verwaltung der NRO als einigermaßen effizient. Denn ein verläßliches Berichtswesen und eine gute Buchhaltung werden von den Geldgebern immer wieder eingeklagt, um die Nutzung der Fördergelder nachzuvollziehen.

Trotz aller Berichte und Projekt-, Jahres- oder Programmabrechnungen bleibt aber ein erheblicher Gestaltungsspielraum bei der Kostenermittlung und den Nachweisen über getätigte Ausgaben. In Entwicklungsprojekten bestehen generell viele Möglichkeiten der Vorteilnahme und unredlicher Mittelverwaltung. Es können überhöhte Rechnungen eingereicht, privat in Anspruch genommene Leistungen in die Projektabrechnung einbezogen oder Rechnungen fingiert werden. Ebenso wie in anderen Entwicklungsorganisationen unabhängig vom Träger oder dem Herkunftsland der Mitarbeiter wird auch in den afrikanischen NRO in nur schwer zu klärendem Umfang von diesen Möglichkeiten Gebrauch gemacht. Entsprechende Vorwürfe werden gern, aber immer hinter vorgehaltener Hand, verbreitet. Wohl auch weil die Aufdeckung von massiven Verfehlungen die NRO insgesamt in Verruf bringen würde, gibt es fast keine genauen nachprüfbaren Anschuldigungen; somit ist für die Verdächtigten auch kaum ein Gegenbeweis möglich.[18] Darüber hinaus gibt es auch Hinweise auf betrügerische NRO, aber im allgemeinen ist der Nachweis schwer, wird kaum geführt und noch weniger an die Öffentlichkeit gebracht.[19]

Entscheidungsstrukturen und interne Dynamik

In den NRO herrscht im Gegensatz zu den Verwaltungen der beiden Länder eine weitaus ungezwungenere und offenere Atmosphäre. Der teilweise sehr lockere Umgangston darf aber nicht darüber hinwegtäuschen, daß Entscheidungen auch für die praktische Arbeit in der Geschäftsführung getroffen werden, was häufig zur Überlastung der Führungskräfte führt. Da die Gremien der NRO (Mitgliederversammlung, Vorstand, Verwaltungsrat) nur selten, oft nur einmal jährlich, zusammentreten, können sie nur wenig Einfluß auf die Organisation und deren Geschäftsführung nehmen. Die Geschäftsführung verfügt somit über erhebliche Entscheidungsmacht, was durchaus typisch für professionalisierte NRO auch in der Ersten Welt ist.[20]

Die zentrale Position der Geschäftsleitung wird auch von gut qualifizierten Mitarbeitern anerkannt. Sie klagen zwar mitunter über unzureichende Bezahlung oder ungünstige Arbeitsbedingungen, aber fachliche Entscheidungen werden in der Regel kommentarlos hingenommen. Bis auf wenige Ausnahmen ist die Wahl des

Arbeitsansatzes kein Diskussionsthema für die Mitarbeiter der kenianischen und ruandischen NRO. Anders als bei NRO in der Ersten Welt werden kaum eigenständige Vorstellungen über Ziele und Arbeitsweisen entwickelt. Eine mögliche Ursache liegt in den autoritätsfixierten Bildungskonzepten. Zudem wurden in Ruanda über lange Zeit hinweg öffentliche kritische Diskussionen über Politik und Entwicklungskonzeptionen systematisch unterbunden.

In Ruanda fällt zudem auf, daß Experimente bei Projekten, Verbesserungen und neue Arbeitsansätze oft von Europäern (bzw. Nordamerikanern) initiiert oder gemeinsam mit Europäern verwirklicht werden. Für Kenia gibt es ebenfalls Hinweise, die in diese Richtung deuten. Ein wichtiger Grund für dieses Phänomen liegt sicherlich in der Struktur der Förderung, die den NRO wenig Spielraum für die Entwicklung eigener Ideen gelassen hat. Zudem scheinen Europäer als lokale Initiatoren von Vorhaben und als Mitarbeiter in NRO eher einen Vertrauensvorschuß der Geldgeber zu erhalten, als dies gegenüber Afrikanern der Fall ist. Die Förderpolitik allein ist als Erklärung allerdings nicht ausreichend. Einige NRO, deren Innovationsfähigkeit nach dem Rückzug der Europäer aus der Geschäftsleitung merklich zurückging, haben ihre Förderung unverändert beibehalten.[21] Es deutet vieles darauf hin, daß NRO in Kenia und Ruanda weniger als in der Ersten Welt dynamische Persönlichkeiten mit Initiative anziehen.

Motivation und Einstellung der Mitarbeiter

Die Mitarbeiter der entwicklungspolitisch relevanten afrikanischen NRO sind stark durch den Professionalisierungsprozeß geprägt. Sie sehen sich als qualifizierte Professionals im Entwicklungsbereich, und sie orientieren ihre Auffassung von guter Arbeit an den gängigen entwicklungspolitischen Zielvorgaben. Sie verstehen sich als Träger eines basisorientierten und partizipativen Konzepts, bei dem mit den Menschen gearbeitet wird, und sind stolz auf erfolgreiche Projekte und handlungsfähige Selbsthilfegruppen. Sie folgen damit den gleichen aktuellen Bewertungskriterien für die Arbeit wie die NRO, deren Geschäftsführungen und die ausländischen Geldgeber.

Zugleich betonen die Mitarbeiter ihre Rolle als Arbeitnehmer, für die die Tätigkeit in einer NRO eine Beschäftigungsmöglichkeit neben anderen ist. Für die Entscheidung, eine Stelle anzutreten, sind Position, Gehalt, Arbeitsbedingungen und Aufstiegschancen wichtiger als die Ziele oder der weltanschauliche Hintergrund der Organisation. Dies gilt zumeist auch für die Mitarbeiter in den kirchlichen Entwicklungsabteilungen, die häufig aus der Kirche kommen und teilweise mit einem kirchlichen Stipendium studiert haben.

Obwohl die NRO häufig aufgrund der unsicheren Finanzierung der Arbeit nur Zeitverträge anbieten, sind sie attraktive Arbeitgeber. Die Arbeit gilt als angenehmer als in der staatlichen Verwaltung, denn sie ist weniger reglementiert, die

Atmosphäre ist lockerer, es gibt einige Freiräume in der täglichen Gestaltung der Arbeit, und die NRO versprechen gute Aufstiegschancen.

Darüber hinaus bringt die Tätigkeit in den NRO eine Reihe weiterer Annehmlichkeiten mit, die bei vielen anderen Arbeitgebern nicht zu finden sind. Die Mitarbeiter der NRO sind häufig als "reisende Berater" tätig, die eine größere Anzahl von Projekten verstreut im gesamten Land oder einer größeren Region betreuen. Für junge ungebundene Arbeitskräfte ist diese Tätigkeit durchaus attraktiv. Sie ermöglicht ein Leben in einer größeren Stadt, bietet Zugang zu einem Fahrzeug, das neben der Arbeit hin und wieder auch für persönliche Besorgungen oder Besuche verwendet werden kann. Zudem ist es prestigeträchtig, mit einem Fahrer in einem relativ neuen Geländewagen zu fahren, was privat völlig unerschwinglich wäre. Die reisenden Berater werden als Vertreter einer NRO, von der Hilfe und Unterstützung erwartet wird, zuvorkommend behandelt, gut bewirtet und vor allem anerkannt und respektiert, was für die meist jungen Mitarbeiter eine sehr angenehme Erfahrung ist. Mitunter besteht durch die Reisen genügend Freiraum und Beweglichkeit für einen kleinen Nebenerwerb. Die Tätigkeit im Entwicklungsbereich bietet Zugang zu internationalen Kontakten wie zu Vertretern der Geldgeber, zu Evaluatoren, Entwicklungshelfern und Forschern. Damit verbunden sind Einladungen in gute Restaurants und mitunter auch private Einladungen in die Erste Welt. Die Mitarbeiter können an Fortbildungsmaßnahmen teilnehmen, erhalten die Gelegenheit zu Auslandsreisen, zum Besuch von anderen NRO und Projekten, und einige besonders vielversprechende Mitarbeiter werden bei der Suche nach einem der begehrten Auslandsstipendien unterstützt.

Mit dem Wachstum des NRO-Bereiches und besonders der afrikanischen NRO sind die NRO zu einem selbstverständlichen Teil des Arbeitsmarktes geworden. Die afrikanischen NRO stehen somit als Arbeitgeber in Konkurrenz zu anderen Entwicklungsorganisationen. Aus den unterschiedlichen finanziellen Möglichkeiten der Organisationen resultiert in beiden Ländern eine Hierarchie der Arbeitsplätze im Entwicklungsbereich. Am unteren Ende stehen staatliche Behörden, es folgen afrikanische NRO, dann Nord-NRO und einige ausländische staatliche Entwicklungsorganisationen mit eigenen Büros und schließlich die multinationalen Organisationen aus dem UN-Umfeld, deren Spitzengehälter sie zu besonders attraktiven Arbeitgebern machen.

Die Konkurrenz um Arbeitskräfte verstärkt die schon existierende Aufstiegsorientierung bei den Mitarbeitern. Es geht darum, durch erfolgreiche Arbeit eine gute Stelle zu erhalten. Sofern es ein gutes Angebot gibt, wird dies wahrgenommen. Wie in der freien Wirtschaft ebenfalls üblich, erwägen die Mitarbeiter nach einigen Jahren, ob der Wechsel des Arbeitgebers ihre Chancen verbessert. Sie sehen sich nicht an eine bestimmte Organisation gebunden, weder durch weltanschauliche Zielsetzungen noch durch "Organisationsidentität".

Die Arbeit mit der Bevölkerung an der Basis wird gemacht, weil sie nach professionellen Kriterien richtig und sinnvoll erscheint, weniger aus Mitgefühl,

Verantwortung oder politischer Solidarität. In den christlichen Kirchen ist die Betonung christlicher Werte zu spüren, und die professionellen Argumentationen beinhalten auch theologische Begründungen. Mit dem Wachstum der Entwicklungsabteilungen und der Professionalisierung der Tätigkeit hat jedoch christlich motiviertes Engagement erheblich an Bedeutung verloren.

Auf der Ebene der Geschäftsführung zeigen sich ähnliche Tendenzen. Lediglich die Anreize sind größer. Hier sind es der persönliche Dienstwagen, regelmäßige Reisen zu Geldgebern in die Erste Welt, die Teilnahme an internationalen Tagungen sowie, wenn die NRO über nationale Bedeutung verfügt, eine gewisse Prominenz im nationalen Geflecht der Entwicklungsorganisationen. Selbst auf dieser Ebene ist die Bindung an eine bestimmte NRO nicht unbedingt gegeben. In mehreren Fällen wechselten Geschäftsführer von einer zu einer anderen NRO.[22] Kriterien der professionellen Kompetenz und weniger die Bindung an die NRO oder an einen weltanschaulichen Hintergrund sind mitentscheidend für die Vergabe von Positionen. Damit stellt sich das Problem der Ämterpatronage, das in der staatlichen Verwaltung zu vielen Fehlbesetzungen führt, bei den NRO weitaus seltener. Ausnahmen von dieser Regel sind die Kirchen sowie einige staatlich beeinflußten NRO, wo die Bindung an die Kirche bzw. die politische Loyalität zur herrschenden Partei und gute Verbindungen in der Geschäftsführung durchaus eine Rolle spielen.

Das hier Gesagte gilt in weiten Teilen auch für die NRO in der Ersten Welt. Viele der Mitarbeiter in der Ersten Welt leisten keine freiwillige Arbeit und sind an ihrem persönlichen Fortkommen interessiert. Nahezu alle erwarten eine akzeptable Bezahlung und vernünftige Arbeitsbedingungen. Aber es gibt Ansprüche der NRO gegenüber ihren Mitarbeitern, die weltanschauliche Ausrichtung zu vertreten, sich für die Ziele der Organisation einzusetzen, und es gibt freiwillige Mehrarbeit, es gibt ehrenamtliche Tätigkeit und eine Bindung an die jeweilige Organisation. Das Besondere für Kenia und Ruanda ist nicht die Existenz der klaren professionellen und karrierebewußten Einstellung, sondern deren Dominanz in den NRO.

In bezug auf die gängige Darstellung afrikanischer Organisationen ist dies bemerkenswert. Trotz bestehender Mängel in der praktischen Arbeit und der Organisation sind Effizienzorientierung und Professionalität offensichtlich ein bestimmendes Element der Selbstwahrnehmung der NRO, der Geschäftsführung und der Mitarbeiter und keineswegs nur Schein. Dort, wo die persönlichen Motive der Mitarbeiter sich nicht der Effizienz der Organisation unterordnen, finden sich mit der Orientierung an individueller Karriere und an persönlichen Vorteilen Motive, die keiner besonderen Erklärung bedürfen. Selbst das "Unterleben" der afrikanischen NRO ähnelt somit dem formaler Organisationen aus der Ersten Welt.

Die ökonomischen und sozialen Grundlagen der NRO

Die Untersuchung der NRO soll hier nicht bei der Behandlung organisationsinterner Probleme stehenbleiben. Für die Beantwortung der wichtigen Frage, ob die kenianischen und ruandischen NRO tatsächlich dem Idealtyp einer NRO entsprechen, ist vielmehr die Einbettung der NRO in ihr gesellschaftliches Umfeld von entscheidender Bedeutung. Nachdem schon auf den Zugang zum gesellschaftlichen Wirkungsfeld verwiesen wurde, muß hier noch die Existenz einer eigenen gesellschaftlichen Basis geklärt werden. Im Grunde geht es darum, inwieweit die afrikanischen NRO tatsächlich Ausdruck von gesellschaftlicher Selbstorganisation sind. Zwei zentrale Elemente sind dabei zu berücksichtigen, die Herkunft der finanziellen Ressourcen sowie die Gründer, Mitglieder und Gefolgschaft und damit der notwendige soziale, ideelle und politische Rückhalt der NRO.

Finanzierung der NRO

Die NRO machen kein Geheimnis daraus, daß ihre Wohlfahrts- und Entwicklungsaktivitäten überwiegend aus Mitteln der Entwicklungshilfe und damit aus dem Ausland stammen. Selbst die Kirchen finanzieren nahezu alle Aktivitäten im Wohlfahrts- und Entwicklungsbereich durch ihre Partner in der Ersten Welt. Lediglich die religiösen Aufgaben im engeren Sinne und die Finanzierung der Kirchenstrukturen soll weitgehend selbständig gewährleistet werden.

Die Förderung der afrikanischen NRO folgt den grundlegenden Prinzipien des Antrages, der Kostenerstattung und der Eigenbeteiligung. Fast alle Mittel, die an NRO gehen, sind in irgendeiner Form an einen bestimmten Zweck gebunden, und die Mittel bemessen sich in ihrer Höhe an den zu erwartenden Kosten. Die NRO müssen deshalb ihre Vorhaben möglichst genau beschreiben, ein genaues Budget für die Durchführung vorlegen und entsprechende Mittel beantragen. Zugleich wird davon ausgegangen, daß die afrikanischen NRO als selbständige Organisationen auch über eine eigenständige Arbeitsgrundlage verfügen. Sie sind deshalb aufgefordert, einen Eigenbeitrag für das durchzuführende Vorhaben zu leisten, der ebenfalls im vorhinein quantifiziert werden muß.

Die Förderung der afrikanischen NRO folgt relativ festgefügten und bürokratisch aufwendigen Wegen, denn die afrikanischen NRO sind nur ein Glied in einer langen Kette von Projektförderern (Selbsthilfegruppe, lokaler Mittler, afrikanische NRO, Nord-NRO, mitunter noch ein staatlicher Geldgeber). Unbürokratische flexible Handlungsweise, die von NRO erwartet wird, ist so erheblich eingeschränkt. Es hat lange Zeit gebraucht, bis afrikanische NRO nicht mehr nur einzelne Vorhaben, sondern ganze Arbeitsprogramme zur Förderung vorlegen konnten, in deren Rahmen sie über ein Budget für die direkte Förderung von kleinen Vorhaben verfügen können, so daß die einzelne Projektentscheidung bei der afrikanischen NRO selbst liegt.[23]

Für länger bestehende und im Entwicklungshilfesystem eingeführte afrikanische NRO mögen die Verwaltungsprozeduren möglicherweise lästig sein, aber sie verfügen in der Regel über ausreichend Erfahrung und Vertrauensvorschuß, um sich erfolgreich in diesem Organisationsgeflecht zu bewegen. Weitaus unangenehmer ist für sie die inhaltliche Einflußnahme der Geber auf ihre Arbeit. Dies schränkt in erheblichem Maß ihre Eigenständigkeit und Planungsfähigkeit ein und kann zudem ihr professionelles Selbstverständnis durch implizite und explizite Maßregelung verletzen. Der Einfluß der Geber zeigt sich deutlich bei der Wahl der praktischen Arbeitsschwerpunkte (beispielsweise Frauen, Umwelt, Kleinkreditprogramme) und führt zur oben genannten Angleichung der Arbeitsansätze entsprechend der internationalen entwicklungspolitischen Moden (zur Zeit z. B. Selbsthilfe). Mitunter gehen die Vorgaben so weit, daß die Geber sogar im Detail über die anzuschaffenden Geräte oder Fahrzeuge bestimmen.

Besonders nicht-kirchliche NRO weisen in ihren Budgets neben den Zuflüssen der Geber aus dem Norden eigene Einnahmen aus. Der größte Teil der als Eigenmittel deklarierten Ressourcen stammt bei den entwicklungspolitisch bedeutsamen NRO aus der Durchführung von Projektevaluationen, Vorstudien und Gutachten für Entwicklungsprojekte anderer Träger. Daneben führen NRO im Auftrag von Entwicklungsorganisationen aus der Ersten Welt oder von multinationalen Entwicklungsorganisationen Projekte durch. Die Studien und Auftragsprojekte werden letztlich von den gleichen Geldgebern finanziert, die auch als Förderer der NRO auftreten. Der Unterschied besteht lediglich in der Geschäftsgrundlage. Die NRO agieren in diesen Fällen als reine Durchführungsorganisationen für die Vorhaben der Geldgeber und werden ähnlich einem gewerblichen Consultingunternehmen für die Durchführung bezahlt.

Daneben erzielen NRO Einnahmen im Rahmen ihrer Programme und Projekte. Dazu gehören Gebühren, die von den Nutzern erhoben werden, oder die Zinsen bei Kleinkreditprogrammen. Bis auf wenige Ausnahmen sind diese Einnahmen für die Finanzierung der Vorhaben weitgehend ohne Bedeutung.

Einige der NRO betreiben Handel, Werkstätten und Herbergen oder sie verfügen über Immobilien. Zumindest in Ruanda wird dies als aussichtsreicher Weg zur Finanzierung der Arbeit angesehen. Die Chancen für ruandische NRO, sich auf dem freien Markt zu etablieren, sind eine Folge der äußerst schwachen privaten Wirtschaft. Diese gewerblichen Aktivitäten der NRO werden häufig direkt von den Gebern unterstützt, und zusätzlich profitieren die NRO von Steuervorteilen, die ihnen aufgrund ihrer Gemeinnützigkeit eingeräumt werden. Während in Kenia eine breit entwickelte und einigermaßen leistungsfähige Wirtschaft existiert, die sich durch ihre Effizienz der subventionierten Konkurrenz der in wirtschaftlichen Dingen nicht immer erfahrenen NRO erwehren kann, besteht in Ruanda die Gefahr, daß die

NRO die Entwicklung privater Unternehmen, die ohne entsprechende Subventionen wirtschaften, erheblich erschweren.[24]

Wenn NRO in Kenia und Ruanda über Wege zur Eigenfinanzierung nachdenken, stehen Mitgliedsbeiträge, Spenden und ehrenamtliche Arbeit an letzter Stelle. In Kenia gibt es zwar einige öffentliche Spendenaktionen, die Erträge sind allerdings doch sehr bescheiden. Spendenwerbung von NRO in Ruanda ist eine große Ausnahme. Die Mitgliedsbeiträge großer mitgliederstarker NRO tragen ebenfalls nicht nennenswert zur Finanzierung bei. Die meisten Mitglieder empfinden sich nicht als Unterstützer der Arbeit, sondern als potentielle Nutznießer. Kaum eine der NRO sieht ehrenamtliche Arbeit als mögliche Ressource an. Entwicklungsaktivitäten von NRO werden fast ausschließlich als bezahlte Tätigkeit realisiert.[25] Das weitgehende Fehlen ehrenamtlicher Arbeit ist einer der markantesten Unterschiede zu vielen Nord-NRO, die zumindest bei ihrer Selbstdarstellung auf die Bedeutung ehrenamtlicher oder halbehrenamtlicher Arbeit verweisen, selbst dann, wenn dies inzwischen in Praxis an Bedeutung verloren hat.

Da die Regierung weder in Kenia noch in Ruanda die NRO nennenswert unterstützt, bleiben die NRO mit ihren sozialen und Entwicklungsaktivitäten nahezu völlig von der Ersten Welt abhängig und verfügen zumindest in finanzieller Hinsicht nicht über eine gesellschaftliche Basis im eigenen Land.

Die sozialen Grundlagen der NRO

Die Bezeichnung "afrikanische NRO" impliziert unabhängig von der formalen Definition, daß es sich um Organisationen handelt, die in Afrika von Afrikanern gegründet und getragen werden, die sich in ihrem Land engagieren wollen. Es stellt sich somit die Frage nach den tatsächlichen Gründern und Trägern der NRO sowie nach dem Verhältnis der NRO zu ihren Mitgliedern und zu ihrer Gefolgschaft.

Von den 110 ruandischen NRO mit sozialen oder Entwicklungsaktivitäten sind allenfalls sieben als rein ruandische Gründungen anzusehen, die alle zudem keine größere Bedeutung erlangt haben.[26] Bei allen anderen NRO haben Personen aus der Ersten Welt entscheidend an der Entstehung und Entwicklung der NRO mitgewirkt, direkt als Gründer oder indirekt durch die Anregung zur Gründung sowie durch Ideen und Hilfen beim Aufbau und der Konzeptionsentwicklung. Neuerdings übernehmen einige Nord-NRO (z. B. ACORD, COOPIBO) selbst die Rolle von Organisationsgründern, um die Partner zu schaffen, die man weiterhin fördern will.

In Kenia ist der Anteil an einheimischen Gründungen weitaus höher, genaue Angaben sind jedoch wegen der großen Zahl der kenianischen NRO und der zum Teil schon lange zurückliegenden Gründung nicht möglich. Allerdings zeigt sich auch bei den kenianischen Gründungen ein deutlicher Einfluß der Ersten Welt. Viele der NRO, besonders die in jüngerer Zeit entstandenen, waren von Anfang an bemüht, Kontakt mit Gebern im Norden herzustellen. Die Ziele und Arbeitsbereiche der neugegründeten NRO folgten deshalb auch den Förderschwerpunkten der Geldgeber.

Ein beträchtlicher Teil der neugegründeten NRO in Kenia wie in Ruanda ist damit vor allem als Reaktion auf Förderangebote aus dem Norden entstanden, was treffend als "angebotsgeleiteter Prozeß" (supply-led-process) bezeichnet wird.[27] Die Förderkriterien prägen auf diese Weise den entwicklungspolitisch relevanten Teil der NRO in Kenia und Ruanda entscheidend.

Mit dem Einfluß, den die Erste Welt über die direkten Organisationsgründungen und die indirekten Anstöße durch den angebotsgeleiteten Prozeß hat, steht die Existenz einer eigenen gesellschaftlichen Basis zumindest bei den entwicklungspolitisch relevanten NRO in Zweifel. Um so wichtiger ist die Frage nach den Mitgliedern der NRO und nach der Existenz einer eigenen Gefolgschaft in Kenia bzw. Ruanda.

Viele der entwicklungspolitisch relevanten NRO in Kenia und Ruanda haben kaum mehr als 20 oder 30 Mitglieder, wobei mitunter auch andere NRO als Mitglieder fungieren. Häufig sind führende Mitglieder als bezahlte Geschäftsführer oder in anderen Positionen in der NRO tätig. Die größeren NRO sind zumindest in der städtischen Öffentlichkeit bekannt und haben durchaus ein eigenständiges fachliches Profil. Es handelt sich auf den ersten Blick um einen sehr speziellen NRO-Typ, den es auch in der Ersten Welt gibt, um Professionelle-Dienstleistungs-NRO.[28] Die Gründung von Professionellen-Diensleistungs-NRO erfolgt durch eine kleine Gruppe, die Interesse am Aufbau effektiver Dienstleistungsangebote oder der Durchführung von Entwicklungsprojekten hat. Die Arbeit wird von einem Stab qualifizierter Mitarbeiter durchgeführt. Ziel ist es, professionelle Leistung zu bieten, wobei auch eine akzeptable Entlohnung erwartet wird. Die Bereitschaft, die eigene fachliche Kompetenz in den Dienst einer "guten Sache" zu stellen, das Versprechen eines besonderen Engagements bei der Arbeit und der Verzicht auf die Erzielung von Gewinnen dienen als Begründung für die Gemeinnützigkeit. Anstelle einer allgemeinen weltanschaulichen Ausrichtung dienen professionelle Standards und Konzepte zur Zielformulierung und sind zugleich Motivationsgrundlage der Arbeit.[29] Allerdings findet sich dieses (idealtypische) Modell einer Professionellen-Dienstleistungs-NRO in Kenia und Ruanda nur gebrochen wieder. Sie werden von der gesamten Gesellschaft vornehmlich als Erbringer von Dienstleistungen angesehen, es existiert kaum eine Bindung an spezifische NRO im Sinne einer Gefolgschaft, kaum eine Beziehung über Spenden oder eine gemeinsame weltanschauliche Orientierung. Zudem ist bei der Motivation der Geschäftsführung und der Mitarbeiter der Dienst an der "guten Sache" ohne große Bedeutung.

Andere NRO verfügen durchaus über mehrere hundert oder gar mehrere tausend Mitglieder und damit potentiell über eine eigene gesellschaftliche Basis, dazu gehören in Kenia und Ruanda einige Frauen- und Jugendorganisationen.[30] Der allergrößte Teil der Organisationsmitglieder fühlt sich allerdings nicht für die

Aktivitäten der NRO verantwortlich, sondern erwartet durch die Mitgliedschaft einen besseren Zugang zu den Angeboten. Die Mitglieder sehen sich somit weniger als gesellschaftliche Basis denn als gesellschaftliches Wirkungsfeld der NRO.

Komplizierter ist die Situation bei den Glaubensgemeinschaften, die durch ihre Wohlfahrts- und Entwicklungsaktivitäten auch als NRO gelten können. Sie gründen ihre Existenz ausschließlich auf die Mitglieder, die über die gemeinsame weltanschauliche Orientierung, in diesem Fall durch den gemeinsamen Glauben, an die NRO gebunden sind. Insofern sind die Mitglieder zweifellos die gesellschaftliche Basis der Glaubensgemeinschaften. Die Mitglieder sehen sich allerdings ebenso wie die Mitglieder von Frauen- und Jugendorganisationen nicht für die Wohlfahrts- und Entwicklungsmaßnahmen verantwortlich und betrachten sich als Nutznießer der Angebote. Die Wohlfahrts- und Entwicklungsabteilungen der Glaubensgemeinschaften haben somit keinen eigenen Zugang zur gesellschaftlichen Basis und agieren, finanziert von Geldgebern aus der Ersten Welt, ähnlich wie die Professionellen-Dienstleistungs-NRO.

Die gesellschaftliche Einbettung der NRO

Die Analysen der Arbeitsweise und der ökonomischen und sozialen Grundlagen der NRO deuten darauf hin, daß die gängigen Annahmen über den Organisationstypus NRO für die afrikanischen NRO in Kenia und Ruanda in den meisten Fällen nicht greifen. In der oben entwickelten idealtypischen Bestimmung sind eingebettete NRO freiwillige und auf der Grundlage von Werten gemeinnützig agierende Organisationen mit doppeltem gesellschaftlichem Anschluß, die Leistungen für Nichtmitglieder erbringen. Die NRO in Kenia und Ruanda sind als gemeinnützig anerkannt, und sie verfügen mit ihren Vorhaben über ein gesellschaftliches Wirkungsfeld. Ihre sozialen und Entwicklungsaufgaben werden von der Bevölkerung sehr geschätzt, jedoch als Dienstleistung erwartet. Da die Finanzierung aus der Ersten Welt kommt und selbst der Anreiz zur Gründung der NRO häufig über diese Finanzierung hergestellt wird, fehlt letztlich für den größten Teil der entwicklungspolitisch relevanten NRO die für den Organisationstyp NRO typische gesellschaftliche Basis.

Damit ergibt sich für die afrikanischen NRO eine besondere Stellung. Die eigentliche gesellschaftliche Basis besteht in der Ersten Welt. Dort werden die Spenden eingeworben, dort verfügen die entwicklungspolitischen Nord-NRO über eine Gefolgschaft in der Bevölkerung, dorther kommen bei den afrikanischen Zweigen internationaler Organisationen die Mutterorganisationen. Innerhalb der Gesellschaften der Ersten Welt genießen die NRO ein spezifisches Vertrauen in ihre Leistungsfähigkeit, und die NRO verfügen zumindest legitimatorisch über eine eigene weltanschauliche Grundlage, die bei Diskussionen über die Ausrichtung und Zielsetzung der Arbeit bemüht wird. Die afrikanischen NRO erlangen als wichtige Partner von Nord-NRO ihre Bedeutung. Sie gelten dabei als Element der

Selbstorganisation der Bevölkerung und besitzen im Gegensatz zu den Regierungen der Dritten Welt, denen kaum noch vertraut wird, eine eigene Legitimität als afrikanische Organisationen, obwohl sie als einzelne Organisation unbekannt sind. Im Grunde agieren die afrikanischen NRO als verlängerter Arm der Nord-NRO, und ihre Stellung beruht in erster Linie auf den Konzepten der Nord-NRO, in denen die afrikanischen Partner eine wichtige Rolle einnehmen. Ohne eine eigene gesellschaftliche Basis sind sie entgegen den Erwartungen der Entwicklungspolitik das, als was sie im entwicklungspolitischen Jargon mitunter bezeichnet werden: "Durchführungsorganisationen".

Das gegenwärtige Wachstum des NRO-Bereiches ist letztlich außeninduziert, was im übrigen auch für viele Selbsthilfegruppen gilt.[31] Dieser Hintergrund der Entstehung von NRO wird in der Entwicklungspolitik übersehen. Die erwartete breite Selbstorganisation unabhängig von äußerer Hilfe hat weder bei den Nutznießern an der Basis noch bei den afrikanischen NRO stattgefunden. Im Grunde handelt es sich bei einem Großteil der afrikanischen NRO um "gemeinnützige Consultingunternehmen". Sie verstehen sich zwar durchaus als NRO, agieren aber ähnlich wie erwerbswirtschaftliche Unternehmen. Betrachtet man das diesen Organisationen zugrunde liegende Modell sozialer Ordnung, so ist Markt weitaus wichtiger als Solidarität. Diese Organisationen haben als ein Teil des internationalen Systems der Entwicklungshilfe in Kenia und Ruanda gesellschaftliche Bedeutung erlangt, aber sie sind nicht auf der Grundlage von Solidarität in die Gesellschaft eingebettet. Vor allem bieten sie eine einigermaßen nutzbare Projektdurchführungsstruktur, mit deren Hilfe in erheblichem Umfang Fördermittel nach den Kriterien der Geber in Länder der Dritten Welt transferiert und dort in Kleinprojekte umgesetzt werden. Bedenkt man den Verwaltungsaufwand und die Mittelabflußprobleme, die bei großen Entwicklungsprojekten bestehen, erweist sich diese Struktur als operational bei der Verteilung der Gelder in lebensweltnahe Projekte, von denen auch die Armutsbevölkerung, wenn auch nicht der ärmste Teil, profitiert. Die NRO sind als Organisationen durchaus leistungsfähig und somit ein gutes Gegenbeispiel gegen die pauschale Kritik an afrikanischen Organisationen.

Es gibt allerdings in Kenia (nicht jedoch in Ruanda), von der Entwicklungspolitik weitgehend unbeachtet, einige NRO, die tatsächlich wichtige Elemente des Idealtyps einer NRO aufweisen. Es handelt sich um Organisationen, die überwiegend von asiatischen Geschäftsleuten getragen werden (z. B. Chandaria Foundation, Asian Foundation, Lions, Rotary Club). Sie finanzieren die Arbeit der NRO mit eigenen Mitteln und mobilisieren mit ihrem gesellschaftlichen Ansehen weitere Unterstützung für die NRO. Teilweise wurden sie schon während der frühen Kolonialzeit mit religiösem Hintergrund gegründet, andere haben eine humanitäre Grundlage. Die Vorbilder der Organisationen kommen aus Indien oder Europa, trotzdem sind sie heute ein fester Bestandteil der kenianischen Gesellschaft und somit auch gesellschaftlich eingebettet. Sie sind vorwiegend im Bereich der Wohlfahrt (Hilfe für Waisen, Behinderte, Stipendien usw.) tätig. Diese NRO erinnern in ihrer

Struktur und gesellschaftlichen Basis an die bürgerlichen Wohlfahrtsorganisationen im Europa des 19. Jh., die treffend als Honoratioren-NRO bezeichnet werden.[32] Ihre Arbeitsansätze sind höchst konservativ und paternalistisch, und sie entsprechen weder mit ihren Arbeitsgebieten noch mit ihren Ansätzen den aktuellen Vorstellungen von Sozial- und Entwicklungsvorhaben. Zudem sind ihre Maßnahmen eng begrenzt und ohne große sozial- oder entwicklungspolitische Wirkung. Der doppelte gesellschaftliche Anschluß dieser NRO garantiert keineswegs eine nach aktuellen Bewertungsmaßstäben des Wohlfahrts- und Entwicklungsbereiches kompetente und effiziente Arbeit.

In Kenia und Ruanda sind bislang keine NRO erkennbar, die die doppelte Forderung nach einer dynamischen, anpassungsfähigen und vor allem professionellen, effizienten Organisation einerseits und nach einem weltanschaulichen, gemeinnützigen Engagement andererseits, wie sie von den Förderern der NRO erhoben wird, erfüllen können. Im Selbstverständnis der kenianischen und ruandischen NRO und vor allem der besonders wichtigen Professionellen-Dienstleistungs-NRO ist das Spannungsverhältnis zwischen diesen Anforderungen eindeutig zugunsten der Professionalität aufgelöst worden. Gut ist, was effizient ist, und gut ist vor allem das, was dauernden Zufluß von Fördergeldern ermöglicht. Die meisten NRO folgen somit einer utilitaristischen Orientierung, die von ihren Mitarbeitern und deren Ausrichtung an individuellen Aufstiegszielen geteilt wird.

Die entwicklungspolitisch bedeutsamen NRO sind somit vor allem professionelle Organisationen und weniger ein organisierter Ausdruck gesellschaftlicher Selbstorganisation und der damit verbundenen Bereitschaft zur Übernahme gesellschaftlicher Verantwortung.

Der Entwicklungsprozeß von NRO in Europa zeigt, daß zunächst die weltanschauliche Orientierung und die Bindung an eine gesellschaftliche Basis am Beginn stand und allenfalls nach und nach ein Professionalisierungsprozeß einsetzte, der immer mit der Gefahr für die NRO verbunden ist, die gesellschaftliche Basis zu verlieren und zu einer bürokratisierten NRO zu werden.[33] Die Institutionenförderung in der Dritten Welt folgt allenfalls bei den Entwicklungsabteilungen der Kirchen diesem Ablauf. Bei vielen der neu gegründeten Professionellen-Dienstleistungs-NRO wird ein umgekehrter Weg angestrebt. Zunächst wird die professionelle Organisation aufgebaut, die sich im Anschluß daran eine gesellschaftliche Basis suchen soll, um sich von den Förderern unabhängig zu machen. Es ist zweifelhaft, ob diese Strategie Erfolg haben kann und zu neuen NRO mit einer eigenen gesellschaftlichen Basis führt.

Bedingungen für die Entstehung von NRO

Das Problem der fehlenden gesellschaftlichen Basis der afrikanischen NRO führt zur grundsätzlichen Frage, inwieweit der Organisationstyp NRO in Afrika gesellschaftlichen Bestand haben kann, oder allgemeiner, unter welchen Bedingungen der Organisationstyp NRO in einer Gesellschaft entstehen kann. Dazu möchte ich drei Thesen formulieren: eine Strukturthese, eine Kulturthese sowie eine Transferthese.

Die Entstehung von freiwilligen Vereinigungen und von NRO wird in Europa als Folge des gesellschaftlichen Strukturwandels angesehen, der mit der industriellen Revolution einsetzte und schließlich zur Herausbildung der bürgerlichen Gesellschaft führte. Familie, Verwandtschaft und Ständeordnung waren besonders in den Städten nicht mehr in der Lage, für die notwendige soziale Sicherung zu sorgen, und verloren zugleich ihre zentrale Bedeutung als Grundlage für die Definition kollektiver Interessen. Die freiwilligen Vereinigungen wurden zum Ausdruck neu organisierter Interessen und übernahmen neben dem Staat auch Funktionen der sozialen Sicherung vornehmlich nach dem Muster der Hilfe auf Gegenseitigkeit. Zugleich haben freiwillige Vereinigungen mit ihrem Einsatz für Bürger- und Freiheitsrechte die rechtliche Grundlage für ihre Stellung erst erkämpft und waren somit aktiv an der Herstellung der gesellschaftlichen Bedingungen ihrer Existenz beteiligt.

Die NRO stellen, da ihre Leistungen sich an Nichtmitglieder richten, einen Sonderfall dar. Eine Interpretation verweist auf das Interesse des Bürgertums, die neu entstandene Gesellschaftsstruktur zu stabilisieren. Wohlfahrtsmaßnahmen dienten demzufolge vor allem dazu, die systembedrohenden Spannungen als Folge der Ungleichheit durch die Abmilderung der sozialen Folgen zu bewältigen.[34]

Mit dieser Argumentation wird die Entstehung von NRO als das Ergebnis spezifischer sozialstruktureller Bedingungen angesehen; man kann deshalb von der Strukturthese der Entstehung von NRO sprechen. Konsequent weitergedacht, müßten bei entsprechender gesellschaftlicher Differenzierung mit der gleichzeitigen Garantie der Assoziationsfreiheit NRO nahezu zwangsläufig entstehen. Der Vergleich von Kenia und Ruanda weist durchaus in diese Richtung. Im gesellschaftlich relativ differenzierten Kenia mit einer nennenswerten Mittelschicht, deutlicher Urbanisierung und beginnender Industrialisierung gibt es erste Ansätze für die Entstehung eingebetteter NRO. In Ruanda, wo kleinbäuerliche Subsistenzlandwirtschaft dominiert, fehlen dagegen entsprechende Ansätze weitgehend. Das Beispiel Japan zeigt allerdings, daß es auch in einer hochindustrialisierten, differenzierten und kapitalistisch wirtschaftenden Gesellschaft mit bürgerlichen Freiheiten nicht unbedingt NRO geben muß. Dort übernehmen vor allem nachbarschaftliche Selbsthilfe und teilweise der Staat Aufgaben, die in Europa oder Nordamerika eher den NRO zugeordnet werden.[35]

Der Organisationstyp NRO basiert zugleich auf einer weltanschaulichen Grundlage. Vorläufer der NRO gab es beispielsweise mit den christlichen Hospitälern schon lange vor der industriellen Revolution, und ein großer Teil der frühen Gründungen von NRO hatte einen religiösen Hintergrund. Die Bereitschaft, Leistungen für andere zu erbringen bzw. deren Interessen anwaltlich zu vertreten, wird deshalb auch auf spezifische kulturelle Grundeinstellungen des jüdisch-christlichen Kulturkreises zurückgeführt.[36] Auch die zentralen Ideen humanistisch und politisch geprägter NRO, z.B. Menschenrechte, stammen zumeist aus dem jüdisch-christlichen Kulturkreis.[37] Mit dieser Argumentation wird vor allem die spezifische kulturelle Grundlage der Entstehung von NRO in Europa und Nordamerika hervorgehoben, sie kann somit als Kulturthese bezeichnet werden.

Es gibt allerdings auch andere Religionen, die eine kulturelle weltanschauliche Grundlage für die Bildung von NRO bieten könnten. Die lange Tradition von NRO in Indien ist eng mit dem Hinduismus verbunden, und aktuelle Entwicklungen in Thailand verweisen auf die mögliche Bedeutung des Buddhismus bei der Bildung von NRO.[38] Aus der Kulturthese könnte etwas voreilig gefolgert werden, daß NRO nur in bestimmten kulturellen Zusammenhängen überhaupt denkbar sind. Dies würde allerdings einen verkürzten statischen und ahistorischen Kulturbegriff voraussetzen. Kulturen unterliegen aber ebenso wie gesellschaftliche Strukturen immer Veränderungen durch neue gesellschaftliche Entwicklungen und Außeneinflüsse anderer Kulturen. Insofern muß die Kulturthese abgeschwächt formuliert werden: Die Entstehung von NRO bedarf auch kultureller Grundlagen, die eine angemessene weltanschauliche Grundlage für die Bildung von NRO und für die Entstehung einer gesellschaftlichen Basis im Land bieten.

Honoratioren-NRO wie "Lions" oder "Rotary Club" in Kenia sowie die Entstehung der Kirchen in Afrika verweisen auf die Möglichkeit, gesellschaftlich eingebettete NRO in eine andere Gesellschaft zu übertragen. Somit läßt sich die Transferthese aufstellen: NRO entstehen vielfach durch den Transfer des spezifischen Organisationsmodells gemeinsam mit dessen weltanschaulicher Grundlage von einer Gesellschaft in eine andere. Es kommt dabei auch zur Gründung von NRO, ohne daß entsprechende Strukturbedingungen und kulturelle Grundlagen gegeben sind. Die Mitwirkung an NRO kann dabei Ausdruck der Innovationswilligkeit sowie der Zugehörigkeit zu neuen gesellschaftlichen Gruppen sein, die das Organisationsmodell mit anderen Elementen des westlichen Lebensstils übernehmen. Wobei im Falle der Kirchen in Kenia und Ruanda der Transfer nur für die religiösen, jedoch (noch) nicht für die Entwicklungsfunktionen gelungen ist.

Sobald NRO in einer Gesellschaft präsent sind, können sie als Akteure gesellschaftlichen Wandel beeinflussen und politische sowie kulturelle Bedingungen verändern und damit die strukturelle und kulturelle Grundlage für ihre eigene Existenz schaffen oder erweitern. Genau dies ist bislang bei den entwicklungspolitisch relevanten Professionellen-Dienstleistungs-NRO kaum gelungen. Der erfolgreiche Organisationstransfer begrenzt sich lediglich auf Etablierung von Organisationen, die einigermaßen effiziente Umsetzung von Sozial- und Entwicklungsmaßnahmen übernehmen können, aber in erster Linie Teil des Entwicklungshilfesystems der Ersten Welt bleiben.

Wenn heute tatsächlich eingebettete NRO entstehen, so sind vermutlich alle drei Faktoren wirksam, die Existenz struktureller und kultureller Grundlagen sowie

Transferaktivitäten. Aber es gibt keine eindeutigen Belege, daß durch das Zusammenwirken der drei Faktoren NRO zwangsläufig gesellschaftliche Relevanz erhalten und eine eigene gesellschaftliche Basis finden. Es spricht vieles dafür, NRO als eine gesellschaftliche Antwort auf gesellschaftliche Fragen, Herausforderungen und Aufgaben anzusehen, eine Antwort, die möglicherweise auch anders aussehen und andere Organisationsformen hervorbringen könnte.

Als eine offensichtliche Alternative, Spannungen des gesellschaftlichen Strukturwandels zu überwinden, gilt das sozialistische Gesellschaftsmodell, das, obgleich es gegenwärtig an Anhängern verloren hat, in Teilen der Dritten Welt immer noch einige Wertschätzung genießt. Eine andere Form der Bearbeitung gesellschaftlicher Spannungen ist in Afrika die schrittweise Erweiterung familiärer Solidaritätserwartungen auf imaginierte Gemeinschaften, die sich auf der Grundlage gemeinsamer lokale Herkunft, gemeinsamer Zugehörigkeit zu einer religiösen Gemeinde oder auf regional-ethnischer Zusammengehörigkeit formieren.[39] Diese Gemeinschaften sind jeweils nach "außen" abgegrenzt, so daß damit noch keine generalisierte gesellschaftliche Verantwortung über Gruppengrenzen hinaus verbunden wird.[40]

Zur Zeit muß deshalb noch offen bleiben, ob der Prozeß der Bildung von gesellschaftlich eingebetteten NRO in Kenia und Ruanda noch breiter in Gang kommt. Bei der gegenwärtigen Struktur und Einbindung in das internationale System der Entwicklungshilfe werden mittelfristig Transferleistungen aus der Ersten Welt allerdings eine andere Ausgangsposition für die weitere Entwicklung der gesellschaftlichen und organisatorischen Strukturen bilden, als wir sie von Europa und Nordamerika kennen.

Im Vergleich zu vielen der in diesem Band behandelten afrikanischen Organisationen sind die afrikanischen NRO in Kenia und Ruanda weitaus weniger durch spezifische soziokulturelle Vorstellungen geprägt. Pointiert formuliert, sind besonders die Professionellen-Dienstleistungs-NRO "Brückenköpfe" westlicher Organisationsvorstellungen. Sie gleichen in ihrer Organisation und Arbeitsweise sowie in ihrer professionellen und effizienzorientierten Selbstbewertung in weiten Teilen ihren Vorbildern aus der Ersten Welt. Während die funktionalen Grundelemente der formellen Organisation von den afrikanischen NRO übernommen wurden, fehlt aber im Unterschied zu den Nord-NRO die weltanschauliche Grundlage ebenso wie eine darauf gegründete eigene gesellschaftliche Basis und damit die gesellschaftliche Einbettung. Gemeinschaftsdenken kann offensichtlich nicht ohne weiteres von spezifischen Gemeinschaften abgelöst und in allgemein weltanschaulich fundierte humanitäre Orientierungen überführt werden. Trotz der erfolgreichen Übertragung der funktionalen Bestandteile des Organisationsmodells NRO ist der Transfer des gesamten Organisationstyps "NRO" bisher nicht gelungen.

Literatur

ACR (Africa Contemporary Record), 1988-89: Annual survey and documents. Band 21. Hg. von Marion E. Doro. New York-London: Africana Publishing Company.

Bauer, Rudolph, 1987: Intermediäre Hilfesysteme personenbezogener Dienstleistungen in zehn Ländern. In: R. Bauer/A.-M. Thränhardt (Hg.), Verbandliche Wohlfahrtspflege im internationalen Vergleich. Opladen: Westdeutscher Verlag, S. 9-30.

Bauer, Rudolph, 1990: Voluntary welfare associations in Germany and the United States: Theses on the historical development of intermediary systems. In: Voluntas 1, Heft 1, S. 97-111.

Collins, Randall/Hickman, Neal, 1991: Altruism and culture as social products. In: Voluntas, 2, 2, S. 1-15 .

Derlega, Valerian J./Grzelak, Janusz (Hg.), 1982: Co-operation and helping behaviour. Theories and research. New York-London u. a.: Academic Press.

Douglas, James, 1983: Why charity? The case for a third sector. Beverly Hills, Calif.-London-New Delhi: Sage.

Elwert, Georg, 1989: Nationalismus, Ethnizität und Nativismus - über die Bildung von Wir-Grup pen. In: P. Waldmann/G. Elwert (Hg.), Ethnizität im Wandel. Saarbrücken-Fort Lauderdale: Breitenbach, S. 21-60.

Feingold, Mordechai, 1987: Philanthropy, pomp, and patronage: historical reflection upon the endowment of culture. In: Daedalus 116, S. 155-178.

Fowler, Alan F., 1989: Political dimensions of NGO expansion in Africa and the role of internatio-nal aid. o.O. [unveröffentlichtes Manuskript].

Glagow, Manfred, 1990: Zwischen Markt und Staat: Die Nicht-Regierungs-Organisationen in der deutschen Entwicklungspolitik. In: M. Glagow (Hg.), Deutsche und internationale Entwicklungs-politik. Opladen: Westdeutscher Verlag, S. 159-179.

Glagow, Manfred/Engels, Anita/Siefert, Saskia/Opladen, Katharina, 1992: Indigenous Non-Governmental Organizations in Mosambik - Gesellschaftliche Selbstorganisation im Entwicklungsprozeß. Materialien Nr. 34 Forschungsprogramm Entwicklungspolitik. Bielefeld: Universität Bielefeld.

Goffman, Erving, 1972: Asyle. Über die soziale Situation psychiatrischer Patienten und anderer Insassen. Frankfurt/M.: Suhrkamp.

Groffebert, Hans, i.d.B.

Grohs, Gerhard, 1992: Are human rights really universal? Human rights and world religions. In: D. Claessens/R. Mackensen (Hg.), Universalism today. Contributions at the IInd international symposium for universalism in Berlin, August 22. Berlin, S. 240-248.

Hall, Peter Dobkin, 1987: Abandoning the rhetoric of independence. Reflections on the non-profit sector in post-liberal era. In: Journal of Voluntary Action Research 16, S. 11-28.

Heinze, Rolf G./Olk, Thomas, 1981: Die Wohlfahrtsverbände im System sozialer Dienstleistungs-produktion. Zur Entstehung und Struktur der bundesrepublikanischen Verbändewohlfahrt. In: Kölner Zeitschrift für Soziologie und Sozialpsychologie, 33, S. 94-114.

Hyden, Goran, 1987: Capital accumulation, resource distribution, and governance in Kenya: the role of the economy of affection. In: M.G. Schatzberg (Hg.), The political economy of Kenya. New York-Westport,Conn.-London: Praeger, S. 117-136 .

Jessen, Brigitte, 1994: Fremdhilfe und die Mobilisierung interner Ressourcen dargestellt am Beispiel der NGO-Arbeit in Bangladesch und Thailand. In: R. Hanisch & R. Wegner (Hg.), Nicht-Regierungsorganisationen und Entwicklung. Hamburg: Deutsches Übersee-Institut, S. 45-68.

Kanyinga, Henry Karuti, 1990: The role of non-governmental organizations (NGOs) in creating local capacity for development: the case of Meru district, Kenya. M.A. thesis, University of Nairobi.

Karl, Barry D./Katz, Stanley N., 1987: Foundation and ruling class elites. In: Daedalus 11, S. 1-40.

Kaufmann, Franz-Xaver, 1983: Steuerungsprobleme im Wohlfahrtsstaat. In: J. Matthes (Hg.), Krise der Arbeitsgesellschaft. Verhandlungen des 21. Deutschen Soziologentages in Bamberg 1982. Frankfurt/M.-New York: Campus, S. 474-490.

Kaufmann, Franz-Xaver, 1984: Solidarität als Steuerungsform - Erklärungsansätze bei Adam Smith. In: F.-X. Kaufmann/H.G. Krüsselberg (Hg.), Markt, Staat und Solidarität bei Adam Smith. Frankfurt/M.-New York: Campus, S. 158-184.

Kuhrau-Neumärker, Dorothea, 1990: Karma und Caritas. Soziale Arbeit im Kontext des Hinduismus. Münster-Hamburg: Lit.

Mensen, Bernhard (Hg.), 1988: Grundwerte und Menschenrechte in verschiedenen Kulturen. Vor tragsreihe Akademie Völker und Kulturen, Band 11. Nettetal: Steyer.

Molt, Peter, 1994: Zerfall von Staat und Gesellschaft in Ruanda. In: Konrad Adenauer-Stiftung Auslandsinformationen, Nr. 5, S. 3-38.

Neubert, Dieter, 1990a: Nicht-Regierungs-Organisationen und Selbsthilfe in Kenya. Grundlegende Strukturen und neuere Tendenzen. In: M. Glagow (Hg.), Deutsche und internationale Entwicklungspolitik. Opladen: Westdeutscher Verlag, S. 297-314 .

Neubert, Dieter, 1990b: Von der traditionellen Solidarität zur Nicht-Regierungsorganisation. Eine steuerungstheoretische Analyse von Formen der Solidarität in Kenya. In: K.-H. Kohl/ H.Muszinski/I. Strecker (Hg.), Die Vielfalt der Kultur. Ethnologische Aspekte von Verwandtschaft, Kunst und Weltauffassung. Ernst Wilhelm Müller zum 65. Geburtstag. Berlin: Reimer, S. 548-571.

Neubert, Dieter, 1991: Nicht-Regierungsorganisationen und Selbsthilfe als Träger gesellschaftlicher Entwicklung in Ruanda. In: U. Löber/E. Rickal (Hg.), Ruanda. Landau: Pfälzische Verlagsanstalt, S. 293-309.

Neubert, Dieter, 1992: Zur Rolle von freien Vereinigungen beim Aufbau einer afrikanischen Zivilgesellschaft. In: E. Gormsen/A. Thimm (Hg.), Zivilgesellschaft und Staat in der Dritten Welt. Mainz: Universität, S. 27-60.

Neubert, Dieter, 1993: Die entwicklungspolitische und die gesellschaftliche Bedeutung afrikanischer Nicht-Regierungsorganisationen (NRO). Eine vergleichende Länderfallstudie von Kenia und Ruanda. Mainz 1993 [Manuskript unveröffentlicht].

Neubert, Dieter, 1994a: Die Rolle von Nicht-Regierungsorganisationen (NRO) im Prozeß des politischen und gesellschaftlichen Wandels in Kenia und Ruanda. In: R. Hanisch & R. Wegner (Hg.), Nicht-Regierungsorganisationen und Entwicklung. Hamburg: Deutsches Übersee-Institut, S. 193-217.

Neubert, Dieter, 1994b: Mehr als nur eine Bruchlinie. In Südwind-Magazin (Wien), Nr. 5, S. 6-7, 10-11.

Petitat, André, 1991: Les circuits du don: "Kula", charité et assurances. In: Cahiers Internationaux de Sociologie, 90, S. 49-65.

Phelps, Edmund S. (Hg.), 1975: Altruism. Morality and economic theory. New York: Russell Sage Foundation.

Pike, K.L, 1967: Language in relation to a unified theory of the structure of human behaviour. Den Haag: Mouton.

Quarles van Ufford, Philip, 1990: Mythos einer rationalen Entwicklungspolitik: Evaluation versus Policy-Making in privaten holländischen Hilfsorganisationen. In: M. Glagow (Hg.), Deutsche und internationale Entwicklungspolitik. Opladen: Westdeutscher Verlag, S. 243-269.

Rottenburg, Richard, 1993: Vom Transfer zum Dialog. Aspekte finanzieller Zusammenarbeit mit Afrika. Arbeitshilfen, Materialien, Diskussionsbeiträge Nr. 9. Frankfurt: Kreditanstalt für Wiederaufbau.

Rottenburg, Richard, 1994: "We have to do business as business is done!". Zur Aneignung formaler Organisation in einem westafrikanischen Unternehmen. In: Historische Anthropologie, Jg. 2, Heft 2, S. 265-286.

Seibel, Wolfgang, 1990: Verbindungsmuster zwischen Öffentlichem und Dritten Sektor im Ländervergleich. In: T. Ellwein/J.J. Hesse/R. Mayntz/F.W. Scharpf (Hg.), Jahrbuch zur Staats- und Verwaltungswissenschaft, Band 4. Baden-Baden: Nomos, S. 113-141.

Sen, Siddhartha, 1992: Non-profit organisations in India: historical development and common pat terns. In: Voluntas, 3, Heft 2, S. 175-194.

Souaré, Aboubakar, i.d.B.

Streeck, Wolfgang/Schmitter, Philippe C., 1985: Gemeinschaft, Markt und Staat - und die Verbände? Der mögliche Beitrag von Interessenregierungen zur sozialen Ordnung. In: Journal für Sozialforschung 25, S. 133-157.

Teuber, Günter Max, 1993: Managementprobleme afrikanischer "Non-Government Organizations" (NGOs). Eine Analyse aus entwicklungspolitischer Sicht, basierend auf Fallbeispielen aus den anglophonen Entwicklungsländern des südlichen Afrika. Frankfurt/M. u.a.: Lang.

Thränhardt, Anna-Maria, 1987: Organisierte Freiwilligkeit. Ehrenamtlichkeit als tragende Struktur des japanischen Sozialwesens. In: R. Bauer/A.-M. Thränhardt (Hg.), Verbandliche Wohlfahrtspflege im internationalen Vergleich. Opladen: Westdeutscher Verlag, S. 204-225.

Anmerkungen

1 Vgl. den Beitrage von Souaré in diesem Band und Rottenburg 1994.

2 Vgl. Rottenburg 1993 und 1994.

3 Vgl. Goffman 1992.

4 Vgl. Pike 1967, S. 37-72.

5 Ausnahmen sind Groffebert 1994 und Teuber 1993.

6 Die Analyse der praktischen Arbeit und der politischen Rolle von NRO in Kenia und Ruanda waren Gegenstand eines durch die Volkswagen-Stiftung geförderten Forschungsprojekts (vgl. Neubert 1990a; 1990b; 1991; 1992; 1994a; zusammenfassend: 1993).

7 Zu den Hintergründen des Krieges vgl. Molt 1994; Neubert 1994b. Es wird vom weiteren Verlauf dieses Krieges abhängen, ob die im folgenden über NRO in Ruanda getroffenen Aussagen auch in den nächsten Jahren Gültigkeit behalten oder ob sie vor allem die Situation bis zum Beginn des Krieges beschreiben.

8 Vgl. Kaufmann 1983; 1984; Streeck/Schmitter 1985; zusammenfassend: Neubert 1990; 1993, S. 59-70.

9 Vgl. Kennett 1980; Petitat 1991.

10 Altruismus läßt sich wie jedes andere Verhalten intrapersonell mit Hilfe der Austauschtheorie auf eigennütziges Verhalten zurückführen (Phelps 1975; Derlega/Grzelak 1982). Hier interessiert jedoch die interpersonelle Ebene, auf dieser gibt es aber klare Unterschiede zu den anderen Formen der Solidarität (Neubert 1993, S. 63-66; Douglas 1983, S. 63-67).

11 Vgl. Bauer 1987, S. 15.

12 Vgl. Glagow 1990, S. 165.

13 Die Grundlage und die Form des gesellschaftlichen Anschlusses kann in der Praxis erheblich variieren und ist durch den jeweiligen historischen und kulturellen Hintergrund sowie durch schon bestehende institutionelle Arrangements im gesellschaftlichen Umfeld geprägt. Je nachdem welche gesellschaftliche Basis die NRO haben und was ihre Arbeit bestimmt, lassen

sich unterschiedliche Typen unterscheiden (vgl. dazu: Glagow 1990, S. 168-170; Neubert 1993, S. 71-74).

14 Vgl. Neubert 1993, S. 136-139, 204-206.

15 Vgl. Neubert 1991; 1993, S. 226-255.

16 Allgemein: Quarles van Ufford 1990, S. 253-257.

17 In der Entwicklungspolitik hat sich die Unterscheidung in "Nord-NRO" und "Süd-NRO" eingebürgert. Nord-NRO sind NRO aus der Ersten Welt, Süd-NRO dementsprechend NRO aus der Dritten Welt, zu denen auch die hier behandelten "afrikanischen NRO" gehören.

18 In einem Fall in Ruanda wurde allerdings der gesamte Vorstand und die Geschäftsführung der Organisation KORA (zugleich NRO und Verband von Kleingewerbetreibenden) 1989 wegen Mißwirtschaft und Veruntreuung von den Mitgliedern abgesetzt.

19 In Kenia versuchte eine NRO Luxusfahrzeuge zollfrei nach Kenia einzuführen (Kanyinga 1990, S. 106), und der NRO "Kenya Women Finance Trust" wurde von der staatlichen norwegischen Entwicklungsorganisation vorgeworfen, vornehmlich Projektvorstudien, aber keine Projekte durchzuführen (ACR 1988-89, B 328). Die "ONG-Bidon" im frankophonen Westafrika, von denen Groffebert (in diesem Band) berichtet, sind Paradebeispiele für betrügerische NRO. Zumindest für Kenia und Ruanda sind betrügerische NRO aber eher ein Randphänomen.

20 Vgl. Hall 1987, S. 13-16.

21 Beispiele für Kenia sind der protestantische Kirchenrat (NCCK) oder die in städtischen Elendsgebieten aktive "Undugu Society", für Ruanda die in der ländlichen Entwicklung tätige Organisation ARDI.

22 Der Geschäftsführer der ruandischen NRO DUHAMIC-ADRI wechselte an die Spitze eines sich neu formierenden NRO-Verbandes. Ebenfalls in Ruanda rekrutierte ARDI einen neuen Geschäftsführer vom "Roten Kreuz", und bei kenianischen "Undugu Society" kam ein neuer Geschäftsführer von der NRO VADA.

23 Zu den wenigen NRO, die in Kenia und Ruanda sogenannte Programmförderung erhalten, gehören NCCK, KENGO und IWACU.

24 Genaugenommen treten die NRO auch mit der Durchführung von Studien in Konkurrenz zur Privatwirtschaft. Denn in Kenia und in geringerem Umfang in Ruanda gibt es freie Gutachter und kleine Consulting-Unternehmen, die entsprechende Dienstleistungen anbieten.

25 Zu den wenigen Ausnahmen gehören die zeitweilige Bereitschaft von Anwälten für zwei kenianische Rechtshilfeorganisationen (Public Law Institute, Kitui cha Sheria) unentgeltlich tätig zu werden.

26 ADIGMAR, AJEMAC, ARBEF, CECOTRAD, "Révalorisation de la médicine traditionelle", "Association des Volontaires Rwandais", sowie der Dachverband der muslimischen Gemeinden (AMUR).

27 Vgl. Fowler 1989, S. 3.

28 Neubert 1990a, S. 306f.; 1990b, S. 564-566; 1991, S. 307; 1993, S. 73); Glagow u.a. 1992, S. 24.

29 Damit unterscheiden sich Professionelle-Dienstleistungs-NRO idealtypisch von Unternehmen. Sie sind nicht profitorientiert, und als Modell sozialer Ordnung liegt auch bei Professionellen-Dienstleistungs-NRO "Solidarität" im Gegensatz zu "Markt" bei Unternehmen zugrunde. Auf die Bedeutung von Solidarität gründet sich das Vetrauen von Spendern und Geldgebern, die durch ihre (finanzielle) Unterstützung eine gesellschaftliche Basis herstellen.

30 Z.B. in Kenia "Maendelo ya Wanawake", YMCA, YWCA, in Ruanda "Duterimbere" und JOC (Jeunesse Ouvriers Catholiques).

31 Vgl. Neubert 1993, S. 236-255.

32 Vgl. Glagow 1990, S. 168.

33 Vgl. Heinze/Olk 1981.
34 Zur historischen Entwicklung in Europa vgl. u.a.: Bauer 1990; Heinze/Olk 1981; Karl/Katz 1987; Seibel 1990.
35 Vgl. Thränhart 1987.
36 Z.B. Collins/Hickman 1991; Feingold 1987; Karl/Katz 1987.
37 Vgl. Grohs 1992; Mensen 1988.
38 Zu NRO in Indien und deren religiös-weltanschaulichen Hintergründen siehe: Kuhrau-Neumärker 1990; Sen 1992. Zu NRO in Thailand allgemein: Jessen 1994. In Japan fehlte hingegen auch im Buddhismus eine ausgeprägte Tradition der Armenpflege (Thränhardt 1987, S. 204-207).
39 Vgl. Elwert 1989.
40 Vgl. auch Hyden 1987 über die "economy of affection".

Die Erfindung der Dorfgemeinde. Eine Nachgeschichte der "villagization" im ländlichen Tanzania

Achim von Oppen

Einleitung

"Das afrikanische Dorf" wird gern als geradezu sprichwörtlicher Ausdruck primordialen gesellschaftlichen Zusammenlebens auf jenem Kontinent angesehen. Anders jedoch als für das südliche und südöstliche Asien haben afrikabezogene Sozialwissenschaftler zwar eine Vielzahl empirischer "Dorfstudien" erstellt, das Dorf als soziale Kategorie aber kaum thematisiert. Während die meisten kolonialzeitlichen Ethnologen es offenbar im wesentlichen für einen räumlichen Ausdruck des jeweiligen (herrschaftlich oder segmentär organisierten) soziopolitischen Systems hielten,[1] sahen postkoloniale Entwicklungssoziologen das Dorf in Afrika eher nur als lokale Bündelung bäuerlicher Produzenten oder Haushalte.[2] Problematisch wurden Identität und Institutionalisierung lokaler Gemeinschaften in der wissenschaftlichen Diskussion erst dort, wo großmaßstäbige Umsiedlungs-, Entwicklungs- und Verwaltungspolitiken die vermeintlich traditionellen Siedlungsstrukturen allzu offensichtlich umzugestalten oder gar zu zerstören drohten. Solche Versuche zogen sich freilich, mit steigender Intensität, wie ein roter Faden durch die letzten hundert Jahre kolonialer und nachkolonialer Geschichte. Im ganzen südöstlichen Afrika ist die geplante Um- und Neubildung von Dörfern eines der zentralen Instrumente im Arsenal der Kontrolle und "Entwicklung" der afrikanisch-bäuerlichen Bevölkerung.[3]

Die *Operations Villagization* 1973-1975 in Tanzania waren zweifellos der weitreichendste und am konsequentesten realisierte Fall geplanter Dorfbildung in Afrika.[4] In ihrem Verlauf wurden bis zu 75 Prozent der gesamten Landbevölkerung des Landes in neue konzentrierte Dörfer umgesiedelt. Diese wurden zu Kernen neugeschaffener Großgemeinden, die jeweils aus mindestens 250 Haushalte bestehen sollen und ein genau umgrenztes Gebiet (*Village Areas*) umfassen. Sie erhielten eine neuartige administrative Struktur, die *Village Councils*, die aus gewählten Amtsträgern (*Village Chairman, Village Secretary*) und Fachausschüssen (*Committees*) bestehen. Diese Dorfverwaltungen, bezeichnenderweise oft *Village Government* (*serikali ya kijiji*) genannt, haben relativ weitgehende Befugnisse, allerdings unter strikter Supervision durch die Partei und die Distriktverwaltung. Dazu gehören, im Rahmen eines erweiterten Verständnisses kommunal-öffentlicher Interessen, auch umfangreiche Verfügungsrechte über das Dorfland, auf die weiter unten noch näher eingegangen wird.

Die *villagization* in Tanzania fand ihren Niederschlag in einer Fülle mehr oder weniger kritischer Literatur, die sich jedoch mehr um die Bewertung der sozioökonomischen, ökologischen und politischen Folgen, im Sinne wie immer definierter Entwicklung, drehte. Die neugeschaffenen soziopolitischen Einheiten, die sogenannten *Development Villages*, wurden dagegen mit einer gewissen Selbstverständlichkeit als institutioneller Rahmen ländlicher Gesellschaft und ländlicher Entwicklung akzeptiert. Die Frage, ob und wie es den sozialen Akteuren unter den gewandelten Umständen gelingt, das Dorf als neue soziopolitische Organisationsform vor Ort überhaupt herzustellen und zu legitimieren, wurde kaum gestellt.[5]

In einem kürzlich gehaltenen Vortrag hat Arjun Appadurai (Chicago) darauf aufmerksam gemacht, daß "Lokalität" (*locality*) - eng verknüpft mit den jeweiligen lokalen Subjekten - in allen Gesellschaften ein bedeutendes, jedoch oft fragiles Konstrukt darstellt, das aus vielfältigen - sowohl routinisierten als auch kreativen - Prozessen der "Produktion von Lokalität" entsteht.[6] Diese sehr allgemein formulierte Fragestellung möchte ich hier auf konkretere Prozesse der Konstruktion der Dorfgemeinde in Tanzania anwenden. Ich wähle den Begriff "Gemeinde", um hier die institutionelle Verfaßtheit dieser Form lokalisierter Vergesellschaftung hervorzuheben, die Max Weber als einen "Gebietsverband" bezeichnet hat.[7] Zumindest unter diesem Aspekt der "Gemeinde" erscheint es mir sinnvoll, das Dorf hier als Form soziopolitischer "Organisation" zu behandeln, die nicht nur bestimmte Zwecke verfolgt und Mitglieder aufnehmen oder ausstoßen kann, sondern im Zusammenhang damit spezifische "Legitimationsmythen" entwickelt (siehe Einleitung). Bei der sozialen Konstruktion von Dorfgemeinden spielen Konzepte oder Ideologien lokaler Gemeinschaft[8] eine wesentliche Rolle. Im vorliegenden Fall geplanter Dorfbildung in Tanzania treten solche legitimatorischen Konzepte sowohl auf Regierungsseite als auch unter der lokalen Bevölkerung in Konkurrenz zueinander auf.

In anderer, aber doch vergleichbarer Weise als etwa in Unternehmen stellen sich auch in der Praxis der Dorfgemeinde immer wieder Fragen, die zu Legitimationsversuchen herausfordern - Fragen wie die nach der verbindenden Identität der Einwohner; nach ihrer Abgrenzung gegenüber anderen Gemeinden; nach ihren Beziehungen untereinander; nach den Bedingungen und Rechtfertigungen von Eigentum und Macht; nach der Schlichtung von Streitfällen. Die Lösung dieser Fragen, die zusammengenommen erst den sozialen Prozeß der Konstruktion der Dorfgemeinde ausmachen, verläuft über vielfältige, eingespielte oder auch erst einzuspielende Normen und Praktiken. Zentrale Bedeutung hat dabei der lokale Raum, durch den das Dorf (als sozio-politische Einheit) erst zur "Lokalität" wird. Dies gilt sowohl materiell als auch symbolisch. Materiell ist das das Dorf umgebende Land gleichzeitig die Vorraussetzung oder der Rahmen seiner Existenz und Gegenstand ständiger Prozesse der Aneignung, sowohl auf individuell-"privater" als auch auf kommunal-"öffentlicher" Ebene. Durch symbolische Praxis (z. B.

durch Grenzziehungen und Bodenrechtsdefinitionen) dient der dörfliche Raum andererseits als Projektionsfläche für Entwürfe lokalisierter Gemeinschaft. Wie aber diese Prozesse und Entwürfe im einzelnen aussehen, unterliegt historischem Wandel.

Solcher Wandel kommt, so Appadurai, dann ins Spiel, wenn alltägliche, routinierte Aneignungsformen und Deutungsmuster versagen und größere Brüche und Konflikte auftreten. Seit dem 19. Jahrhundert hat es in Ostafrika eine Folge von Umbrüchen in der Aneignung lokaler Räume gegeben: Die Entstehung großer, konzentrierter Siedlungen von Gefolgsleuten militärisch starker Führer in der Zeit der vorkolonialen Sklavenkriege; nach der kolonialen "Pazifizierung" die Ausbreitung der Streusiedlungsweise mit kleinen, sich zunehmend familiär definierenden Residenzgruppen; die wiederholten Versuche des Zentralstaates, diesem Trend durch geplante Siedlungskonzentration entgegenzuwirken.[9] Diese Umbrüche hingen jeweils eng mit Konflikten um die Kontrolle über Menschen und Land zusammen, wobei diese zunehmend als ökonomische Ressourcen verstanden wurden. Zugleich aber kollidierten in diesen Umbruchphasen immer auch unterschiedliche Deutungen lokaler Gemeinschaft (etwa als Abstammungsgruppen, Gefolgschaften oder lokale Territorien), die sich in Auseinandersetzungen um die Legitimität kommunaler öffentlicher Institutionen ausdrückten, insbesondere jener, die den Zugang zu den genannten Ressourcen regeln.[10]

Strategien geplanter Dorfbildung in der Neuzeit stehen regelmäßig im Kontext der Expansion des Nationalstaates. Im Rahmen seiner Bemühungen um die Schaffung der Nation als einer neuartigen ("imaginierten") Gemeinschaft[11] greift er auch massiv in kleinräumige Prozesse der "Produktion von Lokalität" ein. In Afrika entstanden häufig erst in diesem Kontext die räumlich fixierten "Dorfgemeinschaften", die vielfach als Ausdruck traditioneller Strukturen ausgegeben wurden.[12] Die neuen Dorfgemeinden entstanden in vieler Hinsicht nach dem (verkleinerten) Abbild des Nationalstaats selbst: Sie waren vor allem ter-ritorial definiert; alle, die innerhalb der Grenzen dieser lokalen Territorien lebten, galten im Prinzip als rechtlich gleichgestellte "Lokalbürger"; zur wesentlichsten "öffentlichen Angelegenheit" wurden materielle Ressourcen; deren Bereitstellung, Sicherung und Verteilung erschien als Hauptaufgabe kommunaler (Selbst-) Verwaltung, zu deren rationaler Wahrnehmung eine lokale Bürokratie etabliert wurde. Das dörfliche Territorium (als abstrakte Fläche und als Ensemble natürlicher Ressourcen), das schon eine wesentliche symbolische Grundlage dieses Modells der Dorfgemeinde bildete, wurde auch materiell zu einem zentralen Gegenstand kommunaler Tätigkeit.

Im Falle der *villagization* in Tanzania, wie gesagt dem wahrscheinlich weitgehendsten Versuch geplanter Dorfbildung in Afrika, ergab sich in vielen Gebieten innerhalb der neuen Dorfgrenzen eine Zuspitzung lokaler Landkonflikte. Dahinter standen gegensätzliche Einzelinteressen, aber auch unterschiedliche Landrechtsverständnisse. Vielfach beschleunigten diese Konflikte die Erosion der natürlichen Umwelt. Dabei sollte doch gerade im Bereich Ressourcenmanagement das *Development Village* in neuer, effektiverer Weise "öffentliche" Interessen wahrnehmen. Zugleich erwies sich, daß sowohl die älteren als auch die neueren dörflichen Institutionen kaum in der Lage waren, die angefachten Konflikte zu schlichten, d.h. legitimierbare Lösungen zu finden. In der folgenden Untersuchung möchte ich den heterogenen Entwürfen lokaler Gemeinschaft nachgehen, die sich in diesen Landkonflikten im ländlichen Tanzania "nach Ujamaa" artikulierten. Im Mittelpunkt meines Interesses steht dabei die Frage, wie diese legitimatorischen Entwürfe miteinander interagierten und wie sie sich auf die Entwicklung der neuartigen Organisationsform "Dorfgemeinde" auswirkten.

Eine solches Vorhaben kann zweifellos nur anhand von Fallstudien eingelöst werden. Nach einem bereits vorliegenden Versuch, Erfahrungen aus sehr unterschiedlichen Regionen des Landes zusammenzufassen,[13] möchte ich hier anhand zweier benachbarter Dorfgemeinden stärker in die Tiefe gehen. Es handelt sich um die Gemeinden Mafisa und Gombero im Westteil des Handeni-Distrikts, die in ihrer jetzigen Gestalt erst durch die *villagization* 1974 entstanden sind und die ich 1992 kurz, aber intensiv untersuchen konnte.[14] Einserseits weisen diese Dörfer relativ typische Merkmale großer Gebiete des ländlichen Tanzania auf. Sie wurden intensiv von den *Operations Villagization* erfaßt, wobei frühere Streusiedlungen aufgelöst und die Bewohner um bereits bestehende Siedlungskerne an der Straße angesiedelt wurden. Sie haben, bezogen auf die gesamten dörflichen Territorien, eine relativ geringe Bevölkerungsdichte. Die Ökonomie beruht auf einer Kombination von Ackerbau und Rinderhaltung. Die Gemeinden liegen in einer mittleren Entferung von nennenswerten Absatzmärkten. Daneben gibt es aber auch sehr spezifische Merkmale dieser Dörfer, insbesondere die Tatsache, daß ihre Territorien zwei sehr unterschiedliche Naturlandschaften umfassen, die jeweils mit einer bestimmten ethnischen Gruppe verbunden sind: Die wasserreichen Ngulu-Berge mit Höhen bis zu über 1600 Metern im Südosten, die als Heimat der Ngulu-Ackerbauern (Kiswahili: WaNguu) gelten, und die Ränder der trockenen Maasai-Steppe im Nordwesten, die von Parakuyo-Pastoralisten, einer Sektion der Maasai, bewohnt werden (siehe Karte).

Konflikte um Land und Gemeinschaft

Im nachfolgenden ersten Teil meiner Untersuchung möchte ich beschreiben, wie sich innerdörfliche Landkonflikte im Anschluß an die villagization entwickelten bzw. transformierten. Diese Konflikte bildeten Kristallisationskerne nicht nur für die Artikulation gegensätzlicher Interessen, sondern auch für konkurrierende Deutungen lokaler Gemeinschaft und lokaler Öffentlichkeit. Dabei wird sich zeigen, daß Interessenlagen und Deutungsmuster sich in den einzelnen Teillandschaften der Dorfterritorien charakteristisch unterscheiden. Meine Darstellung wird sich deshalb zunächst geographisch entlang des Landschaftquerschnitts der Dörfer bewegen (siehe Abbildung).

CROSS-SECTION OF LANDSCAPES AND LAND USES IN WESTERN HANDENI
NW
SE
MAASAI STEPPE
NGULU MOUNTAINS
~1600m
~1200m
plain/ plateau
valley
lower slope
upper slope
mountain top
dry woodland, pastures; Parakuyo hamlets
cultivation (seasonal) expanding outwards
"mabonde" cultivation (seasonal/ permanent); water
new core villages, roads, facilities
„milimani" cultivation (seasonal/ permanent); former Ngulu hamlets; "shelters"
moist forest, dry-season pastures

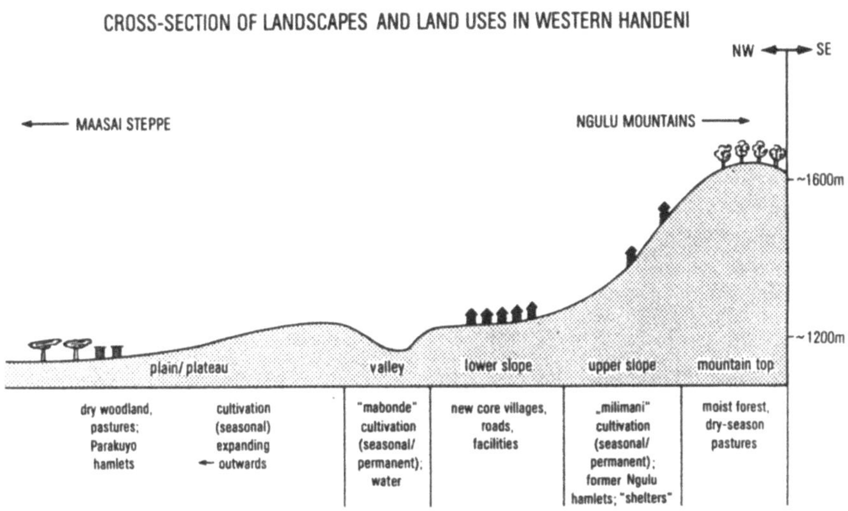

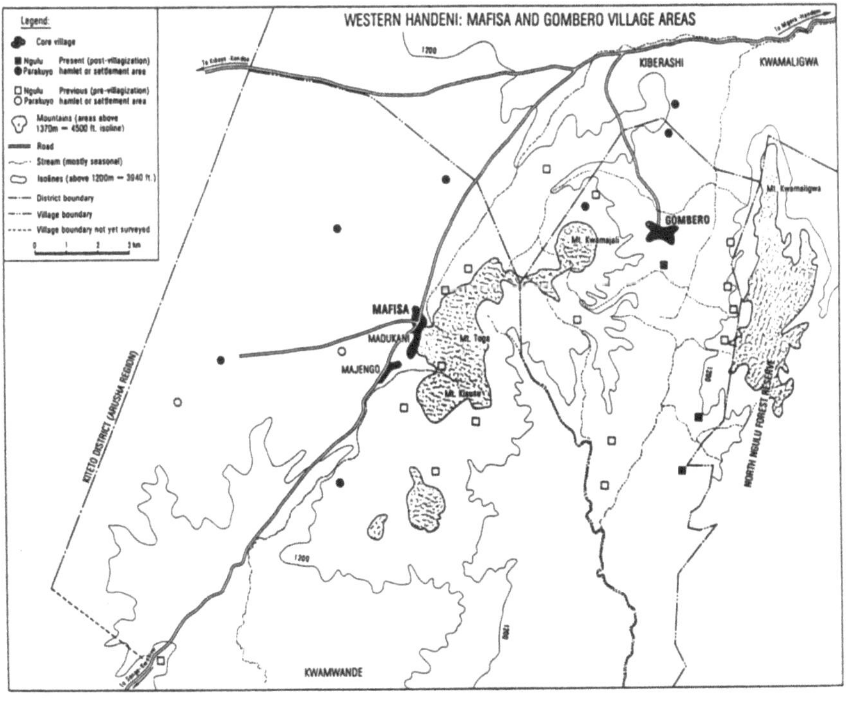

WESTERN HANDENI: MAFISA AND GOMBERO VILLAGE AREAS
Legend:
Core village
Ngulu
Parakuyo
Present (post-villagization) hamlet or settlement area
Ngulu
Parakuyo
Previous (pre-villagization) hamlet or settlement area
Mountains (areas above 1370m — 4500 ft. isoline)
Road
Stream (mostly seasonal)
Isolines (above 1200m — 3940 ft.)
District boundary
Village boundary
Village boundary not yet surveyed
0 1 2 3 km
KIBERASHI
KWAMALIGWA
GOMBERO
MAFISA
MADUKANI
MAJENGO
KWAMWANDE
KITETO DISTRICT (ARUSHA REGION)
NORTH NGULU FOREST RESERVE
1200

Im anschließenden zweiten Teil werde ich dann einen genaueren Blick auf wesentliche dörfliche Institutionen werfen, die für die Regulierung des Zugangs zu Land und für die Schlichtung bzw. Aushandlung von Landkonflikten von Bedeutung sind. In der "Funktionsweise" dieser kommunalen Institutionen informeller und formeller Art spiegeln sich wiederum die konkurrierenden Deutungen lokaler Gemeinschaft, die schon im ersten Teil aufgetaucht waren. Dabei wird zu fragen sein, inwieweit diese Institutionen und Deutungen in den Prozeß der Konstruktion der Dorfgemeinde als lokaler öffentlicher Raum einfließen. Angesichts der Zuspitzung der Landkonflikte, die ältere Grenzen und Loyalitäten längst überschreiten, scheint dieser Prozeß unabdingbar geworden zu sein.

Um die neuen Dorfkerne

Die heutige Dorfkerne von Mafisa und Gombero liegen beide auf den unteren Hängen der Ngulu-Berge. Einige Häuse, besonders Läden, waren dort bereits seit den 40er Jahren gebaut worden, als die ersten Autostraßen (entlang der unteren Hänge) gebaut wurden. In den 70er Jahren dann brachte die *villagization* einen plötzlichen, dramatischen Anstieg der Einwohnerzahl um diese älteren Kerne. Nun wurde, durch Versprechungen und Gewalt, nahezu die gesamte Bevölkerung des umliegenden Gebiets dazu gebracht, dorthin umzusiedeln. Zuvor gab es in diesem Gebiet, verstreut über die Oberhänge der Berge, etwa fünfzehn von Ngulu bewohnte Weiler bzw. "Nachbarschaften", die jeweils auf Zugehörigkeit bzw. Loyalität zu bestimmten Clan- und Lineage-Segmenten beruhten. Jede dieser Einheiten beanspruchte ein bestimmtes Landstück (genannt *si* oder *tongo*), auf dem fast alle Landnutzungen der Mitglieder stattfanden und sich entsprechend ihre individuellen und gemeinschaftlichen Landrechte konzentrierten.[15] Heute dagegen leben in beiden Gemeinden etwa 80 Prozent der jeweils ca. 7000 Einwohner, alle den Ngulu zugerechnet, in den enorm angewachsenen Dorfkernen im Mittelpunkt der neugeschaffenen Dorfgemarkung. Die restlichen ca. 20 Prozent sind Parakuyo, die weiterhin in ihren *engkang* genannten, heute freilich recht dauerhaft angelegten Camps leben.

In und um die neuen Dorfkerne scheint also das staatlich verordnete Modell des *Development Village* am stärksten wirksam zu sein. Die Gemeindeverwaltungen (*Village Governments*, offiziell *Village Councils*) wurden, entsprechend ihrer zentralen Stellung in diesem Modell, mit einer besonderen Rechtsstellung ausgestattet, die in einer eigenen Gesetzgebung niedergelegt wurde.[16] Im Rahmen dieses "Dorfrechts" wurden den *Village Councils* auch relativ weitreichende Landrechte übertragen, die selbst über die früheren Rechte der Chiefs und Clanälteste hinausgingen. So sollten die Dorfverwaltungen im Rahmen ihrer umfassenden Verpflichtung auf das lokale Gemeinwohl dafür sorgen, daß allen Dorfbewohnern, auch den umgesiedelten, Grundstücke innerhalb der neuen

Kerndörfer zugewiesen wurden und daß sie ausreichend Anbauland in der Nähe derselben fanden. Die Dorfverwaltungen wurden zugleich berechtigt, zu solchen Zwecken Land zu enteignen und umzuverteilen. In der Tat stehen wohl alle Häuser in den Dorfkernen von Mafisa und Gombero heute auf Parzellen, jeweils mit nur wenig Raum für kleine, meist mit Tabak bepflanzte Gärten, die ihnen vom Village Government zugeteilt wurden. Zugleich wurden andere Flächen für öffentliche Zwecke (Schule, Moschee, Gesundheitsstation usw.) ausgewiesen. Bei näherem Zusehen zeigt sich freilich, daß die Privathäuser in den Dorfkernen deutlich gruppiert sind in - wie die Leute sagen - *mitaa* ("Viertel"), die bis hin zum Namen genau den früheren Nachbarschaften entsprechen, aus denen die jeweiligen Bewohner stammen. In Mafisa hat sich, auf größerer Ebene, sogar die frühere Zuordnung der einzelnen Nachbarschaften zu zwei unterschiedlichen *Clan*-Gebieten erhalten, indem die Umsiedler sich in zwei räumlich getrennten Dorfkernen (Madukani und Majengo) niederließen. Ältere Modelle lokaler Gemeinschaft prägen, in verändertem Kontext, also sogar den Kernraum der neuen Dorfgemeinden weiterhin mit.

In diesem Raum wird freilich auch die Krise des lokalen "Gemeinwohls", das doch gerade im Rahmen dieses Modells auf umfassendere Weise verwirklicht werden sollte, am augenfälligsten. Unvermeidlich stieg durch die Umsiedlung der Landdruck in und um die Dorfkerne erheblich an. Während viel Anbauland durch die Siedlung selbst belegt wurde, wurden die Brachezeiten auf den übrigen Teilen der Unterhänge erheblich verkürzt. Heute herrscht ein spürbarer Mangel an Anbauland in der Nähe der Wohngebiete, den auch die *Village Governments* - etwa durch Umverteilung - nicht beheben konnten. Vielmehr haben sie z. T. den Landmangel noch verschärft, indem sie dem Feldbau im Kerngebiet oft mehr Flächen entzogen, als benötigt wurden, angeblich als Reserve für künftige Häuser und Dienstleistungen. Hinzu kommt, daß sich um die Dorfkerne der Weidedruck durch Kleinvieh und durch Rinder (die jede Nacht zum Dorf zurückkehren) stark erhöht hat. Schließlich übersteigt die Nachfrage nach Wasser oft die Kapazität der nahegelegenen Brunnen und Wasserstellen; die während der *villagization* versprochene moderne Wasserversorgung ist in beiden Dörfern bis heute nicht realisiert. Außerdem kann der nunmehr konzentrierte Energiebedarf für Haushaltsverbrauch und "modernen" Hausbau (Ziegelbrennereien) kaum noch gedeckt werden: Nahe den Dörfern wird so gut wie kein Feuerholz mehr gefunden. Das Ergebnis der Umsiedlung war also rasche Degradierung der natürlichen Ressourcen im zentralen Gebiet der Dörfer. Abgesehen von kleinen, intensiv gedüngten Tabakfeldern nahe den Häusern (eine für den Verkauf produzierte Spezialität der Ngulu) gibt es heute kaum noch produktive Landnutzung in dieser Zone. Einige Teile nähern sich dem Zustand von Ödland.

In den "alten" Anbauzonen: Malimani und Mabonde

Vor der *villagization* hatten die meisten Ngulu-Weiler an den oberen Berghängen (*malimani*) gelegen. Während die Siedlungen dann verlegt wurden, blieben die alten Landrechte in diesen Gebieten erhalten. Für eine Weile nach der Umsiedlung lagen die alten Felder brach, hauptsächlich wegen der langen Gehzeiten von den neuen Wohnstätten. Aber mit zunehmender Landknappheit und Degradierung des Landes nahe den Dorfkernen wurden mehr und mehr *malimani*-Felder wieder in Kultur genommen, meist durch Nachkommen der früheren Besitzer. Zusätzliche Anziehungskraft boten auch die im Vergleich zu den tieferen Lagen höheren Niederschläge. U. a. als Folge der großen Entfernung, aber auch wegen neuer Anbauprioritäten werden die *malimani* jetzt weniger intensiv bewirtschaftet als früher, nämlich hauptsächlich mit Mais und Bohnen. Solche Saisonkulturen geben weniger Schutz vor Abschwemmung als die früher üblichen Misch- und Stockwerkkulturen.

Die rechtliche Grundlage für für diese Rückkehr zu den Oberhängen sind gängige Deutungen, oft Umdeutungen, des sogenannten "Gewohnheitsrechts" (*Customary Law*).[17] Nach gängigem Verständnis werden "gewohnheitliche" Landrechte in der Verwandschaftslinie gewahrt und vererbt, solange das betreffende Land tatsächlich genutzt wird. Im allgemeinen schließt das auch Rechte über Brachland ein, zumindest für eine gewisse Zeit. Der Zeitraum, über den Rechte auf ungenutztes Land anerkannt werden, scheint sich in neuerer Zeit schrittweise ausgedehnt zu haben. In West-Handeni scheinen Ansprüche auf altes *lineage*-Land allerdings schon seit langem besonders ausgeprägt gewesen zu sein. Relativ hohe Bevölkerungsdichte und die säkulare Bedrohung durch benachbarte Pastoralisten scheinen hier zu der bereits erwähnten starken Identifikation der Nachbarschaftsgruppen, jeweils dominiert von einer bestimmten *matrilineage*, mit ihren lokalen Gebieten (*si, tongo*) beigetragen zu haben.[18]

Solche Ansprüche sind freilich auch innerhalb des *Customary Law* keineswegs unumstritten. Im Gegenteil, es gibt breiten Raum für Konflikte um solch "altes Familienland", insbesondere zwischen den Erben. Sie entstehen aus ungleicher Aufteilung des Erbgutes, zeitweiliger Abwesenheit durch Migration, zunehmende Diskriminierung gegenüber weiblichen Erben und Zweideutigkeiten zwischen älteren matrilinearen und neueren patrilinearen Vererbungsregeln.[19] Zunehmende Konflikte um regenreiche Oberhang-Felder scheinen derzeit zu einem wachsenden Interesse an Baum- und Strauchkulturen zu führen, denn Landbesitzrechte unter *Customary Law* können weniger leicht in Frage gestellt werden, wenn eine Form dauerhafter Nutzung betrieben wird.[20]

Zugleich jedoch scheint in dieser Zone das Modell lokalisierter *matrilineages* als solches relativ unbestritten zu dominieren. Es scheint sich gegenwärtig sogar wiederzubeleben. Zunächst als Reaktion auf die großen Gehstrecken vom Kerndorf bauten die Erben in den letzten Jahren überall auf den Oberhangfeldern, also an den

Standorten ihrer Vorfahren, neue Hütten. Im Gespräch werden sie immer nur als "saisonale Unterschlupfe" (*seasonal shelters*) bezeichnet, denn nur zu diesem Zweck war bisher das Bauen außerhalb der Kerndörfer erlaubt. Bei näherem Hinsehen erweisen sich diese "Unterschlupfe" freilich als ziemlich dauerhaft gebaut und möbliert, während die eigentlichen Wohnhäuser im Dorfkern oft in lamentablem Zustand sind. Es scheint fast, als ob die Kerndörfer klammheimlich beginnen, sich wieder in ihre früheren Bestandteile (*lineage*-dominierte Nachbarschaften) aufzulösen. Das wäre allerdings ein etwas voreiliger Schluß; was sich in Wirklichkeit zu entwickeln scheint, ist eher eine Art von Multilokalität, indem sogar Kernfamilien beginnen, sich auf mehrere Lokalitäten zu verteilen. Während jüngere Frauen und Kleinkinder eher in den "Unterschlupfen" nahe den Bergfeldern wohnen, die sie bearbeiten, sind die ersten Frauen und die schulpflichtigen Kinder häufiger im "offiziellen" Wohnhaus im Dorfkern anzutreffen, während die Ehemänner zwischen beiden Standorten pendeln. Zumindest solange öffentliche Einrichtungen wie Schulen, Straßenverkehr, Läden und dergleichen in den Dorfzentren verfügbar sind, ist eine vollständige Rücksiedlung in die früheren Bergweiler unwahrscheinlich.

Zusätzlich verstärkt haben sich die Bindungen an die neuen Kerndörfer auch infolge landwirtschaftlicher Interessen unterhalb von ihnen bzw. auf der bergabgewandten Seite. Dort verlaufen zunächst die schmalen, aber langgestreckten Täler, die von den Bergen kommen und ganzjährig einen mehr oder weniger hohen Wasserspiegel aufweisen. Wegen der hohen Feuchtigkeit und des Risikos unregelmäßiger Dürre sind die intensiv bebauten Talböden (*mabonde* genannt) seit langem strategisch wichtige Elemente im Nahrungssicherungssystem der Ngulu; in den Haupttälern ist sogar ganzjähriger Anbau möglich. Durch die Verlegung der Dörfer näher an die *mabonde* heran und durch die gewachsene Bedeutung des *cash-crop*-Anbaus hat sich der Druck auch auf diese Flächen eindeutig erhöht. Die jeweiligen Altbesitzer achten hier noch eifersüchtiger als auf den alten Bergfeldern darauf, daß angestammte Rechte nach *Customary Law* "in der Familie" bleiben (wie immer diese im Einzelfall definiert wird). Genau genommen sind es vor allem die männlichen Familienmitglieder, die in dieser Zone ihre (eher kommerziellen) Interessen verfolgen, während den Frauen eher die höher gelegenen *malimani*-Felder zugewiesen werden.

In den wertvolleren *mabonde* aber verstärkte sich durch den Landdruck eine soziale Exklusivität der Landrechte. Unter jungen Leuten und Zuwanderern haben heute nur noch wenige eine Chance, Zugang zu *mabonde*-Land zu finden. In besonderem Maße gilt das für die während der *villagization* Umgesiedelten und für deren Nachkommen, die so gut wie keinen Zugang zu *mabonde*-Land in der Nähe der neuen Dorfkerne haben. Landverkäufe finden dort ebensowenig statt wie Landleihe, früher offenbar eine beliebte Praxis, die auch zur Bildung von nachbarschaftlichen Netzwerken diente. Saisonale Nebennutzungen, die vormals allen offenstanden, etwa die Nachernteweide oder das Sammeln wilder Früchte, werden von den Besitzern dieser Flächen (wie übrigens auch auf den Bergfeldern) nur noch einzelnen erlaubt, wobei diese Erlaubnis aber offenbar immer seltener erteilt wird. Gelegentlich gibt es pachtförmige Arrangements, die aber für den Pächter nicht nur mit hohen Kosten, sondern auch mit aufwendigen Sicherheitsauflagen verbunden sind. Aus Angst, ihr Land später nicht zurückzubekommen, bestehen die Verpächter heute meist auf schriftlichen Verträgen, in denen u. a. festgelegt wird, daß die Pächter nicht berechtigt sind, dauerhafte Investitionen wie etwa Baumpflanzungen auf dem Pachtland vorzunehmen. Dahinter steht die Befürchtung, er oder sie könnte mit Hilfe solcher Investitionen später versuchen, Besitzrechte bzw. Kompensationsansprüche geltend zu machen. Solche Pachtverträge müssen von formal unabhängigen Personen, d. h. lokalen Notablen, bezeugt werden. Interessanterweise werden als Zeugen oft Dorffunktionäre des *Village Council* geladen, und das Schriftstück wird anschließend im "Dorfbüro" (der Partei) niedergelegt. Hier greifen also verschiedene Modelle lokaler Öffentlichkeit - Verwandschaft, Nachbarschaft und Dorfgemeinde - ineinander und verstärken sich sogar gegenseitig in Richtung auf ein stärker territoriales Verständnis von Landrecht und Gemeinschaft.

Gelegentlich wird sogar ein viertes Modell öffentlicher Regulierung individueller Landrechte angerufen, nämlich die Ausstellung privater Besitztitel durch den Zentralstaat ("Titelrecht"). In Mafisa haben einige Bauern beim Landministerium die Ausstellung individueller Titel auf jeweils größere *Mabonde*-Flächen beantragt, obwohl dies juristisch auf Dorfland eigentlich nicht vorgesehen ist. Bei näherem Zusehen umfaßte das bereits vermessene Stück aber auch Flächen, die nach *Customary Law* Verwandten von ihnen gehören. Möglicherweise spielten bei diesem Schritt neben dem offensichtlichen Hauptmotiv, der Hoffnung auf Kreditwürdigkeit im formellen Sektor, auch Bestrebungen eine Rolle, "gewohnheitsrechtlichen" Familienbesitz langfristig zusammenzuhalten, sowohl gegenüber dem *Village Government* als auch gegenüber Verwandten, die ihren Anteil "leichtfertig" an Dritte weggeben könnten.

Jedenfalls scheiterten die *Village Governments*, hier wie anderswo in Tanzania, völlig an der ihnen eigentlich zugewiesenen Aufgabe, jedem Dorfbewohner ausreichend Anbauland zur Verfügung zu stellen. Schon bei der Formulierung dieses Anspruchs wurde geflissentlich verschwiegen, daß "ausreichend" oft ebenso eine Frage des Standorts wie der Fläche ist. In der Praxis fand auch in Mafisa und Gombero keinerlei nennenswerte Umverteilung privaten Bauernlandes innerhalb der Gemeindegrenzen statt, ganz zu schweigen von kostbarem *mabonde*-Land in Kerndorfnähe. Dies ist nicht zuletzt dadurch zu erklären, daß die Dorffunktionäre selbst oft starke persönliche Bindungen zu den wenigen Familien hatten, die schon vor der *villagization* im Dorfkern eingesessen waren.

Das neue, "größere" Modell der Dorfgemeinde in den "alten" Anbauzonen, die oberhalb und unterhalb an die heutige Kernzone angrenzen, war also gegenüber *lineage*- und nachbarschaftsbezogenen Konzepten lokaler Gemeinschaft nicht durchsetzbar. So blieb den Dorffunktionären als Repräsentanten des neuen Modells nur der Ausgriff in Gebiete jenseits dieser Zonen. Die Bedeutung dieses Schritts lag, aus Sicht der Dorfverwaltung, einerseits in der Möglichkeit, zumindest hier neue kommunale Landrechte zu etablieren. Andererseits stellte er aber auch einen Versuch dar, ihre Legitimität bei den vielen unzufriedenen Dorfbewohnern zu steigern. Immerhin war im Gefolge der Umsiedlung eine ganze Palette neuer Nutzungsinteressen erwachsen, die auf den bestehenden Flächen nicht mehr befriedigt werden konnten. Die Gebiete, in die diese gelenkt wurden, lagen folglich eher an den Peripherien der Gemeinden; sie umfaßten einerseits die Gipfellagen der Berge, vor allem aber die trockeneren Plateaus und Ebenen in der entgegengesetzten Richtung, nordwestlich der Dorfzentren (siehe Karte).

An der Peripherie des Gemeindelandes: Berggipfel und Plateaus

Die Gipfellagen der Ngulu-Berge sind bedeckt von Resten vormals üppigen Feuchtwaldes, unterbrochen von großen grasbestandenen Lichtungen. Wirtschaftlich dienen sie seit langem als Reservoir für Baumaterialien und Sammelprodukte für die Bauern (Ngulu) sowie als Weidereserve für Dürrezeiten für Rinderhalter (Parakuyo und Ngulu). Alle Bevölkerungsgruppen sind auf die Quellen und Wasserstellen angewiesen, die diesem Gebirge entspringen. Insofern waren die Ressourcen der Hochlagen der Berge seit langem praktisch öffentliches Gut, mit Nutzungsrechten zumindest für alle Anwohner der Gegend. Als "Besitzer" galten freilich die lokalen Clangruppen der Ngulu, die sich jeweils eng mit ihrem Abschnitt des Gebirges identifizierten. Dies drückte sich vor allem in rituellen Praktiken aus, die auch naturschützende Wirkungen hatten (s. u.). Speziell die Clan-Ältesten (*mwegazi*) und Regenmacher galten als Hüter der Fruchtbarkeit und des Friedens der von Geistern bewohnten Wildnis um die Berggipfel und damit des ganzen von ihren Gefolgsleuten bewohnten Landes im Umkreis.[21]

Schon früh in der Kolonialzeit begann der Zentralstaat diese lokalen öffentlichen Landrechte mit Hilfe spezieller Naturschutzgesetze zu usurpieren. Ein mehr als 3000 ha großes Stück der Hochlagen dieses Teils der Ngulu-Berge um den Mt.Kwamaligwa wurde schon 1912 zur Nationalen Forstreserve erklärt.[22] Dies bedeutete, daß alle lokalen Besitz- und Nutzungsrechte an den Staat, vertreten durch die Forstverwaltung, übertragen wurden und die Anrainer im Prinzip nicht einmal mehr berechtigt waren, das Gelände zu betreten. Das Hauptargument für diese Ausgrenzung ist immer wieder, daß der Staat das Gemeinwohl im Sinne einer Erhaltung der natürlichen Ressourcen wahren müsse. Auch für die übrigen Hochlagen, die formal im Besitz der "traditionellen" (freilich oft neu definierten) lokalen Gruppen blieben, galten in der kolonialen und auch in der nachkolonialen Zeit weitreichende Nutzungsbeschränkungen; gesetzliche Verbote betrafen z. B. das Abbrennen (eine Technik der Jagd und des Weidemanagements), den Holzeinschlag und den Anbau an Steilhängen. Die Überwachung dieser Einschränkungen wurde der Lokalverwaltung übertragen. Diese wurde zwar im Verständnis der *Indirect Rule* noch von "traditionellen" lokalen Führern (*chiefs, headmen*) getragen, die aber oft genug von der Kolonialverwaltung eingesetzt worden waren und gerade bei Naturschutzmaßnahmen als deren untergeordnete Vertreter wirkten.[23] Durch die villagization wurden auch diese kolonialzeitlichen Autoritäten entmachtet und durch die von Staat und Partei kontrollierten Dorffunktionäre ersetzt.

In jedem Falle beschleunigte die Usurpation "öffentlicher Belange" durch den Zentralstaat gerade in den Hochlagen die Erosion der oben angedeuteten älteren Formen lokaler Öffentlichkeit. Die lokalen Autoritäten, an denen diese Konzepte und Strukturen hingen, wurden zumindest offiziell schrittweise für unzuständig erklärt, ohne daß jedoch der Staat ihre Rolle hätte übernehmen bzw. seine eigenen Ansprüche hätte einlösen können. In der Praxis werden die Grenzen der Forstreserve heute kaum respektiert. Die einzelnen Landnutzer umgehen die Forstregeln mehr oder weniger regelmäßig und sind in ständige Kämpfe, aber auch Abmachungen mit den Forstangestellten verwickelt - mit dem Ergebnis, daß der Wald innerhalb der Reserve heute kaum weniger degradiert ist als in den übrigen Hochlagen.[24]

Die Dorffunktionäre setzten sich zumindest bis vor kurzem kaum für den Wald- und Bodenschutz ein, für den sie theoretisch zuständig sind. Sie deuteten ihre zunehmenden Eigenkompetenzen über öffentliches Dorfland seit der *villagization*, oft noch ermutigt durch höhere Kader, vielmehr im Sinne einer Ausweitung der Nutzung des Bergwaldes, d. h. einer Degradation dieses kostbaren kommunalen Guts. Mit der Umsiedlung entstand z. B. ein plötzlicher, enormer Bedarf an Bauholz für die vielen neuen Häuser, die in aller Eile in den neuen Dorfkernen zu bauen waren. Dieser wurde im wesentlichen, mit Erlaubnis der "Dorfregierungen", von nahegelegenen Berggipfeln gedeckt, deren Waldmantel in dieser Zeit besonders litt. Als später die *Village Councils*, infolge staatlicher Vernachlässigung, aber auch persönlicher Bereicherung, zunehmend in finanzielle Schwierigkeiten gerieten, begannen einige Dorffunktionäre freigiebig Lizenzen an Holzfäller zu verkaufen. Auch haben einige Bauern an den Oberhängen damit begonnen, ihre Felder aufwärts in die Bergwälder hineinzutreiben. Die Vertreter des *Village Council* zeigten bis vor kurzem nur wenig Neigung, dagegen vorzugehen, wohl auch, um die Dorfbewohner nicht noch weiter gegen sich aufzubringen.

In den Hochlagen entstand also durch die Verdrängung älterer Konzeptionen öffentlicher Landrechte durch diejenigen des Zentralstaates sowie der Dorfgemeinde als dessen kleinster Zelle eine Art Vakuum, das vor allem neue Spielräume für individuelle Interessen bot. Dennoch scheint hier der Kampf um Formen öffentlicher Kontrolle noch nicht beendet zu sein; dazu folgt ein Beispiel im kommenden Abschnitt. Auch die ökologischen Konsequenzen in Gestalt der Degradation des Waldes sind hier trotz allem wohl etwas weniger dramatisch als in anderen Gebirgen Tanzanias. Die Hauptgründe scheinen zu sein, daß das Gebiet abseits von großen Straßen liegt, auf denen das Holz leichter abgefahren werden könnte, und daß der Hunger nach Land sich hauptsächlich in die entgegengesetzte Richtung wendet. Dort treten folglich heute auch die heftigsten Landkonflikte auf.

Es sind dies die weiten Plateaus und Ebenen, die sich in Mafisa und Gombero in nordwestlicher Richtung öffnen. Sie sind wesentlich trockener als die bisher erwähnten Zonen; die Niederschläge werden in dieser Richtung immer knapper und unregelmäßiger, was den Feldbau sehr viel risikoreicher macht. Die Beseitigung von trockenem Buschwerk und Bäumen, die hier die natürliche Vegetation bilden, ist der Bodenfruchtbarkeit besonders abträglich. Dennoch werden seit den 80er Jahren in dieser Zone ständig neue Anbauflächen angelegt, wobei das Ernterisiko teilweise sogar noch durch weitere Flächenausweitung kompensiert zu werden scheint. Sozial sehr unterschiedliche Gruppen scheinen diese Expansionsbewegung zu tragen, darunter Umsiedler aus den früheren Bergweilern, semi-kommerzielle Farmer, landarme Jungbauern und alleinstehende Frauen, die auf diese Weise den zuvor erwähnten Landkonflikten im "Altsiedelland" zu entgehen versuchen. Aber auch die durch "Strukturanpassung" und "Liberalisierung" in Tanzania gestiegenen Anreize für die Produktion von Nahrungs-cash-crops und das enorme Bevölkerungswachstum unter der Ngulu-Bevölkerung stimulieren diesen "Landrausch".

Die *Village Governments* spielten bei all dem offensichtlich eine Vorreiterrolle. Die ersten Felder, die in diesem Gebiet angelegt wurden, scheinen die für jedes *Development Village* vorgeschriebenen Dorf-Gemeinschaftsfelder (*mashamba la kijiji*) und Blockfarmen (*mashamba la bega kwa bega*) gewesen zu sein. Während die kommunale Produktion nach kurzer Zeit zusammenbrach, begannen sich dann von diesen Brückenköpfen aus individuelle Felder weiter in die Plateaus und in die Maasai-Steppe hinein auszudehnen. Gestützt auf ihre neuen territorialen Rechte (Gemeindegrenzen, Beschlagnahme von Land für "öffentliche Zwecke"), wiesen also die *Village Governments* der landhungrigen Bergbevölkerung der Ngulu hier einen neuen Ausweg. Sie eröffnete damit freilich bewußt einen offenen Konflikt mit den zuvor weitgehend alleinigen Bewohnern und Nutzern dieser Gebiete, den Parakuyo-Maasai.

In einer säkularen historischen Perspektive folgt die Bewegung der Ngulu aus der kleinräumigen Berglandschaft hinaus in die weiten Plateaus und Ebenen hinein sehr alten Tendenzen und Ambitionen. Aber nicht schon die koloniale Pazifizierung der ehemals kriegerischen Maasai, sondern erst die nachkoloniale Schaffung von "Dorf"-Territorien als lokale öffentliche Räume ermöglichte die volle Verwirklichung dieser Ambitionen. Die Ngulu-Mehrheit der beiden Gemeinden neigt jetzt dazu, sich als rechtmäßige Besitzer allen Landes innerhalb der Dorfgrenzen (die erst in den 80er Jahren markiert worden sind) zu sehen. Die Parakuyo dagegen, die in den trockeneren Teilen seit etlichen Jahrzehnten ansässig sind, werden keineswegs als Mitbesitzer des Landes, nicht einmal als gleichberechtigte "Mitbürger" der Dorfgemeinde anerkannt, wie es das Modell vorsieht. Üblicherweise werden ihnen zwei miteinander verknüpfte Argumente entgegengehalten. Nach dem in Tanzania und auch in Handeni dominierenden bäuerlichen Verständnis von "Gewohnheitsrecht" (*Customary Law*) stellt nur der Feldbau eine hinlänglich dauerhafte Form der Landnutzung dar, die Besitzansprüche begründet. Diese Sicht scheint auch von den Gerichten unterstützt zu werden. Als zweites Argument wird die Tatsache angeführt, daß die Parakuyo, aus welchen Gründen auch immer, von den Härten erzwungener Umsiedlung verschont wurden, was sie in den Augen vieler anderer Dorfbewohner auch von der Berechtigung ausschließt, an den Vorteilen der *villagization* teilzuhaben.

Diese Sichtweise von Landrechten widerspricht derjenigen der Parakuyo fundamental. Im Prinzip betrachten die Maasai alles (Weide-) Land als öffentliches Gut, von dem kein Nutzer ausgeschlossen werden kann. Speziell in der Sicht der Parakuyo, die seit langem in räumlicher Verzahnung mit Ackerbauern leben, schließt das durchaus auch die Anlage von Feldern ein, die aber, ähnlich wie die Beweidung, als eher vorübergehende Nutzungsform angesehen wird.[25] Längerfristige individuelle Besitzrechte an produktiven Ressourcen beschränken sich aus Sicht der Maasai auf Vieh und angelegte Wasserstellen (Brunnen).

Materiell leidet der rinderhaltende Teil der Bevölkerung, hauptsächlich die Parakuyo, durch die dauerhafte Ausbreitung des Feldbaus in die Plateaus und Ebenen in doppelter Weise. Zum einen verlieren sie viele ihrer Hauptweidegebiete, vor allem die etwas feuchteren (höheren) Teile. Mindestens ebenso schwer aber wiegt die Verbauung ihrer gewohnten Triften. Vom Standpunkt der Hirten ist ein ausgeklügeltes Muster von Viehbewegungen entscheidend, um das Gleichgewicht zwischen den Futter-, Wasser und Salzbedürfnissen der Rinder zu wahren. Die Feldbauern dagegen scheinen dieses neue Expansionsgebiet, anders als in ihrem Herkunftsgebiet mit seinen mehr oder weniger kohärenten Blöcken aus *lineage-* bzw Nachbarschaftsland, als freies Aktionsfeld für willkürliche individuelle Landnahme zu betrachten. Selbst wenn Nachbarn oder Freunde beschließen, ihre neuen Felder in der gleichen Richtung anzulegen, vermeiden sie es doch, diese direkt aneinandergrenzen zu lassen, um Konflikte zu vermeiden und Platz für künftige Ausweitung zu lassen. Dadurch ergibt sich eine höchst fragmentierte und zufällige Anordnung der neuen Anbauflächen, die es den Hirten immer schwerer macht, durchgängig offene und geräumige Routen zu finden, entlang derer sie ihr Vieh treiben können.

Aus diesem technischen Problem entstehen soziale Spannungen. Bei den Maasai, wie auch bei anderen Pastoralisten in Tanzania, wird die Weidewirtschaft in vielen Aspekten gemeinschaftlich organisiert. Das gilt u. a. für die Planung und Koordinierung der saisonalen Verlegungen der Herden (Transhumanz), die eine Sache der Ältesten aller Weiler (*enkang, Pl. inkingite*) ist. Fachleute sind sich heute darin einig, daß dieses gemeinschaftliche Weidemanagement relativ effizient im Sinne der Ausgewogenheit des Weidedrucks in sensiblen Gebieten ist. Während nun Weiden und Triften zunehmend durch Anbauflächen blockiert werden, gelingt es den Parakuyo von Mafisa und Gombero offenbar immer seltener, zu Absprachen über gemeinschaftliches Weidemanagement zu kommen - mit vorhersehbaren Konsequenzen für die Umwelt. Offensichtlicher noch sind die permanenten Streitigkeiten zwischen Rinderhirten und Feldbauern, besonders entlang der Rindertriften. Wenn diese zu schmal werden oder plötzlich blockiert sind, beginnen die Tiere, in angrenzende Felder auszubrechen und dort Schaden anzurichten. Die Eigentümer der Felder, die darauf schon gefaßt sind, verlangen regelmäßig saftige Kompensationen für den Schaden; um dieser Forderung Nachdruck zu verleihen, nehmen sie häufig die Rinder als Geiseln. Die Eigentümer der Rinder, in Sorge um ihre Tiere und im Bewußtsein, daß sie kaum Chancen haben, einen solchen Fall vor Gericht zu gewinnen, gehen auf solche Forderungen in der Regel schnell ein.

Ein noch explosiverer Landkonflikt zeichnet sich jedoch an einem anderen Punkt ab. Im Gegensatz zur erwähnten Sichtweise der Ngulu-Mehrheit sind die Parakuyo keineswegs reine Pastoralisten, sondern auch im Feldbau engagiert, und zwar schon seit geraumer Zeit. Mindestens seit sie von der stärkeren Sektion der Kisongo-Maasai vor über 100 Jahren an den Rand der Trockensteppe verdrängt wurden, scheinen sie damit begonnen zu haben, sich der Lebensweise ihrer bantu-sprechenden Nachbarn anzupassen und kleine Felder anzulegen.[26] In neuerer Zeit haben sie ihre Felder kontinuierlich vergrößert. Abgesehen von den üblichen Saisonkulturen wie Mais und Bohnen (sowie kleine Flecken mit lokalem Tabak), haben sie sogar damit begonnen, Dauerkulturen, vor allem Obstbäume, anzulegen. Besonders diese Entwicklung hat ihre ackerbauenden Nachbarn alarmiert, und zwar aus mehreren Gründen. Zunächst verlieren die Ngulu-Bauern durch die zunehmende Nahrungs-Autarkie der Parakuyo einen wichtigen traditionellen Absatzmarkt für ihre Produkte. Gerade an den Rändern der Maasai-Steppe spielte der Austausch zwischen Ackerbauern und Rinderhaltern immer eine erhebliche Rolle. Stattdessen sind viele Ngulu heute gezwungen, als Tagelöhner auf den Feldern der Parakuyo zu arbeiten, weil die letzteren es immer noch schwierig finden, sich selbst (bzw. ihre Frauen) zu der als minderwertig eingeschätzten Feldarbeit zu bewegen. Durch die Tatsache, daß die rinderreichen Parakuyo kaum Schwierigkeiten zu haben scheinen, das Geld für die Bezahlung von Tagelöhnern zu finden, fühlen sich die Ngulu erneut unangenehm daran erinnert, daß sie an Wohlstand - traditionell in Rinderbesitz gemessen - den Parakuyo weit unterlegen sind. Das drückt sich bei den Tagelöhnern, so behaupten die Parakuyo, in demonstrativer "Faulheit" und "Diebstahl" aus.

Der potentiell größte Stein des Anstoßes ist jedoch, daß die Parakuyo damit begonnen haben, den Feldbau, und insbesondere die Baumkulturen, bewußt als Mittel einzusetzen, um langfristige Landrechte innerhalb der Dörfer zu etablieren. Sie überlegen sogar, entlang den Weiden und Viehtriften Bäume und Büsche zu pflanzen, um dadurch diese Flächen für sich zu reklamieren und verläßlich abzugrenzen. "Der größte Fehler unserer Väter war es", so sagte uns einer von ihnen, daß sie hier nichts Dauerhaftes geschaffen haben." Die Parakuyo versuchen also heute, sich die Vorstellungen der Ngulu über legitime "Gewohnheitsrechte" (*customary rights*) auf Land anzueignen und für ihre Bedürfnisse zunutze zu machen. Diese Rechte werden allerdings hier, wie auch bei den Ngulu-Bauern in dieser Zone, ganz auf Individuen bzw. deren Kernfamilien bezogen. So scheint es, als ob das Ausgreifen der Dorfgemeinden der 70er Jahre in dieser Zone zu einem völligen Zerfall alter wie neuer Vorstellungen von lokaler Gemeinschaft mit spezifischen öffentlichen Landrechten geführt hat. Gerade hier, im "Wilden Westen" der beiden Dorfgemeinden, entstanden aber auch die heftigsten Konflikte zwischen individuellen Landnutzern, die "öffentlicher" Vermittlung am meisten zu bedürfen scheinen.

Krise und Herausforderung

Die *villagization* von Mafisa und Gombero hat, wie der bisherige Gang der Untersuchung zeigte, gerade in der zentralen Landfrage zu paradoxen Resultaten geführt. Während das zugrundeliegende Modell beanspruchte, ältere Formen lokaler Identität in eine neue und umfassendere Organisationsform, nämlich die territorial definierte Dorfgemeinde, umzuschmelzen, hat seine Implementierung zunächst einmal die Spannungen zwischen verschiedenen Gruppen von Landnutzern innerhalb der Gemeinden erheblich verschärft. In ihren Auseinandersetzungen um Zugang zu Land berufen sie sich auf konkurrierende Modelle oder Ideologien lokaler Gemeinschaft und lokaler Öffentlichkeit, die jeweils eng mit in Tanzania widersprüchlich koexistierenden Landrechtskonzeptionen verknüpft sind ("*Customary Law*", "Dorfrecht", "Titelrecht", "Staatseigentum"). Der Versuch der Vereinheitlichung und Koordinierung von Landansprüchen führte zu deren Vervielfachung.[27]

Das (vorläufige) Ergebnis dieser Konflikte sieht nicht nur für die verschiedenen sozialen Gruppen, sondern auch in den verschiedenen Landschaftszonen, die die beiden Dörfer umfassen, recht unterschiedlich aus. Während die neuen Kerndörfer am stärksten das neue Modell der Dorfgemeinde widerzuspiegeln scheinen, haben sich selbst hier unter der Hand ältere Siedlungsstrukturen neu formiert. Die "alten" Anbauzonen oberhalb und unterhalb der Kerndörfer dagegen stehen formal weiterhin unter *Customary Law*, doch verändern sich ständig dessen Inhalte und Praktiken durch vielfältige interne Auseinandersetzungen, in deren Verlauf auch Anleihen bei kommunalen und staatlichen Regelungsmodellen aufgenommen wurden. Der Versuch der Dorffunktionäre, neue "kommunale" Landrechte in den früher nur extensiv genutzten Hochlagen des Gebirges und in den trockenen Plateaus zu etablieren, ist bisher weitgehend gescheitert. Immerhin aber ermöglichten diese Versuche der Ngulu-Bevölkerung eine breite Erschließung neuer Ressourcen und damit einen "Export" ihrer Landkonflikte im "Altsiedelland" in neue Teile der Dorfgemarkungen. Besonders in den Trockengebieten findet heute ein ständiger Kampf um Acker- und Weideland sowie um Viehtriften statt, der zwischen, aber auch unter den Ngulu und den Parakuyo ausgetragen wird.

Gemeinschaftliche (öffentliche) Landrechte scheinen dabei auf allen Seiten vorerst ins Hintertreffen zu geraten; das Dorfmodell steckt offensichtlich in einer Krise. Zugleich haben jedoch Konzepte lokalisierter Gemeinschaft durchaus Konjunktur. Sie stehen einerseits in Konkurrenz zueinander, überlagern und verknüpfen sich aber andererseits oft miteinander und verändern sich dabei in charakteristischer Weise.

An diesem Punkt stellt sich aber die Frage, inwieweit sich durch all die Konflikte und Widersprüche hindurch tragfähige institutionelle Synthesen entwickeln; d. h., ob das Projekt "Dorfgemeinde" als neue Form der Organisation lokaler Öffentlichkeit überhaupt noch vorankommt oder ob sich Alternativen abzeichnen. Denn gerade durch die verwickelten Landkonflikte nahm das "öffentliche Interesse" an rationaler Landnutzungsplanung und Vermittlung zwischen den Konfliktparteien, das ja auch an zentraler Stelle im Modell "Dorfgemeinde" vorkam, enorm zu. Eben dieses Bedürfnis (und keineswegs den Wunsch nach autoritärer Regulierung) schienen viele Dorfbewohner auszudrücken, wenn sie während unserer Gespräche immer wieder den Mangel an *good leadership* beklagten. Sie bezogen sich damit in erster Linie auf die lokale, dörfliche Ebene, und von hier müssen wohl auch Lösungen kommen. Jan-Kees van Donge hat in einer eingehenden Studie zu den Uluguru-Bergen die Unfähigkeit der lokalen Gerichte herausgearbeitet, zu tragfähigen, legitimen Entscheidungen zu kommen und dadurch Auswege aus den auch dort lähmenden Landkonflikten zu weisen.[28] Eine ähnliche Unfähigkeit scheint auch in den höheren Ebenen des Staatsapparates zu herrschen, wo sich Parlamentsmehrheiten, ministerielle Lobbies, eine Untersuchungskommission des Präsidenten und ein *High Court* gegenseitig bei der Erarbeitung des längst überfälligen neuen Landgesetzes für Tanzania blockieren.[29]

Im zweiten Teil meines Beitrags möchte ich daher verschiedene dörfliche Institutionen, formelle und informelle, auf ihre Rolle im Hinblick auf die Schlichtung von Landkonflikten untersuchen.

Lokale Institutionen und die Schlichtung von Landkonflikten

In ihrer Studie über die Schlichtung von Streitigkeiten in Dörfern der Tswana haben Comaroff und Roberts mehrere "institutionelle Kontexte" für solche Prozesse unterschieden. Sie zitieren dörfliche Normen, daß Lösungen zuallererst durch Verhandlungen zwischen den einzelnen Streitenden selbst gesucht werden sollten, bevor eine dritte Partei als Schlichter hinzugezogen wird: Verwandte, dann lokale politische Führer (im Fall der Tswana der *headman*, dann der *chief's council*).[30] Diese Unterscheidungen erwiesen sich auch für tanzanische Dörfer wie Mafisa und Gombero als nützlich, aber in diesem Fall ist keine klare Rang- oder Prioritätenfolge bei den Schlichtungsinstitutionen erkennbar, wie offenbar bei den Tswana. Die Konkurrenz und auch Überlagerung verschiedener Konzepte lokaler Gemeinschaft, die sich oben aus der Analyse der Landkonflikte ergab, wird auf der Ebene der dörflichen Institutionen noch deutlicher. Durch die nachfolgende Skizzierung des Charakters, des Funktionierens und der Wechselwirkungen der wichtigsten von ihnen möchte ich auch einen Beitrag zu einer dynamischeren Sichtweise des "institutionellen Kontexts" lokaler Streitschlichtung leisten.[31]

Ausgleich durch Netzwerkbeziehungen

Alle Bewohner von Mafisa und Gombero sind in eine Vielzahl von personalen Netzwerken eingebunden, die einen alltäglichen institutionellen und normativen Rahmen für ihre Beziehungen bilden. Diese konstituieren sich über Verwandschaft, Nachbarschaft und Freundschaft. Es scheint, daß bestehende personale Beziehungen von großer Bedeutung sind, wenn Konfliktpartner versuchen, ihren Streit in direkter Aushandlung beizulegen. Auseinandersetzungen um überlaufene Wasserschöpfstellen zum Beispiel scheinen im wesentlichen über Nachbarschaftsbeziehungen innerhalb der "Viertel" (*mitaa*) der Kerndörfer geregelt zu werden. Wenn Probleme auftauchen, setzen sich die Älteren dieser Nachbarschaften zusammen, während Gruppen jüngerer Männer gemeinsam Brunnenlöcher, Zäune und Zugangswege bauen, um weiteren Streit zu vermeiden. Bei Streitigkeiten um Acker-, Wald- und Buschland sind Nachbarschaftsbeziehungen heute weniger wichtig, weil die *mitaa* durch die *villagization* von den Flächen (*si, tongo*) getrennt wurden, die sie in der Vergangenheit kontrollierten. Die meisten Mitglieder der Nachbarschaftsgemeinschaften besitzen heute Land in ganz unterschiedlichen Teilen der Dorfgemarkung, wordurch ihr ehemals starkes gemeinsames Interesse an bestimmten Blöcken "alten" Anbau- und angrenzenden Waldlandes in den Bergen verringert wurde.

Wenn Wohnsitz und Produktion nicht länger in das gleiche Gebiet fallen, nimmt für das Auffangen von Landkonflikten, alternativ zur Nachbarschaft, die Bedeutung von Verbindungen zwischen gleichartigen Produzenten potentiell zu. Gemeinsame Interessen an bestimmten Landnutzungen, insbesondere solchen, die technisch eine Zusammenarbeit erfordern, können starke Anreize darstellen, individuelle Konflikte zu überwinden und darüber hinaus Landrechte in Richtung auf ein gemeinschaftliches Umweltmanagement zu entwickeln.[32] In Mafisa und Gombero ist es die Rinderhaltung, die individuelle Produzenten am häufigsten zu Abmachungen über konkurrierende Ansprüche an natürliche Ressourcen bewegt. Parakuyo-Hirten schließen häufig individuelle Freundschaftspakte untereinander ab, die sich auf die gemeinsame Nutzung der (immer in individuellem Besitz stehenden) Brunnen, auf die gegenseitige Ausleihe von Tieren und auf den Austausch von Informationen über Weidegebiete und brauchbare Viehtriften erstrecken. Interessanterweise sind auch größere Ngulu-Rinderhalter in solche Freundschaftsnetze einbezogen, oft schon seit sie sich als Hütejungen auf den Weiden mit jungen Parakuyo trafen. Solche rinderbezogenen Freundschaften scheinen stark genug, auch Abmachungen über Weidenutzung, Wasserverteilung und Viehbewegung hervorzubringen. Fraglich bleibt allerdings, in welchem Maße sie steigenden Ressourcendruck ertragen (der Zusammenbruch des kommunalen Weidemanagements der Parakuyo wurde schon erwähnt) und inwieweit kleine oder Nicht-Rinderbesitzer (d. h. die Mehrheit der Ngulu) in solche Abmachungen einbezogen werden. Die größeren Ngulu-Rinderhalter könnten hier möglicherweise eine wichtige Vermittlerrolle spielen, doch bleibt offen, ob sie trotz ihres "Reichtums" von den Ackerbauern in einer solchen Rolle akzeptiert würden.

Im allgemeinen sind soziale Beziehungen zwischen Landnutzern unterschiedlicher Spezialisierung heute schwach und selten. Mindestens ein Jahrhundert lang stiftete der regelmäßige Austausch von Feldfrüchten gegen Viehprodukte, der besonders auch von Frauen getragen wurde, nachbarschaftliche, oft personalisierte Beziehungen zwischen Ackerbauern und Pastoralisten,[33] und diese mögen dazu beigetragen haben, potentielle Landkonflikte abzufedern. Wie schon im vorangegangenen Abschnitt gezeigt, hat erst der Abbau der Arbeitsteilung, d. h. die Annäherung der Produktionsweise zwischen Ngulu und Parakuyo zu einer derartigen Erhöhung der Spannungen zwischen den lokalen Gruppen geführt, daß eine Aushandlung von Landkonflikten heute nur noch schwer möglich erscheint. Infolge der Schwächung der personalen Netzwerke, die auf Nachbarschaft, Freundschaft und Handelsaustausch beruhten, mag das Prinzip "Territorium", das für die neuen Dorfgemeinden konstitutiv ist, heute als Rahmen für die Aushandlung konkurrierender Landinteressen unverzichtbar geworden sein. Dann müßten jedoch auch Landschaftsausschnitte oder Lokalitäten, die entschieden kleiner sind als die offiziellen *Village Areas*, wieder zu legitimen Arenen solcher Aushandlung und Entscheidung von Konflikten werden. Denn gerade an solchen Lokalitäten, etwa im Einzugsbereich eines Wasserlaufs, treffen die unterschiedlichen Landnutzer aufeinander und kennen sich oft persönlich. Die Institutionen auf höherer Ebene lokaler Vergesellschaftung, die in den beiden kommenden Abschnitten untersucht werden, mögen dann vor allem die Rolle von Vermittlern oder Schiedsrichtern zu spielen haben, nach denen in unseren Gesprächen immer wieder gerufen wurde. Dazu benötigen diese Institutionen freilich aktuelle Legitimität anstatt nur nomineller ("traditioneller") Autorität oder diktatorischer Macht.

Die Autorität der Ältesten

Selbst vor der *villagization* wurde die Landnutzung in den Ngulu-Gebieten des heutigen Mafisa und Gombero weitgehend individuell kontrolliert. Besitzrechte wurden im allgemeinen durch Erbschaft innerhalb kleiner, relativ autonomer Verwandschaftsgruppen weitergegeben, und zwar zunehmend in der väterlichen Linie.[34] Dennoch nahmen die Ältesten der Matrilinien (*milango*) und, auf höherer Ebene, der Matriclans (*ukolo*), die die schon erwähnten Nachbarschaftsterritorien (*si, tongo*) dominierten, weiterhin gewisse übergeordnete "Eigentums"- bzw. "Souveränitäts"-Rechte älterer Herkunft wahr. Diese Rechte schlossen die Zuweisung von Land an Zuwanderer und die Ausübung einer Reihe von Funktionen zur Wahrung von Fruchtbarkeit und Frieden in ihren Gebieten ein. Zentrale Bedeutung hatten dabei Fruchtbarkeits- und Reinigungszeremonien (*tambiko*), z. B. Regenrituale.[35] Dabei wurden Streitigkeiten zwischen Mitgliedern der lokalen Gruppe (Nachbarn) und Störungen des Gleichgewichts zwischen Landnutzern und Natur (die sich z. B. in Dürre äußern konnten) als eng miteinander verknüpft gesehen. Die Stellung der Ältesten wurde bereits erheblich eingeschränkt, als die Kolonialverwaltung im Rahmen von *Indirect Rule* die Institutionen lokaler Macht restrukturierte und bestimmte Führer zu *Chiefs* (*mazumbe*) und *Headmen* (*majumbe*) ernannte, denen die anderen Ältesten untergeordnet waren.[36] Immerhin haben die Einwohner von Mafisa zum Beispiel bis heute eine ausgeprägte Erinnerung daran, daß sie sich vor der *villagization* zwei verschiedenen Clangebieten und innerhalb dieser jeweils einer der vier bis fünf Nachbarschaften zugehörig fühlten, obwohl diese keinen administrativen Status hatten.

Die *villagization* der 70er Jahre sollte dann unter anderem die älteren Institutionen lokaler Macht, seien sie kolonial oder älter, vollends beseitigen und in jeglicher Hinsicht durch die neuen Gemeindeverwaltungen (*Village Councils*) ersetzen. Die Umsiedlung sowie die Ausweitung und Neufestlegung der Dorfgrenzen scheint in der Tat erheblich zum Verfall der speziell auf das Land gestützten Autorität der Clan- und *lineage*-Ältesten in Mafisa und Gombero beigetragen zu haben. Hinzu kamen allerdings noch andere Faktoren, wie die Arbeitsmigration und der leichtere Zugang der Jüngeren zu Geldeinkommen. Der Verfall der Autorität der Ältesten mag wiederum das Potential zur Lösung von Landkonflikten weiter reduziert haben. In Gombero zum Beispiel sollen die Nachbarschaftsältesten früher eine wesentliche Rolle bei der Aushandlung und Markierung genügend breiter Viehtriften gespielt und ihre Leute daran gehindert haben, innerhalb der durch eingekerbte Bäume oder eingesteckte Stangen gekennzeichneten Flächen Anbau zu treiben. Ein paralleles Beispiel, die Konsequenzen des sinkenden Einflusses der Parakuyo-Ältesten, wurde weiter oben schon erwähnt.

Der Autoritätsverlust der Ältesten hatte auch noch unmittelbarere Konsequenzen für die natürliche Umwelt. Als Teil ihrer religiösen Funktionen, ausgedrückt als Vermittlung zwischen den Lebenden, die sich vom Land ernähren, und den Geistern, die die Natur bewohnen, obliegt den Ältesten und Regenpriestern der Schutz der "Heiligen Haine", in denen sich diese Geister aufhalten. Den Ngulu-Ältesten selbst zufolge betrifft dies Begräbnisplätze, bestimmte Bäume und Büsche an Quellen und Wasserläufen und besonders bestimmte Bergkuppen, wo *tambiko*-Zeremonien durchgeführt werden. Der spirituell und auch ökologisch bedeutendste *tambiko*-Hain der ganzen Gegend steht auf dem Gipfel des Mt. Toga, ein "Heiliger Berg" in den Überlieferungen der Ngulu. Während man natürlich fragen müßte, wie wirksam der Schutz dieser Haine in der Vergangenheit tatsächlich war, läßt sich heute jedenfalls feststellen, daß sie kaum noch respektiert werden. Äste, Büsche und ganze Bäume werden abgeschlagen oder durch Feuer vernichtet, auf der Suche nach individuellem Vorteil oder sogar unterstützt durch die Dorfregierung.

Bei genauerem Hinsehen scheint allerdings der Einfluß der "traditionellen Führer" auf Landfragen die *villagization* in gewissem Maße überlebt zu haben. Hinter der Rhetorik von *Village Government* und Partei werden respektierte Clan- und *lineage*-Älteste nach wie vor oft angerufen, um etwa in Landkonflikten zu vermitteln. Eine wichtige Grundlage dafür scheint zu sein, daß der räumliche Ausdruck älterer lokaler Identitäten keineswegs völlig ausgelöscht wurde, sondern sich in der Siedlungsstruktur der neuen Dorfkerne in so erstaunlichem Maße reproduziert hat. Ein bezeichnendes Ereignis zeigt, daß alte und neue Autoritäten auch in direkte Konkurrenz um ihre jeweiligen Regelungsansprüche kommen können, und sogar mit gewissem Erfolg für die ersteren. Vor etlichen Jahren hatte sich ein früherer *Village Chairman* (entsprechend etwa einem Bürgermeister) dadurch im Amt bereichert, daß er Holzfällern Lizenzen für den Einschlag von Sägeholz im heiligen Wald auf dem Mt. Toga verkaufte. Als dies durch die Beschwerden aufgebrachter, dem *Village Government* sowieso mißtrauender Dorfbewohner bekannt wurde, konnten die Ältesten des *Samateke* Clan, Hüter jenes Waldes, die Schuldigen, d. h. den Bürgermeister und die Holzfäller, dazu bringen, Schafe als Sühne zu bezahlen. Diese wurden dann, einem Augenzeugen zufolge, in Gegenwart der Beteiligten in einer *tambiko*-Reinigungszeremonie an Ort und Stelle geopfert. Im übrigen scheint dieses Ereignis mit einer Häufung von *tambiko*-Zeremonien in den letzten Jahren zusammenzuhängen. Angesichts mehrerer Dürreperioden erfreuen sich besonders Regenrituale wieder einer zunehmenden Beliebtheit.

Während die in diesem Fall gelungene Wiederherstellung der religiösen und zugleich ökologischen Werte durch das von den Ältesten vertretene Konzept lokaler Öffentlichkeit sicherlich zu begrüßen ist, müssen die längerfristigen Effekte solcher Entwicklungen erst einmal abgewartet werden. Noch kann nicht beantwortet werden, ob, in juristischer Sprache ausgedrückt, das *Customary Law* nicht nur auf "privatem", sondern auch auf öffentlichem Land wieder vordringt und sich weiterentwickelt. Soziologisch wäre die Frage, ob es älteren Eliten unter Einsatz autochthoner, dabei adaptierter Modelle lokaler Öffentlichkeit gelingt, ihre Position gegenüber den neuen Eliten der formal organisierten Dorfgemeinde wieder zu stärken oder ob es vielmehr zu einer Art Blockade zwischen geschwächten älteren und kaum weniger schwachen neuen Institutionen innerhalb der Dörfer kommt.

Die Bedeutung der "Dorfregierung"

Die Schwäche der neuen kommunalen Selbstverwaltungen (*Village Councils*) kann zunächst als Mangel an politischer und finanzieller Autonomie gegenüber dem zentralen und regionalen Regierungsapparat beschrieben werden.[37] Hinzu kommt, daß die Dorfverwaltungen bis vor kurzem in fast jeglicher Hinsicht von der Partei kontrolliert wurden.[38] Dies steht in starkem Kontrast nicht nur zur gängigen Rhetorik von der Eigenständigkeit des Dorfes als Basiseinheit des tanzanischen Staates, sondern auch zu den weitgehenden Machtkompetenzen der *Village Councils* gegenüber ihren Miteinwohnern. Wie weiter oben schon erwähnt, schließen diese Kompetenzen weitgehende öffentliche Landrechte ein, darunter das Recht, privates Bauernland zu enteignen, zu reservieren und neu zuzuteilen, kommunale Pflanzungen anzulegen und über die Verwendung von deren Erträgen (zum "Gemeinwohl") zu entscheiden, bestimmte Formen der Landnutzung in Teilen der Dorfgemarkung durch *orders* und *by-laws* zu beschränken oder zu verbieten, und schließlich in innerdörflichen Landkonflikten zu vermitteln. Bis 1991 gab es sogar eine formelle Schlichtungs-Institution in den Dörfern, den *baraza la usaluhishi* ("Versöhnungsrat" - formal eines unter mehreren *Committees* innerhalb des *Village Council*), in dem einige mehr oder weniger anerkannte Dorfälteste ehrenamtlich tätig waren.[39]

All diese öffentlichen Landrechte scheinen heute freilich von den Dorfverwaltungen immer seltener oder immer defensiver angewendet zu werden. Das liegt ganz offensichtlich in erster Linie am aktiven oder passiven Widerstand der Dorfbevölkerung, deren Wohl doch diese Rechte angeblich fördern sollen. Enteignungen oder Umverteilungen werden seit langem nicht mehr praktiziert, u. a. wohl abgeschreckt durch die in Tanzania bekannte Tendenz, daß immer mehr Betroffene heute vor Gericht gehen und lokale und selbst zentrale Regierungsstellen wegen Verletzung ihrer *customary rights* verklagen. Sie berufen sich, oft erfolgreich, darauf, daß durch die Dorfgesetze und andere staatliche Interventionen das *Customary Law* keineswegs aufgehoben wurde.[40] Für Gemeinschaftsarbeiten auf Dorfland kann kaum noch Arbeitskraft mobilisiert werden, da die Dorffunktionäre immer wieder beschuldigt werden, sich öffentliche Leistungen privat anzueignen; die Dorf-Gemeinschaftsfelder liegen brach oder sind faktisch privatisiert. Rechtliche Bestimmungen zum Schutz ökologisch gefährdeter Flächen existieren nicht, erscheinen nicht durchsetzbar oder werden im Eigeninteresse der Funktionäre pervertiert (siehe das Beispiel des Holzeinschlags am Mt. Toga, weiter oben). Eine "Landnutzungsplanung" im eigentlichen Sinne existiert ebenfalls nicht, und wenn man die zielstrebige Öffnung der Weidegebiete für den Feldbau als solche bezeichnen wollte, dann war sie "erfolgreich" nur insofern, als sie nicht-verallgemeinerbare Interessen eines Bevölkerungsteils gegen die eines anderen durchsetzte.

Schließlich sind die Institutionen der Dorfgemeinde auch zur Schlichtung von Konflikten kaum wirksam. Die meisten derartigen Konflikte erreichen gar nicht die untersten Instanzen formeller Rechtsprechung, sei es auf Dorf-, *Ward-* oder *Local Court*-Ebene. Die Streitparteien versuchen dies meist zu vermeiden, selbst wenn außergerichtliche Einigungsversuche scheitern, weil formelle Entscheidungen der Instanzen als sehr langwierig, teuer und wenig tragfähig gelten.[41] Für den Fall, daß es tatsächlich zu einer Entscheidung kommt, die einer Seite recht gibt, droht die andere Seite gern damit, ihrerseits andere Ansprüche oder Übertretungen vor Gericht zu bringen. Dabei ist die Unterscheidung von Straf- und Zivilrecht auf lokaler Ebene oft sehr undeutlich. Dies kann schnell dazu führen, daß in einen zivilrechtlichen Streitfall zwischen zwei Dorfbewohnern der Anschein oder Vorwand einer (i. d. R. finanziellen) Strafe seitens der rechtsprechenden Instanz einfließt. Im Prinzip schadet die Schwäche der lokalen öffentlichen Rechtsprechung allen Parteien gleichermaßen.[42] Benachteiligte Bevölkerungsgruppen wie Frauen und Pastoralisten scheinen den Schiedsspruch juristischer Instanzen besonders ungern anzurufen, da diese allzu selten zu ihren Gunsten entscheiden. Dennoch mögen einzelne untere Funktionsträger, besonders *balozi* (Leiter von Zehnhauszellen, der kleinsten Formation der Partei) um Vermittlung bei Landkonflikten gebeten werden, dann aber eher als angesehene Individuen. Auch ihre Wirksamkeit ist aber begrenzt. In Mafisa bemühte sich ein *balozi* der Parakuyo, eigenen Angaben zufolge, mehrfach um Vermittlung des Dorfsekretärs, um einvernehmlich eine Abgrenzung zwischen einer Viehtrift und einem dieses blockierenden Feld eines Ngulu-Bauern zu erreichen. Obwohl der Sekretär den Kontrahenten mehrfach einlud, sei dieser noch nicht einmal erschienen.

Letztlich scheint also die Schwäche der Dorfverwaltungen in Mafisa und Gombero, wie auch anderswo in Tanzania, in erheblichem Maße darin zu liegen, daß sie bei der ländlichen Bevölkerung kaum Legitimation als Wahrerin lokaler öffentlicher Interessen zu finden vermögen. Dorffunktionäre werden von ihren Miteinwohnern in der Regel für eigennützig und parteiisch gehalten. Dazu tragen erheblich die dauernden Geschichten von angeblicher Unterschlagung kommunaler Gelder bei, die die Gemüter immer wieder erregen und schon allein wegen der Finanznot der Gemeinden und der mangelnden Aufwandsentschädigung ihrer Funktionsträger nicht unwahrscheinlich sind. Eine wichtige Rolle spielt auch der Mangel an demokratischen Prozeduren, die mehr Transparenz und Mitbestimmung bringen könnten.[43] Aber die Funktionsträger der Dorfverwaltungen, die bis zu diesem Punkt der Darstellung oft als eigenständige soziale Akteure erschienen, sind zuerst und vor allem untrennbar verwoben mit einem lokalen gesellschaftlichen Umfeld, dessen Verwerfungen durch die *villagization* eher noch zugenommen haben.

Soziologisch gesehen bot die neue Struktur der kommunalen Selbstverwaltung neuen Schichten eine Chance zum Aufstieg in die lokalpolitischen Eliten. Dazu zählen insbesondere Jüngere, darunter auch Frauen, mit wenigstens elementarer Schulbildung, oft auch ehemalige Händler und/oder Migranten mit Ambitionen auf kommerzielles Farming. Die Versuchung, dadurch auch sozioökonomische

Gruppeninteressen zu befördern, ist sicher groß. Zugleich scheinen die Funktionsträger der Gemeindeverwaltung aber ihre Loyalitäten gegenüber anderen, älteren Strukturen lokaler Identität in der Regel keineswegs aufgegeben zu haben. Viele sahen ihr Amt wohl eher als zusätzliche Option oder sogar als verbesserte Ausgangsbasis für parallele Ambitionen in Nachbarschaft, *lineage*, Clan, Moschee usw. Solche Kriterien spielen jedenfalls bei dorfinternen Debatten um Bürgermeisterwahlen etc. eine erhebliche Rolle.

Jedenfalls waren die Amtsträger der Dorfverwaltungen in Mafisa und Gombero bisher kaum in der Lage, zwischen polarisierten Landnutzungsansprüchen innerhalb der Gemeindegrenzen zu vermitteln und damit einer Minimalerwartung vieler Einwohner zu entsprechen. Vielleicht sind die in den 70er Jahren geschaffenen Großkommunen als organisatorische (d. h. entscheidungsfähige) Einheiten einfach zu groß. Wie aber oben schon ausgeführt, hat andererseits die *villagization* gerade in der Landfrage Fakten geschaffen, die durch eine Auflösung der Dorfgemeinden heute nicht mehr rückgängig gemacht werden könnten. Durch die Trennung von Siedlungs- und Ackerland und durch die engere räumliche Verzahnung unterschiedlicher Landnutzungen sind kommunale Institutionen heute als *eine* Ebene der Aushandlung von Landkonflikten wohl unverzichtbar geworden.

Dennoch scheint das staatlich verordnete Modell der territorial definierten Dorfgemeinde mit ihrer formal-bürokratischen Organisationsstruktur, sozusagen als "Dach" über vielen "kleineren" Loyalitäten, bisher selbst unter seinen offiziellen Repräsentanten nicht stark genug verankert zu sein, um einen verpflichtenden Diskurs lokalisierter Öffentlichkeit hervorzubringen, der (in Anlehnung an eine Formulierung von John Lonsdale) "moralische Lokalität" genannt werden könnte. Vielleicht ist es aber gerade die Suche nach einer solchen übergreifenden ideologischen Klammer, die heute manche Aspiranten auf kommunale Ämter dazu bringt, sich stattdessen auf einen radikalen Diskurs territorialisierter Ethnizität zu stützen, in dem innerhalb der Dorfgrenzen nur noch Raum für "die" Ngulu ist.

Ausblick: Dorfgemeinde und lokale Identitäten

Diese Fallstudie hat gezeigt, daß die *villagization* unwiderruflich die natürliche, soziale und institutionelle Landschaft von West-Handeni geprägt hat. Genauer gesagt, sie hat dieser Landschaft wichtige neue Dimensionen oder Schichten hinzugefügt. Auf der Ebene der Naturlandschaft hat sie, *erstens*, eine Konzentration und Ausweitung von Siedlung und Feldbau in bisher weniger intensiv genutzte Gebiete bewirkt, allerdings aufbauend auf längerfristigen Prozessen wie dem Vordringen der Ackerbauern und beeinflußt durch weitere ökonomische Faktoren wie die Liberalisierung des Nahrungshandels in Tanzania. Sie förderte also einige Formen der Landnutzung auf Kosten anderer und oft - aber nicht immer - auf Kosten der natürlichen Umwelt.

Diese Prozesse lassen sich, auf einer *zweiten* Ebene, als sozialer Strukturwandel beschreiben. Denn mit den Verschiebungen in der Landnutzung wurden ehemals eher komplementäre Beziehungen zwischen verschiedenen lokalen Gruppen aus der Balance gebracht und zunehmend erbitterte Auseinandersetzungen um Zugang zu Land angefacht. Umsiedler, Frauen und Pastoralisten standen dabei eher auf der Verliererseite. Die *villagization* lieferte dabei den Ngulu-Bauern der Berggebiete eine Möglichkeit, ihre zunehmenden Spannungen einigermaßen erfolgreich durch Landnahme in anderen Gebieten zu kompensieren. Das betraf in erster Linie die trockenen Plateaus und Ebenen, die bisher weitgehend unbestritten die Weide- und Wohngebiete der Parakuyo Maasai gewesen waren. Umsiedlung, Landdruck und Landnutzungswandel schwächten frühere Nachbarschafts- und Austauschbeziehungen. Dies wiederum hatte Konsequenzen für die institutionellen Grundlagen der Aushandlung und Lösung von Landkonflikten. d. h. für die Normen und Organisationsformen, auf die streitende Interessenten sich jeweils zu stützen versuchten.

Auf einer *dritten* Ebene ging es hier also um eine Geschichte der Interaktion zwischen verschiedenen Konzepten von Landrecht und lokaler Öffentlichkeit, in deren Rahmen der Zugang zu Land organisiert ist. Wie ich gezeigt habe, implizierten diese Konzepte jeweils unterschiedliche Vorstellungen von lokaler Gemeinschaft mit spezifischer Identität und Moralität. Mit der *villagization* wurde auch für Mafisa und Gombero das Modell der nur noch territorial definierten und bürokratisch organisierten Dorfgemeinde (*Development Village*) mit spezifischen öffentlichen Landrechten innerhalb einer fest umrissenen Dorfgemarkung offiziell verbindlich. Ältere Modelle, die sich auf "Gewohnheitsrechte" im Rahmen von Nachbarschaft, Freundschaft, Lineage und Clan berufen, sowie von der Zentralregierung direkt vertretene Titel- und Naturschutzrechte sind aber ebenfalls weiterhin wirksam. Alle Teillandschaften der heutigen Dorfgemeinden von Mafisa und Gombero sind heute durch ein jeweils unterschiedliches Zusammenwirken dieser konkurrierenden Modelle lokaler Gemeinschaft geprägt. Auf der Ebene dörflicher Institutionen führt diese Heterogenität allerdings oft zu Blockaden, die die Aushandlung der zugespitzten Konflikte ernsthaft behindern und eine Krise lokaler Öffentlichkeit signalisieren. Einerseits sind die älteren institutionellen Arrangements, die auf der Autorität der Ältesten und auf personalen Netzwerken von "Nachbarn" und "Freunden" beruhten, in ihren Grundlagen erschüttert. Andererseits beansprucht die oktroyierte Gemeindeverwaltung ein Monopol auf die Wahrung des lokalen Gemeinwohls, das sie infolge tiefgreifenden Legitimitätsmangels nicht einlösen kann.

Abschließend stellt sich hier die Frage, ob sich trotz dieser Auseinandersetzungen und Blockaden ein tragfähigeres Modell der Dorfgemeinde abzeichnet. Soweit sich das rekonstruieren läßt, scheinen sich gerade durch die skizzierten Konflikte die Identitäten der Bewohner von Mafisa und Gombero in einer Weise verändert zu haben, die wesentliche Konsequenzen für ihre Vorstellungen von Landrechten und legitimen lokalen Institutionen hat. Diese Transformationen bleiben ambivalent: Auf der einen Seite scheinen sich territoriale Konzepte lokaler Gemeinschaft (Nachbarschaft, "Clan-Gebiet"), die schon ein wichtiges Element der älteren Ngulu-Identität waren, durch die Einführung des *Development Village* noch verstärkt zu haben. "Das Dorf" ist, gerade auch durch die Kämpfe, die seine Einführung auslöste, ein wichtiger Bezugspunkt im Bewußtsein der Bevölkerung geworden. Neue Formen territorialer Identität scheinen sich auch auf kleinräumigerer Ebene entwickelt zu haben, etwa an bestimmten Standorten des neuerschlossenen Farmlandes auf den Plateaus und Ebenen, die von Gruppen individueller Bauern gemeinsam erschlossen wurden. Dies wird z. B. an neuen Toponymen an solchen Standorten deutlich. Auf all diesen Ebenen könnten räumlich definierte Identitäten wichtig für die Aushandlung von Landkonflikten werden.

Auf der anderen Seite sind konkurrierende Identitäten, die sich auf Abstammung und personale Netzwerke stützen, weiterhin verbreitet. Die vielfältigen sozialen Verwerfungen und institutionellen Blockaden auf lokaler Ebene, noch verstärkt durch die Folgen der *villagization*, haben anscheinend zu einem wachsenden Bedürfnis nach übergreifendem Gemeinschaftsgefühl geführt. Ein ethnizistischer Diskurs - "Ngulu" gegen "Parakuyo-Maasai" (bzw. das Schimpfwort *Kwavi*) - beherrscht heute in Mafisa und Gombero nahezu alle dorfinternen Konflikte. Dabei widerspricht diese Deutung, wie oben gezeigt wurde, gerade im Falle von Landkonflikten der Realität; z. B. kann die Rinderhaltung keineswegs mehr allein den Parakuyo zugesprochen werden. Es scheint, als ob die Aggressivität ethnizistischer Erklärungsmuster umgekehrt proportional zu ihrer substantiellen Basis, der ökonomischen Spezialisierung zwischen Ackerbauern und Viehhaltern, zunimmt. Als ein Paradigma von Konkurrenz anstatt Austausch[44] wird Ethnizität hier zu einem wesentlichen Hindernis bei der Suche nach Lösungen für offene Landkonflikte und damit bei der Einlösung lokaler Öffentlichkeit.

In Mafisa und Gombero hat allgemeine Frustration über die scheinbare Unlösbarkeit der Landkonflikte inzwischen bei einer steigenden Anzahl von Radikalen auf beiden Seiten zu der Forderung nach einer scharfen und festen Grenzziehung zwischen Ngulu und Parakuyo geführt, die die Dorfterritorien faktisch zweiteilen oder eine Gruppe völlig verdrängen würde. Diese Forderung wird oft durch Behauptungen untermauert, es habe eine solche Grenze (*mpaka*) schon früher gegeben, wobei natürlich die Angaben über die Lage dieser Grenze weit differieren. In Wirklichkeit würde durch die Verknüpfung von Territorialität und Ethnizität ein neuartiges, wesentlich engeres Verständnis von Dorfgemeinde als lokale Öffentlichkeit entstehen. Es ginge nicht mehr um die Verteilung von Landrechten unterschiedlicher Bevölkerungsgruppen innerhalb eines gemeinsamen öffentlichen Raumes, sondern um *ethnic cleansing*, also die Zuweisung bestimmter Räume an jeweils nur eine ethnisch definierte Gruppe. Die Gefahr ist im Moment weniger, daß dieses Programm auch tatsächlich umgesetzt würde - dazu ist die räumliche Verzahnung und Überlappung der Landnutzungen in Wirklichkeit viel zu groß. Vielmehr droht allein diese Forderung zu einem Argument zu werden, mit dessen Hilfe die Aushandlung genuiner Landnutzungsinteressen immer wirksamer verhindert wird. Gerade die Stärkung von Aushandlungsprozessen, übrigens auch innerhalb der ethnischen Gruppierungen, bleibt aber der Schlüssel zur Lösung der Landfrage.

Es scheint schwierig, wenn nicht unmöglich, die verschiedenen Vorstellungen von lokaler Gemeinschaft und damit verbundenen Landrechtskonzeptionen säuberlich bestimmten Interessengruppen innerhalb der Dörfer zuzuordnen. Vielmehr erscheinen diese Identitäten und Konzepte immer gebündelt, sich überlagernd. Die interessantere Frage wäre wohl, welche Elemente dieser Bündel im lokalen Diskurs dominant werden. In Mafisa und Gombero zeichnen sich derzeit drei mögliche Szenarien für die Organisation dörflicher Öffentlichkeit ab, die jeweils spezifische Implikationen für die Lösung innerdörflicher Landkonflikte hätten. Die "pluralistische" Variante wäre, daß sich weiterhin keines der genannten Modelle durchsetzt, sondern im Gegenteil auch Institutionen unterhalb der Dorfebene offiziell anerkannt würden. Dadurch würden größere Verhandlungsspielräume, aber auch Unsicherheiten und eventuell neue Blockaden entstehen. Wenn das rein territoriale Konzept der Dorfgemeinde sich fester etablieren und besser legitimieren würde, etwa durch die gegenwärtige Demokratisierungswelle, entstünde ein verläßlicherer Rahmen für die Aushandlung von Landkonflikten. Aber die bestehenden Unterschiede im Zugang zu lokaler Macht und Ressourcen würden möglicherweise akzentuierter, unveränderlicher. Wenn es dagegen, drittens, zu einer noch stärkeren Verknüpfung von Ethnizität und der Territorialität käme, würde dies kaum eine dauerhafte Lösung der Konflikte bringen. Die logische Konsequenz wäre vielmehr ein *ethnic cleansing*, dessen Realisierung nur über physische Gewalt möglich wäre.

Literatur

Anderson, Benedikt, [1]1983; [2]1991: Imagined Communities. Reflections on the origin and spread of nationalism. London/ New York: Verso.

Baumann, Oscar, 1891: Usambara und seine Nachbargebiete. Berlin.

Beidelman, T.O., 1967: The matrilineal peoples of Eastern Tanzania (Ethnographic Survey of Africa; East Central Africa Part XVI). London: International African Institute

Beidelman, Thomas O., 1960: The Baraguyu. In: Tanganyika Notes and Records, 55, S. 245-78

Beinart, William, in Vorbereitung: Soil erosion, conservationism and ideas about development: A Southern African exploration, 1900-1960. In: Ute Luig und Achim von Oppen (Hg.), i.Vorb.: Zwischen Wildnis und Weltmarkt. Naturaneignung in Afrika als historischer und symbolischer Prozeß [Arbeitstitel].

Berry, Sara, 1993: Access to land: Property rights as social process. In: Dies.: No condition is permanent. The social dynamics of agrarian change in Subsaharan Africa. Madison: University of Wisconsin Press, S. 101-134.

Comaroff, John, and Simon Roberts, 1981: Rules and processes: The cultural logic of dispute in an African context. Chicago: University of Chicago Press.

van Donge, Jan Kees, 1990: Land conflicts and legal insecurity in the Uluguru Mountains, Tanzania. (Paper presented at the 14th Congress of Rural Sociology, Giessen July 1990), Wageningen.

Evans-Pritchard, Edward E., 1940: The Nuer. Oxford: Oxford U.P.

Feierman, Steven, 1990: Peasant Intellectuals: Anthropology and History in Tanzania. Madison: University of Wisconsin Press.

Fortes, Meyer, und E. E. Evans-Pritchard (Hg.), 1940: African Political Systems. London: Oxford University Press for International African Institute.

Giblin, James L., 1992: The politics of environmental control in north-eastern Tanzania, 1840-1940. Philadelphia: University of Pennsylvania Press.

Gluckman, Max, J.C. Mitchell und J.A. Barnes, 1949: The village headman in British Central Africa. In: Africa, 19, 2, S. 89-106.

Grohs, Elisabeth, 1980: Kisazi: Reiferiten der Mädchen bei den Zigua und Ngulu Ost-Tanzanias. Berlin: Reimer.

Habermas, Jürgen, [1]1962; [2]1990: Strukturwandel der Öffentlichkeit. Untersuchungen zu einer Kategorie der bürgerlichen Gesellschaft. Frankfurt/Main: Suhrkamp.

Johansson, Lars, 1988: The Chambogo Programme - an evaluation of the early implementation. Lushoto (Report for TIRDEP/SECAP).

Kjekshus, Helge, 1977: Ecology control and economic development in East African history. The case of Tanganyika 1850-1950. London etc.: Heinemann.

Koponen, Juhani, 1988: People and production in late pre-colonial Tanzania. History and structures. (Monographs of the Finnish Society for Development Studies 2, etc.) Helsinki: Finnish Society for Development Studies

Lambert, Claire M. (Hg.), 1978: Village studies: Data analysis and bibliography. Vol. 2: Africa, Middle East and North Africa, Asia (excl. India), Pacific Islands, Latin America and the Carribean 1950-1975. (Institute of Development Studies, Village Studies Programme). Brighton: Mansell for IDS.

McHenry, Dean E., 1979: Tanzania's Ujamaa Villages: The implementation of a rural develop ment strategy. (University of California, Institute for International Studies) Berkeley: University of California, IIS.

Max, John A.O., 1991: The development of local government in Tanzania. Dar es Salaam: Educational Publishers and Distributors Ltd.

von Mitzlaff, Ulrike, 1991: Managing the catchment forest reserves. Who is to be involved? A socio-economic study prepared for the Catchment Forestry Project, Forest and Beekeeping Division. Dar es Salaam.

Muya, Mwalumwambo A.O.M., 1975: A political economy of Zigua Utani. In: Stephen A. Lucas (Hg.), 1975: Utani relationships in Tanzania. (University of Dar es Salaam, Institute of Swahili Research) 6+ Bde. Dar es Salaam, S. 187-248 (1-62)

Ngware, Suleiman, und Martin Haule, 1993: The forgotten level: Village Government in Tanzania. (Hamburg African Studies Vol. 1) Hamburg: Institut für Afrika-Kunde

Nyerere, Julius K., 1967: Socialism and rural development. In: Ders., 1968: Ujamaa - Essays on Socialism. Dar es Salaam: Oxford University Press, S. 106-144.

von Oppen, Achim, 1993: Bauern, Boden und Bäume. Landkonflikte und ihre ökologischen Wirkungen in tanzanischen Dörfern nach Ujamaa. In: Afrika Spectrum, 28, 2, S. 227-254.

von Oppen, Achim, in Zusammenarbeit mit Vincent M. Mhina, 1992: Land rights and their impact on individual and communal forms of land use in the project area of the Handeni Integrated

Agroforestry Project, Tanzania. (Consultancy Study for the German Agency for Technical Cooperation/GTZ) Berlin.

Spear, Thomas, 1993: Introduction. In: Ders. und Richard Waller (Hg.), 1993: Being Maasai. Ethnicity and identity in East Africa. London: J. Currey, S. 1-18.

Thiele, Graham, 1986: The state and rural development in Tanzania: Village administration as a political field. In: Journal of Development Studies, 22, 2, S. 540-557.

Thornton, Robert J., 1980: Space, time, and culture among the Iraqw of Tanzania. New York: Academic Press.

Weber, Max, [1]1922; [5]1972: Wirtschaft und Gesellschaft. Tübingen: Mohr.

Anmerkungen

1 Vgl. die einschlägige Passage in Fortes und Evans-Pritchard 1940, S. 10f., sowie die in vieler Hinsicht wegweisende Studie von Evans-Pritchard (1940) über die segmentäre Lineage-Gesellschaft der Nuer. Diese auf das Verwandschaftssystem fixierte Position wurde auch im m.W. einzigen sozialanthropologischen Forschungsprogramm zur Kategorie "Dorf" in British Central Africa nicht überschritten (Gluckman, Mitchell und Barnes 1949, S. 90f.).

2 Vgl. z.B. das groβangelegte Programm "Village Studies" des IDS Sussex - vgl. Lambert (Hg.) 1978.

3 Vgl. z.B. ein derzeitiges Forschungsprogramm unter Leitung von Chris de Wet (Rhodes-University, Grahamstown) mit dem Schwerpunkt Südafrika.

4 Zu deren Verlauf, einschlieβlich ihrer kolonialen Vorgeschichte, vgl. McHenry 1979.

5 Hiervon müssen einige neuere politologische Untersuchungen ausgenommen werden, z.B. Thiele 1986.

6 Association of Social Anthropologists (ASA), IV Decennial Conference, Oxford, Juli 1993.

7 Weber [5]1972, S. 27, 217.- Nach Weber unterscheidet sich die ländliche "Gemeinde" durch "politisches Gemeinschaftshandeln" und durch Bezug auf ein gröβeres "Gebiet", ferner auch durch Bezug zu einem "Gemeinschaftshandeln" auf höherer Ebene (Staat) von der "urwüchsigen" "Nachbarschaftsgemeinschaft".

8 Im folgenden Text verwende ich den Begriff der "lokalen Gemeinschaft", abweichend von der älteren sozialwissenschaftlichen Literatur, nicht als Beschreibung realer Strukturen, sondern zur Kennzeichnung entsprechender ideologischer Konzepte.

9 Vgl. dazu Koponen 1987, S. 345ff. (zum 19. Jahrhundert); Kjekshus 1977, S. 168ff. und McHenry 1979, S. 14-42 (zur kolonialen Siedlungspolitik).

10 Unter "Öffentlichkeit" verstehe ich sowohl einen bestimmten (moralisch abgegrenzten) Raum, in dem es um "öffentliche Angelegenheiten" geht, als auch als den institutionalisierten Diskurs, in dem solche Angelegenheiten definiert und verhandelt werden. Ich verwende diesen Ausdruck hier bewuβt für einen lokalen, kommunalen Kontext, der auβerhalb, oder historisch "vor", der Situation des frühneuzeitlichen Europa zu stehen scheint, für die der Begriff entwickelt worden ist. In der Einleitung zur Neuausgabe seiner klassischen Untersuchung räumt Habermas selbst ein, daβ es vor- oder nicht-bürgerliche Formen von "Öffentlichkeit" auch in anderen Klassen und Kulturen geben mag (Habermas 1990, S. 17f.).

11 Anderson 1991.

12 So auch beim Modell der Ujamaa-Dörfer in Tanzania (Nyerere 1967, S. 107f.).

13 v. Oppen 1993.

14 Wo nicht andere Quellen genannt werden, beruhen alle nachfolgenden Informationen auf Feldnotizen und Beobachtungen dieses Aufenthalts. Eine ausführlichere Ausarbeitung liegt in v. Oppen 1992 vor. Ich möchte an dieser Stelle Vincent M. Mhina meine Dankbarkeit ausdrücken, ohne dessen Mithilfe und Zusammenarbeit diese Studie nicht möglich gewesen wäre.

15 Vgl. Beidelmann 1967, S. 59f.; Muya 1975, S. 3ff.; Giblin 1992, S. 73ff.

16 Villages and Ujamaa Villages Act 1975; Local Government Act 1982.

17 Zur Problematik des historischen Wandels im angeblich "traditionellen" "Gewohnheitsrecht" in Tanzania vgl. die Studie von Moore (1986).

18 Vgl. Thornton 1980 für den ähnlichen Fall der Iraqw.

19 Grohs 1980, S. 41f.; in dieser Hinsicht scheint die Situation sehr ähnlich zu derjenigen in den nahegelegenen Uluguru-Bergen zu sein - vgl. die hervorragende Analyse von van Donge 1990.

20 Dieser Aspekt steht im Mittelpunkt meiner 1993 erschienenen Untersuchung.

21 Vgl. Beidelmann 1967, S. 58ff.

22 Tanga Regional Book, National Archives of Tanzania (Eintragung vom 1.11.1932).

23 Zu einem spektakulären Fall, der das Schicksal des Usambara Development Scheme in den 1950er Jahren besiegelte, vgl. Feierman 1990, Kap. 6 und 7.

24 Z.B. von Mitzlaff 1991.

25 Vgl. Beidelmann 1960, S. 254.

26 Vgl. auch Spear 1993, S. 22.

27 Dies bestätigt die These von Berry (1993).

28 van Donge 1990.

29 Vgl. die Ereignisse um die überstürzte Verabschiedung des sog. Regulation of Land Tenure (Established Villages) Act No. 22 vom November 1992, der dann im November 1993 für nicht verfassungsgemä*ß* erklärt wurde.

30 Comaroff und Roberts 1981, S. 108f.

31 Comaroff und Roberts (1981) propagieren in der Tat eine höchst dynamische Sichtweise von Schlichtungsprozessen, aber sie konzentrieren sich dabei auf Regeln und Verfahren, während sie den "institutionellen Kontext" im wesentlichen als gegeben vorraussetzen.

32 Ein schlagendes Beispiel, das (noch?) nicht in West-Handeni angetroffen wird, sind Zusammenschlüsse unter Bewässerungsbauern, wie etwa in den Pare- und Usambara-Bergen (vgl. z.B. Johansson 1988).

33 Vgl. allgemein zu den Vernetzungen (und sich wandelnden Identitäten) zwischen Pastoralisten, Ackerbauern und Jäger-Sammlern in Ostafrika Spear 1993. Die ehemals engen Beziehungen im heutigen West-Handeni sind z.B. bei Baumann (1891, S. 277f.) belegt. Er nennt die Parakuyo Wakuafi (Wakwavi), ein Begriff, der von den Ngulu bis heute in sehr abschätziger Weise gebraucht wird.

34 Grohs 1980, S. 41f.

35 Vgl. Beidelmann 1967, S. 58ff.

36 Vgl. Giblin 1992, S. 137f.

37 Vgl. Max 1991, S. 142ff.; Ngware und Haule 1993, S. 40f.

38 Dies geschah vor allem durch eine Hierarchie von "Sekretären", die bis hinunter zum Dorfsekretär (katibu tawi) von der Partei ernannt werden. Während die Dorfsekretäre jedoch meist den im Dorf ansässigen Eliten angehören, wird die politische Schlüsselrolle von der nächsthöheren Position des Ward Secretary (katibu kata) ausgeübt, zugleich die unterste hauptberufliche (bezahlte) und oft mit Ortsfremden besetzte Parteifunktion.

39 Inzwischen ist die unterste Ebene der Jurisdiktion in Tanzania formal an bezahlte Ward Tribunals übergegangen.

40 Gegen diese Klagewelle richtete sich u.a. der schon erwähnte Regulation of Tenure Act von 1992, der - vergebens - versuchte, alle Ansprüche nach Customary Law in den während der villagization gebildeten Dörfern für illegal zu erklären.

41 Vgl. dazu van Donge 1990.

42 Ebenda.

43 Dazu besonders Ngware und Haule 1993.

44 Einer neueren These (John Galaty's) zufolge hatte die auch früher schon prononcierte ethnische Abgrenzung zwischen den Maasai und ihren Nachbarn historisch einen durchaus konstruktiven Gehalt, im Sinne einer Stabilisierung ihrer wechselseitigen Austauschbeziehungen ("synthesis through exclusion" - zit. in: Spear 1993, S. 6). Im hier untersuchten Fall dagegen scheint ethnische Abgrenzung immer mehr zur Waffe im Kampf um Ressourcen zu werden.

"Unity for Development": Organisationsdiskurse in ethnopolitischen Verbänden in Nord-West-Ghana[1]

Carola Lentz

Seit Mitte der siebziger Jahre wurden in Nord-West Ghana - und auch in anderen Landesteilen - zahlreiche Vereine gegründet, die sich selbst meist *youth and development associations* nennen und sich vielleicht am treffendsten als ethnopolitische Verbände charakterisieren lassen.[2] Sie verbinden Organisationsformen und Funktionsweisen von voluntary associations[3] mit adskriptiver, durch Herkunft aus einem bestimmten Territorium oder ethnische Zugehörigkeit definierter Mitgliedschaft. Entsprechend verweisen die Namen der Verbände häufig auf eine ethnische Gruppe, ein *traditional area* (Häuptlingstum) oder - allerdings seltener - einen administrativen Distrikt. "Unity for development" oder "unity in development", Einigkeit für oder durch Entwicklung, sind die Slogans, die im Zentrum vieler Diskurse der Verbände stehen, zum Beispiel bei öffentlichen Ansprachen auf den Jahresmitgliederversammlungen im Heimatort. Die youth associations wollen, so führen die meisten Satzungen aus, die "Einheit" und das "Verständnis" der Mitglieder untereinander fördern und zur umfassenden kulturellen, sozialen und ökonomischen "Entwicklung" der Gruppe oder Region beitragen, die der Verband repräsentieren will. Dafür soll einerseits besonders die ländliche Bevölkerung zur "Selbsthilfe" mobilisiert werden. Andererseits wollen die Verbände lokale Interessen in regionalen und nationalen politischen Arenen zu Gehör bringen, "in order to get a bigger share of the national cake", wie es häufig ausgedrückt wird.

Fast alle youth and development associations aus dem Nordwesten bestehen aus einem Dachverband mit einer *national executive*, die aus Gründen der beruflichen Mobilität der Vorstandsmitglieder meist außerhalb der Heimatregion angesiedelt ist, und mehr oder weniger selbständigen *branches*, Ortsvereinen in verschiedenen Städten des Landes und in einigen Fällen auch in Dörfern im Nordwesten selbst. Die Zahl der branches variiert zwischen nur zwei bei der kleinsten youth association bis hin zu immerhin neunzehn beim stärksten Verband während seiner besten Zeiten. Die branches sind in der Regel gehalten, einen Teil ihrer Mitgliedsbeiträge an den Dachverband abzuführen, und sie nehmen durch die Entsendung von Delegierten zur Jahresmitgliederversammlung auf die Verbandspolitik und besonders auf die Wahl der national executive Einfluß. Die national executive versieht die laufenden Geschäfte des Dachverbands während des Jahres und repräsentiert ihn nach außen.

Aktivitäten und Entwicklung der verschiedenen branches und des Dachverbands müssen nicht identisch sein. Viele branches bieten zum Beispiel ihren Mitgliedern auch materielle Unterstützung in bestimmten persönlichen Krisen wie Todesfällen und Krankheiten, während sich die Dachverbände in der Regel nur auf "Entwicklungs"ziele verpflichten. Branches können sich auflösen oder "dormant" werden, während der Dachverband weiterexistiert; umgekehrt können einzelne branches weiterhin zahlreiche Mitglieder mobilisieren, obwohl die national executive in einer Krise steckt, und möglicherweise einen inaktiven Dachverband wiederbeleben oder unter anderem Namen "neu" gründen. Folglich ließen sich manchmal recht unterschiedliche Geschichten der youth associations schreiben, je nach Wahl der Perspektive. Hier soll der Schwerpunkt hauptsächlich bei den Dachverbänden liegen und bei solchen Organisationsproblemen, die sich mehr oder weniger allen branches stellen. Dabei wird es vor allem um die beiden Ziele der Verbände gehen, die der Slogan "unity for development" andeutet: die Herausbildung oder Stärkung einer Gemeinschaft und die Vertretung ihrer Interessen in der politischen Arena. Doch ehe ich mich den diesen Zielen innewohnenden Ambivalenzen und Konflikten zuwende, möchte ich einen kurzen Blick auf die organisatorische Vorgeschichte der youth and development associations werfen.

Vorläufer und politischer Kontext

Die Initiative zur Gründung der youth and development associations ging in der Regel von der gebildeten Elite in den Städten aus.[4] Dabei wurden verschiedene ältere Organisationsformen aufgegriffen, die teils parallel zu den neuen Verbänden weiterbestanden und personell mit ihnen überlappen, teils durch sie abgelöst wurden. Nach dem zweiten Weltkrieg wurde im Nordwesten eine ganze Reihe neuer Schulen eröffnet, und die Zahl der Schulabsolventen nahm seit den 1950er Jahren deutlich zu.[5] In vielen Dörfern gründeten diese neuen Gebildeten sog. *literates associations*, an denen sich auch die örtlichen Lehrer und Priester beteiligten und deren wichtigste Aktivität in der Organisation jährlicher Zusammenkünfte der älteren Schüler und Berufstätigen bestand. Während der Ferien und besonders zur Weihnachtszeit traf man sich im Heimatdorf, um gemeinsam zu feiern und - das blieb der Geselligkeit aber meist nachgeordnet - Schulbildung unter den Dorfbewohnern zu propagieren.[6] An den Studienorten wiederum organisierten sich Schüler und Studenten zwar nicht entsprechend ihrem Herkunftsdorf - dazu war die Zahl der Schüler aus einer Lokalität meistens zu gering - , aber entsprechend ihrer Herkunftsregion und/oder ethnischen Gruppe in *students unions*[7], deren einzelne Vereine an Sekundarschulen und Universitäten sich dann oft zu einem nationalen Dachverband zusammenschlossen. Diese heute noch existierenden Studentenvereine, in denen fast alle Gründungsmitglieder der youth and development associations aktiv waren, dienten in erster Linie der gegenseitigen Unterstützung. Man wollte aber auch zur "Entwicklung" der Heimatregion beitragen und führte daher manchmal während der Ferien daheim Baumpflanz- oder Aufräumaktionen durch oder organisierte Alphabetisierungskurse und Nachhilfe für jüngere Schüler.

Und schließlich - ein dritter Vorläufer der youth associations jüngeren Datums - gründeten Ende der 1960er Jahre, nach dem Sturz Nkrumahs, eine Reihe von Rechtsanwälten, civil servants, Geschäftsleuten und Politikern die Northern Youth Association mit dem Ziel, eine überparteiliche Vertretung regionaler Interessen gegenüber der Zentralregierung in Accra aufzubauen und künftige Parlamentsabgeordnete und Regierungsmitglieder aus dem Norden zu beraten. Nach der Wiederzulassung von Parteien im Jahr 1969 wurde die Northern Youth Association durch politische Querelen aufgerieben, unter dem Militärregime von Acheampong (1972-1978) dann als Northern Study Group wiederbelebt, trat unter der Regierung von Limann (1979-1981), dem ersten Präsidenten aus dem Norden, erneut in den Hintergrund und wurde schließlich von kleinräumigeren Interessenverbänden wie zum Beispiel der Upper West Youth Association abgelöst.[8] Aber das Modell einer parteiübergreifenden Lobby regionaler bzw. lokaler Interessen gegenüber der Zentralregierung, das hier für den Norden erstmals erprobt wurde, liegt auch den jüngeren youth and development associations zugrunde.

Daß viele ethnisch und/oder territorial definierte youth and development associations gerade gegen Ende der sechziger und - besonders im Norden - in den siebziger Jahren gegründet wurden, ist zum einen dem politischen Kontext geschuldet. Politische Parteien waren unter Acheampong wie auch schon unter dem National Liberation Council (1966-1969) verboten, und der offizielle Diskurs deklarierte "development through unity" und "self-reliance" als wichtigste Regierungsziele.[9] Dem trugen die neuen Verbände mit ihrer Verpflichtung auf Überparteilichkeit und dem scheinbar unpolitischen Ziel der Förderung von "Entwicklung" und "Selbsthilfe" Rechnung und boten zugleich doch auch ein Forum der politischen Diskussion, das lokale Interessen gegenüber der Regierung geltend machte.[10] Zum anderen wuchs zumindest im Nordwesten auch erst in den siebziger Jahren die kritische Masse von Sekundarschul- und Universitätsabsolventen heran, die typischerweise notwendig ist, um kleinräumig definierte youth associations mit mehreren branches und einem Dachverband gründen zu können.

Anders als die älteren literates associations bemühen sich die youth and development associations, nicht nur die Gebildeten, sondern auch Arbeitsmigranten und Bauern in die Verbandsarbeit einzubinden - zum Beispiel durch die Integration von bestehenden Migrantenvereinen, die Zusammenarbeit mit den *chiefs* und eine öffentlichkeitswirksame Gestaltung der Jahreshauptversammlungen am Heimatort. Allerdings war den Versuchen der meisten youth associations, die ländliche Bevölkerung zu praktischer "Selbsthilfe" zu mobilisieren und staatliche Ressourcen in lokale Projekte zu lenken, bisher kaum nachhaltiger Erfolg beschieden. Von einzelnen Errungenschaften wie einigen rural banks und Latrinen einmal abgesehen, gilt für die meisten Verbände, was einer der Gründer der Nandome Youth and Development Association (NYDA) einmal lakonisch so formulierte: "The name of the association is very loud, but the achievement on the ground is almost null." Erfolgreicher waren einige der youth associations in der Durchsetzung lokaler Interessen bei der Neuaufteilung der Verwaltungsdistrikte und kürzlich der Wahlkreise. Und obwohl sie durchaus bedauern, nicht auch auf sichtbare "physical structures" verweisen zu können, halten die Verbandsaktivisten meist die Stärkung der Heimatbindungen der Migranten, deren wachsende "cultural awareness" und die allmähliche "conscientization" der Bevölkerung daheim für das wichtigste Ergebnis der bisherigen Anstrengungen der youth associations.[11]

Ich möchte im folgenden vor allem diese beiden Ziele und Handlungsebenen der youth associations näher beleuchten, nämlich zum einen das Projekt, als politikfähiger Interessenverband, als pressure group, für eine bestimmte ethnische Gruppe und/oder Lokalität aufzutreten, und zum anderen den Wunsch, zu einer "Identitäts"bewegung zu werden, die eine heterogene Bevölkerungsgruppe in eine selbstbewußte Gemeinschaft verwandelt. Um Mißverständnissen vorzubeugen: man würde den komplexen Zielen und der vielschichtigen Organisationskultur der youth associations nicht gerecht, wollte man diese beiden Aspekte - Lobbypolitik und Gemeinschaftsbildung - gegeneinander ausspielen, etwa indem man erstere zur Ebene der eigentlichen Interessen der Verbandsaktivisten und des strategischen Handelns erklärt und letztere als bloße Diskurse oder gar täuschende Kulisse auffaßt. Mit beiden Ebenen sind sowohl Diskurse als auch praktische Handlungen, strategische Entscheidungen und moralische Überzeugungen verbunden.[12] Drei der Probleme, mit denen die youth associations typischerweise bei der Realisierung der beiden Ziele konfrontiert werden, möchte ich hier an verschiedenen Beispielen diskutieren:

1. Konflikte bei der Abgrenzung der Gemeinschaft, die zur Legitimationsbasis der Organisation werden soll (territoriale versus ethnische Grenzen);
2. Probleme bei der Definition des Konzepts "Mitgliedschaft" (automatische versus freiwillige), die die Spannungen zwischen Gemeinschaft und Organisation und zwischen "grass roots" und Elite spiegeln; und
3. Schwierigkeiten bei der Übersetzung des Postulats natürlich gegebener Interessensidentität der ethnischen Gemeinschaft in einzelne konkrete Projekte, an denen die verschiedenen an den youth associations beteiligten Gruppen (Gebildete, Arbeitsmigranten, Bauern) tatsächlich gemeinsam interessiert sind.

Weil diese Widersprüche eine Sprengkraft haben, die durchaus das Überleben als Organisationen gefährden kann, verwenden die Verbände, wie ich anschließend zeigen werde, einen erheblichen Teil ihrer Energien auf die Konstruktion einer corporate identity, auf vergemeinschaftende Organisationsdiskurse, -symbole und -rituale, die jene Spannungen zu versöhnen oder doch zumindest zu entschärfen versuchen.

GHANA
UPPER WEST REGION

BURKINA FASO

UPPER EAST REGION

BURKINA FASO

NORTHERN REGION

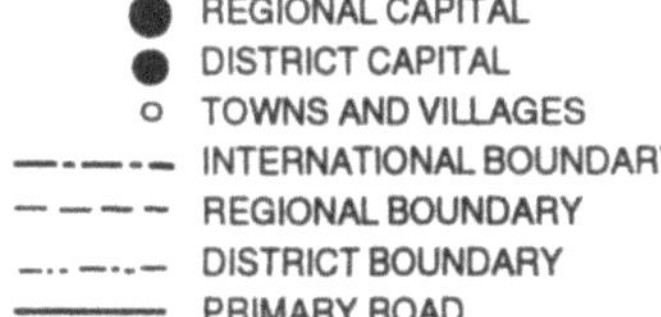

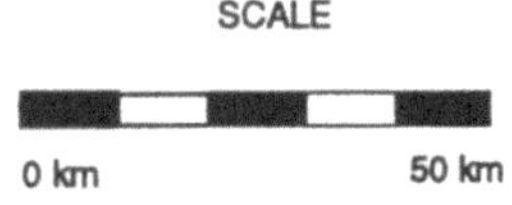

Ethnische oder territoriale Grenzen der Gemeinschaft?

Die Definitionen der Mitgliedschaft in den Vereinssatzungen geben wichtige Hinweise auf das Selbstverständnis der youth and development associations, auch wenn man ihre Bedeutung für die Praxis der Mitgliederrekrutierung nicht überschätzen sollte. Sie sind sowohl eine post hoc Rationalisierung und Formalisierung der Zusammensetzung des Gründerkreises als auch das Programm, in wessen Namen der Verband zukünftig auftreten will. Alle youth associations des Nordwestens und auch sonst des Nordens definieren ihre Mitgliedschaft geburtsrechtlich, wenn nicht explizit, so doch zumindest implizit. So verlangt etwa die Satzung der Lawra Paramountcy Youth Association (LAPYA), daß Mitglieder "indigenous people of the Lawra Traditional Area", dem Häuptlingstum von Lawra, sein müssen. Die Satzung der Jirapa Area Youth and Development Association (JAYDA) präzisiert, Mitglied werden könne "anybody who hails from the Jirapa Traditional Area or, being a woman, is married to a registered member of the Association".[13] Die meisten Satzungen erlauben darüber hinaus eine "honorary membership", ohne aktives oder passives Wahlrecht, und eröffnen sich damit die Möglichkeit, wie die South Dagaaba Lamburie Youth Association (SDLYA) es ausdrückt, "deserving persons who by birth are not citizens of the District" in die Verbandsarbeit einzubeziehen.

Die Kategorie "indigenous", wörtlich: eingeboren, auf die fast alle youth associations hier zurückgreifen, ist ausgesprochen vieldeutig, und gerade darin liegt ihre Stärke. Sie kann nämlich im einzelnen mehr oder weniger exklusiv ausgelegt werden und schreibt dem Verband dennoch jene quasi-automatische, "natürliche" Legitimität zu, die der Kategorie "indigenous" oder "native" seit der Kolonialzeit anhaftet. Als ich mit der national executive der Nandome Youth and Development Association (NYDA) darüber diskutierte, warum es denn so wichtig sei, ob jemand "indigenous" ist oder nicht, wenn es doch vor allem um auf ein Territorium bezogene Entwicklungsvorhaben ginge, erläuterte ein Vorstandsmitglied:

> "We have a common basis, we have a common heritage of a sort. So we think alike, we associate, we understand each other better. That is what is bringing us together. We think alike, because that brings about company, when we share ideas, our common interests."

Und ein zweiter Diskussionsteilnehmer sekundierte:

> "What he is saying is very true. ... if you are not an indigenous person, you have to see the indigenous ruler before you can do anything. Or else they will never allow you, no matter what type of development you are bringing. But if you are an indigenous person within that particular area, you understand exactly the ways and behaviour of the people, and to do certain things, it's easier for you and you will be allowed to do them. You will not have as many hindrances as when you are not from that area. Like you cannot say you are

> from Wa and become the chief of Nandom because you have stayed there for a long time... You can't. That is the system, that's the tradition that is going on. So when you talk of taking decisions that affect a people, you are looking at it as an ethnical group, not because you want to see yourself different from others, but you believe that you will be understood more easily."[14]

Die Kategorie "indigenous" wird hier und von anderen youth associations im Rahmen eines in der Kolonialzeit eingeführten Modells interpretiert, das von der Existenz kulturell und linguistisch klar voneinander unterschiedener und von alters her auf einem bestimmten Territorium lebender Stämme ausgeht.[15] Aber die den Nordwesten prägende Realität - eine relativ mobile Bevölkerung, multiple Gruppenmitgliedschaften, unscharfe linguistische Grenzen, quer dazu verlaufende Areale der Verbreitung bestimmter kultureller Praktiken und sich vielfach überlappende, doch nie vollständig deckungsgleiche soziale, religiöse, ökonomische und politische Netzwerke - hat weder historisch je diesem Stammesmodell entsprochen noch konnte sie während der Kolonialzeit damit zur Deckung gebracht werden.[16] Folglich verwickelt sich die Präzisierung, wer im konkreten Fall als "indigenous" gelten darf und wer als Immigrant oder "settler" zu klassifizieren ist, häufig in Widersprüche, die nicht selten auch auf massive politische Konflikte verweisen. Dazu ein Beispiel.

Bei der Gründung von NYDA wurde lange darüber diskutiert, ob der Verband sich auf die Vertretung der Interessen der "indigenous Dagaaba" im Nandom Traditional Area beschränken oder auch zum Fürsprecher für jene Dagara werden solle, die sich seit etlichen Jahrzehnten im benachbarten Lambussie Traditional Area angesiedelt haben. Der dortige Sisala paramount chief und die "indigenous" Sisala betrachten die Dagara Bauern auch dann noch als "settlers", wenn sie schon in zweiter Generation in Lambussie leben. Die Befürworter einer inklusiven Definition der NYDA Mitgliedschaft, die sich schließlich durchgesetzt hatten, warfen im Gespräch mit mir dann rückblickend auch die Frage auf, wie lange man denn eigentlich immigrierende Bauern als bloße "settlers" bezeichnen könne. Keinesfalls wolle man abstreiten, daß sich die Sisala zuerst in Lambussie angesiedelt hätten und darum die "landowners" und "indigenous" seien, aber:

> "... if somebody has stayed in an area for over hundred years... Nobody has created the ground. You also came from somewhere and settled where you are. So by virtue of your coming, the fact of your coming first doesn't tell me that after I have lived there, that I am a settler and you belong to that place. You were not created in heaven and thrown on that place. So you also came from somewhere and you are also a settler just like me. If I come in and stay there for one or two years, o.k., fine. But after I have lived with you for over hundred years, you turn around and tell me I am a settler and you own the place - then that's where I don't think I am going to accept it. And that is what you can see between the Arabs and the Israelites."

Und die Sisala selbst, so führte der Sprecher weiter aus, würden - wann immer es für sie vorteilhaft ist - durchaus nicht nur mit ihren Rechten als "firstcomers", sondern auch mit ethnischer Zugehörigkeit argumentieren, was sie den Dagara aber just verweigern wollten:

> "... if you come from another place and settle there [in Lambussie] and you are a Sisala, you are no longer a settler but an original because you are a Sisala..."

Zwar versicherte der NYDA Vorstand, er wolle mit der Integration der Dagara im Lambussie Traditional Area keinesfalls territoriale Ansprüche erheben, aber der paramount chief von Lambussie und seine Berater dürften diese extensive Definition der NYDA Mitgliedschaft dennoch als gegen ihre Interessen gerichtet wahrgenommen haben. Im Gegenzug verfügte jedenfalls die Satzung der Issaw West Development Union (IWDU), der youth association des Lambussie Traditional Area, die nach einer langen Periode der Inaktivität 1987, im Kontext der Schaffung neuer Distrikte, wieder aktiviert wurde, ihre Mitglieder dürften nicht einer "second youth organisation which is totally outside this area" angehören. Damit sind de facto die in Lambussie siedelnden Dagara ausgeschlossen, zumindest wenn sie sich NYDA verbunden fühlen. Ein IWDU Vorstandsmitglied insistierte allerdings, es handle sich dabei um einen Selbstausschluß. Satzungsgemäß sei sein Verband nämlich "open to any person within or from Issaw West" (i. e. Lambussie), und:

> "... this is a Traditional Area with many Dagartis... So you cannot say that you want an association where Dagartis are excluded. This is why we are emphasizing area, so they can be members. But they don't become members because they have deep in their minds that they wouldn't like to be so closely associated with the Sisala, and they would prefer to be in close association with their kinsmen in the Nandom area. Nobody has excluded them, it's not true, it would be unreasonable... Working on the basis of population, they all contribute to increase the population in Lambussie area and they are expected to subscribe to their obligations like taxes and all that within the area. So you don't want to exclude them... They are reluctant to join because if they join that would be quite a convenient means of putting our ideas across to them ..., then when we say we want things to be run this way, they become part to it... We would want that they integrate to the extent that they would easily accept what we want to be done"[17].

Anders als IWDU schreibt die Wala Youth Association (WYA), die im multiethnischen Kontext des Häutplingstums von Wa operiert, explizit eine ethnische Definition der Mitgliedschaft fest. Mitglieder werden können "all adults who are Wala by birth or naturalization and do not owe any allegiance to any other tribal association in the country".[18] Und ein Vorstandsmitglied erläuterte, wie der Verband aus der Konkurrenz um ethnische Hegemonie in der 1983 neu geschaffenen Upper West Region entstanden sei:

> "We wanted the creation of the Upper West Region and we had formed what we called the Upper West Youth Association [in 1975] which wasn't functioning properly because the tribal matter was there. ... immediately we believed that we were going to get the region the problem was: where was the headquarters going to be located. So that brought conflict between the Walas and the Dagartis... They suggested Lawra, when that wasn't taken up, they went on to suggest Han, they said Han was more central. But Wa had the upper hand because Wa had the facilities... So we felt that we, the Walas, should organise ourselves... [In the Upper West Youth Association] whenever it came to the question of contributing money to do anything, the Walas would do it. But when it came to representation, the Walas were not actually given due recognition. I don't blame them very much because if you wanted educated people to lead you, the Walas didn't have them even though they had the money... Still, our people tend not to feel happy that we contribute for the development of the area, but when it comes to questions of holding positions, we are the least favoured."

WYA, so erklärte der Sprecher weiter, sei schließlich als "tribal organisation" gegründet worden, nachdem der Versuch, eine Wa District Youth Association unter Einschluß der zum Distrikt gehörenden "Dagarti" Dörfer zu organisieren, an derselben interethnischen Konkurrenz um Posten und Einfluß gescheitert sei, die auch die Upper West Youth Association geprägt hätte.[19]

In ethnisch mehr oder weniger homogenen Häuptlingstümern wie Lawra und Jirapa verzichten die youth associations meist auf eine explizit ethnische Definition der Mitgliedschaft.[20] Doch kann auch hier, ähnlich wie bei WYA, unter dem Einfluß neuer politischer Konstellationen die Mitgliedschaft redefiniert werden, inklusiver zwar im Hinblick auf die beteiligten sozialen Schichten, aber exklusiver hinsichtlich des Kriteriums "indigenous". Das wird am Beispiel von JAYDA besonders deutlich. Die Ursprünge des heutigen Verbands, so jedenfalls erläuterten es mir einige Vorstandsmitglieder, gingen auf die in den 1960er Jahren gegründete Jirapa Literates Association zurück. Außer Eltern dazu zu motivieren, ihre Kinder in die Schule zu schicken, wollte dieser Verein vor allem für die Wohlfahrt der Lehrer und der Angestellten des Local Councils und des Krankenhauses sorgen, die teils aus Jirapa selbst, teils aber auch aus benachbarten Gebieten stammten und in Jirapa arbeiteten. Im Lauf der Zeit erschien den Vereinsaktivisten die Beschränkung auf literates zunehmend problematisch:

> "... the thing was so secluded, looking like an elite class, and we don't want that, we want everybody to be involved in it. All the villages ... should also take part in the development of the area."

Der wichtigste Grund jedoch, so führte ein anderer Diskussionsteilnehmer aus, "... that caused us to turn into a youth association was that around the late '70s, everybody had become aware that we needed to separate from the Lawra District. And to be able to organise and break away from the then Lawra District, we needed to organise politically. And to organise politically, you need everybody's support. Now later we found that there were certain literates who were not even from the traditional area who belonged to the association. So loyalty to the association was questionable, because somebody was from Lawra, yet working in Jirapa, but our constitution allowed him to be in a literates association".

Im Interesse des Aufbaus einer starken Lobby für einen eigenen Distrikt wollte man die chiefs, einflußreichen "opinion leaders" und finanzkräftigen Händler integrieren, die eine literacy-Klausel ausgeschlossen hätte. Außerdem hätten elitäre Kriterien der Verbandsmitgliedschaft auch dem Anliegen geschadet, als legitimer Fürsprecher der Bevölkerung gegenüber einer Regierung wie der von Rawlings aufzutreten, die sich einer populistischen Rhetorik befleißigte. Im Zuge der Neugründung JAYDAs als youth assocation wurde dann auch die territoriale Basis des Verbands neu definiert: hatte sich die von gebildeten Katholiken geprägte literates association an den katholischen Pfarrbezirken orientiert, deren Grenzen quer zu denen der Häuptlingstümer und Distrikte verlaufen, so organisierte sich die youth association nun entlang der Grenzen des Jirapa Traditional Area, das zur Grundlage eines eigenen Distrikts werden sollte.[21]

Bei der Gründung von NYDA im Jahr 1978 - neben WYA ist NYDA die älteste youth association im Nordwesten - stand die Distriktfrage noch nicht auf der Tagesordnung. Wie bereits erwähnt, plädierte die Mehrheit der Gründungsmitglieder dafür, die in Lambussie siedelnden Dagara zu integrieren, wobei auch eine Rolle gespielt haben dürfte, daß einige der Verbandsaktivisten und die beiden ersten national chairmen selbst aus Dörfern des Lambussie Traditional Area stammten. Weil die spannungsreiche Geschichte der Beziehungen zwischen Lambussie und Nandom den NYDA Gründern aber durchaus bewußt war, bemühte man sich um eine möglichst wenig anstößige Formel. Festgelegt wurde schließlich, daß "indigenous Dagaaba" aus Nandom NYDA Mitglieder werden könnten und daß "the term Nandom as used in this constitution, shall include the areas currently under Nandom, Ko, Hamile and Fielmuo Roman Catholic Parishes", womit Teile des Lambussie Traditional Area und sogar ein Zipfel von Tumu eingeschlossen waren.

Daß diese Formel Zündstoff barg, wurde spätestens 1987 deutlich[22], als die Neuaufteilung der Distrikte bekanntgegeben wurde und Lambussie mit Jirapa und nicht, wie NYDA gewünscht hätte, mit Nandom zusammengelegt worden war. NYDA hatte ursprünglich zusammen mit dem paramount chief von Nandom für einen Distrikt in den Grenzen des Nandom Traditional Area petitioniert, später aber - u. a. wegen der sonst möglicherweise zu geringen Bevölkerungszahl - einen gemeinsamen Distrikt mit Lambussie propagiert, dessen district capital Nandom werden sollte. Die Sisala chiefs und gebildete Elite von Lambussie fürchteten jedoch, sie könnten durch das durch einen Distrikt zementierte Bündnis der Dagara in Nandom und Lambussie politisch marginalisiert werden, und wollten darum lieber mit Jirapa als mit Nandom zusammengehen. Im Zuge dieser Auseinandersetzungen verlangten Sisala "landowners" von einer Reihe von Dagara "settler farmers" neue Pachtzinsen und verwehrten manchen den Zugang zu den bisher bearbeiteten Feldern oder zu neuem Land, und NYDA sah sich nun erst recht genötigt, als Verteidiger der Rechte aller Dagara in Nandom und Lambussie aufzutreten. An einen Nandom-Lambussie Distrikt war jetzt aber nicht mehr zu denken, und die Landkonflikte wurden schließlich durch Verhandlungen zwischen den paramount chiefs von Nandom und Lambussie und den zuständigen Erdpriestern unter der Leitung des von beiden Seiten respektierten Erzbischofs beigelegt - ohne Hinzuziehung der youth associations, "because they are not at all innocent", wie der Erzbischof erklärte.[23] Als auf der NYDA Jahresmitgliederversammlung 1989 eine neue Satzung vorgeschlagen wurde, trug man den Konflikten der vergangenen Jahre insoweit Rechnung, als die Definition der Mitgliedschaft nicht mehr von Pfarrbezirken, sondern nur allgemein von "Nandome resident in and outside Nandom" sprechen sollte. Doch auch diese Formel kann die zugrundeliegenden Konflikte nicht auflösen, wie ein Mitglied der NYDA national executive selbstkritisch kommentierte:

> "I think we haven't faced this problem squarely. I think we have been a little bit hypocritical about it. ... we don't only have a problem with Lambussie, but also with Tumu because Fielmuo for example is not part of Lambussie, it's part of Tumu. So that's where the problem is even more difficult. So are we now defining NYDA as a linguistic group? ... You cannot do that. So territorially, taking the boundaries of the traditional areas, then there are a lot of people who cannot be members of NYDA. It is true they speak the language. Their forefathers one time lived within the traditional area of Nandom, but now it is no longer the case. So if they continue to live where their parents are now living they cannot be members of NYDA, strictly speaking, unless you are saying that anybody who speaks Dagaare is a member of NYDA... It has been a conflict... It's something I have been thinking about and I have not been able to penetrate..."

Die Beispiele von WYA, JAYDA und NYDA - und die Reihe ließe sich noch fortsetzen - zeigen, daß ethnische und territoriale Abgrenzungen der durch die youth association organisierten Gemeinschaft in einem Spannungsverhältnis stehen, das erheblichen Konfliktstoff bergen kann. In der Migrationssituation, in der die meisten Verbände entstanden sind, spielen solche potentiell konfligierenden Definitionen der Mitgliedschaft keine so große Rolle. Vor allem als Basis für den gegenseitigen Beistand in persönlichen Krisen, der in vielen städtischen branches wichtiger Teil der Vereinsaktivitäten ist, kann der Appell an eine relativ vage definierte gemeinsame Herkunft, Sprache und Kultur genügen. Ob dabei territoriale und ethnisch-linguistische Gemeinsamkeiten deckungsgleich sind, ist für Solidarität und Geselligkeit in der Fremde weitgehend irrelevant. Diese Frage wird aber entscheidend, sobald die youth associations ihre Aktivitäten auf die Herkunftsregion richten. "Entwicklung" - jedenfalls im Sinne von verbesserten "physical structures", die die Verbände ihrer Heimat angedeihen lassen wollen - hat zwangsläufig eine territoriale Dimension. Sowohl geplante "Selbsthilfe"-Projekte als auch Petitionen an die Adresse des Staates müssen sich räumlich verankern, meist im Rahmen der bestehenden Grenzen von Häuptlingstümern und/oder Distrikten oder mit Forderungen nach einer Revision dieser Grenzen. Das Idiom der "common heritage" oder des "indigenous"-Seins aber, mit dem die Verbände ihren Vertretungsanspruch legitimieren und ihre Gemeinschaft mobilisieren wollen, geht über durch den gemeinsam genutzten Raum gestiftete Nachbarschaft hinaus. Es bringt eine zeitliche Dimension - Abstammung und Mobilität - ins Spiel. Darum kann es einerseits exklusiver als Nachbarschaft sein und bestimmte Teile der Bevölkerung als "settlers" oder "strangers" ausschließen, andererseits aber auch inklusiver und bestimmte abgewanderte Gruppen noch als zugehörig einschließen. Diese Widersprüche sind kein spezifisches Problem der youth associations, sondern treten dort nur wegen der doppelten Zielsetzung als ethnischer Bewegung und entwicklungsorientiertem Interessenverband besonders deutlich zutage. Sie sind vielleicht auch deshalb gerade im Nordwesten Ghanas besonders virulent, weil dort mit Ausnahme von Wa alle heute relevanten politisch-territorialen Grenzen, die administrativen ebenso wie die der Häuptlingstümer, erst in der Kolonialzeit eingeführt wurden - ein Aspekt, den ich weiter unten noch einmal aufgreifen werde.

Zwischen "mass movement" und "elitist club"

Man würde die Begründung des JAYDA Vorstands, warum sich die association für illiterates geöffnet hat, gründlich mißverstehen, reduzierte man sie auf taktische Erwägungen. Alle youth associations sind überzeugt, daß "self-help" ein zentraler Bestandteil von "development" ist, und wollen darum die sogenannten "grass roots"[24] in ihre Arbeit einbeziehen. Denn, wie ein NYDA Aktivist in Obuasi, einer Minenstadt mit vielen Dagara Arbeitsmigranten, es ausdrückte, "the literates alone cannot develop the place for the illiterates to come and stay in, so we all have to come together". Die Migranten sollen mit Geld, die Dorfbewohner mit ihrer Arbeitskraft zur "Entwicklung" beitragen. Vorrangige Aufgabe der youth associations, so einer der Gründungsväter von NYDA, "... is to lead our people in self-development. They should undertake self-projects, they shouldn't just wait for government. Government cannot do everything. So this is how it all started... [First] we thought we, the literate folk, should go ahead and give the example. But then as time went on we realised that it wouldn't work. If we meant it that way, people will say that it [the association] is only for the *gangbangbe*, that is 'the people who know book'. So we said it is open to everybody, whether you are a literate or illiterate, you are a member. As long as you come from Nandom, you are a member."

Daß ein solches Verständnis der Verbände als organisierter Gemeinschaft, der man qua Geburt angehört, dem Konzept einer voluntary association widerspricht, der man durch individuelle Entscheidung freiwillig beitritt, ist den Verbandsaktivisten durchaus bewußt. Sie versuchen meist, diesem Widerspruch durch die Unterscheidung zwischen "automatic members" und "active members", die ihre Mitgliedschaft haben registrieren lassen und regelmäßig Beiträge bezahlen, Rechnung zu tragen. Daß zum Beispiel der JAYDA Vorstand die Zahl der Verbandsmitglieder nach kurzem Zögern auf "between ten and twenty thousand" bezifferte, während die NYDA executive von ein- bis zweitausend Mitgliedern ausging, ist den unterschiedlichen zugrundegelegten Definitionen von Mitgliedschaft geschuldet.

Aber auch die Zahl der "active members" des Gesamtverbands ist den *national executives* meist nicht genau bekannt, weil die *branches* ihnen nur selten aktualisierte Mitgliederlisten zukommen lassen.[25] Die Satzungen schreiben meist ein Quorum für Mitgliederversammlungen und Vorstandswahlen vor und bestimmen, daß nur "paid-up members" wahlberechtigt sind. Doch geht man in der Praxis oft sehr flexibel mit solchen Klauseln um, um auch bei nicht erfülltem Quorum noch Entscheidungen treffen zu können. Angesichts enormer technischer Kommunikationsprobleme wäre zumindest auf Dachverbandsebene einer wiederholten Einladung zur Mitgliederversammlung kaum mehr Erfolg beschieden. Unzuverlässige Post- und fehlende Telefonverbindungen, große Entfernungen und hohe Transportkosten sind nicht zu unterschätzende Organisationshindernisse, die zum Teil nur durch die berufsbedingte Mobilität und engen informellen Netzwerke des harten Kerns der drei oder vier Dutzend, in einigen Fällen auch noch weniger gebildeter *youth association* Aktivisten zu überwinden sind.

Daß in allen youth associations die gebildete Elite de facto die Verbandspolitik bestimmt, liegt aber keineswegs nur an technischen Problemen, sondern entspricht auch dem Selbstverständnis dieser Aktivisten als "leaders". Besonders deutlich formuliert dies die Präambel der Satzung von NYDA:

> "We, the Youth of Nandom ... do hereby declare that conscious of our responsibility toward the promotion of the social, economic, educational and cultural development of our people, aware of the fact that we are the torchbearers of our people, considering the absence of any organised youth body in the area, and eager to mobilise the people and to provide the much needed leadership, have hereby resolved to form an Association for the promotion of the afore-mentioned aims and objectives..."

Ungeachtet unterschiedlicher Meinungen darüber, wie ihre Führungsrolle konkret aussehen soll, fühlen sich doch alle youth association Aktivisten aufgrund ihrer Bildung und durch Berufstätigkeit im modernen Sektor erworbenen Kenntnisse zu "leaders" ihrer ethnischen Gemeinschaft berufen. Mehr noch: sich als "leaders" für die Entwicklung der Heimatregion zu engagieren, gilt ihnen als moralische

Verpflichtung. Von den Privilegien, die sie aufgrund ihres sozialen Aufstiegs durch Bildung genießen, sollte etwas zurückfließen, wie einer der Gründungsväter von NYDA es in seinem Bild von Nandom als Baum ausdrückte, der gewässert werden müsse:

> "Nandom has produced a lot of educated sons and daughters. We have got a lot of educated people, and yet when you go to Nandom ... if a visitor were to come, somebody coming from abroad, and said 'I've heard so much about Nandom, I want to go and see this place ...', and he is been driven through: when he gets to Nandom and he is not told, he would still want to continue... He wouldn't believe that he has come to the place he heard so much about. Why? Because it doesn't appear. Nandom has given up, it's like a tree that has born all the fruits and yet we are not watering it. So I said o.k., we should start the ball rolling..."

Ganz ähnlich argumentierten auch andere NYDA Aktivisten:

> "If you are fighting for development, you are not fighting for the development of the elite. You are fighting for the development of the grass roots. Left alone to us, we have nothing to fight for. I am not a farmer and some of us will never even go back there to settle... It is because we have been privileged and we feel that we should share this privilege with the grass roots... We feel that we have an obligation to fulfill, that our people have been able to educate us to a certain level and that we have achieved that level because of the support of our people. And therefore we owe something to our people, and the something that we owe them is that we hear and know certain things that they do not know. And we know where to go to get certain things. By themselves they will not be able to get these things. So we feel it is an obligation for us to fulfill these things that our people ordinarily would not have been able to get."

Politischer Druck, "that we will also get our proper share of the national cake", reiche allerdings allein nicht aus. Denn "development" beinhaltet in den Augen der meisten youth association Aktivisten auch, wie bereits erwähnt, "self-help". Und dazu bedürfe es der Veränderung der "attitudes" und "mentality" der ländlichen Bevölkerung, kurz: der "education" der "grass roots" durch die "leaders". In diesem Sinne, so führte ein NYDA Vorstandsmitglied aus, müßten sich die youth associations unter der Leitung der gebildeten Elite allmählich zu einem "mass movement" entwickeln:

> "We would want to be a mass movement. We would want to be a grass root organisation. But in order to get it to be so, it has to be started from somewhere. It started from those of us who are privileged, privileged in the sense that we are more informed about issues than the grass roots. We want to share this information with the grass roots and pull them along, with the times. So this is why we are there. And this is where the developmental thing

> is coming in... We want to be a grass root organisation, but from the onset, it can never be a grass root organisation. It is a pressure group ..., to defend ..., to be the mouthpiece of the grass roots. This is really the basic thing of the association."

Wie dieser relativ abstrakte Diskurs in konkrete Verbandspolitik umzusetzen ist, ist allerdings umstritten. Viele youth associations werden von heftigen Konflikten zwischen verschiedenen Fraktionen von Gebildeten geplagt. Oft konkurriert eine ältere Generation von Lehrern und Angestellten, die in der Heimatregion arbeiten, mit einer jüngeren, universitär gebildeten und in den Städten lebenden Elite um das Recht, als Sprecher der "grass roots" und der Heimatregion aufzutreten. Die "local literates", so klagten zum Beispiel jüngere NYDA Aktivisten, hätten sich an die Mängelzustände in der Heimatregion gewöhnt und seien unzulänglich über die nationale Politik informiert, machten wegen ihrer "petty jealousies" aber dennoch den höher gebildeten Migranten das Recht streitig, Nandom zu repräsentieren, und blockierten den Aufbau einer starken homebranch. Die so Kritisierten wiederum beschwerten sich über die arrogante Haltung der national executive, "who wanted to lord unto us": sie hätte den Kontakt zur lokalen Realität weitgehend verloren, käme nur einmal im Jahr zur Mitgliederversammlung und erwartete dann, "to be treated like invited guests". Der JAYDA Vorstand berichtete von ähnlichen Konflikten und den anfänglichen Schwierigkeiten, die chiefs in die Arbeit der neuen youth assocation zu integrieren:

> "... they [the chiefs] were thinking on local grounds. We were thinking different, we who are educated, we have a better way of thinking than they. But they felt we were too high for them and that we were trying to live like Europeans... That was the kind of difference between us, the literates and the illiterates. And the chiefs felt that we didn't respect them enough."

WYA versuchte, die untereinander zerstrittenen Fraktionen der lokalen Elite durch die Schaffung einer Vielzahl von Vorstandsposten und Unterkomitees zu integrieren, wie einer der Gründer erläuterte, wurde aber letztlich doch von den heftigen Konflikten um die Häuptlingsnachfolge in Wa und Spannungen zwischen Ahamadiyya und orthodoxen Muslims aufgerieben:

> "... when you want to take a decision in Wa you have to take into consideration: one, the chieftaincy differences and make sure that a member from each of the two sections appears; two, the religious divisions and make sure you have them coming in. So if you limited the committees you will find that you don't have the true representation. If they would find that they [the executives] turn out to be only orthodox, then they will say it's an orthodox matter; if it's Ahmadiyyas, they will say it's an Ahmadiyya matter. If it's from the Na Momori section, they will say it's only Momori and his people; if it's from the other section... In fact, they felt we wanted to use it against the other section."

Grundsätzlich scheinen die vielzitierten "grass roots" durchaus bereit, den Informationsvorsprung und Führungsanspruch ihrer gebildeten Verwandten zumindest auf bestimmten "modernen" Handlungsfeldern anzuerkennen. Problematisch wird dies jedoch, sobald Geld ins Spiel kommt, wie ein NYDA Vorstand erläuterte:

> "They [the villagers] have sent you to school and they believe that you know better and that whatever you come to say, they should listen to you. That mandate you will get... It's only the financial aspect. You see, the people don't have the money, so to contribute means a lot to them... So it's only when you go and say: 'please, let us contribute money for this project and for that ..., and let me go and bring you this ...' For that you will never get the mandate because a few problems happened and people have collected these monies, and perhaps the project you have promised never came."

Dieses Mißtrauen entsteht auch in den städtischen branches, besonders wenn sie sich in finanziellen Transaktionen wie der Organisation von Bussen zur Heimreise nach Nandom oder dem Brauen und Verkauf von Hirsebier engagieren. Wie ein ehemaliges Vorstandsmitglied der NYDA Accra branch erklärte:

> "Our illiterate folks, they are very suspicious of the educated ones. They always think we are taking them for a ride. So there was a little misunderstanding, it may be real or imaginary... The illiterate folk think that the educated person is not to be trusted. This is what we have in Ghana here and also among our people. They always assume that you are a crook until you prove otherwise. So when there is the least problem, they say: 'oh, it has just been proven, this guy ...' So it's a very delicate thing when you are having a lot of illiterates or not so highly educated. That can swing the thing either way..."

Daß solche Probleme nicht nur dort auftreten, wo die "grass roots" über wenig Geld verfügen, zeigt das Beispiel von WYA. Die Gründer bemühten sich, auch wohlhabende muslimische Händler zu integrieren, aber "the illiterates who have the money do not trust the literates. They think that they are always out to cheat them. So usually what we [the educated] do is that we give them the leadership and then we take the vice role and try to organise the thing, just to appease them. But this, too, brings conflicts ..."

Die Spannungen zwischen den gebildeten Initiatoren der youth associations und den "grass roots" beschränken sich jedoch nicht auf finanzielle Probleme, wie schon an den Äußerungen des JAYDA Vorstands über die kritische Haltung der chiefs deutlich geworden ist. Vor allem die städtischen branches, die viele Arbeitsmigranten mobilisieren, können zu einem regelrechten Forum werden, in dem über das richtige Verhältnis zwischen "educated elite" und "less privileged" gestritten wird - über die Legitimität heterogener Lebensstile und gemeinsamer Geselligkeit, gegenseitigen Respekt und angemessene Formen der Solidarität. Ein Beispiel aus der Geschichte von NYDA soll das hier stellvertretend verdeutlichen.

Als in Accra der Bruder eines in Cape Coast arbeitenden NYDA Aktivisten starb, kümmerte sich einer der NYDA Gründungsväter, der zum selben Patriklan gehört und in Accra lebt, um eine angemessene Beerdigung, noch ehe der engere Verwandte des Verstorbenen aus Cape Coast ankam. Er hätte glücklicherweise gerade genügend Geld verfügbar gehabt, um die Beerdigung zu arrangieren, erläuterte der Unterstützer, der sich über diesen Vorfall mit anderen gebildeten Nandome in Accra austauschte:

> "... but I realised that supposing I didn't have the means to do that, it could happen to somebody who was not in a position to do that, it would have been a disgrace. So this is how I got round and we sat down together and we said: look, let us form a little club. It will serve as a think tank for NYDA. And at the same time when we, the supposed 'big men', are in trouble, we can't go back to Nima [where most northern labour migrants live in Accra] and ask for people to come and help because they cannot help us. Funerals are very expensive... So I said: let us form a small club, we contribute money and when somebody has a problem like this, you can lend the person the money ..."

Der Accra Nandome Social Club (ANSOC), der durch diese Iniative gegründet wurde, umfaßt inzwischen etwa zwanzig kooptierte Mitglieder - allesamt Universitätsabsolventen in gehobenen beruflichen Positionen, die keine materielle Solidarität mehr von den "grass roots" erwarten können, sondern von denen umgekehrt ärmere Klan- und Dorfgenossen finanzielle und moralische Unterstützung einfordern. Wie eines der ANSOC Mitglieder erklärte, hatte die NYDA Accra branch anfangs "a similar welfare scheme":

> "... But one is talking about a huge number of people and a contribution like forty Cedis[26] a year. And one of the battles that took place within NYDA around the time and that keeps happening in NYDA is between those who want to run such a credit scheme on an efficient managerial basis and those who do not want to pay more than the forty Cedis. And the way these democratic discussions work out, it has not been possible to run it more efficiently on hard, well-managed, commercial credit union lines. So what is happening in ANSOC is an attempt to set up a model which can be demonstrated to work ..."

Die Zahlungsmoral der ANSOC Mitglieder ist hoch, und über die gegenseitige Hilfe in persönlichen Krisen hinaus wurde ein Fond zur punktuellen Unterstützung von bedürftigen Studenten eingerichtet sowie zu bestimmten Anlässen im Namen von NYDA Geld gespendet, wie zum Beispiel beim Kakube Festival, das der Nandomer paramount chief 1989 initiiert hat. Auch in der selbst zugedachten Rolle als NYDA "think tank" oder "kitchen cabinet", wie einige Mitglieder es nennen, wurde ANSOC aktiv - etwa bei der Formulierung von Petitionen in der Distriktfrage oder kürzlich für einen eigenen Wahlkreis. Doch wie ein ANSOC Mitglied selbstkritisch feststellte:

> "... the whole concept of a club of status bearing members of NYDA that more or less meets in the comfortable sitting room of one of the members with their wives serving refreshments... is looked upon with, I must say, a great deal of acrimony or condemnation from, I think, the majority of ordinary NYDA members. And I understand it perfectly."

ANSOCs Strategien "to bridge this gap" waren die Aufnahme der branch executive in den Klub und das Bemühen, regelmäßig an den allgemeinen branch-Versammlungen teilzunehmen und größere Beiträge in die Verbandskasse einzuzahlen. Dennoch, so führte der zitierte Skeptiker aus, würde ANSOC auch weiterhin als "elitist club" wahrgenommen:

> "We are caught in this contradiction. We are supposed to be promoting the empowerment of the poor, defenseless rural people, but yet we are perceived by the same people as big whigs around Accra who meet and have a good time... I don't know if other ANSOC members will agree with me, but that's my opinion. That is our major failure and it limits our political clout and reduces us to just another club of petty bourgeois, lonely isolated people in the jungle of Accra city. At best we can only serve as a kind of pressure group lobbying in the corridors of power here and there - which is not our ambition. But of course, it is part of the give and take of politics. But I don't think it will be positive for ANSOC to remain just as a small pressure group in town. The ambition would be really to integrate our work with the mass of NYDA and to be seen not as some remote elitist club, but to be seen - I don't want to say 'mouth piece', but identical in interests and aspirations. But so far we have not achieved this ideal."

Damit ist ein grundlegendes Dilemma beschrieben, das aber auch wieder kein Spezifikum der youth assocations ist, sondern alle Organisationen konfrontiert, die einerseits auf genuine, breite Partizipation zielen und andererseits als effektive politische pressure group auftreten wollen. Der Balanceakt zwischen organisationsinterner Demokratie, die Dissens und Ambivalenz erlauben muß, und Handlungsfähigkeit nach "außen", die Geschlossenheit und rasche Entscheidungen voraussetzt, ist schon in Organisationen wie etwa Gewerkschaften kaum zu bewältigen, die sich tatsächlich auf handfeste gemeinsame Interessen gründen. Um so schwieriger ist er in Organisationen, die eine Gemeinschaft nach außen repräsentieren wollen und doch sozialstrukturell so stark differenziert sind wie die youth and development associations.

Zwischen Gemeinschafts- und Partikularinteressen

Just die "common interests", die Gemeinsamkeit der Anliegen, die in den Augen der Gründer der youth associations die von ihnen vertretenen Gemeinschaften prägt und die Legitimationsbasis ihrer Organisationen ausmacht, sind problematisch. Sie sind - wenn überhaupt erreichbar - ein Ergebnis der Arbeit der Verbände, nicht ihre fraglos gegebene Grundlage. Wo immer youth associations sich tatsächlich zu "mass organisations" und effektiven "pressure groups" entwickeln wollen, müssen sie die behauptete Interessensidentität in konkrete, einzelne Interessen und Projekte übersetzen, die mehrheitsfähig sind und Mitglieder mobilisieren können. Daß sie dabei mit sozialer Differenzierung konfrontiert werden, habe ich am Beispiel von ANSOC bereits gezeigt. Außerdem spielen aber auch noch unterschiedliche Interessenlagen von Migranten und der Bevölkerung daheim eine wichtige Rolle und partikulare Loyalitäten wie die von Klan und Dorf, die vor allem in der Herkunftsregion die von der youth association angestrebte umfassendere Gemeinschaft unterminieren können.

Die meisten youth associations sind nicht nur außerhalb der Heimatregion gegründet worden und knüpften dabei oft an bestehende Migrantenvereine an, sondern haben dort meist auch ihre größte Anziehungskraft.[27] In der Migrationssituation verliert die daheim relevante Zugehörigkeit zu unterschiedlichen Klans und Dörfern an Bedeutung. Betont und zur Grundlage gegenseitiger Unterstützung bei Todesfällen, Krankheit, Inhaftierung und ähnlichen Krisen wird vielmehr die Gemeinsamkeit der Herkunft. Meist anläßlich eines konkreten Vorfalls gegründet, werden die Migrantenvereine dann über den Zweck der Krisenvorsorge hinaus auch zu Orten der Geselligkeit und kultureller Aktivitäten, wie zum Beispiel Xylophonspiel und Tanz oder auch Vorträge über bestimmte Bräuche. Und einer der Höhepunkte des Vereinslebens ist in der Regel ein jährliches Fest, auf das nicht selten sogar der größte Teil der Mitgliedsbeiträge verwendet wird. Wo die Zahl der Migranten aus einer Herkunftsregion sehr groß wird, gewinnen auch Klan und Dorf wieder an Bedeutung als Organisationsprinzipien, manchmal komplementär, manchmal auch konkurrierend zu den youth associations. Dennoch sind - oder waren zumindest anfangs - die youth associations in den Städten oft ausgesprochen populär, aber eben aus Gründen, die zunächst relativ wenig mit "Entwicklung" zu tun haben, auch wenn die Mitglieder durch Spenden hin und wieder spezifische Projekte in der Heimatregion unterstützen. Wie ein NYDA Vorstandsmitglied erläuterte:

> "We [the educated founders of NYDA] call it a youth and development association, but they [the migrants in Accra] didn't look at it that way. Our people first perceived NYDA as something coming to be a welfare society. That when they have funerals, we will be there and that sort of thing, NYDA should dish out money. So I told them: that is not the purpose of NYDA. For example, at Christmasses we used to organise and take about three or four

State Transport busses to carry people home from here to Nandom for the annual congress. Out of the two or three hundred people who went there, when you came to the [annual] conference [itself], you would get only ten people. Tamale will come with a bus, Kumasi, Cape Coast, Takoradi, Bekwai, everbody.[28] ... It was a means of helping them to go home. So they appreciated it. Those things have now stopped. Not that we wouldn't want to do them, but State Transport has no busses, you can't get it. ... we are now trying to disabuse their minds that NYDA is a welfare association. It is not."

Gerade die Erfahrung der NYDA Accra branch zeigt aber, daß eine youth association, die sich ausschließlich der Entwicklung der Heimatregion widmen will, nicht lebensfähig ist, jedenfalls nicht als "grass-root organisation" von Migranten. Der Verzicht auf "welfare activities" und der Vorwurf der "opinion leaders" in Nima, durch ANSOC wolle sich die Elite von den "masses" distanzieren, haben inzwischen dazu geführt, daß sich immer mehr Mitglieder von NYDA abwenden. Sie erwecken stattdessen ältere Klanvereinigungen zur gegenseitigen Unterstützung zu neuem Leben oder wenden sich nun ausschließlich den schon zuvor parallel zu NYDA bestehenden dörflichen youth associations zu, die außer der Entwicklung des Heimatdorfs auch die Wohlfahrt der Migranten fördern wollen.[29] Auf dem Feld des "development" mit Spenden und Ideen aktiv sind dagegen viel eher solche Ortsvereine der überdörflichen youth associations, die gleichzeitig auch Wohlfahrtsaufgaben übernehmen und kulturelle Aktivitäten organisieren. Die Ziele Entwicklung der Heimatregion und konkrete Solidarität in der Fremde sind aber wohl nur dort relativ erfolgreich zu integrieren, wo die Gruppe der Migranten nicht allzu groß und vor allem nicht zu stark sozial differenziert ist.

Die Bedürfnisse nach gegenseitiger Unterstützung, die viele Migranten motivieren, sich einer youth association anzuschließen, werden in der Heimat meist durch Verwandtschaftsnetzwerke erfüllt. Darüber hinaus existiert eine ganze Reihe von dörflichen und überdörflichen Vereinen, die sich um die persönliche Wohlfahrt ihrer Mitglieder kümmern und manchmal auch kleine lokale Entwicklungsprojekte initiieren, zum Beispiel die von der katholischen Kirche organisierten Christian Mothers, Christian Family Meeting, Catholic Action und Gebetsgruppen. Hier sind die youth associations darum auf ihr "Entwicklungs"programm und ihr Ziel der Gemeinschaftsbildung verwiesen und werden beim Versuch, das in konkrete Projekte umzusetzen, mit einem Geflecht potentiell konkurrierender Loyalitäten und Institutionen konfrontiert. Ein ehemaliges Mitglied der NYDA home branch executive erläuterte die Probleme so:

"...we here are already living in a sort of communalistic group. But to organise people to come together and work to put up a house for a purpose is difficult. In Kumasi, all Nandome easily meet, but back at home, they feel they are at home, self-contained, they don't need much help from any other person. Those outside, you need help from somebody, outside they need that togetherness more than at home... NYDA is actually advocating that we should

> forget about our being Bekuone, Kusiele, Kpiele, all those [clans]. We come from Nandom and we are one people. But people in Nandom are still thinking in clan lines... If somebody is marrying in Goziir [a village], I haven't got anything to do with that marital affair. But NYDA is trying to say that we should modernize these things so that we are one people. So the affair of the Goziile is my affair. What the people are doing in Kokoligu should be my concern... Outside Nandom someone from Fielmuo will say he's from Nandom, but in Nandom he considers himself to be from Fielmuo: that makes it difficult to get the Nandome in Nandom together..."

Eine aktive home branch aufzubauen, ist darum ein Problem, das bisher keine youth association wirklich gelöst zu haben scheint. WYA zum Beispiel hat sich von vornherein darauf beschränkt, einen möglichst ausgewogenen Vorstand zusammenzustellen, der gelegentlich Petitionen im Namen der "Wala youth" verfaßte und einmal im Jahr eine große Versammlung in Wa abhielt, auf der Geschäftsleute, Transportunternehmer, Marktfrauen und Häuptlinge zu Spenden für von WYA koordinierte Vorhaben aufgerufen wurden, etwa die Verbesserung der Ausstattung des regionalen Krankenhauses oder den Bau von Latrinen. Den meisten Verbänden mangelt es aber an ähnlich finanzkräftigen Unterstützern, und sie haben viel höhere Erwartungen an die Mobilisierbarkeit der lokalen Bevölkerung zur "Selbsthilfe". Um solche "Selbsthilfe"-Projekte in Gang zu setzen, veranstaltete NYDA zum Beispiel im Anschluß an die Jahreshauptversammlungen exemplarische Arbeitseinsätze, bei denen etwa in Nandom Lehmziegel für eine Poststation geformt und in einigen umliegenden Dörfern Gruben für Latrinen ausgehoben oder Mauern für eine Gesundheitsstation hochgezogen wurden. Meist blieben die Projekte aber nach Rückkehr der NYDA Aktivisten in den Süden unvollendet, und man sah nach einigen Jahren von der Fortführung der Aktion ab. Später wurde lebhaft diskutiert, ob man der möglichen erzieherischen Wirkung und des "demonstration effects" wegen solche Arbeitseinsätze wiederbeleben sollte oder ob man sich damit nicht eher lächerlich mache und noch dazu der verbreiteten "spoon feeding"-Mentalität Vorschub leiste. Die Mehrheit war schließlich der Meinung, daß NYDA Projekte nicht selbst durchführen, sondern nur dörfliche Initiativen anregen und koordinieren sowie Kontakte zu staatlichen Stellen oder NGOs herstellen könne. Man versuchte darum, in Zusammenarbeit mit den chiefs eine breite Informationskampagne über NYDA durchzuführen und die Dörfer Repräsentanten bestimmen zu lassen, die sich dann mit ihren Problemen und Wünschen an die home branch executive wenden sollten - ein System, das bislang nicht funktioniert, nicht zuletzt wegen der erwähnten Spannungen zwischen der national executive und den "local literates", die daheim als Multiplikatoren fungieren sollten.

Bei größeren Projekten, die den dörflichen Rahmen sprengen und für die umfangreichere externe Unterstützung mobilisiert werden müßte, stellt sich außerdem die Frage der Plazierung, besonders in den Fällen, in denen es - wie zum Beispiel in Nandom im Gegensatz zu Jirapa - nicht gelungen ist, das Zentrum des traditional area auch zu district headquarters zu machen. Wie ein NYDA Vorstandsmitglied erläuterte:

> "... it will be very difficult to embark on anything of physical development unless Nandom becomes a district capital... Once you become a district capital, you are all going there, and we need some governmental set-ups, and we all go there to transact business. Then NYDA will be all committed there. But if it is, for example, the church... Nandom was first a church place and therefore everybody was going. But now the church has decentralized and they don't need to go to Nandom. So people ask: why do you think locating the development project there?"

Besonders deutlich formulierte das zugrunde liegende Problem ein pensionierter Minenarbeiter, der vor der Rückkehr in sein Heimatdorf sogar Vorsitzender eines NYDA Ortsvereins war:

> "Since the NYDA has started, up to date, we haven't seen any development of Nandom itself and I will say at my village there is nothing... We have formed so many societies and they failed. We pump in money and when the money comes in, it is going to one man's pocket. And this is how NYDA wanted to be... Here, too, we have a different thing [village development committee]. Our present government says everybody has to maintain his own village. So people were not interested in the NYDA, because the NYDA, the whole thing goes to Nandom... I don't think I will have any interest in the NYDA again because my village, if we need a latrine and we contribute, we can get it. And if I send my money to Nandom, you know, I don't go to Nandom and shit."

Wenn das Postulat der Interessensidentität der in der youth association organisierten Gemeinschaft nicht eine bloße Leerformel bleiben soll, müssen die Verbände also Projekte und Aktivitäten entwickeln, die sozial und regional differenzierte Partikularinteressen versöhnen oder doch zumindest entschärfen können. Das gilt nicht nur für die Implementation von "physical development", sondern auch für politische Forderungen, zum Beispiel nach einem eigenen Distrikt oder Wahlkreis. Auf beiden Handlungsfeldern - materielle und politische Infrastruktur - spiegelt sich in Konflikten ebenso wie im Desinteresse, daß in den meisten Gebieten des Nordwestens die klan- und dorfübergreifenden Gemeinschaften, die die youth associations entwickeln wollen, keine vorkolonialen historischen Wurzeln haben, jedenfalls nicht als politisch handlungsrelevante Einheiten. Anders als in Häutplingstümern mit langer historischer Tradition ist hier der auf die traditional areas bezogene Lokalpatriotismus, wie man es vielleicht nennen könnte, im wesentlichen auf die paramount chiefs und die Schicht der Gebildeten beschränkt. Und er wird immer wieder von gegenläufigen Loyalitäten durchkreuzt, die sich teils auf kleinere Räume (Dörfer), teils aber auch auf ganz andere Netzwerke (Klans) beziehen.[30]

Youth associations als ethnisch-kulturelle Bewegungen

Es ist angesichts all der hier diskutierten Widersprüche und Konflikte nicht verwunderlich, daß die youth associations einen erheblichen Teil ihrer Energie auf die Schaffung von Ritualen, Symbolen und Diskursen verwenden, die "Einheit" und "Gemeinschaft" zum Inhalt und Ziel haben. Schon die Satzungen wenden diesem Ziel ebenso viel Aufmerksamkeit zu wie dem des "development". LAPYA etwa beschreibt sich als "desirous to promote a smooth and cordial relationship among the various sections of the Lawra Community", WYA will den "spirit of unity and brotherhood among its members in and outside Wa" fördern, wichtigstes Ziel von IWDU ist "to promote unity among the people of Issaw West and thus harness their united effort for the development of Issaw West", JAYDA betont die "necessity for Unity, Cordiality and Understanding among us, literate and illiterate", und SDLYA schließlich will nicht nur "unity, fraternity and brotherly love among members and also those at home" vertiefen, sondern fühlt sich auch einem "spirit of friendship, peace and love with other Associations and peoples of Ghana and the World" verpflichtet.[31]

Der Appell, "unity" zu fördern, steht auch im Zentrum der visuellen und musikalischen Bausteine einer corporate identity der Verbände - den T-Shirts, Slogans, Liedern, mit Vereinslogotypus bedruckten Briefbögen usw. NYDA zum Beispiel entwarf ein Logo, das unter dem Akronym eine mit einer Machete gekreuzte Hacke zeigt, kommentiert durch den wie in einem flatternden Banner angeordneten Slogan "in unity and hardwork we grow" und eingerahmt durch eine graphisch größere Wiederholung des Akronyms sowie den Slogan "unity for development". T-Shirts, die vorn mit diesem Logo und hinten mit der Aufschrift "Nandom Youth and Development Association" bedruckt waren, erwiesen sich als regelrechter Verkaufsschlager bei den Mitgliedern. Die auf vielen Versammlungen auf Dagara gesungene Vereinshymne erläutert das Akronym NYDA als "Nandome Yillu Doglu Arkotaa", wörtlich: "Nandome Patriklans Herkunftsfamilien sich gegenseitig unterstützen", und appelliert, die Einheit nicht durch üble Nachrede und Gerüchte zu gefährden. Nicht von "Entwicklung" ist in der Hymne die Rede, sondern von Gemeinschaft, zu deren Festigung alle beitragen sollen und um derentwillen auch die "gods, landgods, our fathers, our mothers" um Segen gebeten werden.

Eine wichtige Arena der Festigung und Inszenierung einer corporate identity der Verbände sind die Jahresversammlungen am Heimatort. Für manche youth associations sind sie sogar, wie schon erwähnt, fast der einzige Inhalt ihrer Aktivitäten. Und wenn sie nicht zustandekommen, wie bei den meisten youth associations zwischenzeitlich der Fall, ist das umgekehrt ein untrüglicher Hinweis auf massive verbandsinterne Konflikte. Für die Verbandsaktivisten sind die Jahresversammlungen oft die einzige Gelegenheit, sich über die Entwicklungen in den verschiedenen branches auszutauschen und die weitere Verbandspolitik zu beraten.

Aber mindestens ebenso wichtig sind die Jahresversammlungen als Forum der öffentlichen Selbstdarstellung, zuallererst nach "innen", gegenüber der Bevölkerung, in deren Namen die Verbände zu sprechen beanspruchen. Wenn es einer youth association gelingt, alle wichtigen "big men" und zahlreiche Migranten dazu zu motivieren, zum Termin der Jahresversammlung in die Heimat zurückzukehren, ist das für die lokale Bevölkerung und auch die Heimkehrer selbst durchaus beeindruckend und gibt dem Verband großen Auftrieb. NYDA zum Beispiel, das während der ersten Jahre seiner Existenz ganze Busladungen von Migranten zur Weihnachtszeit nach Nandom transportierte, war den Nandome vor Ort in erster Linie bekannt als "this meeting when they all come home...". Und die Stärkung der Heimatverbundenheit der Migranten beschrieb die national executive auch als einen der nachhaltigsten Erfolge der Verbandsarbeit:

> "... that is exactly the role NYDA wants to play that at least once a year they are going to come home and they get impressed about what they have come to see. And ... they even come home after the conference because they feel they have some roots and they have to follow those roots. And many, many people, even women who have been married down south, some of them now even try to trace back to their own villages to find out where they come from... We have examples, X. ..., national executive member of NYDA, was born and bred in Accra. And because of his NYDA activity, he has come home and he now comes home like any of us who have originated here and are working in Accra..."

Darüber hinaus sind die Jahresversammlungen aber auch ein Forum der Selbstdarstellung nach "außen", gegenüber Regionalpolitikern, benachbarten youth associations und einer breiteren Öffentlichkeit, die manchmal durch geladene Ehrengäste aus Accra und Medien präsent ist. Oft wird zusätzlich zur Mitgliederversammlung ein großes durbar veranstaltet, besonders natürlich zu Jubiläen des Verbands, auf dem dann Verbandsvorsitzende, chiefs und Politiker Reden halten und das manchmal von Tänzen und Musik festlich eingerahmt wird und in einem allgemeinen Volksfest ausklingt. Wo wie in Lawra und seit einigen Jahren auch in Nandom die paramount chiefs lokale Kulturfestivals initiiert haben, beteiligen sich die youth associations an deren Durchführung und haben - jedenfalls im Fall von NYDA - ihre Mitgliederversammlung in den Zeitraum des Festivals verlegt.

Gerade auf den Jahresversammlungen mit ihren diversen öffentlichen und verbandsinternen Veranstaltungen und informellen Treffen wird deutlich, daß die youth associations sich zugleich als Interessenverband verstehen, der eine Gemeinschaft "nach außen" abgrenzt und vertritt, und als kulturelle, ethnische Bewegung, die "nach innen" Gemeinschaft stiften will. Diesen Doppelcharakter bringt die Rede des NYDA Vorsitzenden auf dem Nandomer Kakube Festival 1991 besonders prägnant zum Ausdruck. Sie verbindet nicht nur einen Diskurs der "resource mobilisation" mit der appellativen Sprache eines "identity movement"[32], sondern thematisiert auch alle jene Spaltungen, von denen bisher die Rede war und die sich, so hofft der Sprecher, in einem gemeinsamen "sense of oneness" und "ethnic identity" überwinden lassen:

> "... The Nandom Youth and Development Association was formed over a decade ago. NYDA has been the forerunner for many Youth Associations in the region and has been praised in certain quarters as the torch bearer for existing Youth Associations in the region.
> All over country, Youth Associations have become the mouth piece in various communities in their socio-economic development or the communities' efforts at human mobilization for development. The Nandom Traditional Area has abundant human resources and is blessed with a highly enlightened society and large numbers of educated Nandome... The Nandom Youth and Development Association constitutes a pervading instrument in human resource mobilization because the association cuts across all patrilineal and matrilineal lineages, religion, age, educational, social class and political affiliations to bring the broad masses of Nandome staying in and out of the Traditional Area together for development. The association can only be described as an ethnic identity which also makes the association to cut across geographical, traditional and political boundaries.
> Over the past twelve years we the Nandom Youth and Development Association have contributed our widow's might towards the upliftment of our people from the socio-economic woes of hunger, poverty, ignorance, disease etc. which is the lot for most communities in third world countries.
> The socio-economic development of a community does not mean only physical development alone even though such physical developments are a very essential ingredient of development and NYDA has made conscious attempt at such development for the Traditional Area...
> However, the first basic step in a bid to achieve development in a community is the sense of oneness and coming together, the consciousness of a common cultural identity, the deep awareness of the socio-economic problems of the area, a strong desire and genuine attempt to assist in solving the community's socio-economic problems. NYDA has for over a decade now been trying to achieve this basic step in development and we believe we have achieved a measure of success in this field. It is in line with this that NYDA is fully behind the chiefs in the revival and celebration of our age-old Kakube Festival ... together with the chiefs we shall do everything possible to develop the celebration of the Kakube Festival to appreciable standards to attain national and international recognition...
> This occasion [the Festival] has given us a sense of belongness [sic!] and identity. It is a reminder to all sons and daughters, all Nandome of our cultural origin and our commitment to the development of Nandom..."[33]

Wie wird die "common cultural identity" aber im einzelnen konstruiert? Aus welchen Domänen stammen die Symbole und Rituale, die etwa eine Nandome,

Jirbaale, Dagara oder Sisala Identität auszeichnen sollen oder mit denen die youth associations ihr Selbstverständnis markieren? Auf Einzelheiten einzugehen, würde den Rahmen dieses Aufsatzes sprengen, aber einige Hinweise mögen zeigen, in welcher Richtung Antworten auf diese Fragen zu suchen wären.[34] Die T-Shirts, Lieder und Diskurse lassen erkennen, daß die Organisationskultur der Verbände heterogene Elemente mischt - zum Beispiel britisch-parlamentarische Rituale bei der Gestaltung der Sitzungen mit Anklängen an traditionelle Preislieder bei den Vereinshymnen, popularisierte militärische Traditionen (T-Shirts als Vereinsuniformen) mit christlichen Symbolen bei der feierlichen Einschwörung neuer executives in einem Festgottesdienst. Teils fällt der Wechsel von einem Diskurs in einen anderen mit dem Wechsel der Sprache zwischen Dagara und Englisch zusammen, teils werden aber auch auf den verschiedenen Ebenen (Kleidung, Diskurs, Musik usw.) unterschiedliche Botschaften gleichzeitig gesendet. Über viele Aspekte der Organisationskultur und angemessenen Selbstdarstellung wurde und wird auch kontrovers debattiert - wie sich etwa bei NYDA am Wechsel von eher städtisch geprägten "record dances" zum Ausklang der Mitgliederversammlungen während der ersten Jahre zum später bevorzugten "cultural display" von lokalen Tänzen zeigt.

Diese Mehrgleisigkeit hängt aufs engste mit den verschiedenen Öffentlichkeiten zusammen, in denen die youth associations operieren - einer eher externen, nationalen und einer (oder sogar mehreren) internen, lokalen. In diesem Spannungsfeld bewegt sich auch die "common cultural identity", zu der die youth associations beitragen wollen. Nach "innen" dominiert hier häufig ein Gestus der Reform, wenn sich z. B. NYDA zum Ziel setzt, "to encourage the propagation and progressive development of the traditions of the Dagara in the area", oder wenn JAYDA ganz explizit fordert "to preserve as far as possible the traditions and culture of the people of this area but to change those aspects of our traditions and culture that impede the progress and modernisation of the area" und sich verpflichtet "to assist and co-operate with traditional and civil authorities in eradicating all malpractices, cultural, traditional or moral". Reformiert sehen wollen die youth associations meist bestimmte alltägliche Praktiken im Bereich der Landwirtschaft, Gesundheit oder Haushaltsführung, die Dauer der Beerdigungen und die Höhe des Brautpreises. Als kulturelle Traditionen "bewahrt" und verfeinert - manchmal auch erst geschaffen - und nach "außen" dargestellt werden sollen dagegen Sprache, lokale Tänze, Lieder, Sprichwörter, Geschichten, Kleidungsstücke, Handwerksprodukte, kurz: vor allem eine Art lokaler "Folklore". Der Rahmen, in dem diese "kulturelle Identität" definiert wird, die Art und Weise, wie Unterschiede zu anderen Lokalitäten und ethnischen Gruppen zum Ausdruck gebracht werden, hat immer schon nationale oder sogar internationale Dimensionen, auch wenn das "Material" lokaler Herkunft ist.

Daß die "common cultural identity" dabei erst in einem Kommunikationsprozeß zwischen Dorfbewohnern, gebildeter Elite und Arbeitsmigranten entsteht, ist auch den Verbandsaktivisten durchaus bewußt, wenn sie über das notwendige "Lernen der Kultur" sprechen. Vor allem jüngere Arbeitsmigranten, die im Süden des Landes geboren sind, müßten durch die youth associations erst regelrecht kulturell sozialisiert werden, erläuterte zum Beispiel ein NYDA excutive aus Obuasi:

> "... at our meetings we talk to them that it is our responsibility to learn our culture. And these funerals, the local dancing and other things, it's part of our culture. So we don't have to sit on our oars and say that it's for those who have been born back at north. They have to be doing it... Being born down here doesn't mean you are not a Dagaare or anything of that sort. You must learn your culture!"

Auch die Gebildeten, so führte ein Mitglied der NYDA national executive aus, müßten ihre eigene "Kultur" erst wertschätzen lernen. Ihr Interesse könnte dann wiederum heilsam auf das Selbstbewußtsein der Dorfbewohner daheim zurückwirken:

> "Once we are educated and mix with other people, we seem to be forgetting about our identity, our culture. The people at home are shocked with your interest in what they thought is an ordinary life, and you are out of it. Once you are educated, you are out of it. So they then [when you show interest] begin to hold up things in a more serious value, when they see: 'oh, this man, we thought he is educated and he will never like it'. And then you go home and they say: 'oh, you are so interested'... Then they begin to appreciate what they have had."

Und es sind Erfolge auf diesem Gebiet der "conscientization", der Vertiefung der "home ties" und der Schaffung einer neuen "cultural awareness", die viele Verbandsaktivisten für die wichtigsten Ergebnisse der Arbeit der youth associations halten.

Fazit

Den Organisatoren der youth associations ist allerdings durchaus bewußt, daß die Integrationskraft von Diskursen und Symbolen Grenzen hat und die Verbände nicht allein durch Appelle an eine "common cultural identity" überleben können. Wie einer der Gründungsväter von NYDA kürzlich feststellte:

> "I think we are becoming a bit too stagnant, and almost always talking about the same things all the time. We must be seen to be progressing ..., physically dealing with our people in a way that will help them to get the material benefit that they've always expected us to help them get... The people are now itching to see real action..."

Hier kommt also der Faktor Zeit ins Spiel. Während der ersten zwei oder drei Jahre nach der Gründung des Dachverbands reicht die Begeisterung über die erfolgreiche Etablierung zahlreicher branches und die Durchführung gut besuchter Jahresversammlungen, um den Verband am Leben zu halten, besonders wenn die national executive außerdem auf die eine oder andere Errungenschaft wie eine rural bank oder rehabilitierte Straße verweisen kann. Wenn dann aber später die weitergehenden Pläne für "physical development" nicht realisiert werden können, die Zahlungsmoral der Mitglieder sinkt, Konflikte über mögliche Veruntreuung von Geldern und Konkurrenz um Führungsposten einsetzen und nur wenige bereit sind, Routinearbeiten zu übernehmen, verliert sich die anfängliche Begeisterung. Und meist verstärken sich die Probleme wechselseitig: wenn Mitglieder weder persönlichen Nutzen aus der Mitgliedschaft ziehen noch stolz auf sichtbare Entwicklungserfolge sein können, geht die Zahlungsmoral bei Beiträgen und Spenden zurück, was den Handlungsspielraum des Verbands weiter verkleinert[35]; schlecht besuchte Versammlungen demotivieren die Vorstände, weshalb immer seltener Versammlungen einberufen werden, und im Extremfall besteht eine youth association dann nur noch aus einem "Namen" und einer national executive, die gelegentlich mit einer Petition oder Verlautbarung nach außen in Erscheinung tritt.[36]

Um die Anfangserfolge der Mobilisierung zu stabilisieren, bedarf es konkreter Projekte, die über die diskutierten sozialen und geographischen Differenzen hinweg überzeugend als gemeinsame Anliegen dargestellt werden können und die der Verband auch tatsächlich glaubhaft voranzutreiben in der Lage ist. Mangels größerer finanzieller Ressourcen waren solche Projekte bei den youth associations bislang fast immer politischer oder kultureller Natur: die Schaffung eines eigenen Distrikts oder Wahlkreises und/oder eines Kulturfestivals. JAYDA, die wiederbelebte IWDU wie auch SDLYA sind schon von vornherein im Kontext der Neuaufteilung der Distrikte entstanden; LAPYA, das um keinen neuen Distrikt zu kämpfen brauchte, engagierte sich für die Gestaltung des Kobine Festivals; und NYDA machte sich erst für eine rural bank und die Rehabilitation des Krankenhauses stark, konzentrierte sich dann während einiger Jahre auf die Distriktfrage und die Landkonflikte mit Lambussie und wandte sich schließlich der Organisation des Kakube Festivals zu.

Wie integrativ solche Projekte tatsächlich sind und ob sie die youth associations auf längere Sicht in "grass roots organisations" verwandeln könnten, ist allerdings eine offene Frage. Man könnte aber auch umgekehrt und radikaler fragen: hängt der Fortbestand der Verbände als Organisationen wirklich von ihrer Fähigkeit ab, gemeinschaftsbildend zu wirken und die "grass roots" zu mobilisieren? Youth associations sind - wie alle Organisationen - vieles gleichzeitig, auch über ihre satzungsgemäßen Ziele hinaus.[37] Sie wollen vor allem, wie ich gezeigt habe, ethnische Bewegung sein und die Bevölkerung zu Selbsthilfe motivieren und als pressure group lokale Interessen vertreten, aber sie fungieren in den Städten auch als geselliger Klub, Sterbekasse und Sparverein und können darüber hinaus zur Arbeitsvermittlung, zum Familienersatz, zur Sozialisationsagentur, zum Diskussionsforum und Sprungbrett für Politikerkarrieren werden. Und gerade diese Multiplizität der offiziellen und inoffiziellen Aufgaben ist es, die den Fortbestand der Verbände trotz aller diskutierten Widersprüche ermöglicht.

Dabei scheinen die verschiedenen Ziele und Funktionen der youth associations nur relativ lose miteinander verknüpft zu sein. So kann eine youth association auch ohne Mobilisierung der Bevölkerung zur "Selbsthilfe" erfolgreich als pressure group auftreten, solange sie den Adressaten ihrer Petitionen glaubhaft macht, daß sie im Namen der von ihr repräsentierten Gruppe zu sprechen legitimiert ist. Dafür ist der Grad der Fraktionierung der Elite meist wichtiger als zum Beispiel die Zahl der initiierten "Selbsthilfe"-Projekte. Allerdings wäre die Glaubwürdigkeit der youth association gefährdet, gelänge es ihr nicht zumindest punktuell, etwa bei Jahresversammlungen mit geladenen auswärtigen Gästen, massenhafte Präsenz der lokalen Bevölkerung sicherzustellen. Umgekehrt müssen Fehlschläge auf der Zielebene der pressure group nicht unbedingt verhindern, daß eine ethnisch-kulturelle Bewegung in Gang gesetzt wird, aber die Glaubwürdigkeit der executives nimmt auf Dauer Schaden, wenn sie keinerlei externe Ressourcen herbeischaffen können. Ob und wie eine youth association die hier diskutierten strukturellen Spannungen und Widersprüche bewältigt, hängt also von sehr spezifischen lokalen Kräftekonstellationen und Konfliktpotentialen ab - von den Beziehungen der national executives zum paramount chief, zur lokalen Verwaltung und zum Klerus, von der Frage, ob ein Verband einen einflußreichen Patron in der Regierung für sich gewinnen kann, von parteipolitischen Spaltungen, die seit der Wiedereinführung eines Mehrparteiensystems Ende 1992 wieder an Bedeutung gewonnen haben... Doch dies an den konkreten und wechselvollen Geschichten der youth associations im einzelnen nachzuzeichnen, wäre das Projekt eines weiteren Aufsatzes. Hier ging es vor allem um die den Verbänden gemeinsamen Ziele und die strukturellen Widersprüche, mit denen sich alle auseinandersetzen.

Verwendete Abkürzungen

ANSOC	Accra Nandome Social Club
IWDU	Issaw West Development Union
JAYDA	Jirapa Area Youth and Development Association
LAPYA	Lawra Paramountcy Youth Association
NYDA	Nandome Youth and Development Association
SDLYA	South Dagaaba Lamburi Youth Association
WYA	Wala Youth Association

Zitierte Interviews

- Leopold Abeikpeng, 14. September 1988, Obuasi
- K.Y. Baloro, 28. November 1989, Lambussie
- Joe Bapule, 23. Januar 1990, Accra
- Jacob Boon, 23. November 1989, Jirapa
- Aloysius Denkabe, 21. Januar 1990, Accra
- Peter Der, Dr. E.N. Gyader und Ambrose Kokoro, 15. November 1989, Wa
- Peter Dery, 17. November 1990, Tamale
- Bawa Salifu Dy-Yakah, 2. Dezember 1992, Tamale
- Dr. E.N. Gyader, 13. November 1989, Wa, und 14. Dezember 1992, Accra
- Linus Kabobah, 12. Dezember 1989, Nandom
- G.B. Kwao, 20. November 1989, Guo
- Alexis Nakaar, 2. August 1989, Bonn, und 24. November 1992, Accra
- Felix Nifaakang, 18. Dezember 1989, Burutu
- Bruno Ninnang, Lawrence Babu, Bernard Kofi Puozuing und John Bayor, 11. November 1989, Wa
- Charles Nuoriyee, 27. Januar 1990, Accra
- Oscar Pagzu, 13. Dezember 1989, Nandom-Segru
- M.A. Seidu, 11. November 1989 und 5. Dezember 1992, Wa
- John Sotenga, 4. Januar 1990, Wa, und 1. Dezember 1992, Tamale
- Banu Vito, 3. Februar 1990, Accra
- Jacob Yirerong, 7. Februar 1990, Accra

Literatur

Acquah, Ioné, 1958: Accra Survey. London: University of London Press.

Allman, Jean Marie, 1993: The Quills of the Porcupine: Asante Nationalism in an Emergent Ghana. Madison: University of Wisconsin Press.

Austin, Dennis, 1976: A Northern Contest. In: Ghana Observed. Manchester: Manchester University Press, S. 140-50

Barkan, Joel, Michael McNulty & M.A.O. Ayeni, 1991: "Hometown" Voluntary Associations, Local Development and the Emergence of Civil Society in Western Nigeria. In: Journal of Modern African Studies.

Bening, Raymond, 1975: Foundations of the Modern Native States of Northern Ghana. In: Universitas. An Interfaculty Journal, Vol.5, 1, S. 116-138

- 1975a: Location of District Administrative Capitals in the Northern Territories of the Gold Coast (1897-1951). In: Bulletin de l'Institut Fondamental d'Afrique Noire, tome 37, série B, no. 3, S. 646-66.

- 1990: A History of Education in Northern Ghana, 1907-1976. Accra: University of Ghana Press.

Busia, Kofi A., 1950: Report on a Social Survey of Sekondi-Takoradi. London: Crown Agents.

Chauveau, Jean-Pierre, 1992: Du populisme bureaucratique dans l'histoire institutionelle du développement rurale en Afrique de l'Ouest. In: Bulletin de l'APAD 4.

Chazan, Naomi, 1974: Politics and Youth Organizations in Ghana and the Ivory Coast. PhD Thesis, Hebrew University, Jerusalem.

Cohen, Jean L., 1985: Strategy or Identity: New Theoretical Paradigms and Contemporary Social Movements. In: Social Research, 52, 4, S. 663-716.

Dougah, J.C., 1966: Wa and its People. Legon: Institute of African Studies.

Evans, Philip A., 1983: The LoBirifor/Gonja Dispute in Northern Ghana: A Study of Interethnic Political Conflict in a Post-Colonial State. PhD Thesis, Cambridge University, Cambridge.

Goody, Jack, 1954: The Ethnography of the Northern Territories of the Gold Coast, West of the White Volta. London: Colonial Office.

- 1956: The Social Organisation of the LoWiili. London: H.M. Stationery Office.

Grindal, Bruce T., 1972: Growing Up in Two Worlds: Education and Transition among the Sisala of Northern Ghana. New York: Holt, Rinehart & Winston.

Hamilton, Ruth, 1966: Urban Social Differentiation and Membership Recruitment among selected Voluntary Associations in Accra, Ghana. PhD Thesis, Northwestern University, Evanston.

Hannigan, John A., 1985: Alain Touraine, Manuel Castells and Social Movement Theory: A Critical Appraisal. In: The Sociological Quarterly, 26, 4, S. 435-54.

Harris, Davis, 1983: Central Power and Local Reform: Ghana during the 1970s. In: Mawhood, Philip (Hg.), Local Government in the Third World: The Experience of Tropical Africa. Chichester: Wiley, S. 201-23.

Haynes, Jeff, 1991: The PNDC and Political Decentralisation in Ghana, 1981-91. In: Journal of Commonwealth and Comparative Politics, 29, 3, S. 283-307.

Japp, Klaus, 1984: Selbsterzeugung oder Fremdverschulden. Thesen zum Rationalismus in den Theorien sozialer Bewegungen. In: Soziale Welt, 35, 3, S. 313-29.

Kraus, Jon Peter, 1971: Cleavages, Crises, Parties and State Power in Ghana: The Emergence of a Single-Party System. PhD Thesis, Johns Hopkins University, Baltimore.

Kuklick, Henrika, 1979: The Imperial Bureaucrat: The Colonial Administrative Service in the Gold Coast, 1920-1939. Stanford: Hoover Institution.

- 1991: The Savage Within: The Social History of British Anthropology, 1885-1945. Cambridge: Cambridge University Press.

Ladouceur, Paul A., 1979: Chiefs and Politicians: The Politics of Regionalism in Northern Ghana. London: Longman.

Lentz, Carola, 1993: Histories and Political Conflict: A Case Study of Chieftaincy in Nandom, Northwestern Ghana. In: Paideuma, 39, S. 177-215.

- 1994: Home, Death and Leadership - Discourses of an Educated Elite from Northwestern Ghana, erscheint in: Social Anthropology, 2, 2.

- 1994a: A Dagara Rebellion against Dagomba Rule? Contested Stories of Origin in Northwestern Ghana, erscheint in: Journal of African History, 3.

- 1994b: Colonial and Postcolonial Constructions of Ethnic Identity in Northwestern Ghana, erscheint in: African Studies 53, 2.

- 1994c: Staatlich verordneter "self-help spirit" versus lokale "self reliance": Regionale Kulturfestivals in Ghana als politische Arenen. In: Michael Bollig & Frank Klees (Hg.): Überlebensstrategien in Afrika. Köln, Heinrich-Barth-Institut, S. 293-316.

- & Veit Erlmann, 1989: A Working Class in Formation? Economic Crisis and Strategies of Survival among Dagara Mine Workers in Ghana. In: Cahiers d'Études Africaines, XXIX, 1, 113, S. 69-111.

Little, Kenneth, 1965: West African Urbanization. A study of Voluntary Associations in Social Change. London: Cambridge University Press.

Morgan, Gareth, 1986: Images of Organization. Beverly Hills: Sage.

Peel, John D.Y., 1983: Ijeshas and Nigerians: The Incorporation of a Yoruba Kingdom, 1890s-1970s. Cambridge: Cambridge University Press.

Rothchild, Donald, 1980: Military Regime Performance: An Appraisal of the Ghana Experience. In: Comparative Politics, 12, S. 459-79.
Saaka, Yakubu, 1978: Local Government and Political Change in Northern Ghana. Washington: University of America Press.
Sautoy, Peter du, 1958: Community Development in Ghana. London: Oxford University Press.
Schiffer, Harriet B., 1970: Local Administration and National Development: Fragmentation and Centralization in Ghana. In: Canadian Journal of African Studies, IV, 1, S. 57-75.
Skalnik, Peter, 1989: Outwitting Ghana: Pluralism of Political Culture in Nanum. In: Skalnik, Peter (Hg.), Outwitting the State. London: Transaction Publishers, S. 145-68.
Smock, Audrey C., 1971: Ibo Politics: The Role of Ethnic Unions in Eastern Nigeria. Cambridge: Harvard University Press.
Trager, Lilian, 1993: New Wine in Old Bottles: Community Day Celebrations and the Hometowns, Paper presented at the Institute for Advanced Study and Research in the African Humanities, Northwestern University, Evanston.
Turner, Victor, 1989: Das Ritual: Struktur und Anti-Struktur. Frankfurt: Campus.
Twumasi, Yaw, 1975: The 1969 Election. In: Austin, Dennis & Robin Luckham (Hg.), Politicians and Soldiers in Ghana, 1966-1972. London: Frank Cass, S. 140-63.
Wallerstein, Immanuel, 1964: Voluntary Associations. In: Coleman, James & Carl G. Rosberg (Hg.), Political Parties and National Integration in Tropical Africa. Berkeley: University of California Press, S. 318-39.
Wilks, Ivor, 1989: Wa and the Wala. Islam and Polity in Northwestern Ghana. Cambridge: Cambridge University Press.

Anmerkungen

1 Dieser Aufsatz skizziert Ergebnisse eines laufenden Forschungsprojekts zur Konstruktion ethnischer Gemeinschaft(en) in Nord-West Ghana, das durch ein Habilitationsstipendium der DFG gefördert wird. Ihm liegen gut sechzig Interviews zugrunde, die ich zwischen 1989 und 1992 mit Vorständen und Mitgliedern der wichtigsten *youth and development associations* der Region geführt habe, sowie Gespräche mit *chiefs* und Regionalpolitikern. Außerdem konnte ich schriftliche Unterlagen (Satzungen, Sitzungsprotokolle, Kassenbücher usw.) der Nandom Youth and Development Association (NYDA) konsultieren und an verschiedenen NYDA Ortsvereinstreffen und einer Jahresmitgliederversammlung (1989) teilnehmen. Vor allem den ehemaligen und gegenwärtigen Vorstandsmitgliedern von NYDA gilt mein herzlicher Dank für das Vertrauen und die Offenheit, die sie mir in einer für den Verband politisch schwierigen Zeit entgegengebracht haben.

2 In den siebziger Jahren haben sich 725 solcher *associations* beim National Youth Council registrieren lassen. Nicht alle waren genuine Neugründungen; teilweise wurden ältere Vereine wiederbelebt bzw. förmlich angemeldet. Zu den staatlichen Rahmenbedingungen für *youth organisations* in den 1970er und 1980er Jahren vgl. Kojo Vieta, in *West Africa*, Sept. 5-11, 1988; zu älteren *youth organisations* und besonders zu ihrer politischen Rolle seit dem zweiten Weltkrieg Kraus 1971, S. 277-285, 402-454, und Chazan 1974. *Youth* verweist hier nicht auf eine Altersbeschränkung für Mitglieder, die nicht selten schon in den Vierzigern oder Fünfzigern sind, sondern ist eine soziopolitische Kategorie. Einladungen zu Kulturfestivals oder Petitionen an die Regierung z.B. werden meist mit der Formel *we, the chiefs,*

elders, youth and people of... eröffnet, wobei mit *youth* die politisch aktiven, sich als *opinion leaders* verstehenden und nur im weitesten Sinn auch biologisch "jüngeren" Männer gemeint sind. Diese Bedeutung von *youth* hat ihre Wurzeln vermutlich in der vorkolonialen politischen Verfassung der Königreiche im Süden Ghanas; vgl. dazu und zur 1947 gegründeten *Asante Youth Association*, die vielen jüngeren Vereinen als Vorbild diente, Kraus 1971, S. 193-196, 231-235, 410-421, sowie Allman 1993, S. 28ff.

3 Vgl. Little 1965.

4 Zum Selbstverständnis dieser Elite am Beispiel der Dagara aus Nandom vgl. Lentz 1994.

5 Vgl. Bening 1990.

6 Im Norden entstanden viele der frühen *literates associations* im Kontext der *community development* und *mass education* Programme, die die Kolonialregierung seit dem Ende der 1940er betrieb und die das Nkrumah-Regime - allerdings zunehmend unter politischen Vorzeichen - fortführte; vgl. dazu Sautoy 1958 und Schiffer 1970. Allgemein zu *voluntary associations* und *tribal unions* nach dem zweiten Weltkrieg vgl. Wallerstein 1964; speziell zum Süden Ghanas Busia 1950, S. 73-76; Acquah 1958, S. 82-91, 101-107; Hamilton 1966 und Kraus 1971, S. 185-190, 271-285.

7 Das wurde durch geographisch selektive Rekrutierung der Schüler in den staatlichen und kirchlichen Schulen im Norden gefördert. In den kolonialen *native authority* Schulen wurden herkunftsbezogene Solidarnetzwerke auch gezielt eingeübt, z.B. durch regelmäßiges "tribal drumming and dancing" und die sogenannte "tribal hour", in der Schüler aus einem Häuptlingstum ihre "tribal matters" diskutieren sollten.

8 Vgl. Austin 1976 und Ladouceur 1979, S. 113, 218-233; zur Verknüpfung von *youth associations* und Parteipolitik im Süden Ghanas Kraus 1971, S. 402-424 und Twumasi 1975. Beim National Youth Council wurden 1974 zwar sowohl die Northern Students Union als auch eine Northern Youth Association registriert, aber meinen Informanten zufolge war letztere kein aktiver Verband mehr. 1992 unternahm ein Arzt, der künftig in die Politik einsteigen möchte, einen erneuten Wiederbelebungsversuch des Vereins als Northern Union.

9 Vgl. dazu Rothchild 1980; zur Entwicklung der Lokalverwaltung und der in den 1970er Jahren auf lokaler Ebene wachsenden Bedeutung des Zentralstaats vgl. Harris 1983 und Haynes 1991. Die von der Regierung und später von den *youth associations* propagierte Maxime des *self-help* findet sich aber auch schon in der kolonialen *indirect-rule* Ideologie der dreißiger Jahre; vgl. auch Chauveau 1992 zum "bürokratischen Populismus".

10 Versammlungen bedurften der polizeilichen Genehmigung, die nur offiziell registrierten Organisationen gewährt wurde. Außerdem wurde Regierungsunterstützung für "Selbsthilfe"-Maßnahmen in Aussicht gestellt. Darum wurden nicht nur viele neue *associations* gegründet, sondern auch ältere Zusammenschlüsse wiederbelebt und unter Vorlage der Satzung beim National Youth Council registriert. Manches der Verbandsprogrammatik ist diesem Kontext geschuldet, aber die Maxime der Überparteilichkeit entsprach meist genuin dem Selbstverständnis der Gründer - was Hoffnungen einzelner auf spätere parteipolitische Nutzung der Verbände nicht ausschloß.

11 Zu Aktivitäten und Problemen einiger weiterer, von mir nicht untersuchter *youth associations* in Nord- und Nordwestghana vgl. Grindal 1972, S. 105-110 (Sisala Youth Union); Saaka 1978, S. 94-100 (Bole Youth Association); Dougah 1966, S. 36-37, und Wilks 1989, S. 189 (Dagarti Youth Association); Evans 1983, S. 136, 181, 291-296 (Lobi Youth Association); und Skalnik 1989, S. 157-159 (Konkomba Youth Association). Im Vergleich zu nigerianischen *hometown associations* und *ethnic unions* (vgl. z.B. Smock 1971, Barkan/McNulty/-Ayeni 1991, Trager 1993) erscheinen die ghanaischen Verbände insgesamt relativ einflußlos, zumindest im Bereich infrastruktureller Investitionen, was vermutlich teilweise den

unterschiedlichen Lokalverwaltungsstrukturen geschuldet ist. Auf weitere Gründe gehe ich weiter unten ein.

12 Die Diskussion über "neue soziale Bewegungen" in den USA und Europa stellt oft Ansätze, die die Herausbildung neuer kollektiver Identitäten thematisieren, dem "resource-mobilization" Paradigma gegenüber, das den instrumentellen Charakter der Bewegungen und die Rolle von "entrepreneurs" betont; vgl. Cohen 1985 und Hannigan 1985. Aus beiden Ansätzen lassen sich Anregungen für die Analyse der *youth associations* gewinnen, wenn man die rationalistischen Vorurteile des einen ebenso wie die ungenügende Berücksichtigung strategischen Handelns des anderen Paradigmas vermeidet; vgl. dazu auch Japp 1984.

13 Alle *youth associations* lassen Ehefrauen, die aus anderen Gebieten und/oder ethnischen Gruppen stammen, als Mitglieder zu; Ideologie und Hauptaktivitäten der Vereine sind durchweg auf Männer fokussiert, auch wenn Frauen manchmal eigene Treffen (mit getrennter Kasse) organisieren.

14 Eine Liste aller in diesem Artikel zitierten Interviews findet sich im Anhang. Wegen der politischen Brisanz vieler der hier angeschnittenen Themen verzichte ich darauf, einzelne Aussagen namentlich zuzuordnen, und kann meine Informanten darum auch nicht so detailliert vorstellen, wie es für ein lebendigeres Bild der Verbände eigentlich wünschenswert wäre.

15 Vgl. dazu und zur Verknüpfung dieses normativen Modells mit der Institution des Häuptlingstums Bening 1975, Kuklick 1979 (Kap. 2), Kuklick 1991 (Kap. 6) und Lentz 1994a.

16 Vgl. dazu Goody 1954 und 1956 sowie Lentz 1994b.

17 Ich kann hier nicht ausführlich auf die komplizierte Geschichte der Beziehungen zwischen Lambussie und Nandom eingehen, die sich in diesen Konflikten niederschlägt. Hier muß der Hinweis genügen, daß die Sisala erst später als die Dagara und in kleinerer Zahl von formaler Bildung profitierten und das Lambussie Traditional Area schon während der Kolonialzeit in mancher Hinsicht gegenüber den benachbarten Häuptlingstümern "benachteiligt" wurde. Sisala Gebildete nehmen sich darum manchmal als von der Dagara Elite diskriminiert wahr, und in den *students unions* und *literates associations* waren es meist Lambussie Sisala, die sich von zunächst gemeinsam mit Dagara gegründeten Organisationen trennten, nicht umgekehrt.

18 Zur vorkolonialen Geschichte des Häutplingstums und zur Definition der Kategorie "Wala" vgl. Wilks 1989.

19 Ähnlich ist auch die 1985 gegründete Bussie Traditional Area Development Association, die Sisala und Dagara des Lambussie Gebiets in einer gemeinsamen Organisation vereinen sollte, schon bald nach der ersten Versammlung und der Wahl eines Vorstands wieder eingeschlafen.

20 Ich beziehe mich hier stets auf den dominanten Diskurs der lokalen Akteure, der im Nordwesten drei große *tribes* - Dagara (Dagaaba, Dagarti), Sisala und Wala - voneinander unterscheidet. Aufgrund vieler Mischehen ist aber die ethnische Zuordnung einzelner Personen keineswegs eindeutig, und in bestimmten Kontexten können auch weitere Untergliederungen geltend gemacht werden wie z.B. bei den Dagara die Dagara-Lobr aus Nandom, Lobi aus Lawra und Dagaaba aus Jirapa und Nadawli; vgl. Lentz 1994b.

21 Die in jüngster Zeit geforderten und teilweise gewährten kleinräumigen Distrikte knüpfen meist an *native authorities* aus der Kolonialzeit an. Zur wechselvollen Geschichte der Zusammenlegung und Teilung von Distrikten vor und nach der Unabhängigkeit vgl. Schiffer 1970, Bening 1975a, Harris 1983 und Haynes 1991.

22 Mitglieder der *home branch executive* berichteten, daß man schon bald nach Gründung des Verbands aufgrund der Proteste des *paramount chiefs* von Lambussie darauf verzichtete, NYDA *branches* in zu Lambussie gehörenden Dörfern zu organisieren, auch wenn interessierte Individuen weiterhin NYDA Mitglieder bleiben durften.

23 Wie kaum anders zu erwarten, wurden Konflikthintergrund und -ablauf von verschiedenen Informanten sehr unterschiedlich dargestellt; ich habe mich hier auf die nötigsten "Fakten" beschränkt und beide Seiten zu berücksichtigen versucht.

24 Manchmal auch als "illiterates", "our unfortunate brothers" oder "less privileged ones" bezeichnet, vgl. dazu Lentz 1994.

25 Weil die Zahl der Mitglieder im Lauf der Zeit und je nach angewandtem Kriterium - Registrierung, regelmäßige Anwesenheit bei Treffen, Entrichtung der Mitgliedsbeiträge - schwankt, haben auch die *branches* Probleme, präzise Angaben zu machen.

26 1989 ca. fünfzig Pfennig; die erwähnte Beerdigung Mitte der achtziger Jahre kostete ca. 10 000 Cedis.

27 Zu Beispielen von Migrantenvereinen und der älteren Institution von *tribal headmen* in Obuasi und Tarkwa vgl. Lentz & Erlmann 1989.

28 Die Erlaubnis, mit einem von NYDA organisierten Bus nach Nandom fahren zu dürfen, war an Verbandsmitgliedschaft und vollständige Entrichtung der Mitgliedsbeiträge gebunden.

29 Migranten und in geringerem Maß auch Dorfbewohner unterhalten in der Regel Mitgliedschaften in mehreren *associations* gleichzeitig, angefangen von Gewerkschaften oder Berufsverbänden über kirchliche Vereine bis hin zu Klanassoziationen und *youth associations* auf dörflicher und Häuptlingstumsebene. Je nach Bedarf kann dann die eine oder andere Mitgliedschaft stärker aktiviert werden.

30 Die Geschichte der lokalen Aneignung der von den Briten eingeführten Oberhäuptlingstümer und der gegenläufigen Loyalitäten ist freilich weitaus komplizierter als hier dargestellt werden kann; vgl. z.B. zu Nandom Lentz 1993. Die Yoruba *hometown associations* sind ein gutes Beispiel für Verbände, die erfolgreich an vorkolonialen Loyalitäten anknüpfen konnten, vgl. Peel 1983 und Trager 1993.

31 Solche Formulierungen sind aber kein Spezifikum der Upper West *youth associations*, sondern finden sich landesweit und auch bei Wohlfahrts- und sonstigen Vereinen, deren Satzungen ich beim National Youth Council konsultieren konnte.

32 Vgl. Anmerkung 12.

33 Im Hinblick auf geladene Gäste von auswärts werden solche Reden in der Regel zunächst auf Englisch gehalten und anschließend auf Dagara "übersetzt", wobei schon an der oben erwähnten NYDA Vereinshymne deutlich wurde, daß dabei meist auch auf andere Konzepte rekurriert wird (vgl. u.).

34 Vgl. dazu Lentz 1994b und c.

35 Alle *national executives* klagen über Finanzprobleme. Den "ordinary members" sei kaum zu vermitteln, daß auch die laufende Führung der Verbandsgeschäfte von den Mitgliedern finanziert werden muß und daß die niedrigen Beiträge in keiner Relation zu den hohen Erwartungen an von der *youth association* durchzuführende Projekte stehe.

36 Die Organisationssoziologie und -ethnologie sozialer Bewegungen hat solche Entwicklungsgeschichten und Übergänge zwischen "Bewegung" und "Organisation" ausführlich erörtert, vgl. z.B. die bei Morgan 1986 zusammengefaßte Literatur und die Ausführungen zu "communitas" und Gesellschaft in Turner 1989.

37 Vgl. Morgan 1986.

Ethno-politische Vereinigungen, Codes der Vergemeinschaftung und politische Repräsentation von Nationalismus unter den Oromo (Äthiopien)[1]

Thomas Zitelmann

Ein Beobachter schrieb im Jahre 1883, daß man "im abyssinischen Hofstile ... als Landesnamen das Wort Aitiopiya" gebrauche.[2] Dieser Hofstil hat die fiktive, Reise- und ethnographische Literatur über das christliche Reich am Horn von Afrika nachhaltig beeinflußt.[3] Der Stil beinhaltete und reaktivierte das zentralistische Bild, das die christlichen Eliten[4] der abessinischen Kernbevölkerung (Amhara, Tigray) von ihrem multi-ethnischen Herrschaftsbereich hatten. Ethnopolitische Vereinigungen und nationale Bewegungen produzieren im Regelfalle ihre eigenen Betrachtungsweisen. Das gilt auch im Falle der in Äthiopien lebenden Oromo (in älteren Texten "Galla"), deren historische Revisionen sich nun gegen die Selbstverständlichkeit des alten Hofstils richten. Vorstellungen, was Äthiopien ist, sind damit umstritten. Hier wird jedoch weniger eine Geschichte von Unten gegen die des Hofes in Anspruch genommen, sondern es deutet sich eine neue Artikulation von Eliten und von Elitenkonkurrenz an.

Elitenkonkurrenz zwischen Feudalherren der Amhara und Tigray im Norden des heutigen Äthiopien ist ein durchgehendes Thema in der neuzeitlichen Geschichte des christlichen Reiches. Seit dem ausgehenden siebzehnten Jahrhundert ergänzten auch Oromo dieses Konfliktspektrum. Durch die Eroberungspolitik unter Menelik II (1889-1913) wurden zwangsweise weitere oromo-sprachige Gruppen im Süden in das Reich eingegliedert. Schon lange stellen Amhara und Tigray nicht mehr die Bevölkerungsmehrheit in der multi-ethnischen Gesellschaft Äthiopiens (mehr als 80 ethno-linguistische Gruppen). Mit etwa 50 Prozent der äthiopischen Gesamtbevölkerung von 50 Millionen stellt die oromo-sprachige Bevölkerung, die zudem mehrheitlich muslimisch ist (ca. 65 Prozent), den größten Prozentsatz. Seit den sechziger Jahren kristallisierte sich unter den Oromo eine nationale Bewegung heraus. Deutlichster Ausdruck dieser Bewegung ist die Durchsetzung der Selbstbezeichnung "Oromo" gegenüber "Galla" oder regionalen Identifikationen. Die nationale Bewegung äußerte sich aber auch in Form konkurrierender politischer Vereinigungen, die sich jeweils an die Spitze der beabsichtigten Gemeinschaftsbildung einer Nation der Oromo setzen wollten.

In diesem Beitrag untersuche ich das Verhältnis zwischen Nationalismus als sozialer Bewegung und den Organisationen oder Assoziationen (Vereinigungen), die innerhalb dieser Bewegung als kollektive Akteure auftreten. Ich habe an anderer Stelle die Entwicklung von Nationalismus unter den Oromo im Sinne Mühlmanns als "perennierende Revolution", als Wanderung von Ideen, beschrieben, bei denen es Rückschläge gibt, die aber eine konstante Dynamik ausdrücken, die den Prozeß als "soziale Bewegung" erscheinen lassen.[5] Mit Wilkinson kann eine "soziale Bewegung" unter drei Voraussetzungen festgestellt werden: 1. ein bewußtes kollektives Bestreben zur Veränderung unter Anwendung aller Mittel, 2. ein zumindest minimaler Grad von Organisation, 3. ein bewußtes Wollen und normatives Engagement von Anhängern und Mitgliedschaft in bezug auf Richtung von Veränderungen und Organisationszweck.[6]

Für die Betrachtung des Organisationsgrades der kollektiven Akteure ist der von Giesen und Junge verwandte Begriff des "Code der Vergemeinschaftung"[7] hilfreich. Es läßt sich zeigen, wie sich ein die interne Kohäsion von Organisation verstärkender Code der Vergemeinschaftung verselbständigen kann. Er kann damit zu einem Symbol werden, das in einer sozialen Bewegung aufgehen kann, ohne daß der jeweilige kollektive Akteur, dem dieser Code einmal als legitimatorisches Element diente, noch eine besondere Bedeutung haben muß.

Soziale Bewegung, kollektiver Akteur, Verantwortung

Eine klassische sozialanthropologische Fragestellung betrifft die Suche nach dem "System der Verantwortlichkeit".[8] Das kann durchaus eine praktische Seite haben. In den sechziger Jahren leiteten Counter-Insurgency-Experten aus der Beobachtung, daß eine regionale Aufstandsbewegung unter den Oromo in Bale effizient organisiert war, eine kommunistische Verantwortlichkeit ab.[9] Betrachtet man heute diese Bewegung unter dem Gesichtspunkt ethno-nationaler Kriterien, dann verlagert sich die Zuordnung von Verantwortung ganz in das Innere einer Bevölkerungsgruppe. Bei der Bestimmung des Verhältnisses zwischen einer "sozialen Bewegung" und einem "kollektiven Akteur" stellt sich jedoch die Frage nach dem System der Verantwortlichkeit erneut. Unter bestimmten Voraussetzungen sind auch soziale Bewegungen als kollektive Akteure bestimmt worden. Mir scheint es dennoch sinnvoller zu sein, letztere innerhalb einer sozialen Bewegung über die Grade ihrer Vernetzung und ihrer Institutionalisierungsprozesse zu identifizieren. Nur so kann im Rahmen einer sozialanthropologischen Fragestellung Verantwortlichkeit festgestellt werden.

Das Verhältnis akteurs- und strukturorientierter Forschungsansätze beschäftigt Soziologen und Ethnologen seit geraumer Zeit.[10] Aus der ethnologischen Perspektive sind besonders Ansätze der Netzwerkanalyse diskutiert worden.[11] Manchmal werden soziale Bewegungen unmittelbar als kollektive Akteure angesehen.[12] "Direkte Aktion", nicht "Organisation", erscheint dann als Ausdruck des Akteurs "soziale Bewegung".[13] Diese Sichtweise betont einen grundsätzlich anti-institutionellen Charakter. Eine entgegengesetzte Sichtweise betont dagegen gerade die zentrale Rolle, die bereits bestehende oder sich entwickelnde institutionalisierte Organisationen auf die Entwicklung von sozialen Bewegungen haben.[14] Netzwerkanalyse erscheint auch aus dieser Perspektive als Teil eines sinnvollen Forschungsansatzes.[15] Mit T. K. Oommen kann von einem Spannungsverhältnis zwischen dem anti-systemischen Charakter einer sozialen Bewegung und ihren internen Institutionalisierungsprozessen gesprochen werden.[16] Dieses Spannungsverhälnis drückt sich aus in a) der Entwicklung von Netzwerken mit relativ stabilen Interaktionen, b) der Entwicklung normativer Strukturen, c) interner Abstufung individueller Akteure in diesen Strukturen.[17] Anders als Oommen sehe ich jedoch keine Notwendigkeit, daß eine soziale Bewegung mit der Verfestigung von Organisationen und Assoziationen auch aufgehoben wird. Auch innerhalb einer sozialen Bewegung kann sich ein institutionalisierter Pluralismus entwickeln, indem einige Ziele geteilt werden und andere nicht. In bezug auf nationale Bewegungen hat G. Elwert hat darauf hingewiesen, daß "nationalistische Fokussierung" geradezu dazu dient, "eine Vielzahl gesellschaftlicher Probleme als Ausdruck eines einzigen grundlegenden Problems" darzustellen.[18] Die Notwendigkeit dieser Fokussierung schließt den Pluralismus der Akteure innerhalb nationaler Bewegungen bereits ein.

Kollektive Akteure lassen sich aus dieser Perspektive aus dem Verhältnis von Netzwerken und institutionalisierten Organisationsformen heraus identifizieren und definieren. Kollektive Akteure können Teile einer sozialen Bewegung sein, aber die Bewegung selbst ist kein kollektiver Akteur. Verantwortung kann nur mit ihren Teilen verbunden werden.

Entwicklungen in Äthiopien seit 1991

Nach einem sechzehnjährigen Bürgerkrieg wurde in Äthiopien im Sommer 1991 das Regime unter dem Diktator Mengistu Haile Mariam durch eine Allianz nationaler Befreiungsfronten abgelöst. Stärkstes Element dieser Allianz war die "Revolutionäre Demokratische Front der Völker Äthiopiens" (Ethiopian People's Revolutionary Democratic Front/EPRDF). Eine wesentliche Folge des Machtwechsels bestand im Austausch der funktionalen Eliten im öffentlichen Sektor. Unter dem Regime von Mengistu Haile Mariam verbarg sich hinter der Fassade von "Sozialismus" und einer engen politischen Bindung an die Staaten des Warschauer Paktes eine Elitenrekrutierung, die sich stark auf den amharischen Bevölkerungsteil stützte. Die gesamt-äthiopisch firmierende EPRDF wurde hingegen zur Fassade, hinter der sich die Dominanz der "Volksbefreiungsfront der Tigray" (Tigray People's Liberation Front/TPLF) verbirgt. Einen unabhängigen Juniorpartner in der Regierungsbildung fanden EPRDF/TPLF zunächst in der "Oromo Befreiungsfront" (Oromo Liberation Front/OLF), die in den Jahren 1974/1975 zeitgleich mit dem Kern der TPLF einen bewaffneten Widerstand auf mikro-nationalistischer Grundlage gegen den äthiopischen Zentralstaat zu organisieren begonnen hatte.

Bei der Machtübernahme durch EPRDF/TPLF existierten insgesamt fünf politische Vereinigungen unter den Oromo, die alle unter dem Titel "Befreiungsfront" auftraten. Vier dieser Fronten verfügten bereits über längere institutionalisierte Phasen als kollektive Akteure, die teilweise bis in die sechziger Jahre zurückreichten. Sie entwickelten sich als Teile einer nationalen Bewegung unter den Oromo, deren Neben-, Mit- und Gegeneinander im internen politischen Diskurs heute unter dem Motto "ein Volk und fünf Flaggen"[19] thematisiert wird:

1. Oromo Befreiungsfront (Oromo Liberation Front/OLF);
2. Islamische Front zur Befreiung Oromiyas (Islamic Front for the Liberation of Oromiya/IFLO);
3. Vereinigte Führung des Oromo Volkes zur Befreiung (United Oromo People Leadership, for Liberation/UOPLL);
4. Oromo Abbo Befreiungsfront (Oromo Abbo Liberation Front/OALF);
5. Volksdemokratische Organisation der Oromo (Oromo People's Democratic Organization/OPDO).

Die politischen Vereinigungen unter den Oromo lassen sich nach sozialen und regionalen Interessengruppen aufgliedern. Beziehungen zwischen Landbesitzern, Intellektuellen, Bürokraten, dem Militär und dem "Volk" (Bauern, Viehzüchter, Flüchtlinge, Land-Stadt-Migranten) stellen ein internes Spannungsverhältnis dar.[20] OALF und UOPLL kristallisierten sich aus einer regionalen Aufstandsbewegung von Bauern und Viehzüchtern in Bale (1963-1971) heraus, deren Führung aus lokalen Landbesitzern bestand, die in den späten siebziger und achtziger Jahren als "Somali-Abbo" eng mit Somalia kooperierten. Während die UOPLL ihre Hauptstütze unter den Arsi-Oromo hat und durch ihren greisen Führer Waqo Gutuu symbolisiert wird, ist die OALF stark unter der somali- und oromosprachigen Bevölkerung der Garre im kenyanisch-äthiopischen Grenzgebiet. Die Führung der OALF ist durch die Interessen der Dadhii-Tarree Familie dominiert, eines Verbandes von etwa 3000 Mitgliedern, der im Bale und Sidamo verbreitet ist und der sich im zwanzigsten Jahrhundert durch ein flexibles Taktieren zwischen dem äthiopischen Zentralstaat und den benachbarten Somali auszeichnete. UOPLL und OALF hatten unter dem Namen Somali-Abbo Befreiungsfront (SALF) in den achtziger Jahren im somalischen Exil gemeinsame organisatorische Strukturen, und die Trennung erfolgte erst im Juni 1991. Die Führung beider Vereinigungen legitimiert ihre Funktion aus der traditionellen Machtposition ihrer Familien. Die OLF wurde 1974 gegründet und hatte ihre Basis zunächst primär unter städtischen Intellektuellen in Addis Abeba, die ab 1978 vom Sudan aus eine breitere Organisation aufbauten, die bis 1991 auf etwa 10 000 Kämpfer wuchs. Auch hier hatte die Exilorganisation unter Flüchtlingen eine entscheidende Bedeutung. Ein 1978 erfolgter Bruch innerhalb der OLF führte zu einer Abspaltung unter dem Lehrer Abdulkarim Mohammed Ibrahim (Sheek Jaaraa), die seit 1986 als IFLO firmierte. Sheek Jaaraa verfügt seit Ende der sechziger Jahre über eine Legende als kompromißloser politischer Aktivist, der zu diesem Zeitpunkt jedoch noch keine ausdrücklichen islamischen Positionen vertrat. Zu einem wichtigen Faktor wurde die IFLO erst seit 1991. Die OPDO ist die jüngste der Vereinigungen. Sie wurde im März 1990 durch die TPLF unter gefangenen Soldaten der äthiopischen Armee gegründet und war sowohl als Konkurrenz zur OLF gedacht wie auch als Mittel, die innere und äußere Legitimationsbasis der TPLF zu vergrößern, um das Regime unter Mengistu Haile Mariam ablösen zu können.

Die gegenwärtige Politik unter den Oromo kann unter Verwendung eines Modells von Paul Brass als Konflikt zwischen konfliktierenden Eliten unterschiedlicher ethnischer Herkunft und Gruppen sowie als interne Auseinandersetzungen innerhalb dieser Eliten um die Kontrolle lokaler Gesellschaft beschrieben werden.[21] Der Charakter einer sozialen Bewegung bleibt aber deutlich darin erhalten, daß sich bestimmte Tendenzen und Ideen unter allen Organisationen durchsetzten. Es hat zwar fast dreißig Jahre gedauert, bis alle kollektiven Akteure sich auch politisch als "Oromo" definierten, aber gerade das ist ein deutlicher Hinweis auf den Bewegungscharakter.

Die OLF ist im Sommer 1992 aus Regierung und Übergangsparlament ausgeschieden und wurde nach manipulierten Regionalwahlen und nach einem verlorenen militärischen Machtkampf wieder in den Untergrund gedrängt. Bis auf die mit der EPRDF/TPLF verbundene OPDO sind auch die anderen Organisationen wieder aus dem offiziellen politischen Leben verbannt worden. Auf der einen Seite war dieser Verdrängungsprozeß deutlich durch Gewalt gekennzeichnet, die von seiten der EPRDF/TPLF gezielt gegen konkurrierende Organisationen angewendet wurde, um deren parlamentarische Legitimierung zu verhindern. Für das politische Gemeinschaftshandeln der kollektiven Akteure hat Gewalt jedoch seit Jahren eine Funktion gehabt, die weit über praktische militärische Auseinandersetzungen hinausging. Es wurden darüber auch soziale Mythen und erwünschte institutionelle Verhaltensweisen aktiviert, die im Falle der OLF eindeutig die interne Kohäsion einer heterogenen Mitgliederschaft fördern sollten. Zentral war dabei der Bezug auf das Gadasystem, die traditionelle Alters- und Generationsklassengesellschaft der Oromo.[22] Die Guerilla wurde mit der Aura von Kriegern im Gadasystem umhüllt, und Aufstieg innerhalb der Organisation konnte analog zu den Altersstufen des Gadasystem verstanden werden.[23] Außer der OLF folgte jedoch keine der anderen Vereinigungen dem Muster, eine interne Kohäsion über eine Verherrlichung des Gadasystems zu bewirken.

Neben der Kontinuität von Elitenkonkurrenz ist die administrative Neugliederung auf ethno-linguistischer Grundlage zentraler Punkt der gegenwärtigen Entwicklung Äthiopiens. Ethno-politische Organisationen, sogenannte "volksdemokratische Organisationen" (people's democratic organizations = pdo's), die nach dem Muster der OPDO eng an die EPRDF/TPLF gebunden sind, überziehen das Land und sollen die Regionen auf neue Weise an den Zentralstaat binden. Dem Verhalten der oromosprachigen Bevölkerung kommt in dieser Neuordnung eine Schlüsselstellung zu.

Organisation und kulturelle Tradition

Ein klassisches Theorem der soziologischen Organisationsforschung besteht in der Feststellung, daß zweckrationale "Organisationen" nicht zwangsläufig wesentliches Strukturmerkmal von "Gesellschaft" sind, sondern daß sie Ergebnisse langfristiger kultureller Entwicklung darstellen. Wo diese Entwicklung fehlt, zwingt (technische) Modernität zum "Import" entsprechender Organisationsformen.[24] Sicher stellt die Idee einer "nationalen Befreiungsfront" einen derartigen "Import" dar, und ähnliches gilt auch für das Muster der "pdo's". Aber das gilt dann sowohl für Entwicklungen unter den Tigray wie auch unter den Oromo, die jeweils anders mit diesem "Import" umgingen. Offensichtlich füllten auch die unterschiedlichen Vereinigungen unter den Oromo den "Import" mit jeweils anderen Vorstellungen.

Ein allein in Hinblick auf technische Modernität formulierter, zweckrationaler Organisationsbegriff grenzt Modelle sozialer Beziehungen aus, wie sie von Ethnologen unter dem Terminus "Sozialorganisation" verstanden werden.[25] Der Reproduktionszyklus von Haushaltsgruppen, Familienverbänden oder die Organisation von Alterskohorten wie im Gadasystem fiele nicht unter diesen soziologischen Organisationsbegriff. Vor dem Hintergrund der oben angeführten Diskussion über das Verhältnis sozialer Akteur - Netzwerk - Institutionalisierung - Struktur läßt sich diese Abgrenzung theoretisch schwer aufrechterhalten. Mit Mary Douglas lassen sich Institutionalisierungsprozesse sozialer Organisation (d. h. Strukturen) aus der Gesellschaft heraus nach einem analogen Modell beschreiben, wie Institutionalisierungsprozesse kollektiver Akteure innerhalb sozialer Bewegungen.[26].

Selbst vor dem Hintergrund eines engen soziologischen Organisationsbegriffs läßt sich jedoch für die Entwicklung des Großraumes des heutigen Äthiopien die langfristige Entwicklung eigener Organisationskultur(en) belegen. Vielleicht waren diese historischen Organisationsformen nicht so komplex, wie man es der europäischen Entwicklung unterstellt. Parallelen sind besonders dort deutlich vorhanden, wo im zwanzigsten Jahrhundert in Äthiopien (unter den Oromo und bei anderen ethnischen Gruppen) die Traditionen freiwilliger Vereinigungen auf lokaler Basis[27] zu Blaupausen für Modernisierungsmodelle wurden. Diese Entwicklung hatte nachhaltige Bedeutung auf die Bildung einer nationalen Bewegung unter den Oromo.

Ein Vergleichsbeispiel soll Parallelen deutlich machen. Mancur Olson verweist in seiner Arbeit über die Logik kollektiver Aktionen auf die Arbeiten von Gierke und Maitland hin.[28] Beide fanden im mittelalterlichen Denken und in entsprechenden Rechtspraktiken die Blaupausen, mit denen sie Gruppenbildungen von privaten Vereinigungen im 19. Jahrhundert eine Rechtspersönlichkeit geben konnten. Die Umbruchprozesse von Kapitalisierung und Industrialisierung konnten darüber als organische Prozesse verstanden werden, in denen sich auch Kontinuität ausdrückte. Zentral war dabei die Vorstellung körperschaftlicher Kontinuität.

Im Falle Gierkes war organische Kontinuität und zweckrationale Organisation untrennbar mit Nationalismus verbunden. Im Jahre 1913 blickte dieser Großhistoriker des deutschen Genossenschafts- und Korporationsrechtes nicht nur auf ein halbes Jahrhundert der Beschäftigung mit dem Gegenstand, sondern auch voller Ergriffenheit auf den gleichen Zeitraum der Schaffung neuer Verbände (kommunale Selbstverwaltungsorgane, berufsständische Körperschaften, die Arbeiterversicherung, Vereine, Kapitalgenossenschaften, Gewerkschaften, Arbeitgeberverbände), die dem sich industrialisierenden und modernisierenden deutschen Reich einen vorgeblich "germanischen" Charakter gaben. Bewegungsmetaphern wie "germanistisch durchdringen", "deutschrechtlicher Gehalt", "Deutschheit" drücken die nationalistische Grundhaltung in Gierkes Denkstil aus.[29] Seine Beschäftigung mit der deutschen Verbands- und Korporationsgeschichte läßt sich vor diesem Hintergrund akzentuieren. Unterschiedliche Aktionsfelder in Wirtschaft, Gesellschaft und Politik wurden unter dem gleichen Typus von Bewegungsmetaphern zusammengefaßt. Im Sinne von Giesen und Junge kann Gierkes Werk als Beitrag zu einem interessengeleiteten "Code der Vergemeinschaftung" unter nationalistischem Vorzeichen gewertet werden, der ein spezifisches Publikum (lesendes Bürgertum, Juristen) ansprechen sollte.[30]

Ein offensichtliches Problem der Organisationsforschung besteht in dem Verhältnis zwischen der rationalen Umsetzung von Organisationszielen ("rational choice") und den subjektiven Verhaltensweisen (Wünschen, Sitten, Wertvorstellungen, Einstellungen) der Mitglieder.[31] Nach Olson können Organisationen als kollektive Akteure rasch in ein Dilemma geraten, wenn der Einsatz der Mitglieder für ein kollektives Ziel oder Gut nach der Erreichung individueller Ziele zu enden droht.[32] Je größer die Organisation, desto größer wird auch die Notwendigkeit, wirksame Mittel einzusetzen, die den Zusammenhalt, unabhängig von rationalen Organisationszielen und deren Erreichung, stärken.

Codes der Vergemeinschaftung dienen also dem Zweck, eine Organisation über das rationale Organisationsziel hinaus zu stärken. Eine derartige Herangehensweise wirft einerseits die Frage nach einer möglichen Dichotomie von Interessen und subjektiver Identität auf. Sie ermöglicht andererseits einen Vergleich der Codetypen, einen Blick auf äußere Grenzziehungen und interne Differenzierungen. Bei dieser Typologisierung unterscheiden Giesen und Junge zwischen Mustern hierarchisch strukturierter Organisationsformen, bei denen eine hohe individuelle Risikobereitschaft von Mitgliedern in der Durchsetzung von Organisationszielen unterstellt wird, und intern egalitären Organisationsformen, die sich stärker durch moralisierende Außenabgrenzungen hervorheben, aber schwach in der Mobilisation von Mitgliedschaft sind.[33] Diese Unterscheidung ist für den hier vorgestellten Fall insofern interessant, weil der Gegensatz hierarchisch/egalitär die äthiopische und äthiopisierende Reflexion zum Thema "Organisation" wie ein roter Faden durchzieht.

Äthiopische Traditionen der Reflexion über Organisation

Fragen der Organisation wurden im äthiopischen Kontext seit Jahrhunderten angesprochen. Verwaltung, Heer, Kirche (Klöster, Gemeindeorganisation), Justiz und freiwillige Vereinigungen auf lokaler Basis boten unterschiedliche Organisationstypen, die sich im Norden des heutigen Staates entwickelten. Im Süden, in den Gebieten, die erst gegen Ende des neunzehnten Jahrhunderts eingegliedert wurden, bestanden auch Gesellschaften, deren Organisationstypen dem ethnologischen Begriff der "Sozialorganisation" entsprachen. Es waren segmentäre Gesellschaften, die nach dem Lineageprinzip, der Lokalität und/oder dem Muster von Generations- und Altersklassensystem organisiert waren, wie es im Gadasystem der Oromo beispielhaft zum Ausdruck kam. Diese Problematik hat äthiopische Reichshistoriographen mindestens seit der frühen Neuzeit zu Vergleichen angeregt und dazu gebracht, nach der Kompatibilität unterschiedlicher Organisationstypen zu fragen.[34] Typen militärischer Organisation waren aus praktischen Gründen das wichtigste Vergleichsthema, das schon früh auf einen Vergleich der Militärstrukturen im Reich mit dem Gadasystem der Oromo hinauslief.[35] Ein damit verbundener Themenbereich bestand in der Gegenüberstellung von hierarchischen Organisationsstrukturen im Reich und egalitären Strukturen außerhalb des Reiches. Als Gegensatz zwischen Amhara/Tigray einerseits und den Oromo andererseits wurde dieser Gegensatz von D. N. Levine zu einem soziologischen Modell der Entwicklung Äthiopiens zu einer "multi-ethnischen" Gesellschaft erhoben.[36] Wenn Levines Modell heute auch umstritten ist, so stellt der Gegensatz hierarchisch/egalitär doch ein Modell dar, das aus der Untersuchung von Gesellschaftsprozessen in Äthiopien gewonnen wurde und mit dem auch gegenwärtige politische Akteure in Fremd- und Selbsteinschätzung operieren.

Trotz der Willkürherrschaft, die die äthiopische Feudalordnung kennzeichnete, hat formales Recht immer eine große Rolle gespielt. Richter mußten sich Kenntnisse über unterschiedliche Formen des Boden- und Erbrechtes aneignen, dieses im Zusammenhang mit lokaler Sozialorganisation betrachten und darüber pragmatisch vergleichende Perspektiven gewinnen. Überfamiliär stellte die lokale Gemeindeorganisation der Kirche, die im Amharischen als "mahaber" bezeichnet wird, die Blaupause für eine Vielzahl von assoziativen Bindungen dar, die im 20. Jahrhundert auch Bedeutung für städtische Organisationsformen hatten (Spar- und Begräbnisvereine, zivile Selbsthilfegruppen, gewerkschaftliche Assoziationen).[37] Sich organisatorisch dem amharischen Muster (Sozialorganisation, Sprache) anzupassen, das seit der zweiten Hälfte des 19. Jahrhunderts das dominierende kulturelle Grundmuster im äthiopischen Reich darstellte, beruhte nicht nur auf direktem, sondern auch auf dem indirekten Zwang einer "rationalen Wahl"[38], soweit diese der sozialen Absicherung oder dem sozialen Aufstieg dienlich war.

Aus den vorhandenen Formen der Fremd- und Selbstwahrnehmung, der Anpassung und Umwandlung entwickelte sich seit den fünfziger Jahren unter jüngeren Intellektuellen eine ethnologische Diskussion, die gleichzeitig implizit die amharische Dominanz in Frage stellte, obwohl nach außen der Hofstil der "äthiopischen" Perspektive noch erhalten blieb.[39] Zunächst wurden in den fünfziger Jahren besonders Muster der gemeinschaftlichen Arbeitsorganisation auf nachbarschaftlicher Basis diskutiert.[40] In den sechziger Jahren verschmolz diese ethnologische Strömung mit verrechtlichten Assoziationsgründungen auf ethno-regionaler Basis, die sich als Selbsthilfevereinigungen mit sozialen, kulturellen, entwicklungsorientierten und politischen Zielsetzungen verstanden.[41] Äußerlich fördernd war dabei ein internationales politisches Klima, in dem die politische Klasse des äthiopischen Kaiserreiches zu Reformen gedrängt wurde. Die Blaupausen für neue Organisationsformen lagen zunächst in der äthiopischen Gesellschaft selbst. Wie die ethno-regionalen Organisationen begründeten sich auch entstehende gewerkschaftliche Assoziationen aus Traditionen lokaler assoziativer Bindungen.[42] Oft waren auch die Aktivisten identisch. Beide gesellschaftlichen Tendenzen bestanden bis zur äthiopischen Revolution von 1974 nebeneinander und beeinflußten die politische Sozialisation und den Denkstil der äthiopischen Variante der "68er" Generation.

Als der letzte äthiopische Kaiser Haile Selassie 1974 durch ein Militärregime abgelöst wurde, wurde zunächst die Idee des Sozialismus zu einem neuen, generellen Code der Vergemeinschaftung erhoben. Unter diesem Vorzeichen wurde von vielen auch erwartet, daß den unterschiedlichen kulturellen Ausdrucksmöglichkeiten der Völker Äthiopiens Raum zugestanden wird. Mit den wachsenden Gegensätzen gegenüber dem Militärregime griffen Teile der zivilen Elite auf Prinzipien der ethno-regionalen Assoziationen zurück und verbanden sie mit dem Muster "nationaler Befreiungsfronten" (mit den Vorbildern Vietnam, Algerien, Süd-Jemen, Palästina, Eritrea), um darüber eine politische Opposition gegen das Militärregime aufzubauen. Nationale Massenbewegungen, zunächst durchaus noch unter sozialistischem Vorzeichen, sollten das Militärregime zum Abtreten zwingen. Dieser Trend setzte sich 1991 unter der Führung von EPRDF/TPLF durch. Die ideologischen Positionen der siebziger und achtziger Jahre (Sozialismus, Mikro-Nationalismus) waren zu dieser Zeit allerdings einem pragmatischem Umgang mit politischer Macht gewichen. Die Gründung von mit der EPRDF verbündeten "volksdemokratischen Organisationen" auf ethno-politischer Grundlage dient seitdem der Bindung von Region und Lokalität an den Zentralstaat.

Politische Organisationen unter den Oromo und Codes der Vergemeinschaftung

Abgesehen von der OPDO sind alle Organisationen unter der Oromo unabhängig entstanden und mußten sich selbst die organisatorischen Strukturen geben. Heute sind diese Strukturen mehr oder weniger formalisiert. Es gibt Programme, Satzungen, die in ihrer heutigen Form oft jedoch erst nach 1991 entstanden sind. Im Falle der OLF liegt seit Anfang der achtziger Jahre ein Korpus von Texten vor, der den formalen organisatorischen Aufbau vor- und beschreibt.[43] Alle Gruppen haben seit ihrer Gründung jedoch mit unterschiedlichen Codes der Vergemeinschaftung operiert.

Die OLF hat den internen Vergemeinschaftungsdiskurs seit Anfang der achtziger Jahre ganz stark auf eine Kontinuität mit dem Gadasystem abgestellt. Wie ich an anderer Stelle ausgeführt habe, stand auch für die säkulare OLF bis Ende der siebziger Jahre noch die Mobilisierung der "muslimischen Massen" im Vordergrund.[44] Dabei waren die "Massen" deutlich wichtiger als ihr religiöses Attribut. Innerhalb der OLF und ihrer Anhänger entwickelte sich dann ein starker Diskurs über die "Kultur der Oromo" (aadaa oromoo), die jenseits von Christentum und Islam geortet wurde. Die IFLO hat sich zunächst wenig von der alten Position bewegt, hat dann versucht, Traditionen von Gada und Islam miteinander zu verbinden, und sich ab Mitte der achtziger Jahre verstärkt um Unterstützung aus der internationalen islamischen Bewegung bemüht. UOPLL und OALF haben jeweils auf ihre Weise versucht, Islam und regionale Sozialorganisation (Klan, Großfamilie) miteinander zu verbinden. Die meisten der durch die OALF mobilisierbaren Anhänger stammen aus einer Gegend in Südäthiopien, in der die Gadaordnung bedeutete, daß sie selbst am Ende einer sozialen Hierarchie standen, die durch die "Borana" (die "wahren Oromo") dominiert wurde. Islam wurde so zu einem Symbol von Emanzipation.[45] Gada ist in diesem Rahmen kein egalitäres Modell, sondern altes Organisationsprinzip einer die Regionalordnung dominierenden Statusgruppe. Für die OPDO hat weder Islam noch Gada eine Rolle gespielt. Hier ist das Klassenmodell als Vergemeinschaftungsprinzip eingeführt worden.[46] Es gab auf diese Weise vier unterschiedliche Ansätze, mit Tradition umzugehen, 1. Gada, 2. Gada und Islam, 3. regionale Sozialorganisation und Islam, 4. Klasse.

In machtpolitischer Hinsicht hat sich bislang die OPDO mit Unterstützung von EPRDF/TPLF durchgesetzt und die Verwaltungsfunktionen in der neuen Verwaltungseinheit Oromiya übernommen. UOPLL und OALF überleben lokal in Südäthiopien, weniger als ethno-politische Vereinigungen denn als Elemente der regionalen Sozialorganisation. Die IFLO versucht, sich stärker in die internationale islamische Bewegung einzugliedern. Die OLF versucht, sich vom Exil her neu zu organisieren. Das Vergemeinschaftungsmodell der OLF hat jedoch, unabhängig von ihrer Präsenz in Äthiopien, eine große Popularität erlangt und wird durch eine Vielzahl von Zeitschriften in der Oromosprache verbreitet, die auf dem Markt vertreten sind. Es läßt sich sogar sagen, daß zwei Elemente, die konstitutiv für die innere Organisation der OLF waren - der Bezug auf Gada und die Praxis von Schriftlichkeit in der Oromosprache mit lateinischen Zeichen - sich aus ihrem engeren organisatorischen Bezug gelöst und innerhalb der nationalen Bewegung verselbständigt haben.

Egalität und Hierarchie in der politischen Organisation

Codes der Vergemeinschaftung dienen dazu, Organisationen über den rationalen Organisationszweck hinaus Kohärenz zu geben. In diesem Abschnitt sollen die unterschiedlichen Codes der kollektiven Akteure unter und neben den Oromo näher betrachtet werden. Der typologischen Differenzierung von Egalität und Hierarchie kommt dabei eine besondere Bedeutung zu.

Die OLF wurde Mitte der siebziger Jahre unter ähnlichen Voraussetzungen gegründet wie die TPLF. Mitte der siebziger Jahre bestanden die Führungen und Mitgliedschaft beider Organisationen aus relativ kleinen Netzwerken von 20 bis 30 Personen. Es gab damals ein Interesse im Sudan, diesen Leuten Unterstützung zu geben, so daß sie sich vom Sudan aus aufbauen konnten. Beide Gruppen haben versucht, ihre interne Organisationsstruktur sehr stark mit kulturnationalistischen Elementen aufzubauen. Im Falle der TPLF war ein Fundus an Symbolen vorhanden, der Schriftlichkeit einschloß. Die eigene christliche Tradition diente nicht der Betonung von Gemeinsamkeiten mit den Amhara, sondern der ethischen Abgrenzung als bessere Christen. Im Falle der OLF war die Einigung auf eine kulturnationalistische Symbolik nicht so einfach, sondern bedurfte eines längeren Zeitraums. Neben der formalen Organisation der Befreiungsfronten richteten beide Fronten Massenorganisationen ein, die der Sammlung der breiten Volksmassen dienen sollten (Frauen, Studenten, Arbeiter, Bauern, christliche Priester und islamische Sheeks). Das sah regional unterschiedlich aus, folgte aber ähnlichen Mustern. Bei der OLF hat für den Übertritt von einer Massenorganisation in die Befreiungsfront ein Prinzip eine sehr große Rolle gespielt, das von der protestantischen Mission in Äthiopien übernommen wurde. Mitglied der Gemeinde durfte dort nur werden, wer die Bibel lesen und wer schreiben konnte. Zwischen 1979 und 1984 stellte sich die OLF über ein ähnliches Muster, hauptsächlich unter Flüchtlingen im Sudan, einen Stamm von 600-900 Guerillas zusammen, die über die Schriftlichkeit auch die an den Gada-Traditionen orientierte kulturnationalistische Ideologie erreichen konnte. Innerhalb der OLF begann sich der Aufstieg eines "Kaders" in Gada-Termini darzustellen. Auf der Ebene von Prestigegewinn stellte der Anschluß an die OLF im begrenzten lokalen Rahmen durchaus so etwas wie Prestigegewinn dar. Bis 1991 gewann die OLF maximal 6000 bis 8000 Guerillakämpfer. Im gleichen Zeitraum steigerte sich die TPLF auf 16 000 bis 20 000 Kämpfer.

TPLF und OLF hatten auch jeweils ein humanitäres Flüchtlingshilfswerk (REST, ORA) zur Seite, über das eine reziprozitäre Beziehung gegenüber den Flüchtlingsgemeinschaften organisiert werden konnte. In den Anfängen der Massenorganisationen war dies im Falle der OLF noch völlig getrennt von einer durch Gada-Traditionen geprägten Oromo-Identität. Beim Anschluß an die "Massenorganisationen" spielten unter den Flüchtlingen Kosten-Nutzen-Erwägungen eine gewisse Rolle. Massenorganisationen boten einen formalen Rahmen für gegenseitige Hilfe, als Sterbekasse, als Mittel der Unterstützung gegenüber den sudanesischen Behörden und als Rahmen für Patronage-Klientel-Beziehungen.[47] Ausgebaut wurde ferner der interne und externe Progadandaapparat, und der militärische Apparat differenzierte sich.

Mit diesen Erweiterungen trat für die TPLF ein Problem auf, daß die OLF, als Folge der geringeren Mitgliederzahl, nicht betraf. Im Falle der TPLF wurde die funktionale und personelle Ausweitung nicht durch komplexere Formen demokratischer Kontrolle gelöst, sondern durch die Einfügung hierarchischer Abstufungen in der Mitgliedschaft.

Seit 1984 wurde versucht, die Vervielfältigung von Funktionen durch Gründung einer Kaderpartei wieder zusammenzufassen. Es wurde ein neuer Bereich geschaffen, der sich als "Marxistisch-Leninistische Liga von Tigray" (Marxist-Leninist League of Tigray/MLLT) konstituierte. Damit wurde der Zugang zur Organisationsspitze der TPLF für Nicht-Kader dieser Partei geschlossen. Gleichzeitig war damit ein internes, in die einzelnen Funktionsbereiche wirkendes Kontrollorgan gegründet, das auf Abweichungen von der Linie achtete. Innerhalb der OLF hat es nie ein derartiges Kontrollorgan gegeben. Ähnlich wie bei der TPLF gab es aber auch bei der OLF kaum Veränderungen in der engeren Führung. Über mehr als ein Jahrzehnt dominierte der gleiche Kreis von acht bis zehn Personen.

Bis zur Machtübernahme im Jahre 1991 wurde die Marxismus-Leninismus-Variante der TPLF oft als "albanisches Bollwerk" in Afrika bezeichnet. Betrachtet man dies weniger als Praxis denn als Code, dann waren geringste Abweichungen vom Code gleichzeitig ein Frühwarnsystem bei internen Konflikten.

Anfang der neunziger Jahre, als deutlich wurde, daß die TPLF US-amerikanische Unterstützung erhalten würde, wenn sie die Einheit Äthiopiens bewahren würde, wurde begonnen, ethno-nationale Organisationen nach dem Muster der TPLF zu klonen. Vor diesem Hintergrund entstand die OPDO, gleichfalls mit einer an die "Partei" gebundenen inneren Kadergruppe. Auf der ideologischen Ebene hat man sich bei der OPDO nicht auf den Gada-Diskurs eingelassen, sondern mit einem Klassen-Diskurs gearbeitet. Es wurde argumentiert, die Oromo seien mehrheitlich die unterdrückte Klasse in Äthiopien.[48] Beim Aufbau der OPDO, die unter kriegsgefangenen Soldaten entstand, nutzte man die vorhandenen militärischen Strukturen und damit die hierarchischen Strukturen von Befehl und Gehorsam, denen sich die Soldaten auch vorher angepaßt hatten. Mit den Staatsressourcen in der Hand, konnte sich die ODPO seit 1992 zudem eine Legitimationsebene durch ein ausgeprägtes Klientel- und Patronagesystem sichern.

In der Zeit von 1991 bis 1992, nach einem Jahr Mitgliedschaft in der Regierung, war die OLF-Führung ihrerseits nicht mehr in der Lage, eine Verbindung zwischen Führung, Kämpfern und den rasch angewachsenen Massenorganisationen zu gewährleisten, die nun auch urbane Berufsgruppen einschlossen. Zunächst begannen EPRDF/TPLF und OPDO mit der Inszenierung zahlreicher lokaler Zwischenfälle in den Regionen, die sich noch nicht unmittelbar auf die Zusammenarbeit mit der OLF in der Hauptstadt Addis Abeba auswirkten. Die OLF ihrerseits war nicht mehr in der Lage die eigenen Aktivitäten in der Hauptstadt und in den Regionen zu koordinieren. Die OLF-Führung konnte auch die von der neuen Anhängerschaft in sie gesetzten Erwartungen nicht erfüllen und entfremdete sich von ihrem Unterbau. Hier soll nun keineswegs behauptet werden, daß nicht auch die OLF Zwischenfälle provoziert hat oder daß sie nicht auch bereit war, politische Gegner mit Gewalt auszuschalten. Da die Grundstruktur des Konfliktes zwischen beiden Blöcken jedoch lange absehbar war[49], stellt sich die Frage, warum die OLF nicht in der Lage war, eine entsprechende Gegengewalt zu mobilisieren.

Die paradoxe Situation, die nach 1992 eintrat, bestand darin, daß der egalitäre Gada-Diskurs, der vorher auf das enge organisatorische Feld der OLF beschränkt war und dort eine gewisse Kohäsion bewirkte, sich durch die neuen Freiheiten im Bereich des Pressewesens und die Durchsetzung einer Literalisierung in der lateinischen Schrift rasch unter lesenden Schichten verbreitete. Die OLF hatte damit zwar ihr organisatorisches Monopol über zwei ihrer wichtigsten Symbole (Gada-Diskurs, Schriftlichkeit) verloren, aber sie gleichzeitig als Symbole eines breiteren Kulturnationalismus durchgesetzt, der sich über das sich entwickelnde Pressewesen auch reproduzieren konnte. Die OLF war zwar nun wieder eine politische Randexistenz, aber sie hatte sich als erfolgreicher Katalysator für eine politische Symbolik erwiesen, die die OPDO nicht bot. Bedeutete der Umgang mit dieser Symbolik, im Rahmen der organisatorischen Strukturen der OLF in eine Aufstiegsschleuse einzutreten, so geronn dies jetzt zu "unserer Oromokultur", zu einem verdinglichten Konzept von der "Kultur der Oromo". Abrufbar unter ganz unterschiedlichen Umständen, hatte der Bezug auf diese Symbolik und der damit verbundene Code der Vergemeinschaftung nichts mehr mit seiner bisherigen institutionalisierten Funktion zu tun.

Schluß: Ethno-politische Organisation und moralische Abgrenzung

In meinem einleitenden Bezug auf den von Giesen und Junge verwendeten Begriff des "Code der Vergemeinschaftung" bin ich davon ausgegangen, daß Organisationen aus Gründen der inneren Kohäsion mit derartigen Codes arbeiten müssen. Der Gegensatz hierarchisch/egalitär bot sich sowohl aus der theoretischen Perspektive wie aus der äthiopischen Situation heraus zu einer weiteren Betrachtung an. Im Falle der TPLF erinnert das Verhältnis nationale Befreiungsfront/Partei in eigenartiger Weise an das Verhältnis Reich/Kirche, das über Jahrhunderte die hierarchischen Machtstrukturen im christlichen Äthiopien prägte. Verfiel das weltliche Reich, blieb immer noch die Welt der Klöster, der Rückzug in den Glauben und der märtyrerhaften Selbstaufgabe.[50]

Die zentrale Hypothese in bezug auf einen egalitären Code der Vergemeinschaftung bestand darin, daß dieser zwar einer Mitgliedschaft eine starke moralische Außenabgrenzung vermittelt, aber nur schwache Bindungen an Organisationsziele bewirkt, die über eine unmittelbare Kosten-/Nutzenrechnung der individuellen Mitglieder hinausreichen. Für den geschilderten Fall eröffnet dies eine interessante Perspektive. Die ethno-politischen Organisationen, die im Sommer 1991 "die Oromo" repräsentierten, bestanden aus Netzwerken von politischen Aktivisten, die ihre Legitimation aus ihrem jahrelangen Kampf gegen das Regime unter Mengistu Haile Mariam erlangt hatten. Sie repräsentierten keineswegs das Verhalten der "schweigenden Mehrheit" unter den Oromo. Daß nationale Bewegungen in ihren Anfängen auf derartige Netzwerke angewiesen sind, kann als gültiges Paradigma der Nationalismusforschung angenommen werden.[51] Mit der Machtübernahme durch die EPRDF/TPLF begann auch in Äthiopien und unter den Oromo die Stunde der Wende und der Wendehälse. Damit erweiterte sich die Menge potentieller Mitglieder erheblich. Der Konflikt zwischen EPRDF/TPLF und den unabhängigen Oromo-Organisationen erlaubte auch Aktivisten oder Mitläufern des alten Regimes, einen Platz in der neuen Situation zu finden. Der Austausch funktionaler Eliten im öffentlichen Sektor bezog sich nun nicht mehr auf einen Konflikt zwischen Anhängern des alten und Anhängern des neuen Regimes, sondern auf einen Konflikt zwischen Oromo und Tigray. Der durch die OLF vertretenen Code der Vergemeinschaftung wurde für Teile der urbanen und professionellen Schichten unter den Oromo außerdem interessant, weil er vollkommen säkular war (anders als im Falle der IFLO) und weil er mit den Fesseln der realen Tradition, wie im Falle von UOPLL und OALF, nichts zu tun hatte. Das von der OPDO vertretene Klassenmodell entspricht in vieler Hinsicht immer noch dem Gesellschaftsbild einer sozialrevolutionären Intelligenz der siebziger Jahre, in dem die "Arbeiterklasse" (Arbeiter, Bauern) als "Rückgrat", als Grundlage einer demokratischen Revolution bezeichnet wurde.[52]

Während heute eine hierarchische Praxis die Politik unter den Oromo dominiert, operieren Vertreter eines säkularen Kulturnationalismus gleichzeitig mit einem egalitären Code der Vergemeinschaftung, der mit seiner Verbreitung zunehmend in dem Sinne entpolitisiert wird, daß gegenüber EPRDF/TPLF und OPDO die Machtfrage nicht tangiert ist.[53] Die Übernahme des egalitären Codes erlaubt eine kollektive Abgrenzung gegenüber der Macht von EPRDF/TPLF und OPDO, sie erlaubt aber auch einen raschen Wechsel vom politischen zu einem wirtschaftlichen, sozialen oder religiösen Aktionsfeld, unter Verwendung eines identischen

Codes und identischer Bewegungsmetaphern. Auch für Aktivisten kann nun die Aktiengesellschaft an die Stelle der Befreiungsfront treten, ohne daß der Bruch allzu offensichtlich ist.[54]

War und ist die OLF als ethno-politische Vereinigung ein erfolgreicher kollektiver Akteur? Sicher nicht, wenn man die Umsetzung eines Organisationszieles wie "nationale Unabhängigkeit" oder die Sicherung der eigenen organisatorischen Dauerhaftigkeit zum Kriterium macht. Als Katalysator eines Symbolsystems, das heute, wenn auch schichtspezifisch begrenzt, dem Ausdruck kollektiven und individuellem Selbstwertes unter den Oromo dient, war die OLF allerdings sehr erfolgreich. Dahinter stehen anderthalb Jahrzehnte Versuch und Irrtum im Umgang mit Mythen, Codes sowie mit einer internen Verwaltungsroutine, innerhalb derer Schriftlichkeit in der Oromosprache konsequent durchgesetzt wurde. Daraus kristallisierte sich ein die Gadaordnung romantisierender egalitärer Code, der legitimatorisch funktional war, solange die Mitgliedschaft der OLF übersichtlich blieb. Soziale Kontrolle der Mitgliedschaft im engeren Sinne war mit diesem Code nie verbunden.

Die Protagonisten der OPDO haben die Sinnhaftigkeit eines Organisationszieles "nationale Unabhängigkeit" nicht nur von Anfang an negiert, sie haben auch bezweifelt, daß eine Mehrheit der Oromo dieses Ziel, bis in die letzte Konsequenz, teilte. Massiver politischer Aktivismus, Märtyrertum bis in den Tod wurden für das Ziel "Unabhängigkeit" nicht erwartet. Eine Verpflichtung zu dieser Art von Aktivismus konnte der egalitäre Gemeinschaftscode der OLF auch nicht vermitteln. Aus dem funktionalen Legitimationscode einer Organisation konnte jedoch ein schichtspezifischer Code für Abgrenzung und Selbstwert werden.

Literatur

Abbas Hajji, 1992: L'Éthiopie va-t-elle éclater? Conflits politiques, économie et société en pays arssi (1900-1935). In: Cahiers d'Études Africains, 126, XXXXII-2, S. 239-283.

Argyle, W.J., 1976: Size and Scale as Factors in the Development of Nationalist Movements. In: Smith, A. (Hg.), Nationalist Movements. London: MacMillan Press, S. 31-53.

Asafa Jalata, 1993: Oromia and Ethiopia. State Formation and Ethnnational Conflict, 1868-1992. Boulder-London: Lynne Rienner Publishers.

Asfaw Damte, 1958: Ekub. In: Bulletin of the University College of Addis Abeba, Nr. 8, S. 63-76.

Asmarom Legesse, 1974: Gada - Three Approaches to the Study of African Society. London-New York: The Free Press.

Bairu Tafla (Hg. & Übersetzung), 1987: Asma Giyorgis: History of the Galla and the Kingdom of Sawa. Stuttgart: Steiner.

Baxter, P.T.W., 1978: Boran Age-Sets and Generation-Sets, a Puzzle or a Maze?. In: Baxter, P.T.W./Almagor, U. (Hg.), Age, Generation, Time. Some Features of East African Age Organization. London: Hurst, S. 151-182.

Bekele Nadi, 1958: Adoption among the Oromo of Sawa. In: Bulletin of the University College of Addis Abeba, Nr. 8, S. 83-91.
Brass, Paul, 1991: Ethnicity and Nationalism. Theory and Comparison. New Delhi-Newbury Park-London: Sage.
Bottomore, T.B., 1966: Elites and Society. Harmondsworth: Penguin.
Calhoun, C., 1994: Postmodernism as Pseudohistory: Continuities in the Complexities of Social Action. In: P. Sztompka (Hg.), Agency and Structure. Reorienting Social Theory. Yverdon etc.: Gordon and Breach, S. 167-196.
Cooper, Robert L., 1976: Government Language Policy. In: Bender, M.L./Bowen, J.D./Cooper, R.L. (Hg.), Language in Ethiopia. London: Oxford University Press, S. 187-190.
Diani, M., 1992: Analysing Social Movement Networks. In: Diani, M./Eyerman, R. (Hg.), Studying Collective Action. London-Newbury Park-New Delhi: Sage, S. 107-135.
Diani, M./Eyermann, R., 1992: The Study of Collective Action: Introductory Remarks. In: Diani, M./Eyerman, R. (Hg.), Studying Collective Action: London-Newbury Park-New Delhi: Sage, S. 1-21.
Dillmann, C.F.A., 1867: Lexicon Linguae Aethiopicae, cum Indice Latino. Leipzig.
Douglas, M., 1980: E.E. Evans-Pritchard. New York.
- 1987: How Institutions Think, London: Routledge & Kegan Paul.
Elwert, G., 1989: Nationalismus, Ethnizität und Nativismus - über die Bildung von Wir-Gruppen. In: Elwert, G./Waldmann, P. (Hg.), Ethnizität im Wandel. Saarbrücken-Fort Lauterdale: Breitenbach Publ., S. 21-60.
Fecadu Gedamu, 1974: Urbanization, Polyethnic Group Volunatry Associations and national Integration in Ethiopia. In: Ethiopian Journal of Development Research, Vol. 1 (1), S. 71-80.
Gebru Tareke, 1991: Ethiopia: Power and Protest. Peasant Revolts in the Twentieth Century. Cambridge: Cambridge University Press.
Gierke, Otto v.: 1868-1913/repr. 1954: Das Deutsche Genossenschaftsrecht, 4 Bde. Graz: Akademische Verlagsanstalt.
Giesen, B./Junge, K., 1991: Vom Patriotismus zum Nationalismus. Zur Evolution der "Deutschen Kulturnation" In: Giesen, B. (Hg.), Nationale und kulturelle Identität. Studien zur Entwicklung des kollektiven Bewußtsein in der Neuzeit. Frankfurt/M.: Suhrkamp, S. 255-303.
Guidi, I. (Hg.), 1899: Fetha Nagest. Rom.
Haberland, Eike, 1963: Galla Süd-Äthiopiens. Stuttgart: Kohlhammer Verlag.
Hartmann, R., 1883, Der Weltteil Afrika in Einzeldarstellungen (Das Wissen der Gegenwart, XIV Band). Leipzig-Prag.
James, Wendy, 1990: Kings, Commoners, and the Ethnographic Imagination in Sudan and Ethiopia. In: Fardon, R., Localizing Strategies. Regional Traditions of Ethnographic Writing. Edinburg-Washington: Scottish Academic Press/ Smithonian Institution Press, S. 96-136.
Kramer, Fritz, 1987: Zeit. In: Streck, B.(Hg.), Wörterbuch der Ethnologie. Köln: Dumont, S. 261-264,
Levine, D.N., 1974: Greater Ethiopia. The Evolution of a Multiethnic Society. Chicago: Chicago University Press.
Maintz, Renate, 1963: Soziologie der Organisation. Reinbek: Rowohlt.
Maitland, F.W., 1900, repr. 1987: Translator's Introduction zu: Gierke, O., Political Theories of the Middle Age: Cambridge: Cambridge University Press, S. vii-xlv.
Markakis, John, 1974: National and Class Conflict in the Horn of Africa. Cambridge: Cambridge University Press.
Million Tesfaye, 1961: Mutual Aid Associations among the Kottu-Galla of Harar. In: Bulletin of the University College of Addis Abeba, Vol. II. (1), S. 71-81.
Mühlmann, W.E., 1964: Rassen, Ethnien, Kulturen. Moderne Ethnologie. Berlin: Luchterhand.

Olana Zog, 1993: Metcha Tulema's Association (Text in Amharisch). Addis Abeba.
Olson, M., 1962: The Logic of Collective Action. Cambridge, Mass.: Harvard University Press.
Oommen, T. K.: Protest and Change. Studies in Social Movements. London-Newbury Park-New Delhi: Sage.
Sagalee Aannolee, 1994: The EPRDF SIIDAA Project for Oromo Patriots and its Timeliness. In: Odaa, Vol. 1(6), S. 32-34 u. 30.
Schlee, Günther/Shongolo, Abdullahi A., 1993: Oromo and Somali Ethnicity and the Concept of Nationhood, paper presented within the framework of the 19th congress of the Union of Oromo Students in Europe, Berlin, 16.7.1993 (hekt.).
Schleicher, A.W. (Hg.), 1893: Geschichte der Galla - Bericht eines abessinischen Mönches über die Invasion der Galla im 16. Jahrhundert (Text und Übersetzung). Berlin.
Schweizer, T., 1987: Netzwerkanalyse als moderne Strukturanalyse. In: Schweizer, T. (Hg.), Netzwerkanalyse - Ethnologische Perspektiven. Berlin: Reimer, S. 1-32.
Streck, B., 1987: Netzwerk: Der transaktionale Einspruch gegen das Paradigma der struktural-funktionalen Ethnologie. In: Anthropos, Nr. 80, S. 569-586.
Sztompka, P. (Hg.), 1994: Agency and Structure. Reorienting Social Theory, Yverdon etc.: Gordon and Breach.
Tadesse Tamrat, 1972: Church and State in Ethiopia. Oxford: Oxford University Press.
Taha A. Abdi, 1993: Billiqa. Berlin.
Temesgien Gobena, 1957: Gege, Dabo and other Communal Labours. Mainly among the Oromo of Western Sawa and Wallage. In: Bulletin of the University College of Addis Abeba, Nr. 7, S. 65-76.
Touraine, A., 1985: An Introduction to the Study of Social Movements. In: Social Research, Nr. 53, S. 749-788.
Wilkinson, Paul, 1974: Soziale Bewegungen. München: List.
Zitelmann, Thomas, 1989: Die Konstruktion einer Nation der Oromo. In: Elwert, G./Waldmann, P. (Hg.), Ethnizität im Wandel. Saarbrücken: Breitenbach Verlag, S. 61-80.
- 1990: Verzeitlichung und Lebenslauf - Die Alters- und Generationsklassenordnung (Gada) der Borana-Oromo. In: Elwert, G./Kohli, M./Müller, H. (Hg.), Im Lauf der Zeit - Ethnographische Studien zur gesellschaftlichen Konstruktion von Lebensaltern. Saarbrücken: Breitenbach Verlag, S. 50-58.
- 1991: Politisches Gemeinschaftshandeln, bewaffnete Gewalt, soziale Mythen: Die Oromo Liberation Front (OLF) in Äthiopien. In: Scheffler, Thomas (Hg.), Ethnizität und Gewalt. Hamburg Deutsches Orient-Institut, S. 251-272.
- 1993a: Violence, pouvoir symbolique et mode de représentation des Oromo. In: Politique Africaine, Nr. 50, S. 45-58.
- 1993b: Oromo and Islam. The Integration of Two Religious Pasts in a Pan-Movement, paper submitted to the conference "The Anthropology of Ethnicity", Theme V: Ethnicity, Language and Religion, Amsterdam, 15 - 19 Dezember 1993 (hekt.)
- 1994 (im Druck): Nation der Oromo - Kollektive Identität, nationale Konflikte, Wir-Gruppenbildungen: Berlin: Das Arabische Buch.

Anmerkungen

1 Meine Forschungen zur Entwicklung von Nationalismus unter den Oromo (vgl. Zitelmann 1989, 1991, 1993a, 1993b, 1994) wurden von 1987 bis 1992 im Rahmen des DFG-Schwerpunktes "Bewaffnete Konflikte in der Dritten Welt" gefördert.

2 Vgl. Hartmann 1883, S. 1.

3 Vgl. James 1990, S. 96-136 passim.

4 Der Begriff "Elite" wird hier im Sinne von T.B. Bottomore pragmatisch als "functional, mainly occupational groups which have high status" verstanden (Bottomore 1966, S. 14).

5 Vgl. Zitelmann 1991, S. 251; Mühlmann 1964, S. 358f.

6 Vgl. Wilkinson 1974, S. 27-28.

7 Vgl. Giesen/Junge 1991, S. 255-303 passim.

8 Zur Idee des "system of accountability" vgl. Douglas 1980, S. 71 u. passim.

9 Gebru Tareke 1991, S. 152.

10 Zur neueren soziologischen Diskussion zum Verhältnis "Akteur" und "Struktur" vgl. Sztompka (Hg.) 1994.

11 Vgl. Streck 1987; Schweizer 1988.

12 Vgl. Touraine 1985, S. 87.

13 Vgl. Calhoun 1994, S. 183.

14 Diani/Eyermann 1992, S. 10.

15 Diani 1992, S. 109-135 passim.

16 Oommen 1990, S. 16.

17 Ebenda, S. 47.

18 Elwert 1989, S. 52.

19 Vgl. Uummata tokkicha - Alaabaa shan. In: Madda Walaabuu, Nr. 2, 1993, S. 9-11, 22-26.

20 Zur Entwicklung und sozialen Stuktur der politischen Organisationen vgl. Zitelmann 1993, passim; zur Vorgeschichte von UOPLL und OALF vgl. Markakis 1987, S. 196 passim), Gebru Tareke 1991, S. 125ff., Abbas Hajji 1992 und speziell für die regionale Verankerung der OALF Schlee/Shongollo 1993.

21 Vgl. Brass 1991, S. 62-63.

22 Aus der umfangreichen Literatur zum Gadasystem vgl. Haberland 1963, Asmarom Legesse 1974, Baxter 1978, Zitelmann 1990.

23 Meine ältere Einschätzung, daß die OLF in der semantischen Adaption von Gada-Termini mit einer erfolgreichen "als ob" Suggestion arbeitet (Zitelmann 1991, S. 266f.), wurde im Sommer 1992 bestätigt, als ein amerikanischer Wahlbeobachter, der an einer Massenveranstaltung im Hauptquartier der OLF teilgenommen hatte, meinte, in der beobachteten Initiierung einer neuen Klasse von OLF-Kämpfern drückten sich die jahrhundertealten Gada-Praktiken aus (so der amerikanische Politologe Edmond Keller, zit. in: The Indian Ocean Newsletter, No. 534, 4.7.1992, S. 1). Anfang der achtziger Jahre war die OLF-Führung in ihrer Gada-Adaption ganz auf die veröffentlichten Ethnographien angewiesen.

24 Vgl. Maintz 1963, S. 8.

25 Vgl. Kramer 1987, S. 263.

26 Vgl. Douglas 1987, passim.

27 Zur ethnographischen Diskussion der Bedeutung freiwilliger Vereinigungen unter den Oromo vgl. besonders H.S. Lewis 1974.

28 Vgl. Olson 1965, S. 112f.; ferner Gierke, 4 Vols., 1868-1913 (alle repr. 1954); ferner Maitlands Einführung in die englische Übersetzung von Gierke 1900/repr. 1987.

29 Vgl. Gierke 1913, Vol. 4, S. 12.

30 Vgl. Giesen/Junge 1991, S. 255-303 passim. Betrachtet man die diversen Vorworte der einzelnen Bände von Gierkes "Das Deutsche Genossenschaftsrecht", dann steigert sich der nationalistische Diskurs im Verlauf der Jahrzehnte erheblich. Im Jahre 1868 thematisiert Gierke für seine Untersuchungsperspektive noch die "vergleichende Heranziehung des aus fremder Wurzel in Deutschland und des aus germanischer Wurzel im benachbarten Auslande erwachsenen Rechtes" (Gierke, Vol. 1, 1868/1954, S. IX). Der zweckrationale Aspekt seiner Untersuchung wird in späteren Bänden durch ein Schwelgen in nationalistischen Bewegungsmetaphern überlagert.

31 Vgl. Maintz, S. 144.

32 Vgl. Olson, S. 2ff.; ferner Douglas 1987, S. 22f.

33 Giesen/Junge, S. 270.

34 Als ein Beispiel kann die im 16. Jahrhundert erfolgte Übersetzung des äthiopischen Reichsrechtes Fetha Nagest gelten. Der Text basiert auf einer Rechtssammlung der koptischen Kirche Ägyptens, den Magmu'a al-Qawanin (Sammlung der Gesetze), die wiederum auf den spätantiken "Instituten des Justinian" beruhen. Der Text wurde bis Mitte des sechzehnten Jahrhunderts auch in Äthiopien in der arabischen Sprache überliefert. Für die Übersetzung des arabischen Wortes für "Stamm" (qabila) in das Ge'ez (die äthiopische Kirchensprache), gab es kein entsprechendes Äquivalent, das ein ähnlich positives Gruppenverständnis beinhaltete. Die gebrauchten Begriffe "nagada" und "bala" stehen entweder für eine negativ empfundene Zersplitterung oder genealogische Kontrolle durch den Staat (Guidi 1899, S. 413; Dillmann 1867, S. 693; Tadesse Tamrat 1972, S. 101f.).

35 Am bekanntesten ist der gegen Ende des sechzehnten Jahrhunderts von dem Mönch Bahrey geschriebene Bericht, der die hierarchische (feudale) Standesordnung im Reich mit der Alters- und Generationsklassenordnung der Oromo verglich (Schleicher, 1893, passim). In der zweiten Hälfte des neunzehnten Jahrhunderts wurde diese Tradition durch den Historiker Asma Gyorgis wieder aufgenommen (Bairu Tafla (Hg.) 1987, passim).

36 Vgl. Levine 1974, passim.

37 Vgl. Fecadu Gedamu 1974, S. 71-80 passim.

38 Vgl. Cooper 1976, S. 263.

39 Beispielhafter Ausdruck hierfür ist die zwischen 1954 und 1961 von der "University College Addis Abeba Ethnological Society" herausgegebene Reihe des "Bulletin of the University College of Addis Abeba" (B.U.C.A.). In einer 1960 eingefügten Präambel heißt es: "Modernization we do not eschew; rather we realize that, if it is to be really successful, it should not be forced from the outside but implanted in the good soil of Ethiopian culture and firmly rooted in it" (B.U.C.A., Nr. 10, Juli-Dez., 1960).

40 Vgl. Temesgien Gobena 1957; Asfaw Damte 1958; Million Tesfaye 1961.

41 So war z.B. der Anwalt Baqqala Nadhi (Bekele Nadi) einige Zeit der stellvertretende Vorsitzende der zwischen 1963 und 1967 existierenden "Macha-Tulama Welfare Association" (MTWA), der ersten übergreifenden Selbsthilfevereinigung unter den Oromo. Baqqala Nadhi war gleichzeitig einer der ersten, der in seinen Artikeln im B.U.C.A. das Ethnonym "Oromo" gegenüber "Galla" favorisierte (Bekele Nadi 1958).

42 Deutlich wird der parallele Rückgriff auf "gemeinschaftliche" Traditionen in der "Resolution of the Confederation of Ethiopian Labour Unions" vom September 1975. Danach wurde diese Organisation unter dem Militärregime stromlinienförmig ausgerichtet.

43 Vgl. Zitelmann 1994, passim.

44 In einer Gedichtesammlung eines bekannten FÜhrungskaders der OLF, die eine Schaffensperiode zwischen 1967 und 1981 umfaßt und die vielfache Beispiele für das Einklagen von "Gemeinschaft" ("wajjii qabeenya" = gemeinsamer Besitz) bietet, taucht eine Verherrlichung

der "demokratischen Wurzeln der alten Gadaordnung" erstmals in einem Gedicht aus dem Jahre 1979 auf (T.A. Abdi 1982/1993, S. 53; vgl. auch Zitelmann 1993b, S. 20-21).

45 Vgl. Schlee/Shongollo 1993, passim.

46 Vgl. Zitelmann 1993a, S. 49.

47 Bildhaft stellten sich Oromo-Flüchtlinge im Ostsudan im Sommer 1989 die Oromo Relief Association (ORA), das Flüchtlingswerk der OLF, als "sunduq" (im Arabischen u.a. "Truhe, Schatzkammer, öffentlicher Fond") vor.

48 Dieses Argument war unter Oromo auch bei marxistischen Aktivisten der siebziger Jahren verbreitet, bis es in der OLF durch die These, die Oromo seien ein kolonisiertes Volk, abgelöst wurde. Mit diesem Argument legitimierte die OLF lange ihre Forderung nach Eigenstaatlichkeit (Zitelmann 1991, S. 258).

49 Vgl. Zitelmann 1991, S. 263ff.

50 Die Führung der TPLF, insbesondere der heutige äthiopische Präsident Meles Zenawi, hat jahrelang das Bild des eremitenhaften Rückzugs in eine unzugängliche Bergwelt kultiviert.

51 Vgl. Argyle 1976, S. 31-53 passim.

52 Auch die OLF hat in ihren Anfängen ein ähnliches Bild vermittelt (Asafa Jalata, 1993: 166). Tatsächlich ist die heutige Position der OPDO davon nicht sehr weit entfernt. Einige Intellektuelle, die heute mit der OPDO zusammenarbeiten und die früher der OLF nahestanden, können ideologisch durchaus persönliche Kontinuität beanspruchen. Romantische Idealisierung des Gadasystems und intellektueller Marxismus bestanden Anfang der achtziger Jahre innerhalb der OLF nebeneinander. Beides wurde im Rahmen der Literalisierung auch an die Mitglieder weitergegeben.

53 Es ist vor diesem Hintergrund interessant, daß sowohl in theoretischer wie in praktischer Hinsicht die Macha-Tulama-Assoziation der sechziger Jahre wieder wichtig wird. Nachdem zunächst eine auf Amharisch verfaßte ausführliche Geschichte dieser Assoziation erschien (Olana Zog 1993), wurde sie 1994 auch vereinsrechtlich wiederbelebt. Gleichzeitig ist auffällig, daß der Aktivismus der OLF in den Jahren 1974-1991 plötzlich aus historisierenden Abhandlungen zur Entwicklung einer nationalen Bewegung ausgeklammert werden kann (vgl. als Beispiel Sagalee Aannolee 1994, S. 30).

54 Die ersten Anzeigen in den seit 1992 regelmäßig erscheinenden kulturnationalistischen Zeitschriften in der Oromosprache bezogen sich auf die Gründung von Aktiengesellschaften (Import/ Export; Vermarktung der Stimulanzpflanze Qat).

Autoren/innen

Dr. *Erika Dettmar*, Völkerkundliches Institut, Universität Tübingen

Dr. *Hans Groffebert*, Evangelische Akademie, Arnoldshain

Dr. *Georg Heidenreich*, Lehrstuhl Ethnologie, Universität Bayreuth

Dr. *Carola Lentz*, Institut für Ethnologie, Freie Universität Berlin

Dr. *Dieter Neubert*, Institut für Ethnologie und Afrika-Studien, Johannes-Gutenberg-Universität Mainz

Dr. *Achim von Oppen*, Forschungsschwerpunkt Moderner Orient, Förderungsgesellschaft Wissenschaftliche Neuvorhaben mbH, Berlin

Dr. *Richard Rottenburg*, Wissenschaftszentrum Berlin für sozialwissenschaftliche Forschung

Aboubakar Souaré, Institut für Ethnologie, Freie Universität Berlin

Prof. Dr. *Bernhard Streck*, Institut für Ethnologie, Universität Leipzig

Dr. *Volker Wild*, Berlin

Dr. *Thomas Zitelmann*, Forschungsschwerpunkt Moderner Orient, Förderungsgesellschaft Wissenschaftliche Neuvorhaben mbH, Berlin

FORSCHUNGSSCHWERPUNKT MODERNER ORIENT

ARBEITSHEFTE

Nr. 1	ANNEMARIE HAFNER/ JOACHIM HEIDRICH/ PETRA HEIDRICH:	Indien: Identität, Konflikt und soziale Bewegung
Nr. 2	HEIKE LIEBAU:	Die Quellen der Dänisch-Halleschen Mission in Tranquebar in deutschen Archiven. Ihre Bedeutung für die Indienforschung
Nr. 3	JÜRGEN HERZOG:	Kolonialismus und Ökologie im Kontext der Geschichte Tansanias - Plädoyer für eine historische Umweltforschung (herausgegeben von Achim von Oppen)
Nr. 4	GERHARD HÖPP:	Arabische und islamische Periodika in Berlin und Brandenburg, 1915 - 1945. Geschichtlicher Abriß und Bibliographie
Nr. 7	THOMAS SCHEFFLER:	Die SPD und der Algerienkrieg (1954-1962)

In Vorbereitung:

Nr. 5	DIETRICH REETZ:	Hijrat: The Flight of the Faithful. A British file on the Exodus of Muslim Peasants from North India to Afghanistan in 1920
Nr. 6	HENNER FÜRTIG:	Demokratie in Saudi-Arabien? Die Āl Saʿūd und die Folgen des zweiten Golfkrieges

STUDIEN

Bd. 1	JOACHIM HEIDRICH (Hg.):	Changing Identities. The Transformation of Asian and African Societies under Colonialism
Bd 2.	ACHIM VON OPPEN/ RICHARD ROTTENBURG (Hg.):	Organisationswandel in Afrika: Kollektive Praxis und kulturelle Aneignung

Bei Fragen zur Produktsicherheit wenden Sie sich bitte an:
If you have any questions regarding product safety,
please contact:

Walter de Gruyter GmbH
Genthiner Straße 13
10785 Berlin
productsafety@degruyterbrill.com